Wuhan

THE INLAND CITY OPENING TO AND EMBRACING
THE WHOLE WORLD

武汉

生于内陆的外向之城

涂文学　涂戈尔 / 著

团结出版社

© 团结出版社，2023 年

图书在版编目（ＣＩＰ）数据

武汉：生于内陆的外向之城 / 涂文学，涂戈尔著
. 一北京： 团结出版社，2025.1
ISBN 978-7-5234-0063-0

Ⅰ.①武… Ⅱ.①涂…②涂… Ⅲ.①城市史－武汉
Ⅳ.①K296.31

中国国家版本馆 CIP 数据核字 (2023) 第 044151 号

责任编辑：方　莉
封面设计：谭　浩

出　版：团结出版社
　　　　（北京市东城区东皇城根南街 84 号　邮编：100006）
电　话：（010）65228880　65244790（出版社）
　　　　（010）65238766　85113874　65133603（发行部）
　　　　（010）65133603（邮购）
网　址：http://www.tjpress.com
E-mail：zb65244790@vip.163.com
　　　　tjcbsfxb@163.com（发行部邮购）
经　销：全国新华书店
印　装：三河市东方印刷有限公司

开　本：170mm×240mm　16 开
印　张：27.5
字　数：328 千字
版　次：2025 年 1 月　第 1 版
印　次：2025 年 1 月　第 1 次印刷

书　号：978-7-5234-0063-0
定　价：78.00 元

武汉城市之根——盘龙城宫殿遗址

汉口附近汉江上的驳船

建设中的太古码头

民国时期的江汉路

清代汉正街上熙熙攘攘的行人

118　Hankow, Russo Chinese Bank

20 世纪 20 年代华俄道胜银行汉口分行

界租佛口汉（汉 武）
French Concession in Hankow (Bukan)

20世纪30年代，巴公房子（左）与惠罗公司（右）

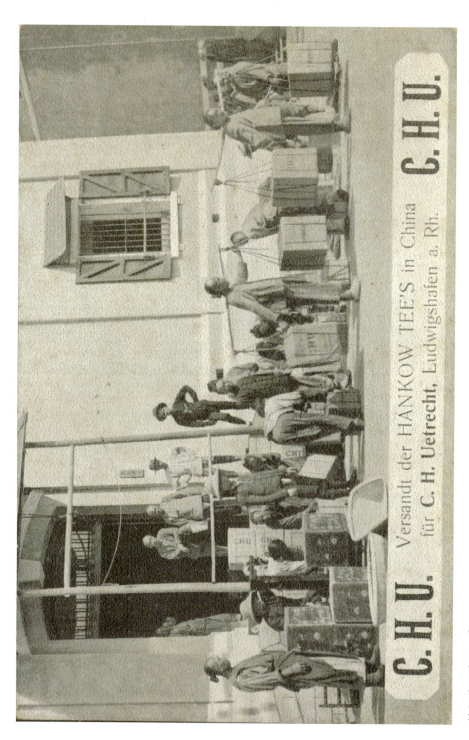

销往欧洲的汉口茶

的一排码头。

明代仇英款《江汉揽胜图》，画为绢本，现收藏于武汉博物馆。
画的中心内容为江汉二水交汇及水上船只交通景色，汉阳晴川阁及隔江相望的黄鹤楼，表现出汉口是沿江

湖北新军将弁及地方官员在黄鹤楼的合影

目 录

导　论　大城雄风
　　　　——武汉在中国城市史上的位置　001

中国城市的发展阶段与历史形态　002

武汉是中国城市史的缩写版　016

武汉是中国城市史研究的重要样本　027

第一章　"天下四聚"
　　　　——武汉前近代的发展高峰　049

"因武而昌"　双城并峙　050

"因商而兴"　三镇鼎立　055

"天下四聚"　城市新星　065

第二章　开放
　　　　——城市早期现代化的引擎　079

在沿海与内地之间
　　——武汉对外开放的非典型性　082

在原生型与次生型之间
　　——武汉早期现代化的"汉口特性"　089

在被动与主动之间
　　——武汉对外开放晚发早至的奥秘　096

第三章　"东方芝加哥"
　　　　——蜚声海内外的外贸大港　105

五国租界　化外之地　107

江汉关：开放与城市现代化的象征　126

驾乎津门　直逼沪上　　　　　　　　　　　　137

第四章　"湖北新政"
——近代武汉异军突起　　211

张之洞新政概观　　　　　　　　　213

"湖北新政"："耸动中外之视听"　　289

崛起奥秘　　　　　　　　　　　299

第五章　城市革命
——武昌起义与武汉城市早期现代化　309

城市革命与市民起义　　　　　　　312

《鄂州约法》与民主共和愿景　　　341

首义之城　模范之市　　　　　　　351

第六章　文化码头与码头文化
——武汉城市文化特质　　371

武汉城市文化的生成机制　　　　　373

近代武汉三种文化现象解析　　　　389

武汉城市文化的几个关键词　　　　397

尾　论　"势之使然"
——武汉城市兴衰的社会历史解读　415

"势"：武汉城市兴衰的历史动因　　415

时势：城市发展的先决条件　　　　417

地势：城市兴衰的客观环境　　　　421

城市功能演化趋势：城市发展的内在动力　425

大城雄风

——武汉在中国城市史上的位置

美国著名城市史学家刘易斯·芒福德曾经说过——

古往今来多少座城市又无一不是时间的产儿。城市是一座座巨大的铸模，多少人终生的经验积累都在其中冷却着、凝结着，又通过艺术手段被赋予永恒的形式。

城市以不同的历史时间层次把一个个世代的具体特征都依次贯穿了起来。就这样连续积累，一层叠一层，以往的时间记录不断积存在城市之中[①]。

中国城市历史经历了商周及战国"邑制城市"开启城市滥觞，秦汉以降"郡县城市"连绵千年，明清时期"工商市镇"异军突起，晚清民国"现代都会"艰难转型等发展阶段。武汉，这座伟大的城市，在数千年发展历程中，完整经历和见证了中国城市历史的四个不同阶段和四种城市形态，在不同的时间层次把一个个世代的具体特征都依次贯穿起来了。一部武汉城市史，无疑就是一部中国城市史的缩写版。

正是由于武汉城市发展在时间演进和形态类型上与中国城市历史的发展高

---

① ［美］刘易斯·芒福德著，宋俊岭等译：《刘易斯·芒福德经典著作系列：城市文化》，中国建筑工业出版社，2009年，第2页。

度契合，武汉城市的研究也因此获得了超越个体城市，并以之为蓝本认识和研究中国城市史的范型意义。

中国城市的发展阶段与历史形态

中国城市至少有 5000 余年的历史。在新石器时代晚期，亦即距今 5500 年至 4000 年之前的龙山文化时期，在黄河中下游、河套地区、长江中下游以及巴蜀等地区出现了许多可以称得上城市的大型聚落，其中历史最悠久者当数距今约 5300 年的郑州北郊邙岭的西山仰韶时代晚期城市遗址和浙江杭州余杭良渚古城遗址。在城市起源与发展漫长的历史进程中，中国城市经历了邑制城市、郡县城市、工商市镇、现代都会四个发展阶段以及相应的四种城市历史形态。

——先秦时期的"邑制城市"

中国传统的城市制度以秦朝为界，可以分为"邑制城市"和"郡县城市"两个时期。

中国在全国各地建设县城的努力是从公元前 221 年秦朝实行郡县制开始的，到清末已得到普及。而中国的都市和都市文化的产生则更早，时间要较之提前一倍，在距今四千年前。这种古代都市被统称为"邑"。从这种邑制到郡县制的过渡是在春秋末期（公元前 5 世纪）到战国、秦汉时期，时间很长。四千多年中国都市史在时间上可以整齐地划分为二，前半部分为邑制都市时期，后半部分为县制都市时期。①

与古希腊一样，中国古代也是城邦国家，城邑即为国家，国家就是城邑。也就是说，从国家的性质来看，中国古代是城市国家；从城市的性质来看，中国古代是"邑制城市"。先秦邑制城市具有三个特点：一是城市国家体制；二是

① ［日］斯波义信著，布和译：《中国都市史》，北京大学出版社，2013 年，第 3 页。

农业城市属性；三是防御与祭祀功能。与古希腊城邦国家相比，中国商周城市国家有诸多差异。

首先，先秦城市是王朝都城、方国和诸侯都邑、大夫采邑等各级政治中心城市及军事堡垒，而古希腊城市则是商业中心。"战国以前的城市，是在分封的不断扩展中相继出现的，其作用既然是在政治和军事方面，而不在经济方面，亦即不是工商业发展和人口聚集的结果。"[1]而古希腊城市无论是克里特、迈锡尼，还是雅典，其城市都起源于商业并向海外拓展。"在城市历史的初期，欧洲如一潭死水，野蛮纷争的原始居民生活其间。靠近欧洲所出现的城市的最早迹象是在克里特——希腊大陆之外的一个岛屿。在这里长桨船用于运送重要的贸易物品，特别是橄榄油和锡（后者被用来制造青铜工具和武器）。在来自埃及和美索不达米亚的商业和思想的滋养之下，一种独特的城市文化在这里萌芽了。"[2]"克里特激活了希腊大陆走向城市文明的潜能。古代希腊落后的探险者们现在感受到了一个成功的商业城市的舒适与富足。"[3]政治城市与商业城市的性质不同，使得二者在市政设施、居民构成乃至城市精神诸方面都大相异趣。大抵而言，先秦城市市政建筑以宫庙为中心，而市政广场、神庙和商业贸易场所则是古希腊城市里的重要建筑；这种为经济、为艺术而形成的丰富多彩的城市生活远比商周时代的中国人为政治、为权力较智伐谋和武力厮杀更具人性化和个性化。

其次，先秦城市国家是一种"共主支配下的等级城邑制"，无论是商代的方国城邑，还是周代的诸侯都邑，每一个城市并非一个独立的城市个体（春秋战国时期另当别论），其在血缘宗法、权力统属乃至城市规划建设上都必须严格等差，合乎礼法。而古希腊城邦则相互独立，相互竞争，"与过去的模式相同，希腊仍是一个众多小城邦组成的群岛之邦，这些小国以城市中心和周边的腹地为核心。各个城市（或城邦）之间竞争激烈，不仅表现在常规的战争上，也体现在对国外市场、熟练劳动力、艺术的争夺上，甚至是运动竞技上的较量"。个体城市的独立和城市间相互竞争孕育了古希腊人城市共同体意识，这

---

① 傅筑夫：《中国经济史论丛》（上），生活·读书·新知三联书店，1980年，第344页。
② ［美］乔尔·科特金著，王旭等译：《全球城市史》，社会科学文献出版社，2006年，第29页。
③ 同②，第30页。

恰是先秦国人所不具备的。

复次，先秦城市为各级统治者所筑制，所占据，所主导，无论天子所居之王城，还是诸侯所居之都邑，抑或卿大夫所居之采邑无不如此。先秦城市的居民包括王公贵胄以及士农工商，在这个居民构成中，王公贵胄居于社会上层，主导着国家乃至城市的一切；士——读书人或为官僚、谋士或为农耕，"凡仕者近宫，不仕与耕者近门"。①大多是政治和权力的依附者，先秦诸子百家尽管学说纷纭，思想驳杂，但主张大一统，维护君权专制和封建等级制，为君主和朝廷治国驭民提供思想理念和出谋划策是所有思想和学术流派的共同特点。主张集权专制、刑名法术的法家自不待言，宣扬民贵君轻和讲究无为而治的儒道二派在国家和城市治理理念、路径上舍民治而崇官治，其学说的实质乃是官本民末的专制主义。"天下有道，则礼乐征伐自天子出，天下无道，则礼乐征伐自诸侯出。自诸侯出，盖十世希不失矣；自大夫出，五世希不失矣；陪臣执国命，三世希不失矣。天下有道，则政不在大夫；天下有道，则庶人不议。"②完全排除庶人——普遍民众对政治的参与。这与古希腊哲人倡导民主政治，申张公民权利的观念大相异趣。"不像其他地方的哲学家关注神学和自然界，希腊的思想家思考的是公民个人应发挥什么样的作用来捍卫公民集体（Koinonia）的健全。亚里士多德评述说，公民就像船甲板上的水手，他们的职责是确保'船行中船只保存完好'。在雅典产生了一个更加激进的理念——如立法者梭伦所言——公民理应是'国家的主人'。"③与古希腊城市工商业阶层相对独立并成为社会主流群体不同，中国先秦手工业和商业主要是官营工商业，工商阶层也是国家政治机器的一分子，"有许多氏族是从事手工业生产的专业氏族；或者较小的家族是工商业者。根据他们的政治身份，他们应享受国人的待遇，居住城内，受到保护。事实上，周代的工商业生产已被正式纳入行政系统，算是政府的一部分，即'工商食官'之制"。④

最后，中国古代城市没有出现如古希腊城邦的城市自治和"市民社会"，

① 《管子·大匡》。
② 《论语·季氏》。
③ ［美］乔尔·科特金著，王旭等译：《全球城市史》，社会科学文献出版社，2006年，第32页。
④ 赵冈：《中国城市发展史论集》，新星出版社，2006年，第15页。

产生民主甚至共和制度。马克斯·韦伯曾经颇为武断地指出:"在中国,同样也没有'市民'与'城市共同体'的概念。不管在中国还是在日本,'自治'只是个职业团体及村落的特色,而非城市的。"[1]中国古代城市未能如古希腊城邦那样独立自治,建立起市民主导的"城市共同体",根源仍在于邑制城市政治中心、军事堡垒和农业型聚落的基本功能所致,"城既然只能由统治阶级来建,并且是从政治和军事需要出发的,则古代城市自然是一个政治中心,是整个统治体系中的一个基本环节,更具体地说,是一个实施统治的发号施令的中枢或首脑。这样的城市,当然就不能使之自由发展……等级不同的城市,驻扎着等级不同的统治者,即自天子公侯卿大夫及为其服务的大小臣工直至抱关击柝。《荀子》说:'古者天子千官,诸侯百官',城市就是这些人的驻在地。这样的城市,只能紧密地结合在封建统治体系的结构之中,而不能脱离这个体系作离心的发展,亦即向自治的和独立的方向发展"[2]。

——秦汉至清的"郡县城市"

"秦王扫六合,虎视何雄哉!"公元前 221 年,秦始皇灭六国,废除分封制,实现郡县制,建立起统一的集权专制帝国。郡县制虽非始于秦朝,早在楚国熊通(公元前 740—前 690 年)为王时就灭权国而建立权县,但秦始皇的郡县制因行之于全国并为后世诸王朝所效法而其意义更显重大深远:"郡县制对帝国来说并不是新东西,也不是起源于秦,但公元前 221 年的改革至关重要,它断然摒弃了必然引起间接统治的重立列国的思想,代之以普及郡县制的决定,从而为中央统一全帝国各地方的集权管辖提供了各种手段。这个制度延续到了汉代……此后,这个制度成了后世王朝的典范(但又稍有修改),最后演变成现在仍在实行的省县制。"[3]

郡县制的实行不仅使中国城市体制和体系开始了由"邑制城市"向"郡县城市"的转变,而且大批郡县的设置也推动了中国传统城市的发展。胡如雷认

---

[1] [德]韦伯著,康乐等译:《韦伯作品集》Ⅱ,广西师范大学出版社,2004 年,第 220 页。

[2] 傅筑夫:《中国经济史论丛》(上),生活·读书·新知三联书店,1980 年,第 344 页。

[3] [英]崔瑞德、鲁惟一编:《剑桥中国秦汉史》,中国社会科学出版社,1992 年,第 52 页。

为，"战国、秦、汉时期，封建城市的成批出现则与郡县制的确立有密切关系。据《史记》载，汉高祖生得魏豹，'尽定魏地，凡五十二城'。此事在《汉书》作'五十二县'。可见凡城皆县。高祖定齐，'凡得七十余县'，说明战国时齐国的七十余城到汉代都变成了郡县治所。秦始皇堕坏城郭之后，汉高祖又'令天下县邑城'"。[①]秦汉以后郡县与城市合一，使中国古代城市无论在城市数量还是城市规模上都得到稳定的发展，从汉朝至清代，城市总数大体保持在1500个左右，城市人口一般约占全国总人口的10%。郡县城市具有鲜明的特点，斯波义信认为，相较于"邑制城市"，郡县城市有两个鲜明特点：其一，城市管理的官僚体制；其二，由邑制城市的孤立的"点"——城市独立王国——向"点"领导"面"，即城市作为地方行政中心的转变[②]。

当然，"郡县城市"的中国特色远不止此。

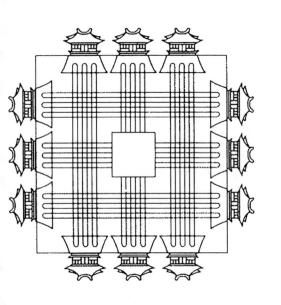

根据《考工记》绘制的王城图

特色之一是其鲜明的政治军事功能属性。由于城市兴起和产生的动力机制是政治、军事而非工业或商业，因此城市并不以经济生产为其主要功能，宋以前的郡县城市大多有城无市就是这种功能价值取向在城市空间布局上的直观表现。当然，郡县城市也存在经济活动，但一方面这种经济活动是从属于城市政治、军事功能的，具有鲜明的消费城市特征；另一方面城市是经济活动之果，并非如西方那样是城市产生的先决条件。"在西方，是工商业的发展为城市的产生提供了前提；在我国，却是城市的产生为城市商品经济的活跃提供了条件。"[③]

① 胡如雷：《中国封建社会形态研究》，生活·读书·新知三联书店，1979年，第247页。
② ［日］斯波义信著，布和译：《中国都市史》，北京大学出版社，2013年，第15页。
③ 胡如雷：《中国封建社会形态研究》，生活·读书·新知三联书店，1979年，第249页。

传统城市在城市规划和空间布局上，"与城市本身的性质是大体吻合的，中国古代城市大都具有政治统治和军事防御的性质，其城市布局模式隐含着伦理中心主义和大一统的专制主义的封建精神：'匠人营国，方九里，旁三门，国中九经九纬，经涂九轨，左祖右社，前朝后市'（《周礼·考工记》）。这种布局设计的特点是以政权（宫廷和官府衙门）为中心，左为祭祀王族祖先的宗庙，右边是祭祀土地的社稷坛，商业市场则被安排在王宫和官衙的后面，整个城市呈正方形或长方形，街道呈棋盘似方格网状结构。另外，为了军事防御的需要，一般都城和省城、府城都筑有城墙和城门。这种城市布局结构体系的突出特点是在城市规划建设中人为因素大于自然本身，充分体现出封建强权政治要求整齐划一，企图统摄一切的封建专制精神，在人与自然环境的结构秩序安排中，皇室、官吏处于主导地位，市民尤其是商人被有意识地排挤于不被重视的角落，隐含和预示着重本轻末、重农贱商的农业文明内涵"。①

特色之二是城市的规模等级因郡县行政级别而定。如果说商周时期"邑制城市"是按王邑——族邑——属邑分为三个不同的等级，那么秦汉以后的郡县城市便是首都——省城——府（州）城——县城四个等级。在古代中国，城市的规模、形制大小都有严格的等级秩序规定，一方面，行政级别低的城市不能逾越礼制，筑城规模和规格不能大于或高于行政级别高的城市；另一方面，城市的兴筑取决于政治统治或军事防御需要，甚至往往取决于统治者的个人喜好。"政治，而不是商业，决定着中国城市的命运。长安、洛阳、开封、南京和北京等城市时运的涨落取决于统治王朝对其位置的喜好。防御的需要或者食物供给的便利程度等因素在很大程度上决定了哪个或者哪些城市成为首都。"②传统城市这种按行政级别规范城市规模等级结构带来的一个直接后果是古代城市体系表现为一种缺乏横向联系的垂直结构，城市与城市间主要是一种行政统属关系，其联系的纽带是行政指令而不是经济的相互交往。另外，作为一个内陆型的农业文明古国，中国历来偏重于在内地构筑其城市体系，沿海城市体系一直不发达，在传统城市结构体系中处于无足轻重的边缘性地位。

---

① 涂文学：《近代汉口城市文化生态机制探源》，《近代史研究》，1992年第3期。
② ［美］乔尔·科特金著，王旭等译：《全球城市史》，社会科学文献出版社，2006年，第84页。

　　特色之三是城乡合治，郡县最高长官即是城市最高长官，城市没有独立的法人地位。"亚洲的城市也没有西方那样的法人的性格。亚洲的城市，整体而言，的确也构成一个单独的行政区，就如同西方中古梅罗琳与卡罗琳王朝统治区域的城市一样。然而，与西方中古及古代形成强烈对比的是，在东方我们从未发现城市——即以工商业为主，且相对而言较大的聚落——的居民对当地行政事务的自主性及参与程度，会超过乡村。"① 由于城市法人地位的缺失，中国传统城市没有独立的市政机构——市政府或市政厅，虽然古代城市也有所谓"市长""市令""市吏"，但那只是类似当今工商局局长、工商所长之类的管理集市贸易的小吏。而市政建设和管理则由地区行政首脑一手包办。"中国自周以降，虽亦有市政，但历代都市均在国家行政隶辖之下，无市自治可言。"② "数千年来，我国不是没有城市生活，也不是没有关于城市任务的设施，所不同者，地方自治丝毫未办，一切城市任务不归中央政府直接办理，即归代表中央政府之下级行政机关办理，并没有归市自治团体自行办理的罢了。"③

　　特色之四是中国古代城市没有市民阶层和以市民为主体的自治团体、自治机构和自治行为。中国传统城市居民的主体是官员、士绅和军事人员，城市没有以工商阶层为主体的市民阶层，"亚洲的城镇居民并没有具备类似西方古代及中古'市民'的特殊身份"，"最重要的，城市的团体性格以及'市民（burgher）的概念（相对于乡野人而言）从未存在于亚洲的城市，就算有，也只是些萌芽罢了。中国的城市居民，法律上而言，只是他的氏族（因此也就是他的原籍村落）的成员，那儿有他崇拜祖先的祠堂，通过祠堂，他得尽心维护自身所属的团体"。由于没有市民阶层这个阶级基础，中国古代城市没有如西方参议会、商会那样的自治团体及法庭、市政厅那样的自治机构，总而言之，不存在以市民阶层为主体，与国家和地方政府相抗衡的"城市共同体"，"亚洲的城市不存在有类似西方可以代表市民的共同体（例如市参政会）"。"在中国，同样也没有'市民'与'城市共同体'的概念。不管在中国还是日本，'自治'

① ［德］韦伯著，康乐等译：《韦伯作品集》Ⅱ，广西师范大学出版社，2004年，第218页。
② 钱端升：《民国政制史》（下册），上海人民出版社，2008年，第683页。
③ 臧启芳：《市政和促进市政之方法》，《东方杂志》第二十二卷第十一号。

只是个职业团体及村落的特色"。①

"郡县城市"体制和形态对于中国古代城市发展是一把"双刃剑",一方面由于凡郡县必筑城,国家和地方政府以行政的力量推动城市建设和城市化发展,而且城市区域布局也因区域行政建制的因素大致均衡合理。但另一方面,囿于传统农业社会经济发展水平的制约和国家行政资源及财政力有不逮等因素,自秦至清,中国的国家版图虽然不断扩大,但设县数量不仅没有大幅增加,反而单位县域面积普遍增大。统计表明,二千多年中国设县数量并没有大幅增加,汉朝 1180 个,隋朝 1255 个,唐朝 1235 个,宋朝 1230 个,元朝 1115 个,明朝 1385 个,清朝 1360 个。由于国家以行政手段而不是运用经济杠杆推动城市化——城市兴筑和人口的城市集聚,并最终由于经济动能不足,导致中国古代城市化在低水平上徘徊。加之城市规模等级的"官本位"标准,不仅严格限制"体制内"的行政中心城市的空间扩张和规模化发展,更重要的是在传统观念影响下,那些非行政性的工商业城市往往由于其"另类"属性而不被重视,形成中国古代"郡县城市"独大而工商业市镇弱小的城市发展格局,最终导致工商业发展缓慢和城市化水平低下。

——宋元明清时期的工商市镇。如果说,"郡县城市"是由政府主导规划、建设并管理的体制内的主流的城市,那么,工商市镇则是一种自发的、由商人等民间力量自我建设、自我管理的体制外的非主流性城镇。"今之所谓都会者,则大之而为两京、江、浙、闽、广诸省,次之而苏、松、淮、扬诸府,临清、济宁诸州,仪真、芜湖诸县,瓜州、景德诸镇"②,这里实际上概括了宋元以来尤其是明代中后期两种不同的城市系统:一种是从两京到仪真、芜湖的首都、省城、府城、州城、县城的体制内的"郡县城市"系统;另一种是如瓜州、景德镇等体制外的手工业、商业市镇系统。美国学者施坚雅将这两种城市系统分别冠之以"法定的"——官僚城市系统和"自然的"——民间城市系统,并且认为,越是到中华帝国晚期,由国家和政府管理和控制的体制内的"都城"即

---

① 〔德〕韦伯著,康乐等译:《韦伯作品集》Ⅱ,广西师范大学出版社,2004 年,第 219—220 页。
② 《歙志》(万历)卷十《货殖》。

我们上述"郡县城市"的数量就越少，体制外的经济性的市镇所占比例就越来越大①。明清时期体制外"自然的"城镇尤以江南地区最为发达，据不完全统计，明清两代江南地区市镇数量多达 1383 个。

与传统"郡县城市"相比，新兴市镇具有多种"另类"特征：

一是城镇生成的动力机制源于工商业经济而非政治和军事。明清以降中国城市发展格局变迁和城市化路径的转向，既有政治的因素，城池扩张，朝廷力有不逮，市镇勃兴，政府鞭长莫及；亦有社会的原因，人口繁衍过快带来乡村人口过剩，人民生计艰难，亟须向外转移等。但根本动因还在商品经济的发展，在经济发达的江南及长江流域产生了大批的手工业和商业性专业市镇。"与府、县城市不同，市镇不是政府行政行为的产物，而是适应江南地区农村商品经济发展的需要而产生的。换言之，江南市镇发展的动力机制，不是政府的政策等政治手段，而是发展中的农村商品经济。"②。

二是城市功能是经济性而非政治和军事，新兴城镇的主体是专业性工商市镇。市镇因商而生，因商而兴，"商贾所集谓之镇"③。"大曰都邑，小曰市镇，所以聚民而致货也。"④"货财之所聚曰市，守望之所统曰镇，人民之所萃曰村，三者备而成邑"⑤。江苏的应天府、镇江府、常州府、苏州府、太仓州、松江府等市镇密布，如常熟县的支塘镇、梅李镇、老徐市、老吴市有"邑东四大镇"之誉；松江府的枫泾镇、朱泾镇是名闻海内的棉布加工、集散中心；无锡县城被誉为与汉口、镇江齐名的三大商业中心城市之一，吴江更是名镇林立，松陵、八坼、同里、盛泽、黎里、震泽、双杨、芦墟、严墓、坛丘、平望、梅堰等，大多为丝绸专业生产和交易中心。在浙江，杭州府及湖州府亦为市镇密集发达之区，不乏与江苏诸多名镇齐名的市镇。"至于市镇，如湖州归安之双林、菱湖、琏市，乌程之乌镇、南浔，所环人烟小者数千家，大者万家，即其所聚，

---

① ［美］施坚雅著，王旭等译：《中国封建社会晚期城市研究》，吉林教育出版社，1991年，第 144 页。
② 王卫平：《明清江南地区的城市化及其局限》，《学术月刊》，1999 年第 12 期。
③ 正德《姑苏志》卷十八。
④ 正德《嘉善县志》卷一。
⑤ 康熙《吴县志》卷一。

当亦不下中州郡县之饶者"①。其他如瓷器名镇景德镇、佛山镇，商业名镇朱仙镇，"天下四聚"之一的商业大埠汉口镇等，都是明清新兴工商市镇之佼佼者。

三是推动城市产生发展和维持城市运转的是民间力量而非政府组织，亦即自下而上的自发行为而非自上而下有组织的自觉行为。如果说，明清时期中国城市发展特点是由大城市转向小市镇，由体制内法定的"郡县城市"转向体制外自发生长的工商业专业市镇，是为传统中国晚期城市发展的一个独特现象，那么，其城市发展的动力机制和路径转向的力量来源由政治转向经济和由政府导向社会，倒是与西欧中世纪乃至近代城市发展道路渐渐趋同。也就是说，至早自明清开始，中国的城市化在"自上而下"的政府主导的总体格局下，出现了另一种与之对应、互补互动的城市化现象——由民间参与，政府管控的"自下而上"展开的城市化。与此相应的是，大多数市镇没有官府衙署。即便在有些市镇发展起来以后，派驻有府、县的副长官如同知、通判、县丞、主簿以及巡检司等官员或机构，但国家对江南市镇的控制比起府、县城来要宽松得多。在市镇管理方面起主要作用的是地方精英。② 城市治理具有鲜明的官治弱化和有限的民间自治特点。

四是工商市镇在城市形态上有市无城，城市空间布局以商业活动为中心。与传统"郡县城市"大多城墙环卫、门楼巍峨不同，新兴工商市镇都是没有城墙的城镇，江南有些市镇为了市场管理的需要，在市镇周围立有木栅栏。传统郡县城市政治中心意识和军事防御意识在汉口空间结构布局体系中黯然失色。体制外"自然的"城镇发展推动了明清时期传统城市化的较大发展。按照赵冈等学者的说法，两宋以前，中国传统城市化主要是依靠朝廷建立各级郡县城市而展开的，但是"两宋以后，大中城市的发展完全停顿，城市化的新方向转到市镇"。"中国 7100 个小型城市包括不满万人的县城及州治，但大部分是市镇。清代有 1700 个府、州、厅、县治之城市，其中 289 个是超过万人者；大约有1300 个是在 2000 至 10000 人之间；另有 100 个左右的边区县城，其人口可能在 2000 人以下。于是 7100 个小城市中大约有 5800 个市镇。当然这不是清代市镇的总数。罗兹曼估计当时中国有三万多个市镇，其中不满十个市镇是特大

---

① 《筹海图编》卷十二《筑城堡》。
② 王卫平：《明清江南地区的城市化及其局限》，《学术月刊》，1999 年第 12 期。

号的，有万人以上之居民，应列入大中城市一类，其他 24000 多个市镇又太小，居民不满二千，也未列入此中。大中城市数目与小城市数目相比，在英国每一大中型城市分配到 2.8 个小城市；日本是 7.8 个小城市；中国清末则是每一大中型城市配合约 25 个小城市。实在是悬殊。如果按中国的行政分类；设有官署的府、州、县治，清时共有 1700 个左右城市，而县治以下的市镇则有三万多个，其比数也很接近 1 比 20。"①

大批市镇的产生使得明清时期城市化出现三个特点：一是全国城市化总体水平有所提升，在四亿二千多万总人口中，城市人口有 3200 余万，占比约为 7.7%。二是乡村人口主要是向市镇集聚，"宋代以后城市人口出现一种离心现象，集中的程度减弱，大中型城郡停止扩充，而市镇的数目大量增加，整个的城市人口愈来愈向农村靠拢"②。三是在市镇比较集中的江南地区城市化水平明显高于其他省区，有研究者综合海内外学者研究成果后认为，清代中叶江南地区城市人口比重最高时的平均水平应该为 10%—15%，"而同时期全国的城市人口比率，据 G.Rozman 的估计仅为 6%—7%。江南地区的城市人口比重超出全国的一倍以上，足以说明江南地区是全国城市化水平最高的地区之一"③。

——19 世纪末至 20 世纪前半叶的现代都会。19 世纪末叶，在外力刺激和内力推动、政府主导和民间参与等因素共同作用下，中国现代城市化和城市现代化开始启动。与传统城市化主要依靠行政手段推进城市建设与发展不同，近代中国的城市化运动以工业革命和商业革命为原动力，一大批迥异于传统"郡县城市"以工业、交通枢纽和商业为主要功能的现代都市如雨后春笋般破土而出。近代中国现代都市体系主要由开埠通商城市、新型工商业城市、交通枢纽城市等构成。1928 年 7 月 3 日，南京国民政府公布中国有史以来第一部城市组织法《特别市组织法》和《市组织法》，这两部法律，以中央的名义正式将城市纳入国家行政序列，从而建立起现代城市体制。

作为一种全新的城市文明形态，现代都会除了工业、交通和流通成为城市

---

① ［美］赵冈：《论中国历史上的市镇》，《中国社会经济史研究》，1992 年第 2 期。
② 同①。
③ 王卫平：《明清江南地区的城市化及其局限》，《学术月刊》，1999 年第 12 期。

的主要功能外，其迥异于传统城市突出之点是摒弃城乡合一的管理体制，建立现代城市制度，使城市成为独立的具有法人地位的政治经济社会实体。现代市制建立使城市取得了和省、县一样的行政地位，从法律和制度上扫除了城市发展的体制障碍，有利于城市建立和发展。当时，全国各地纷纷谋求市政独立，建市热情一路高涨。"自我国民政府成立以还，以各地先后建立市府者，不下数十处，其建市之热烈，一时风起云涌，如火如荼，此实训政时期之新气象，足征国人重视都市建设也。"①据统计，1927 年至 1936 年十年间，先后建立特别市（院辖市）7 个，普通市（省辖市）18 个，以市政筹备处等组织机构行使市职能的城市有 8 个。截至 20 世纪 40 年代初，"直隶于行政院之市，现有南京、上海、北平、天津、青岛、西安（市政府未成立）及重庆，威海卫行政区直属于行政院……隶属于省政府之市，有广州、汉口、杭州、汕头、济南、成都、贵阳、长沙、兰州、厦门、昆明、开封、桂林、衡阳、南昌、韶关及自贡；设市政筹备处者，有包头、武昌及连云港；设市政委员会者，原有九江及郑州，现九江市政委员会已裁撤"。②

现代市制建立使城市获得独立行使城市规划、城市建设、城市管理的权利，国内各城市政府按照城市自身发展的规律，按照现代方式规划城市，以期高起点、高标准、建设现代化城市。广州建市后，对市区规划面积做出新的调整："本市海岸交通，商务繁盛，人口亦日渐增加，自非展拓市区范围，不足以资容纳而维久远。"③昆明自 1922 年成立昆明市政公所，即规划将其"改建为全省中心的新都市"，"市区的划分和市街的改造……就是把从前的旧都市，改造成新的、理想的、庄严灿烂的中心都市，预定的市区，是划全部面积五十方里，旧城市地方，仅占了三分之一"④。

四川军阀杨森经营重庆和成都，颇具战略眼光。在重庆、成都的政革举措，不仅使这两个城市的市容市貌大为改观，也为四川城市现代化做出了示范效应，

① 董修甲：《中国市政问题》，《清华周刊》，第 38 卷第 7—8 期。
② 钱端升：《中国政制史》（下册），上海人民出版社，2008 年，第 732 页。
③ 《广州展拓市区》，陆丹林编纂：《市政全书》，道路月刊社，1928 年，第 51—52 页。
④ 昆明市政公所秘书处：《昆明市政概况》，陆丹林编纂：《市政全书》，道路月刊，1928 年，第 9—20 页。

带动了区域城市化的可喜进步。《海关十年报告》以赞扬的口吻评价说："过去几年间进步之速已堪庆幸，前途希望更是无穷。成都、重庆、万县以及其他比较重要的城市，只要有时间和资金，都将很快地具备现代景象而且成为优美的居住地区。"[1]

郑州市政当局也不甘人后，"郑州北依黄河，南临长淮，京汉陇海交叉其间，为我国中原交通中心。惜自民六辟为商埠，时局不靖，阻力横生，工商业不能十分发展。今革命成功，冯焕章励行市政，委刘治洲主持其事，勘定市界，南北约五十余里，东西约二十余里。对于新市区，正从事调查测量，对于旧市区，卫生、治安、道路、平民宿舍、平民公园、平民学校、平民图书馆等均积极整理和建设，处处表现革命精神"[2]。

此外，华北、东北地区一些城市也有类似的城市规划和扩展市区的举措。在奉天，甚至有开拓新市区之专门计划，对新区范围、功能分区、经费概算、进展步骤等作出详细规划："奉垣户口，逐年增加，地狭人稠，非展拓住区，不足以资容纳。故市政公所成立后，即有开辟居住区之计划，当时曾拟在小河沿东南一带，择地筹设，旋经几次考察，以该处时有水患，不能适用，乃决定在大小北边门外、南满路附近地方，另行选购民地，实行开辟，现在大体计划，业经拟定，呈准省署。……全区范围：全区约二千三百亩，共分甲乙丙三部。甲部南自小北边门，北至东北大学一带，东西九十丈，南北八百余丈；乙部自小北边门至新开河西岸，与工业区接壤；丙部自小北边门外迤东，至大北边门外一带。按照全区地势观之，南接城内，西临工业区，均为繁华市场，交通往来，亦极便利。北近昭陵，风景清幽。东为旷野，空气鲜洁，亦极合于居民之卫生。故该处之拓为居住区，实兼有都市田园两方面之利益焉……预算该区全部面积，二千三百亩，除公用地八百余亩外，实丈领地，当在一千七百余亩以上"[3]。

---

[1]《近代重庆经济与社会发展》（1876—1949），转见赵可：《市政改革与城市发展》，中国大百科全书出版社，2004 年，第 179 页。

[2]《郑州市近况及将来设计要点》，陆丹林编纂：《市政全书》，道路月刊社，1928 年，第 48 页。

[3]《奉天开辟居住区之计画》，陆丹林编纂：《市政全书》，道路月刊社，1928 年，第 106—109 页。

　　现代市建建立和城市治理的相对独立，改变了"城乡合治"的传统国家治理格局，由重乡治开始向重视城市治理转变，并建立起适合城市特点和城市发展规律的组织管理体制机制。"我国自来以农立国，故无近代的市制产生。其有设市之举，乃是近数十年的事。在民国初年，我国现代的市政制度，已经萌芽。国民政府成立后，复有组织法的公布，五五宪草地方制度中，亦有市的规定；虽说其规定者，并不如人意，但这均可以证明：'欲使城市适应工商业社会，必须与农业社会有不同的政治组织不可'。"①

　　现代市制建立和城市治理的相对独立，改变了传统城市没有独立的行政建制，不具备行政主体法人资格的状态，以法律的形式确立城市市政独立并实行城市自治，逐步构筑起"城市共同体"。"夫市为地方之基本单位，其组织亦自必为国家组织之层次，其自治之性质，亦必与省得县等地方单位无异……中山先生所倡地方自治学说，以为地方自治之范围为目的，在实行民权与民生两主义，换言之，地方自治之性质，兼有经济性与政治性。"②

　　现代市制建立和城市治理的相对独立，推动了近代中国工业化、城市化、城市现代化运动的快速发展，推动了传统的乡村社会向现代城市社会、传统城市文明向现代城市文明的全面转型。从"重乡治"到"重市政"，标志着中国都市社会正在真正到来；由"城乡合治"到"市政独立"，标志着现代城市文明形态——城市独立、城市自治、城市共同体已在近代中国开始生成。1932 年，全国十万以上人口的城市总计 108 个，城市总人口 3076 万人，较之 1900—1911 年全国城市总人口 1464 万人，增加 1600 万人。"现在中国的情形很像有从乡村生活变到城市生活的趋势了。上海，广州，汉口，天津等处的人口的骤增，各处商埠的渐渐发达，都是朝着这个方向走的。我们这个民族自从有历史以来，不曾有过这样人口繁多、生活复杂的大城市。大城市逼人而来了。"③

① 文学诚：《论宪法市制》，《市政评论》，第十卷第四期。
② 戚武斌：《从宪法上市自治条文之规定论市自治通则生产之重要性》，《市政评论》，第十卷第四期。
③ 张慰慈：《市政制度史·胡适序》，上海亚东图书馆，1925 年。

武汉是中国城市史的缩写版

　　盘龙城将武汉城市起源定格在 3500 年前，武汉是中国最早兴起并具有典型"邑制城市"特征的城市之一。在中国省会城市中，武汉城龄仅次于郑州和杭州，位列第三：郑州 5300 年，杭州 5300 年，武汉 3500 年，北京 3100 年，西安 3000 年，广州 2000 年，上海 700 年，天津 600 年。

　　从 20 世纪 50 年代盘龙城的发现，到 21 世纪初对盘龙城古城遗址勘测、挖掘、研究的深入展开，盘龙城渐渐揭开了神秘的面纱，人们对它的认识变得明了和清晰：盘龙城是商王朝在长江流域的一个重要政治军事中心，修筑于公元前 1450 年左右，属于商代早期，二里岗上层文化期，废弃于公元前 1300 年左右，存续时间约为 150 年。[1]

　　盘龙城的发现，对于中国及武汉文化史和城市史具有多重意义：它是商代统治达于长江流域乃至更广阔的南方地区的重要表征，体现了南北文化的高度统一和深度融合；它在商代城市体系中处于第二等级即"族邑""方国"的重要位置，是中国古代"邑制城市"的重要起源城市和典型代表；它是武汉城市之根，开启了武汉作为区域政治军事中心城市之先河。

　　历史进入秦汉，废分封，立郡县，中国开启延续二千余年的"郡县城市"时代。武汉地区设郡立县，始于秦汉时期，秦设沙羡县，汉武帝元狩二年（公元前 121 年）设江夏郡，今武汉地区范围内有西陵县、邾县、沙羡县等，其中沙羡县已接近于今武汉中心区。汉魏之际，今武汉中心区更有却月城、夏口城、鲁山城之构筑，武汉在中国古代从"邑制城市"向"郡县城市"（即"王邑城市体制"向"官僚城市体制"）转变过程中继续充当领先者角色。夏口城和鲁

---

[1]　徐少华：《从盘龙城遗址看商文化在长江中游地区的发展》，《江汉考古》，2003 年第 1 期。

山城，夹江而立，双城并峙，成为"以东南言之，则重在武昌"[1]的区域政治、军事中心。夏口城因与长江对岸的卻月城以及随后不久兴起的鲁山城隔江相望，从而奠定武汉双城并峙的城市格局。因此，夏口城的诞生便因此具有了超越个体城市而对整个武汉城市格局和发展走向产生深远影响的重要意义：

首先是双城并峙但又彼此联系、互为关照的城市格局的奠定。 夏口城和卻月城、鲁山城是此后鄂州城—武昌城和汉阳城的真正起点，武汉双城格局在时间上连绵不辍达千年之久，直至明代中叶汉口崛起为三镇鼎立格局所取代。汉、魏之际的夏口城和卻月城、鲁山城既是独立的城市个体，又因其行政中心的职能超越城市空间范围而使两岸城市和地区之间发生联系。如卻月城作为沙羡县治所时其管理触角就达到江南广大地区，夏口城曾是吴江夏郡治所之所在，其管辖范围除江南武昌、下雉、阳新、沙羡外，还包括江北邾县、云杜、竟陵等地区。在孙吴统治的绝大部分时间里，夏口和鲁山两城在一个政权的统治下，彼此之间联系紧密，都曾做过江夏郡治所，武汉城市一体化从其诞生的那个时代开始就已初露端倪。

其次是港城一体城市空间布局的形成。 夏口城和卻月城、鲁山城的空间布局除了传统郡县城市的一般性特征外，还具有港城一体的滨江城市特色。卻月城面向龟山、南扼汉水入江口，陆地是军事城堡，水中是军事港口。黄祖为江夏太守时，在卻月城建大型水师基地，仅建安四年（199 年）在与孙策的战斗中就损失战船 6000 余艘，其军港规模之大由此可见一斑。夏口军港规模较卻月城有过之而无不及，据说赤壁大战时这里屯扎的周瑜水军多达数万。而且，夏口的军港还不止一个，鹦鹉洲、南浦和黄军浦皆是其重要军港。如鹦鹉洲："由于这里四面环水，其和今武昌江岸间的夹江地带，尤便于舟船往来，东汉末便成为重要的军船出没之地。梁大宝元年（550 年），邵陵王萧纶为讨侯景，在郢州大选军器。湘东王萧绎怕其势力渐盛对自己不利，于是派王僧辨率领一万水师进驻鹦鹉洲，萧纶被迫出走武昌（今鄂城）。大宝二年（551 年），侯景派宋子仙夜袭武昌时，事先也是将大批水军埋伏在鹦鹉洲一带。由于此次偷袭成功，侯景的 13 万水军乘胜西进，竟至'联旗千里'"，[2] 足见港口规模之大。

---

① （清）顾祖禹：《读史方舆纪要》"湖广方舆纪要序"。

② 刘玉堂主编：《武汉通史·秦汉至隋唐卷》，武汉出版社，2006 年，第 134 页。

夏口、却月港城一体化显示了武汉城市水陆并存并重的城市空间布局特色，陆上城楼巍峨，江畔帆樯十里，是为武汉尤其是汉口闻名海内外的"船码头"之滥觞。

最后是商兵并用的城市功能体系的建构。却月城和夏口城不仅是军事堡垒和地方行政中心，也是重要的商业港口城市。作为港城一体的码头城市，城市功能分工一般是城——"安屯戍地"，港——"导财运货，贸迁有无"。如却月城，东汉蔡邕《汉津赋》称颂它是"南援三州，北集京都。上控陇坻，下接江湖。导财运货，贸迁有无"。如夏口城附近的黄军浦，《水经注》说："鹦鹉洲之下尾，江水漼洄洑浦，是曰黄军浦。昔吴将黄盖军师所屯，故得其名，亦商舟之所会矣。"[1]明确指出其既为水军屯扎之所又是繁华商业码头一而二焉的商兵兼用功能。

南宋以降，经济重心南移，武汉在中国政治经济总体格局影响下，其城市发展在两个方面引人注目：一是湖北政治中心东移，武昌成为湖北政治经济中心；二是明清时期汉口崛起，成为中国传统社会新型市镇系统里最顶端的城市。

元代以前，荆州一直是湖北政治中心之所在。对此，清代学者顾祖禹有精当论述：

> ……以湖广言之则重在荆州。何言重在荆州也？夫荆州者，全楚之中也。北有襄阳之蔽，西有夷陵之防，东有武昌之援，楚人都郢而强，及鄢郢亡而国无以立矣，故曰重在荆州也。[2]

湖北政治中心由荆州向武昌东移是一个漫长的历史过程，其中有三个历史节点值得关注：最初是魏晋时期，因重视江夏和刘宋分荆置郢，客观上扩大了郢州——江夏的势力范围，提升了江夏作为地区行政中心的政治地位和影响力。其后，在南宋时期，荆湖北路治所及一些重要的一级权力机构数度在鄂州与荆州两地转移。南宋时期荆湖北路的治所和其他重要权力机构曾有三次从荆州移治鄂州：第一次是建炎二年（1128年），南宋在鄂州设置鄂岳制置使，统管荆

---

①（北魏）郦道元：《水经注》卷三十五《江水》。

②（清）顾祖禹：《读史方舆纪要》"湖广方舆纪要序"。

湖南、北路诸州、军的兵力调配、布置等；第二次是公元 1132 年（南宋绍兴二年），朝廷撤销早前一年（绍兴元年）设置的荆湖东路和荆湖西路（鄂州为荆湖东路安抚司治所），仍恢复荆湖南路和荆湖北路，其中荆湖南路治潭州（长沙），荆湖北路治鄂州。[①]绍兴十一年（1141 年），宋金关系渐趋缓和，荆湖北路的军事指挥中心从鄂州迁回江陵；第三次是南宋淳祐五年（1245 年），出于抗蒙的军事目的，朝廷又将荆湖北路安抚司治所由荆州移至鄂州，景定元年（1260 年）南宋还在鄂州设置了荆湖制置使，直至咸淳七年（1271 年）始罢。最后，在元代及明清时期，以武昌作为湖广行省的治所，武昌最终取代荆州成为湖北的政治中心。

　　宋元时期湖北政治中心逐步东迁并最终确立武昌为湖广地区的政治、经济、文化中心，乃是由政治、地理交通和经济方面等多种因素所促成。

　　其一，政治因素。区域行政中心的确定往往以国都为中心的国家政治版图的变迁为依归，历史上夏口——郢州（江夏）——鄂州——武昌城市地位的升降黜陟皆因此而起。由于"以东南言之则重在武昌"（顾祖禹语），因此，每当国家政治版图向东南——长江中下游迁徙之际，便是武昌政治地位提升之时。宋代及宋以后，武昌逐步取代荆州、襄阳地位而成为湖北政治、经济和文化中心，既有两宋时期经济文化重心南移的原因，更与南宋定都杭州，明初定鼎金陵需要武昌作为上流屏障大相关涉。元代虽然定都北京（大都），但忽必烈和伯颜看中武昌"江南要地"的战略地位，希冀借重武昌夺取并管控江南，因此才有将其作为湖广行省治所的划时代举措。

　　其二，地理和交通因素。唐与北宋时期，朝廷或建都长安，或建都开封，荆州和襄阳地理位置在军事和经济诸方面相对鄂州要重要得多。但中唐以后局面慢慢改变，首先是"安史之乱"后江汉漕运线成为唐朝经济大动脉，漕粮从鄂州经汉江由襄州（襄阳）进入陕西，较之荆州陆运便省，荆州的交通枢纽地位第一次发生动摇；其次是宋朝定都开封，朝廷以汴河为漕运主航道。"五代（907—960 年）时，除后晋以外的四朝首都都设在开封，中国国都不再像以前的长安那样因防范的需要而选址于内陆，转而主要因交通、经济和补给的需要

[①]《宋史·地理志》。

明代仇英款《江汉揽胜图》，画为绢本，现在收藏于武汉博物馆。此画对于今天了解明代末年时期的武汉具有极为重要的史迹价值。画的中心内容为江汉二水交汇及水上船只交通景色，汉阳晴川阁及隔江相望的黄鹤楼，表现出汉口是沿江的一排码头。

很自然地被安置于交通方便的东部低地。""开封和杭州作为大运河起点和终点这一点很重要，当时大运河流经的途径是：起自黄河下游自古以来的交通枢纽开封，向东南流向淮河附近的洪泽湖和楚州（淮安），之后与明清时期一样都流经扬州到达长江，经长江后过镇江、苏州到杭州，整个流程达 700 千米。大运河河道加上长江，呈反'L'形，成为南北交通和东西交通的大动脉。"① 这样一个交通布局使鄂州与中央政府的政治、经济联系无论从水路抑或陆路都绕过了荆州和襄阳，水路方面，北宋时漕运船只顺江东下到扬州再通过运河及汴水到达开封，南宋时则顺江东下到镇江后通过运河到达杭州。陆路方面，自北宋即从武昌经孝感、广水、信阳而到达开封，这条交通线路直至元明清建都北京

---

① [日] 斯波义信著，布和译：《中国都市史》，北京大学出版社，2013 年，第 24 页。

亦相沿不变；最后，元明清建都北京，从武昌和汉口到北京的水路交通经过长江到镇江后，一条是继续顺江东下，通过海运途经天津再转北京，另一条则是转道运河北上直达北京。由此看到，早在南宋时期，荆、襄的交通枢纽地位就已完全让位于鄂州。

其三，城市发展因素。交通格局的改变对于鄂州——武昌城市发展意义重大，尤其是漕粮转运中心地位的确立，直接刺激了城市经济的发展和人口集聚。大量的漕运船只成为鄂州港口运输的主体，撑起鄂州长江水运半边天，同时也带动了鄂州民间航运业的发展，形成鄂州江面帆樯云集、千船竞发的繁荣局面。南宋著名诗人陆游在《入蜀记》中描绘："至鄂州，泊税务亭。贾船客舫，不可胜记，衔尾不绝者数里，自京口以西，皆不及，李太白赠江夏韦太守诗云，'万舸此中来，连帆过扬州'，盖此郡自唐为冲要之地。"[1]水上如此，岸上街市更是，陆游所见"市邑雄富，列肆繁错，城外南市亦数里，虽钱塘建康不能过，隐然一大都会也"。最繁华者莫过南市，同样是宋代诗人的范成大，曾亲眼所

见南市店铺林立，市廛甚盛："辛巳晨，出大江，午至鄂渚，泊鹦鹉洲前南市堤下。南市在城外，沿江数万家，廛闬甚盛，列肆如栉，酒垆楼栏尤壮丽，外郡未见其比。盖川广荆襄淮浙贸迁之会，货物之至者无不售，且不问多少，一日可尽，其盛壮如此。"[2]商业兴盛，吸引大批人口集聚，北宋时，鄂州户口已达九万六千余户，超过荆州（八万五千余户）和襄阳（八万七千余户）。自元至明，武昌商业持续发展，"省城当七省冲，江夏附郭，水陆交通，百货云集。

江汉帆影

① （南宋）陆游：《入蜀记》卷四。
② （南宋）范成大：《吴船录》卷下。

元暨明初，汇千金沙洲。崇祯间，鹦鹉洲没于江，更汇于坛角。舟车络绎，熙来攘往，号称极盛"。[①]明末清初，武昌城商肆错列，百货山积，五方杂处，市井喧闹。崇祯年间有外乡人游历到此，省城热闹熙攘的繁华场面给其留下深刻印象："惟是鄂城周遭几二十年里，长衢蜿蜒，由巷逶迤。道上行人习习如蚁。余一盖一舆，至轵不得进。每一哄之市，而百货罗列，似游五都；璠玙夺目，若入蜃楼；宝光烛斗，洵一大都会也"。[②]

从荆州到武昌，两地自然地理距离不过三百余华里，然而政治文化中心的迁徙却经历了漫长的历史时段。荆州与武昌城市地位的转换，既有因地缘政治变动而调整地方行政区划及首府设置的主观动因，也是彼此地理交通变迁和经济、人文实力此消彼长的客观结果。民国著名地方史志学家王葆心曾在《再续汉口丛谈》中系统论述自晋至清荆、襄社会与文化地位流变，如数家珍地罗列古代荆州商旅之繁华，舟车衣冠之辐辏，人才士风之灿然，民情风俗之侈靡。"由今考之，其盛至宋初，盖犹未已。"但宋代以后，荆州开始走下坡路，其湖北"首善之州"的地位逐渐为鄂州所替代。两地实力对比及位置转换是什么时候最终确立的呢？清代学者和旅行家刘献廷对这一趋势和结果曾有概述："盖上游繁盛，古说荆襄，后则团风镇，明季移于武昌。"他还谈到，荆州沙市，在明朝末年还十分繁华，"列巷九十九条，每行占一巷，舟车辐辏，烦盛甲宇内，即今之京师、姑苏皆不及也"。但到清初，不过二三十年时间就迅速衰落了，"今则寥寥一带尔，盛衰变迁，令人感慨系之"。[③]王葆心对此表示赞同，并有进一步申说："刘氏明季移于武昌之说，其事亦有依据。余前卷颇谓《汉阳县识》明元商市会于金沙洲之言，以刘氏此说证之，其言亦可称得半之说。据清初方志，金沙洲在府城西南，百货云集，商贾凑至。兵燹后，移镇汉口。清康熙十二年，分守武昌道，招徕商贾，渐复旧观。盖此语即张氏《县识》所本，亦即刘氏明季移于武昌之证。"[④]

两宋尤其明清时期，武汉城市史的另一个亮点是汉口崛起，不仅最终形成

---

① 《江夏县志·风俗·商贾》。
② 王葆心：《续汉口丛谈》卷一引明蒲度之《西游记》，湖北教育出版社，2002年，第13页。
③ （清）刘献廷：《广阳杂记》卷四，中华书局，1957年，第200、201页。
④ 王葆心：《再续汉口丛谈》卷一，湖北教育出版社，2002年，第197页。

武汉三镇鼎立格局，而且因其非行政中心和突出的商业中心功能等有别于传统郡县城市的异质另类特性，虽然在中国城市大家族中出生晚却后来居上，至清初迅速崛起为"天下四聚"之一，汉口的城市规模、商业势圈远胜于江南那些小市镇，十里长街汉正街作为汉口的"母街"见证了汉口 500 年的喧嚣与繁华。

汉正街

清末民初，中国以建立独立的现代市制，改变传统城乡合治为旨趣的"市政改革"开启，广州、武汉、上海等地的设市掀起了中国城市化和城市现代化最早的一波浪潮。现代市制的建立，使中国城市作为一个独立的政治单元第一次出现在国家政治版图上。城市不仅摆脱了封建国家和地方政权的附庸地位而有了独立的市政府，而且获得了地方自治和民主政治优先发展的权利。城市独立和市民自治的愿望也以城市与地方的分治、独立的市政府和专业化程度很高的市政机构的建立得以部分实现，传统城市的功能单一性、政治地位的从属性以及与乡村的同一性开始改变。中国城市从传统到现代的转型至少在形式上至此完成。

在这次颇具规模的"市政改革"中，武汉（汉口）具有特殊地位。

首先，武汉（汉口）是较早进行市政改革的城市之一。民国时期著名的市政学家董修甲于 1926 年所著《市政学纲要》列举的一批较早进行现代市政运动的城市中就有汉口："近年来，我国各省工商发达，城市日渐兴盛，因之市政问题，竟成当今唯一之急务。三年前，吴淞虽一度筹办市政，但未及两载，骤然中止。安庆、福州、九江等处，各已筹备市政多年。南京于数年前，开始筹划市政，并于本年九月，正式成立市政督办公署，制订计划，积极进行。淞沪商埠督办公署，于今年五月成立，颇有刷新上海市政之宏愿。此外如广州、杭州、昆明、北京，及天津、汉口、东三省各特别区，均早举办市政有年，各省提倡市政之热心，于此可见一斑"。①

其次，汉口是当时少数几个特别市之一。据国民政府内政部年鉴编纂委员会1936年编纂出版的《内政年鉴》统计，当时全国批准成立的特别市（或院辖市）共有7个：南京、上海、北平、天津、青岛、汉口、广州。其中汉口设立特别市的时间最早，1926年10月北伐军攻克武汉，12月设武昌市和汉口市，次年1月国民政府从广州迁到武汉，将武昌和汉口两市合并为武汉特别市，直隶于武汉国民政府。1929年6月，武昌划出改隶湖北省政府，武汉特别市更为汉口特别市。其他6个特别市，最早设立者为南京，时间是1927年5月，较之武汉晚4个月。最晚的是北平市，直至1930年11月才被批准为院辖市。

第三，武汉尤其汉口的特殊地位，是当时市政研究者和市政改革家们重点关注的地区之一。有人在当时市政学界最具权威性的杂志《市政评论》上撰文认为，从国防的角度考虑，中国少数仅有的重工业、工厂、大商家及大银行多半集中于上海等沿海城市是很危险的，因此必须在内地选择一些城市进行重点建设。但是，"在内地选择一个适宜的地点，作为工商业的中心，是不易的。只有天然的优良条件，未具相当的政治的经济的基础，是不够的，我们从各方面观察及研究，认为武汉三镇是最应当积极建设的内地城市。在历史上，武汉有其特殊之意义，它不但为国人所重视，同样的为国际间所注意；在地理上，武汉居全国中心，扼大江上下游的咽喉，为军事上必争之地，有国防上的重要意义；在经济上，武汉是华中物产汇聚及运销的所在，是长江上游的'生命线'；此外，就交通言，它是全国三大交通干线的交接点；就工业言，它有历史较久规模可观的各种工厂；这些物质的及社会的条件，在内地是找不到第二个的"。"我们根据上述的分析认识了武汉的重要，我们可以说：建设武汉是一个国防问题，是一个中国现代化的问题。是一个与全国有关的问题，不是一省或一地方的问题。假若现在我要喊口号的话，我当首先喊：中国要努力于都市建设！政府应积极建设武汉！"②

第四，汉口"市政改革"和市政建设特色突出，成效显著。武汉和汉口地位的重要，当然不只有一般学者注意到了，事实上当时的国民政府对于汉口这

---

① 董修甲：《市政学纲要》序，商务印书馆，1927年。
② 姜春华：《都市建设与建设武汉》，《市政评论》，第3卷第8期。

个特别市非常重视，委派了资历和学历都很高
的刘文岛任市长，具体主持市政的工务局长董
修甲是美国加州大学的市政学硕士、国内著名
的市政学家。在当时 7 个特别市中，南京、上
海、广州、汉口四市人事配备有两个显著特点：
一是市长人选都是由具备丰富从政经验、受到
国民政府信任和重用的高级军政党政人员担任；
二是四个市政府高级职员专门化程度较高，不
少具备专深知识技术素养、又有留学经历和行
政经验的专门人才，被安排到这些城市政府中
担任部门领导职务。这种良好的人事配备从一
个重要侧面说明了汉口在国民政府心目中的重

刘文岛

要地位，汉口的"市政改革"和市政建设也因此搞得有声有色，在全国各大城
市中名列前茅，有不少举措在全国都属首创，如实行政府采购，"国内首采斯
者为汉口"。[①]市政府的设立，受到市政学界广泛赞誉："近数年来，我国各城
市，对于市政稍加注意，举凡通商大埠，如上海、广州、天津、汉口等处，均
有市政机关之创设，以谋市民之幸福。"[②]

　　鉴于武汉（汉口）在 20 世纪二三十年代"市政改革"中这种特殊地位，
无论是在近代中国的城市地位还是"市政改革"运动本身，武汉（汉口）都值
得重视。1926—1938 年是武汉（汉口）城市发展史上的黄金时期：独立的具备
现代政治形态的城市政府正式建立；具有现代民主政治意味的市组织条例被批
准实行；特别市的建制使武汉（汉口）获得了前所未有的发展条件和发展机遇；
城市规划的制定、功能分区的划定、一系列城市管理制度和规定的出台，将城
市的发展纳入了制度化、规范化、科学化运行轨道之中；市民对城市的责任观
念、公共意识开始形成；市容市貌大为改观，现代化都市风貌初具规模。1933
年，《道路月刊》记者到汉口采访，对其整洁美丽的市容留下了深刻的印象：

---

① 张锐：《青岛市政实况》，《清华周刊》，第 38 卷第 9 期。
② 陈恺廷：《我国目前的几个市政问题》，《市政评论》，第 4 卷第 3 期。

近两年来，市府修路的成绩，出乎我们意料之外，由牛路跳过了马路的阶段，进而为现代的柏油路。汉口法日两租界，觉得自惭形秽，竟步市府之后尘而翻造柏油路了。记者这次到汉口来，从三个特区到两个租界，走的都是康庄大道。

租界及特区以内之各种旧式拱堂，大半已翻造为新式整洁的拱堂。从前残破的房屋，暗淡的市容，无不一扫而空。而从前蹲伏在路旁褴褛不堪的乞丐，已差不多完全肃清了，今日的汉口市，已不是蒙不洁的西子，而是装束入时的少妇。①

纵观近代武汉（汉口）近百年城市现代化进程，有三个历史阶段不可忽视：1861 年开埠，汉口被开辟为条约通商口岸，由一个以区域交换市场为主体的内陆商业市镇迅速上升为开放的国际性城市；1889—1907 年张之洞督鄂实行新政，汉口由功能单一的商业城市向复合型工商城市转型；第三个历史时期便是这次"市政改革"。从城市史的角度审视，20 世纪 20 年代末 30 年代初是武汉（汉口）现代城市体系最终形成时期，其在武汉近代城市发展史上的地位至关重要。研究这段历史，理清武汉（汉口）城市现代化的发展线索和内在理路，对于探讨现代社会条件下城市政府如何行使管理职能，以完善城市功能结构，提高城市现代化管理水平具有重要的借鉴作用。

以上我们对武汉 3500 年城市发展史作了一番简短的回顾。正是由于武汉城市在时间演进和形态类型与中国城市史的高度契合一致，武汉城市史的研究也因此获得了超越个体城市，以此为蓝本认识和研究中国城市史的范型意义。"城市的含义一方面是一个个具有个性的城市个体——它像是一本形象指南，对你讲述其所在地区的现实生活和历史记录；另一方面，总体而言，城市又成为人类文明的象征和标志——人类文明正是由一座座富有个性的具体城市构成的。"②

---

① 菊：《武汉的新气象》，《道路月刊》，第 47 卷第 2 号。
② ［美］刘易斯·芒福德著，宋俊岭等译：《刘易斯·芒福德经典著作系列：城市文化》，中国建筑工业出版社，2009 年，第 5 页。

武汉是中国城市史研究的重要样本

武汉在中国城市史上这种独特的历史地位，不仅使其在中国历史上一次又一次扮演重要的历史角色，而且成为海内外历史学家研究中国历史的一个重要的城市样本。这里仅以商代盘龙城和清代汉口为例略做分析。

盘龙城不仅是武汉城市之根，而且在中国文明史、城市史、考古学史上占据重要地位。盘龙城是先秦时代"邑制城市"的典型代表，盘龙城在商代城市体系中具有极为重要地位，是商王朝在长江流域的一个重要政治军事中心，"既是一个军事重镇，也是一个诸侯封国"（李学勤语）。按照斯波义信对商朝城市大邑——族邑——小邑，或是王邑——族邑——属邑的分类，盘龙城显然属于第二类"族邑"类城市。无论从城市的规模、宫殿的形制，还是墓葬规格及殉葬的人和器物，都表明盘龙城"是商人在长江之滨建立的一个重要方国"。[①]在香港学者薛凤旋的眼中，盘龙城在商代四级城市体系中占有重要地位，他把二里岗的城镇体系分为国都、在都城 300 千米内的区域性中心、沿边地区的区域性中心以及商的属地和独立的方国四个等级，"商代沿袭了夏代的空间发展规律，以一个四级聚落体系来管理广袤的领土。王朝的核心地带仍是中原，在此地夏商两个民族多个世纪以来已经互相糅合。……这其中，尤其突出的是两大核心城市——亳（郑州）和西亳（偃师）。此外，商代还有三个拥有坚固城墙的区域中心，分布在重要的交通枢纽上，以便帝国由边沿地区向首都转运关键的资源，如青铜工业所需的各种原料、食盐、贵重器物和藩属地区向中央朝贡的各类地区特产。这些区域中心亦成为监控边沿地区的地区总部"。在"沿边地区的区域性中心"城市中，薛凤旋列出龙山、老牛坡、大辛庄、盘龙城等

---

① 俞伟超：《盘龙城遗址》，《中国大百科全书·考古学》，转引自郑自来等主编：《盘龙城研究——武汉建城年代论著之一》，武汉市历史文化名城委员会，1997 年 12 月内部印行，第 74 页。

四个城市。关于盘龙城，薛凤旋如是描述："盘龙城在下二里岗时，这个夏代聚落仍只是个面积 20 公顷，以冶铜及铜的转运为主要功能的城市。在上二里岗时，它扩展为一个面积 100 公顷、有坚固围墙的大城，而且城内建筑和功能分布十分规整。中心的宫殿区面积为 6000 平方米，内中有一个陶制的排水系统。宫殿的规模虽然逊于亳与西亳，但和它们拥有同一风格。它似乎是个重要王室成员的封国的首都。城外不远处发现了 36 个大墓葬群，每个墓都拥有青铜礼器的陪葬品。其中四个的陪葬品中有铸铜熔炉，可能他们就是负责冶炼和转运铜的贵族，以供应皇室在亳和西亳铸造礼器和兵器之需。在城外发现了不少熔炉和铜水、铜屑等遗存。明显的，这个城市是二里岗时商代控制长江中下游铜矿的开采和初步冶炼的区域中心。"[1]

作为商代在南方重要的区域性统治中心，盘龙城具有"邑制城市"的一些典型特征——

盘龙城出土的商代铜钺
（公元前 1600—前 1045 年）

首先是它具有明显的政治—行政中心功能。从城址、宫殿的规模和李家嘴二号墓丧葬规格可以判定盘龙城是商代一个重要方国，宫殿和墓葬主人是商王派驻南方地方的最高统治者。

其次是盘龙城的军事中心职能。盘龙城的内外两重城垣，此正如恩格斯所说的"用石墙、城楼、堞堞围绕着石造或砖造房屋的城市，已经成为部落或部落联盟的中心；这是建筑艺术上的进步，同时也是危险增加和防卫需要增加的标志"[2]。从盘龙城墓葬中发现了大量的青铜武器，"说明了居住在这里的大小贵族都有自己的武装，有着当时先进技术装备的部队。武器的种类有：戈、矛、钺、刀、镞、斧等。其中钺是少见的，形作斧状，弧刃，内作长方。李家嘴二号墓出土二件，一大一小，大钺长达 41 厘米，刃

① 薛凤旋：《中国城市及其文明的演变》，世界图书出版公司，2015 年，第 77—88 页。

② 恩格斯：《家庭、私有制和国家的起源》，《马克思恩格斯全集》第 21 卷，人民出版社，1972 年，第 186 页。

宽 26 厘米，器身中部有一圆孔。阑部有二个对称长方形镂孔，用于穿绳缠柄，身两侧饰以夔纹，显示了统治者的威武。这种厚重的大钺，是砍杀力最强的新式武器，在古代既是战器又用于'大辟'的刑具，《虢季子白盘》曰：'赐其钺，用征蛮方'。因而，钺在古代常常是作为军事统帅权的象征物。盘龙城驻扎着的这支强大军队，有人推断这里是商人南侵的一个军事据点，城址是商人在南方建立的一个都邑"①。

第三，盘龙城作为商王朝的"方国"——"族邑"亦即边缘地区中心城市，具备宫殿、城堡、居民区和手工业生产区等独立、完整的城市体系，除了其政治军事功能外，也包含经济和文化功能。"盘龙城的城市规模，不是 290×260 米，而是 1100×1000 米以上。它由作为政治、军事中心的宫城与其他手工业作坊区、居民区等几个部分组成。同时，由于生产与居民生活的需要，当有商业贸易或产品交换活动的存在。"② 当然，盘龙城这种生产和交换功能是马克斯·韦伯所说的"为了供给这些大都市的庞大人口以及王室贵族的豪华生活"而展开的，"城市的居民直接或间接地依赖宫廷及其他大家计的购买力维生"，"定居在那儿的工匠及其商人的经济机会主要也得看城里大消费者——即'坐食者'（Rentner）——的购买力而定"③。本质是一种服务于政治军事需要的消费性城市，与后世以经济功能为主体的工商业城市有本质的区别。因此，可以这样认为，盘龙城既是商代区域性城市，更是中国"邑制城市"时代的代表性城市，"盘龙

盘龙城宫殿遗址

① 陈贤一：《介绍商代盘龙城遗址》，《武汉春秋》，1984 年第 2、3 期。

② 皮明麻、刘森淼：《盘龙城——武汉城邑文明之始》，郑自来等主编：《盘龙城研究——武汉建城年代论著之一》，武汉市历史文化名城委员会，1997 年 12 月内部印行，第 117 页。

③《韦伯作品集》Ⅱ，广西师范大学出版社，2004 年，第 201 页。

城……是已知我国第二座最早的古城……在古城内当亦包括许多其他的贵族甚至平民的居住区和一些手工业生产区，可以认为，盘龙城是具有更早期历史形态的城市。对研究城市起源和发展的过程来说，盘龙城在我国考古学中，显然具有极为重要的地位"[1]。

盘龙城的发现，对于中国文化史和城市史具有多重意义。从某种意义上言之，盘龙城的发现改写了中国历史，纠正了商代统治势力范围仅限于黄河流域的陈说，表明长江流域至少中游地区已被商文化所覆盖，它是商代统治达于长江流域乃至更广阔的南方地区的重要表征，体现了南北文化的高度统一和深度融合。

盘龙城与商文化的统一性与一致性体现在城市规划格局、宫殿形制、筑城技术、青铜、陶器及玉器制作工艺和风格、墓葬习俗等方方面面。在城市规划和布局方面，"盘龙城是一座东西 800 余米，南北 800 余米，有内外两重城垣的较大规模的'回'字形城市遗址。这种形制，与郑州商城如出一辙"。[2] 盘龙城宫殿形制和营造技术与商代宫殿具有一致性，"二里头早商宫殿的正殿，面宽 30.4 米，进深 11.4 米；安阳殷墟的晚商宫殿，其轮廓搞得比较清楚的以小屯甲组十一号基址为最大，长 46.7 米，宽 10.7 米；盘龙城 F1 是时代在二者之间而其规模亦正介于二者之间，无疑是二里岗时期长江中游一个强盛方国的重要宫殿。这一难遇资料，其立柱、筑墙等等营造技术同二里头早商宫殿的一致性，进一步揭示了当时当地文化同黄河流域的统一性；而由于其保存情况又胜过其他已发现的商代宫殿，还使其科学价值超过了本身原有的地方局限性，成为对研究整个商代社会面貌和建筑技术具有普遍意义的典型材料"。[3] 关于盘龙城墓葬习俗及青铜器、陶器风格，考古学家经过与郑州等商文化比较研究后认为，"盘龙城商代遗址和墓葬的发现和发掘，扩大了我们对商代文化领域的认识，是考古工作中的一个重要收获，所出的青铜器，虽铸造于长江流域，但与郑州等地商代青铜工艺作风完全一样，使我们看到了我国早在商代二里岗期

---

① 湖北省博物馆、北京大学考古专业盘龙城发掘队：《盘龙城一九七四年度田野考古纪要》，《文物》，1976 年第 2 期。

② 皮明庥主编：《简明武汉史》，武汉出版社，2005 年，第 14 页。

③ 同①。

南北文化已趋统一"。[①]

　　种种迹象表明，盘龙城古城遗址文化作为商文化的一个地区代表与黄河流域的商文化一脉相承，高度一致。对此，早在 20 世纪 70 年代考古学界已形成共识，认为盘龙城的二里岗早期商文化在六个方面实现了与北方商文化高度的统一性："第一，城墙的营造技术完全一样；第二，宫殿的建筑手法完全一样；第三，埋葬的风俗完全一样；第四，青铜工艺的作风一模一样；第五，制玉工艺的风格全部相同；第六，制陶工艺亦是基本器皿特征相同，而仅仅是红陶所占比例特别之大"。[②]

　　20 世纪 90 年代，考古学界关于盘龙城城市遗址与商文化一致性的上述观点得到学界一致认同和官方认可，1992 年，上海古籍出版社出版的《中国考古》一书，文化部文物事业管理局在《盘龙城遗址遗物》一文中认定"从盘龙城商代城垣的筑法、宫殿基址的形状和出土的青铜器、玉器、石器、陶器与骨器看，和郑州商城的筑法与出土物有许多相同之处，而部分铜器和陶器则有着明显的地方特征，种种迹象表明盘龙城是一座相当于商代二里岗期的城址"。1998 年出版的《中国重要考古发现》进一步论定："盘龙城遗址，无论从城夯筑技术、陶器特征、青铜工艺、玉器风格及埋葬习俗等方面，虽有一定的地方性特点，但与郑州出土的商代中期文化具有明显的一致性。总的说来，属商文化系统。当地应是商王朝在长江流域的一个重要方国。"[③]

　　有鉴于此，2001 年 4 月，在中国社会科学院考古研究所组织的"中国 20 世纪 100 项考古重大发现"评选活动中，盘龙城荣幸入选，其入选理由是"揭示了商

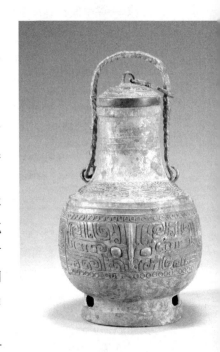

提梁壶盘龙城，李家嘴一号墓出土

[①] 湖北省博物馆：《一九六三年湖北黄陂盘龙城商代遗址的发掘》，《文物》，1976 年第 1 期。

[②] 湖北省博物馆、北京大学考古专业盘龙城发掘队：《盘龙城一九七四年度田野考古纪要》，《文物》，1976 年第 2 期。

[③] 《中国重要考古发现》，商务印书馆，1998 年，第 89 页。

文化在长江流域的传播与分布"。对此，国家夏商周断代工程首席科学家，中国社会科学院古代文明研究中心主任李学勤作如是阐释："判断一项考古发现是否价值重大，要看其能否使人们获得对于当时历史的全新认识。盘龙城商代遗址堪称这样一种类型的考古重大发现。"

如果说，商代盘龙城是先秦时期"邑制城市"大家族中的杰出代表，那么，清代的汉口则是明清时期江南工商市镇群落一颗耀眼的明星。尽管明清时期的江南市镇众多且十分繁华，颇有影响，但是，按照施坚雅对传统中国区域经济中心城镇的分类排序，江南市镇如盛泽等充其量只是这一体系中的末端城镇——中间市镇或者中心市镇。从商业功能的角度观照明清之际的城市，真正称得上施氏所说的地方城市、大城市和地域城市的大概只有苏州、汉口。苏州"居货山积，行人水流，列肆招牌，灿若云锦，语其繁华，都门不逮"①。有诗云："繁而不华汉川口，华而不繁广陵阜，人间都会最繁华，除是京师吴下有"②，自诩其繁华程度超过了汉口和扬州。但是由于苏州是苏州府所在地，属于体制内"法定的"郡县城市一类。因此，真正具备体制外"自然的"商业城市特征的当以汉口较为典型。

汉口起源明代成化年间汉水改道，至明代万历四十年（1612年），汉口人口仅8515人。经过明末清初的发展，至清代中叶已发展成为"人烟数十里，行户数千家，典铺数十重，船舶数千万"的大城市，"1465年，因湖北省汉水下游的航路改变而产生了名曰汉口的小市，1497年升格为镇，此后被常设为镇。19世纪初发展成为拥有100万人口、控制由两湖的全部、江西、河南、陕西的各一部分组成的商业圈——'长江中游大地区'——的中枢首府；而且成长为集地区首府、大城市、地方城市三重商圈的交易功能于一体，各种功能兼而备之的商业中心"。③

地方志书如是描绘清初汉口繁华盛况：

---

① 孙嘉淦：《南游记》卷一。

② 郑若曾：《江南经略》卷二上：佚名《韵鹤轩杂著》。

③ ［日］斯波义信著，方健、何忠礼译：《宋代江南经济史研究》，江苏人民出版社，2012年，第30页。

往来要道，居民填溢，商贾辐辏，为楚中第一繁盛处。[①]上至硚口，下至接官厅计一十五里，五方之人杂居，灶突重沓，嘈杂喧呶之声，夜分未靖。其外滨江，舳舻相引，数十里帆樯林立，舟中为市，盖十府一州商贾所需于外部之物，无不取给于汉镇，而外部所需于湖北者，如山陕需武昌之茶，苏湖仰荆襄之米，桐油墨烟下资江浙，杉木烟叶运行北直，亦皆于此取给焉。[②]

独特的商业功能，非行政中心的城市性质以及商业文化的浸润渗透，使得汉口在传统城市体系中卓尔不群，颇为另类——既是城市形态的：非政治中心的商业码头城市和"转输贸易"商业形态；也是政治、社会与文化的：城市功能的商业性而非政治性，城市布局自然生长而非事先规划，有利于商业展开而非以官衙为中心；城市居民和社会结构以商人市民为主体而非以官僚士绅为主要的；城市治理是自治的而非

从龟山俯瞰汉水两岸。1871 年约翰·汤姆逊拍摄

官治的；城市经济是商业的、市场的而非农业的官方垄断的；城市文化是流动、包容、开放、世俗而非固定、保守、封闭、正统的；等等。

汉口的这种特殊地位，向来倍受海内外城市史研究者的青睐。日本汉学家斯波义信著《中国都市史》在对中国历史上都市的个案解剖中，名列首位的便是汉口。他认为汉口作为一个巨大的都市，无论是城市面积、人口还是影响力，不仅在新兴工商市镇中鹤立鸡群，而且相较于武昌和汉阳这样的传统郡县城市也是后来居上。

---

① 《大清一统志》卷二六一。
② （清）章学诚著：《湖北通志检存稿》卷一《食货考》，湖北教育出版社，2002 年，第113 页。

　　在三市构成的组合中，汉口不仅超越汉阳县（元代为"府"），还超越武昌成为实际上的大集散地，得益于前述的天时地利。由于发展过快变得很大，值得注意的是：汉口相比一般的贸易港（商埠）吸引了更多外来人口，且在资历上可算作香港的前辈。换一角度看，在武昌也有一定的工商业者，与以这些人为主体形成汉口市民的速度相比，则现实的发展速度过快。而外来人才迅速地大量聚集于此地，由此构筑了多元的都市。①

　　也正是由于汉口的加入，使得武汉这个组合型城市的城市地位大大提升，尽管如此，让武汉整体跨入超级巨大都市行列的就是三者之中有实力的汉口镇。②

　　海外城市史学者关注汉口城市研究的最典型者当推美国汉学家罗威廉，他有两部研究汉口的著作，即《汉口：一个中国城市的商业与社会（1796—1889）》和《汉口：一个中国城市的冲突与社区（1796—1895）》。罗威廉对汉口的商业功能和城市地位给予很高评价：

　　　　总之，前工业化时期高效率的水运系统和特殊的商业手段，使中国克服了长距离、低技术的障碍，并在清朝中期形成了全国性的市场。即使在欧洲和其他地区，这样的发展也只有在蒸汽动力运输的条件下才有可能实现。如果说中国国内市场有一个唯一集散中心的话，它就应当是汉口，它完全称得上是一个"中心都会"。③

　　罗威廉对18—19世纪汉口的研究，在冲击——反应模式、中国传统城市功能结构以及公共领域与公民社会等三个方面颠覆了西方学界对传统中国的认知，进而提出即使没有近代开埠和西方的冲击，中国一些城市如汉口也能缓慢地发展到近代社会。从而构筑起对中国传统社会尤其是中国城市史研究学术话

① ［日］斯波义信著，布和译：《中国都市史》，北京大学出版社，2013年，第121页。
② 同①，第113页。
③ ［美］罗威廉著，江溶、鲁西奇译：《汉口：一个中国城市的商业与社会（1796—1889）》，中国人民大学出版社，2016年，第75页。

语体系——

（一）对费正清等"冲击——反应"模式的驳难。西方学界主流观念认为前近代的中国一直停滞不前。费正清认为，由于缺乏内在动力机制，传统中国依靠自身很难突破旧的框架迈向现代，只是在经过 19 世纪中叶西方冲击后才发生剧变，开始向现代社会演变。"西方能够从自身的文明中完成现代化，而中国由于自身独特的传统，则只能借助外部力量实现现代化。"他认为，"要理解近代中国，必须将其置于中西接触的大背景下"。"近代中国的经验告诉我们，新的力量在发挥作用。探究这种新力量的滥觞与壮大，也要以百年来的西方影响为背景。民族主义、一党执政、人民至上、技术崇拜、青年主导、妇女解放——所有这些新的因素都得自同西方的接触。"① 在近代中国，虽然西方的"冲击"和中国的"反应"是缓慢而渐进的，但总体的趋势是西方的冲击和影响使中国人的生活发生了根本性变化。"虽然历史学界关注的中心问题一代与一代有所不同，但就近代中国而言，某些尚未解决而又需要阐明的问题，似乎可能在以后的一段时期内先引起注意，一个需要阐明的重大问题就是外来影响的程度和性质。19 世纪外国人在中国的活动显著增加，并且变得越来越有影响，越来越向社会各方面渗透，最后终于促使中国人的生活彻底改观。然而外国人的冲击和中国人的反应的进程是逐渐开始的，几乎不能觉察出来。对这一过程的觉察，是经过了其强度和复杂性不断增长的一系列阶段才显示出来的。"②

绝大部分西方学者将"冲击——反应"模式应用到中国近代城市史研究领域，他们认为，中国早期现代城市化和城市现代化也是在"冲击——反应"的模式下展开的。"中国城市在功能与结构方面没有什么根本性的变化，直到 19 世纪中期，西方人的影响才迫使它开始出现了某些变化。"③那么，历史的真相究竟是怎样的呢？罗威廉一反成说，管中窥豹，以 18 世纪至 19 世纪 90 年代

---

① ［美］费正清、邓嗣禹著，陈少卿译：《冲击与回应：从历史文献看近代中国》，民主与建设出版社，2019 年，第 5 页。

② ［美］费正清、刘广京编：《剑桥中国晚清史 1800—1911 年》（上卷），中国社会科学出版社，2018 年，第 3 页。

③ ［美］罗威廉著，江溶、鲁西奇译：《汉口：一个中国城市的商业与社会（1796—1889）》，中国人民大学出版社，2016 年，第 10 页。

之前汉口城市发展历史实例，对此给予有力驳斥：

> 汉口从 15 世纪建立到 19 世纪末的迅速发展，是一个与伊懋可
> （Mark Elvin）的观点相反的例证。伊懋可认为："1300 年至 1900
> 年间发生的许多事实，似乎表明大城市已自行停止发展或出现倒退
> 的趋势"。汉口的发展历程，不管它怎样不够典型，仍然证明了中
> 国经济具有不断产生新的第一流城市的能力，在那里，地理和商业
> 的因素起着主导作用。更值得注意的是，汉口的发展历程反驳了罗
> 兹·墨菲在 1954 年发表的关于西方冲击论文中所作的断言及其隐含
> 的假设："在官僚主义的中国，单靠贸易是无法与作为城市基础的
> 行政体系对抗的。像汉口这样优越的贸易场所……在欧洲商人在那
> 里建立起主要的城市之前，往往没有得到充分利用"。汉口的存在
> 证明，在中华帝国晚期，"仅仅是贸易"也能够支持与当时西方拥
> 有的最大的城市一样大的城市。毫无疑问，西方势力通过提供安全
> 保障，为汉口在太平天国后迅速地恢复其人口规模做出了贡献（虽
> 然 19 世纪 60 年代中期完全由中国人主动修筑的汉口城墙也起到了
> 同样的作用）；然而，最为关键的事实却是 1856—1889 年间汉口人
> 口增长的大部分属于返乡人口。即使有了新的对外贸易机会，在取得
> 通商口岸的地位几乎 30 年后，汉口的人口规模仍然未能恢复到太平
> 天国攻陷前"汉口镇"全盛时期的水平。因此，作为一个重要城市的
> 汉口不可能是由"欧洲商人"在清代汉口的位置上"第一次"建立起
> 来的。①

罗威廉认为，即使在 1861 年汉口开埠后，西方对汉口的影响亦甚微。

19 世纪的中国社会并不是停滞的，也不是冷漠地等待着外来刺激的震动，
然后才做出反应或仿效外国模式。②

---

① ［美］罗威廉著，江溶、鲁西奇译：《汉口：一个中国城市的商业与社会（1796—
  1889）》，中国人民大学出版社，2016 年，第 51—52 页。

② 同①，第 382 页。

　　汉口引人注目的地区间贸易量和贸易范围在鸦片战争前好几个世纪就已经开始出现了，并且甚至在汉口开放之后仍然是它最具生命力的一个方面。正是汉口之全国性突出地位的建立，而不是西方的影响，使它逐步摆脱了地方商业体系之中心城市的地位。这种转变是明清时期中国统一的全国性商品经济发展的必然结果。①

　　总之，在这个通商口岸开放的最初三十年中，西方的出现并没有显著地改变汉口社会历史的进程。1861 年以前，外国人在这里已为人们所知，尽管他们的人数后来增加了，但仍然非常之少，而且和当地居民严格地隔绝开来（主要是出于外国人的选择）。由于这种孤立的隔绝状态实际上是外国人在经商过程中一种无奈的选择，它就显得更为引人注目。进而言之，1890 年以前，外国的直接影响局限于很狭窄的范围内。②

　这些影响主要在三个领域，"即商业融资、商品内部的相对构成以及商业技术（特别是在运输方面）等领域"。

　在金融领域，"按照西方模式组织的所谓'现代银行'很早就被引进到汉口了，而且在不久就成为主流"。③但是，即使在汉口开埠后的三十多年里，"商业金融业务的绝大部分仍掌握在中国人拥有的金融机构手中，并按照传统的中国方式运营着"。④"在运输技术方面，西方也带来了重要且颇为复杂的变化"，"轮船逐步取代了在汉口开埠

轮船和帆船交织在一起的汉口码头

---

①［美］罗威廉著，江溶、鲁西奇译：《汉口：一个中国城市的商业与社会（1796—1889）》，中国人民大学出版社，2016 年，第 82 页。

② 同①，第 62 页

③ 同①，第 102 页。

④ 同①，第 102 页。

最初几年里西方商人用来从事上海—汉口间贸易而包租的三桅帆船。在国内贸易方面，轮船也因为速度较快，越来越多地被用于运输那些不易保存的货物"。另外，"轮船被引入中国内河航运的主要意义之一是刺激了中国仿造轮船"。但是，在19世纪末20世纪初，汉口乃至中国的运输技术仍然以帆船为主导，"轮船运输严重影响了三桅帆船的生意，但对平底帆船的影响却微乎其微。事实上长江上的平底帆船比其他船有较多的获利机会，因为它们不仅被雇来运载日益增多的进口货物，还被用来运送由轮船运来的国内产品……由此看来，轮船不仅没有取代、反而加强了汉口传统的国内帆船贸易"。①

　　因此，罗威廉强调，对于19世纪汉口开埠后的社会经济变革的动力机制要做具体分析："我们必须谨慎地区分这些变化何者可直接归因于与西方的接触，而何者则是其内在发展过程的必然结果"。虽然开埠后因为外贸的因素汉口的商业有了加速的发展，"但它的发展毕竟远远早于对外贸易。在1889年中国开始引进蒸汽动力工业之前，这一内在发展的结果看来要比（西方势力的到来所引起的）变化重要得多"。②

　　罗威廉进而指出，即使没有西方的入侵和对外开埠，按照明清时期汉口城市的发展惯性，汉口也能缓慢地发展进化到近代资本主义社会，"本书关于19世纪的中国已出现实质上的城市自治的观点，也意味着两种可能性的选择：（1）中国将沿着自身的发展道路，最终发展到可与西方相比拟的工业资本主义社会；（2）如果中国没有像这样发展，其原因也不会是由于这些城市未能得到充分发育，从而未能充分发挥其必需的催化作用，而只能在其他方面寻找原因"。

　　当然，在近代汉口社会转型的历史进程中，罗威廉并不否认西方影响，只是这种影响在19世纪末期才开始显现。"所有这些变化都发生在本项研究所涉及的时段之后。对于汉口，我将讨论的是清代汉口的社会、经济结构及其特点，以及这种结构在19世纪经历的渐变进程，并最终导致它直接进入到19世纪90年代的工业革命和1911年的政治革命（武汉是中国最早经历这些激进事件的地

---

① ［美］罗威廉著，江溶、鲁西奇译：《汉口：一个中国城市的商业与社会（1796—1889）》，中国人民大学出版社，2016年，第104—105页。
② 同①，第92页。

方）。当然，外国干预与外来因素发挥了作用。工业化技术全部是引进的，而且是由专制官僚机构（张之洞）和外国企业主持的。""从 1890 年到 1910 年的20 年时间里，是当地商业的一个转折期。在这一时期，在中日战争和工业化影响等多重因素的共同作用下，帝国主义势力进一步加强了对中国的掠夺，西方人才逐渐真正取得了他们寻求已久的、在汉口贸易中的控制地位。因为各种原因，特别是第一条铁路的建设贯通了汉口，汉口的对外贸易在这一时期得到了很大的发展。一份当时的资料报告说：从 1867 年到 1916 年，汉口的年度外贸额增加了两倍（从 6900 万两增加到 2.002 亿两）；另一些报告说，这些年中的增长幅度要更大一些。随着贸易的扩展，到汉口来的外国人显有增加之势。1895 年，英租界与俄租界连接起来，这一年晚些时候，与德租界、1898 年与法租界相继连成一片。同样在 1898 年，日本人也首次在汉口建立了租界，并且在随后的七年中他们将租界扩大了近一倍。这样，在这一时期，几个世纪以来汉口的老商业传统遂几乎完全被外来势力征服了。"①

尽管如此，罗威廉仍然认为，由于城市的功能特性和历史发展惯性，汉口是有可能进入现代工业——民主社会的，西方影响只是历史的偶然。"虽然这些外在因素也非常重要，但本项研究清晰地表明：这个城市本身的条件使它有可能——或许是必然——成为中国工业与政治革命的全国性领导者。而汉口 19世纪的总体历程，就表现为这些事件的漫长序曲。"②

（二）对中国古代没有城市的所谓"韦伯模式"的批判。按照德国著名社会学家马克斯·韦伯提出的城市必须具备超出行政首府功能"在贸易—商业关系中显示出相对的优势"的所谓"韦伯模式"，中国古代基本没有城市，"在中国，是否为官吏的驻所是城市的一个决定性特征，而且城市也是依照官吏的等级来分类的"。③"在中国，城市是个要塞及皇权代理人的治所。"④中国古代城市当然也有手工业生产和商业贸易，但韦伯认为，这种经济活动一是受到官府的严格管控，只是政治军事功能的附属物，"城市的繁荣并不主要有赖于市民

① ［美］罗威廉著，江溶、鲁西奇译：《汉口：一个中国城市的商业与社会（1796—1889）》，中国人民大学出版社，2016 年，第 93 页。

② 同①，第 17 页。

③《韦伯作品集》Ⅱ，广西师范大学出版社，2004 年，第 265 页。

④ 同③，第 220 页。

在经济与政治冒险方面的进取精神，而更有赖于朝廷的管理职能，特别是对江河的管理"；^①二是不具有典型的消费城市特征，"在所谓'君侯城市'指的是，城市的居民直接或间接地依赖宫廷及其他大家计的购买力维生，此种城市类型相似于另外一些城市，定居在那儿的工匠及其商人的经济机会主要也得看城里大消费者——即'坐食者'（Rentner）——的购买力而定"。^②

对于这种以西方城市为标准来评判中国传统城市的所谓"韦伯模式"，罗威廉以为，这一模式漠视各种类型的城市功能的差别，尽管古代中国城市的主流是政治与军事功能，但另外的事实是，传统中国也存在一些诸如景德镇（瓷器生产）和汉口（水运交通贸易）这样的专业化经济功能城市。"汉口的发展历程，不管它怎样不够典型，仍然证明了中国经济具有不断产生新的第一流城市的能力，在那里，地理和商业因素起着主导作用。"^③罗威廉甚至进而言之："汉口存在的理由是贸易，一种特殊型的贸易：它是货物转运中心，并通过市场机制对国内物质的流通进行宏观上的调控与管理。一部清初的中国商业指南把汉口说成是'整个清帝国最大的货物集散地'。"^④汉口的这种独特的商业地位，既得益于两江交汇、九省通衢的交通优势，也是传统中国后期社会经济发展的必然结果。

在韦伯等西方中心论者的眼中，传统中国城市在官僚体制的制约下，效率低下、封闭保守、市场无序等弊端丛生，但所有这些在汉口都很难看到。"虽然在汉口商业的内部，坚持不懈地致力于控制与自我调节，但19世纪的汉口仍得以保持为一个著名的自由运转的市场。贸易受到严密的监督，但从未被彻底控制。江湖骗子、纨绔子弟与街市混混儿在这个城市都很活跃。可是，西方著作中通常描绘的中国城市（或'前工业化城市'）的种种陋习和效率低下，在汉口却很少表现出来。以原始的讨价还价代替理性的市场控制机制，在贸易伙伴的关系上持一种强烈的排他性态度，不合适的贮藏方式和贮藏设备，以及缺乏马克斯·韦伯赋予城市的'契约自治'的特征，等等，似乎没有一条完

① 《韦伯作品集》Ⅱ，广西师范大学出版社，2004年，第200页。

② 《韦伯作品集》Ⅱ，广西师范大学出版社，2004年，第201页。

③ ［美］罗威廉著，江溶、鲁西奇译：《汉口：一个中国城市的商业与社会（1796—1889）》，中国人民大学出版社，2016年，第51页。

④ 同③，第27页。

全适用于中华帝国晚期像汉口市场所显示出来的大宗批发贸易方面。"由此进一步观察，罗威廉认为，19世纪汉口的商业贸易已经具备韦伯们说的"理性经济"：

> 所有各式各样书面的商业协议，从船运协议（"船票"）货运单（"保单""清单"），到各种凭据（"凭票""借据"）的交易契约（"订单""成单"），都在汉口正常地通行流转。实际上，如果没有这些，这个城市如此庞大的贸易是无法想象的。商人们与行会在质量控制方面的一致努力，恰恰证明他们并非忽视"市场理性"，而是对它抱有一种依赖感。韦伯曾把"理性经济"定义为"一种功能性组织"。它与源于人们在市场的利益争夺的货币价格相适应。基于以上事实我们认为：19世纪的汉口经济完全适合韦伯所说的"理性经济。"①

罗威廉从资本的普及化及其精巧的运用、投资合伙人制度以及有限责任制，"中人"作为商易交易的保证人和仲裁人在维持有秩序的市场中所起的理性作用、汉口商界存在的普遍承认的商业规范与共同准则、行会组织主导和管理汉口商业交易使市场竞争规范化和有序化等等方面，系统论述前近代时期汉口商业社会的这种"理性经济"，并指出汉口商业世界"看上去与西方概念中前工业化的、城市的、商业资本主义的社会颇为相似"。②

罗威廉指出，如果沿着这条路一直走下去，汉口社会商业资本投资工业的可能性是大大存在的，一个工业化社会似乎呼之欲出。这不禁让那些以为没有西方势力的进入中国永远只能停留在传统农业—商业社会的西方中心论者大跌眼镜了：

> 简言之，在清代，汉口较大的行会越来越多地团体性投资城市不动产并逐步发展了成熟的机制去管理其财政。这一制度体现了马克

① ［美］罗威廉著，江溶、鲁西奇译：《汉口：一个中国城市的商业与社会（1796—1889）》，中国人民大学出版社，2016年，第91页。
② 同①，第88—91页。

斯·韦伯及其追随者们所描述的经济"理性"的基本特征：详细的资本账目清算，管理人轮换，得到地方官府保证的契约文书（在形式上有转让契约、买卖凭据以及租赁合同等）。此外，这一制度不仅给投资人提供了赢利的机会，而且建立了一种资本再投资的机制——既在获得新资产方面，也在促使现业主提高其资产价值方面。

当然，这种制度中见不到主要的"现代"因素——工业生产。然而，似乎没有理由认为行会体制在投资于工业时就不能随之发展成为复杂的金融机构。事实上，到19世纪90年代，随着第一家现代银行的建立，至少是有一个行会，即茶业公所，发展到了这一步。这家银行的成立，说明通过旧式行会团体的传统商业方式集聚起来的资金，完全可以有合适的渠道成为汉口早期工业化的资本。①

（三）对哈贝马斯关于中国传统城市并无"城市共同体"及"公共领域"论断的回应。 马克斯·韦伯认为，源于古希腊城邦文明的西方城市形成了"城市共同体"，这个城市共同体除了具备防御能力和市场商业功能外，最关键的是城市具有独立的法人资格和市民自治。当代德国著名哲学家、社会学家尤尔根·哈贝马斯提出的介乎于市民社会中日常生活的私人利益与国家权力之间的机构空间与时间的所谓"公共经域"理论，其要义是指政治权力之外，作为民主政治基本条件的公民自由讨论公共事务、参与政治的活动空间，是独立于政治建构之外的公共交往和公众舆论。在韦伯和哈贝马斯看来，这种城市共同体和公共领域只在西方存在，"然而在西方以外，从来没有过以一个自治团体（Gemeindever-band）形式存在的城市。这样的城市在中世纪时显见的特征是：有自己的法律和法庭，以及在某种范围内有自治的行政组织，中世纪的市民只有在接受这种法律的管辖，并参与推选行政官吏的条件下，才能算市民。这种带有自治团体意义的城市之所以不见于西方以外的地区，其原因实值得我们深究"。② 具体到中国先秦及古代中国城市，马克斯·韦伯亦颇为武断地指出："在

① ［美］罗威廉著，江溶、鲁西奇译：《汉口：一个中国城市的商业与社会（1796—1889）》，中国人民大学出版社，2016年，第354—355页。
② 《韦伯作品集》Ⅱ，广西师范大学出版社，2004年，第265页。

中国，同样也没有'市民'与'城市共同体'的概念。不管在中国还是在日本，'自治'只是个职业团体及村落的特色，而非城市的"[1]。韦伯认为，"中国城市在这方面失败的主要原因是中国城市本身的自然性。在中国，从未形成真正的'城市'，因为形成'城市'必不可少的先决条件'城市共同体'从未存在过"。[2]哈贝马斯认为公共领域具有特定的历史时间和文化的独特性，它起源和存在于欧洲中世纪全盛时期的"公民社会"独有的历史发展阶段中，言下之意，在欧洲以外包括中国在内的国家和地区并不包含其中。

对于韦伯和哈贝马斯的这些带有明显西方中心论偏见的观点，罗威廉并不认同。关于公共领域和公民社会，罗威廉认为，以"公共领域"理论范畴来分析晚清和民国的中国社会是有理由的，"和西欧一样，中国在 16 世纪以后出现了长途贸易量的剧增，大型商号、金融机构及有组织的商人网络兴起；出现了持续的区域城市化进程和一种更独特的城市文化的发展（很大程度上基于茶馆这一形式——酒馆和咖啡馆在中国的对应物）；还有印刷出版业、大众识字、大众文学的扩张，而这其中相当一部分带有很重的社会批判意味"。[3]罗威廉以汉口为样本分析中国传统城市中存在着类似于欧洲古代和中世纪的"城市共同体"：

其一，汉口存在着市民阶级，并具有明显的城市意识：

> 至于个人身份方面，清代人口的空间流动（特别是太平天国运动后）造成了某些人群地方身份的多元化。首先，在移入汉口的移民中间，依附于出生地的狭隘的乡土观念日渐淡薄；令人惊异的是，甚至在那些自称为寓居者的人们中间，也是如此。这种现象促进了明确的城市意识的兴起，以及真正意义上的"城市阶级（市民）"的出现。……长期居住在汉口的人们逐步融入到一个内部团结的氛围中，而一些公共自保行动——也促进了城市意识的形成。这样，"汉

---

[1]《韦伯作品集》Ⅱ，广西师范大学出版社，2004 年，第 220 页。

[2]［美］罗威廉著，江溶、鲁西奇译：《汉口：一个中国城市的商业与社会（1796—1889）》，中国人民大学出版社，2016 年，第 5 页。

[3]［美］罗威廉：《近代中国之公共领域》，《近代中国》（英文版），1990 年第 16 卷第 3 期。

口人"的身份也就逐步形成了。虽然韦伯拒绝承认，但事实上，在19世纪的中国城市中，不仅形成了城市阶级，也出现了城市社团。①

其二，汉口存在独立于国家与政府的自治组织。罗威廉认为，由于汉口商业发达，导致行业组织——行会大量存在，这些行会不仅管理内部事务和规范贸易行为，而且参与甚至主导城市公共事务。

> 在19世纪的汉口，引导社会和经济生活最重要的因素并不是地方官府、士绅派系、家族或个别豪强巨头，而是经常在西方著作中称为"行会"的协会组织。在汉口，行会的势力是显而易见的。②
> 对于汉口来说，结果是形成了一个以行会为中心的、实质层面上的市政管理机构。③

其三，汉口城市是民间自治而非官僚控制的。

> 尽管晚清汉口的官僚体系仍然看起来相当强大，但当时的汉口在这一连续统一体中的位置早就靠近自治这一极了。这说明，政治功能的逐步普及化是与经济力量的"私域化"平行展开的（虽然前者要比后者滞后很多）。④

罗威廉系统了描述各类行会尤其是所谓"八大行"参与和主导汉口商业贸易、市场监管、市政建设、慈善公益等方面的情形——

> 我们对汉口的研究已表明，早在19世纪初，行会及其他民间力量就已经担负起社会协调与社会福利功能……在传统的与革新性的社会服务两方面，行政机构都把责任推给了满怀信心、跃跃欲试的当地

---

① ［美］罗威廉著，江溶、鲁西奇译：《汉口：一个中国城市的商业与社会（1796—1889）》，中国人民大学出版社，2016年，第383页。
② 同①，第285页。
③ 同①，第384页。
④ 同①，第385页。

城市民众和本地经济领导阶层了。汉口官府年年叫嚷的所谓"冬防"实际上是由民间自行运作的，而它心甘情愿地依赖行会领导的消防与治安系统以在危机时刻维持平安，凡此，都说明官府已经把很多责任推给民间社会力量了。①

八大行控制的汉口完全可以被看作在一个相对独立的多元化政治制度的治理之下，而不是受到专制主义国家或封建地主阶级的统治。②

行会在汉口城市经济与社会事务中的地位与作用，大大超越了其地域与行业管理职能，已然成为城市准政府组织，这曾经被韦伯等严重低估。对此，罗威廉给予了严厉批评：

在汉口，（1）行会关心与控制的领域已远远超出了统辖其所属成员及其行业的范畴；（2）在19世纪的大部分时间里，已经存在着行会的联合和行业联盟；（3）这些行会联盟逐步采取措施，担负起城市整体利益的责任；（4）所有这一切都得到当地官府的委托与支持。这些认识是否适合于学者们对中华帝国晚期行会之政治与社会地位的已有认识？我们马上就可以看到，长期以来一直占据西方人在这一问题上的中心位置的观点——"商人行会没有足够的力量就其关心的社会公共事务发表意见，更不用说在统治秩序方面了"——其实是不成熟的。同

汉口山陕会馆大门

① ［美］罗威廉著，江溶、鲁西奇译：《汉口：一个中国城市的商业与社会（1796—1889）》，中国人民大学出版社，2016年，第378页。
② 同①，第385页。

样，马克斯·韦伯所谓中国行会的力量"只包括在具体群体利益的特定问题行使特定组织的具体权力"的看法，也严重低估了中国行会组织的作用。①

当然，以 19 世纪的汉口为典型代表的中国传统城市的市民自治并非欧美的复制版本，而是按照自身的发展规律，走着一条有中国特色的城市自治治理之路。对此，罗威廉强调指出，不能以西方城市为唯一标准来判断和衡量中国传统城市经济与政治发展是否具有"理性化"和"现代化"：

> 把 19 世纪的中国城市与当代美国城市过分类比显然是愚蠢的，但指责中国城市没有形成欧洲中世纪市镇共同体所出现的那种特殊的城市自治现象，看来也是不正确的。我们在过去的历史发展过程中未能找到我们认为是进步的指标，可能仅仅意味着那些指标只是西方发展道路上的独特指标，或者我们对这些指标所作的界定过于狭隘。同样，我们所界定的"理性化"或"现代化"过程也可能只发生在其各自拥有特性的文化情境之中。②

循着这一逻辑思路，罗威廉提出了"中国将沿着自身的发展道路，最终发展可与西方相比拟的工业资本主义社会"的大胆假设，事实也确乎表明，罗威廉这种假设并非仅仅是假设，19 世纪后期，汉口城市社会早期现代化发展已初现端倪，直至 20 世纪初革命爆发，武汉成为中国乃至亚洲迎来民主共和第一抹曙光的城市：

> 最具决定性的变化进程在 19 世纪的汉口已开始起步。明确的城市意识的兴起，自我觉醒的阶级差别的出现，经济领域中商人集体自治的不断增加，在非经济事务方面商人越来越多地承担起官方或半官方性质的责任，凡此，却显然有利于在城市领导集团中形成资产阶

---

① ［美］罗威廉著，江溶、鲁西奇译：《汉口：一个中国城市的商业与社会（1796—1889）》，中国人民大学出版社，2016 年，第 379 页。
② 同①，第 384 页。

级。这种初生状态的资产阶级是在一个本质上属于前工业化而且只是受到很少西方影响的环境中诞生的。……1911 年，武汉三镇及其他城市里的年轻的中国资产阶级，以异乎寻常的速度站在了支持革命政府的一边。实际上，在 19 世纪的最后几十年里，在汉口从事纯粹国内贸易和买办贸易的领域，发生了好几起商业活动，都是最初支持建立民国的著名活动。当然，这种反应在很大程度上是以 19、20 世纪之交所发生的一系列国内、国际巨变为前提的，但也是长期以来中国城市社会不断变化的结果。①

---

① [美] 罗威廉著，江溶、鲁西奇译：《汉口：一个中国城市的商业与社会（1796—1889）》，中国人民大学出版社，2016 年，第 386—387 页。

第一章 "天下四聚"——武汉前近代的发展高峰

早商时期
江汉之畔开出一朵文明之花——盘龙城。

东汉末
因其军事战略地位, 有了卻月城 (汉阳) 和
夏口城 (武昌) 双城之筑。

唐朝时
大江两岸的鄂州和汉阳, 隔江相望, 双城并峙。

明朝时
汉口崛起, 改变了武昌—汉阳夹江对峙的格局,
三镇鼎立最终定型。

明清时期
九省通衢和"转输贸易", 使得汉口逐渐孕育出
原生型现代化城市的种子。

"因武而昌" 双城并峙

1997年1月某日，一位文物爱好者在武汉市汉南区的江边沙滩上发现了一块奇异的石头。也许他不会想到，自己的这一发现竟然将武汉的历史推早了1万至5万年。经专家论证，这块怪石是头盖骨化石，主人为晚期智人，时代与北京山顶洞人、四川资阳人相当，距今约1万至5万年，她被命名为"汉阳人"。

在那洪荒的远古，一群群"汉阳人"在江汉之畔披荆斩棘、筚路蓝缕。他们渔猎于江湖之间，作陶于江汉之滨，在此生息繁衍，留下了众多人类活动遗迹。武昌放鹰台、南湖老人桥，以及马头谭、许家墩、棋子墩等数十处新石器时代的文化遗址，显示出这里曾经是南方屈家岭文化与北方龙山文化交汇融合之区，并沐浴着中华文明的第一缕阳光。经过漫长的文明进步，在距今3500年的早商时期，武汉地区终于结出了一朵璀璨的城市文明之花——盘龙城。

汉阳人头盖骨

1954年，一场百年不遇的特大洪水袭击武汉，抗洪军民在城郊取土固堤，无意中挖出一座商代城池遗址，它就是后来蜚声中外的盘龙城。这座占地50万平方米的古城具备了早期城市所应有的一切设施，包括城堡、宫殿、作坊、聚落和墓地，城内有贵族、士卒、工匠、平民、巫师。盘龙城是商代在南方的青铜文化中心。对于这座城池的性质，尽管到目前为止学术界还没有最后定论，不过多数观点均认为它是商王朝的方国和重要的军事据点，其目的是震慑南方蛮族，并取得附近铜绿山丰富的铜矿，它矗立在长江之滨达200余年之久。

自大约公元前12世纪盘龙城神秘消失后，从商代中后期到西周立国后分封"汉阳诸姬"前，"后盘龙城时代"的武汉城市史出现了长达近三百年的

"空窗期"，至少从考古学的角度看来是如此。

周初，周文王"命姬奭巡行南国，以布厥政"。周王朝在汉水之东封了一些姬姓侯国、伯国，"今武汉地区也纳入这些封国中，如汉阳区、蔡甸区属郧国，武昌区、洪山区、江夏区属鄂国。新洲区为邾国，黄陂区属黄国（据1986年《黄陂县志》），举国在新洲、麻城之交。不过，今武汉市区中心未形成建制，只是部分包举在周边方国中"。[1]

公元前1024—前1005年周成王时，熊绎受封为子爵，开启了楚人封土建国、称霸中国的漫漫之旅。"熊绎当周成王之时，举文、武勤劳之后嗣，而封熊绎于楚蛮，封以子男之田，姓芈氏，居丹阳"。[2]大约150年后，熊渠在位，楚国势力范围达于江汉地区，"当周夷王时，王室微，诸侯或不朝，相伐。熊渠甚得江汉间民和，乃兴兵伐庸、杨粤，至于鄂"。[3]武汉地区今武昌、洪山、青山、江夏等地开始纳入楚国版图。公元前8至前7世纪楚武王、楚文王时期，楚国相继灭郧国、隋国、唐国、历国、贰国、轸国以及黄国等周朝封国，楚武王以后或春秋时期，楚国一统江汉地区。

周、楚时期，在今武汉市远城区曾经出现一批封国、方国乃至城市遗址，如长子、举、鄂、邾等封国，鸡公城、作京城、鲁台山、香炉山等城市遗址。

从黄陂鸡公城到蔡甸城头山城，两周时期武汉地区城市遗迹次第发现，有力地证明后盘龙城时代武汉地区城市发展历史一直连绵未绝，代有修筑，这既是武汉独特的控南引北、承东启西和江河交汇、水陆联运独特的地理交通优势使然，同时城市的持续出现也需要经济的支撑，表明此一区域经济发展已达一定水平。不过，商周时期武汉城市还仅布局于今武汉外围区域，武汉中心区城市起源并持续发展，形成"双城并峙"和"三镇鼎立"的城市格局，当是千年之后的事了。

武汉地区设郡立县，始于西汉初年。汉武帝元狩二年（公元前121年），汉代正式设立江夏郡，《汉书·地理志》："江夏郡，高帝置，属荆州"，应劭注云："沔水至江别至南郡华容为夏水，过郡入江，故曰江夏"。江夏郡下

---

① 皮明麻主编：《简明武汉史》，武汉出版社，2005年，第20页。
② 《史记·楚世家》。
③ 同②。

辖西陵、竟陵、西阳、襄、邾、轪、鄂、安陆、沙羡、蕲春、鄳、云杜、下雉、钟武等14县，辖境包括今湖北中东部和河南东南部。治所在今新洲区三店地区西陵县。在江夏郡所领14县中，在今天武汉市范围内和与武汉相关联的县份有西陵、邾、沙羡、鄂4县。

东汉末年，天下扰攘，群雄角逐，武汉因其特殊的战略地位受到地方割据势力的高度重视。于是乎便有了卻月城（汉阳）和夏口城（武昌）双城之筑，并成为郡县治所和军事重镇，是为武汉核心区城市之滥觞。

最早的城堡是公元190年左右建于龟山西北隅、周长264.6米、城高1.746米的卻月城，魏晋时期又在此修筑了鲁山城。公元223年，孙权在武昌蛇山东北角构筑夏口城，该城依山负险，周二三里，规模远胜卻月城，名扬天下的黄鹤楼也作为城上的一座军事瞭望台于东汉末年建成。

以今天的眼光看，当年在战火中建立起来的夏口、卻月城，规模都很有限，充其量只能算是城堡。但它们的出现在武汉城市发展史上具有重大的意义，标志着武汉"双城"格局的奠基，也意味着武汉这一地区性政治、军事中心的形成。虽然此后城池几经更名，但"双城"格局在武汉维持了很长时间。

卻月、鲁山、夏口诸城既为军事要塞，必为攻防要点。于是我们看到一幕幕刀光剑影的战争活剧在这里上演，一段段诡秘奇妙的军事史话在此流传。这里是魏、蜀、吴三国力量的交接点，是西晋灭吴的重要战略支点。南北朝时期，夏口既是南北政治势力的交锋点，又是南朝政权东连建康、西接荆州的战略枢纽，夏口城因而成为南北竞胜、东西争衡的战略焦点。随着军事地位的日益重要，武汉的城市规模与地位也逐步提升。南朝刘宋时扩建夏口城，史称"郢城"，并成为郢州治所所在地。

降及隋代，武汉地区初步确立了鄂州、汉阳的双城建制格局，唐初，在汉阳鲁山城的故址上，一座新的汉阳城开始兴建。唐朝中期，牛僧孺出任武昌军节度使，到任后，他在三国时期夏口城和刘宋时期郢州城的基础上对鄂州城进行了一次较大规模的翻修，以砖结构城垣代替夯土结构的城垣。汉阳古城的营建和鄂州城的翻修，使武汉城市的"双城"格局得到进一步的确定，从此，大江两岸的鄂州、汉阳均为区域政治军事中心，它们隔江相望，形成双城并峙的独特景象。

中唐以至五代，群雄蜂起，南北分治，鄂州城的军事地位再次提升，成为武昌军节度使的治所。两宋时期武汉城市地位提升，鄂州数度成为荆湖北路和湖广总领的治所。一代抗金名将岳飞曾以镇宁崇信军节度使、荆襄潭州制置使身份坐镇鄂州。一时间，鄂州与汉阳均成为拱卫南宋京师临安、策应上游重镇，北御金兵南犯的战略枢纽。

宋元之际，鄂州、汉阳再次成为元宋攻守的重要战区。1274 年，元军统帅伯颜率 10 万大军自襄阳顺汉水东下，兵锋直指鄂州，发起了对南宋的最后攻势。激战两月，汉阳、鄂州先后失守，南宋长江防线就此崩溃，伯颜乃由鄂、汉顺江东下，直扑临安，南宋遂灭。元开国不久就将鄂州擢升为湖广行省的省会，元大德五年（1301 年）改鄂州为武昌，从此，武昌之名由鄂城西移至江夏，成为湖广会城和湖北省城名称。汉阳也升为府城，武昌—汉阳双城首次作为大区政治中心屹立于江汉之滨。从此，武汉的城市发展进入一个新的里程。自此至明清，武昌、汉阳作为长江流域政治、军事和文化中心的地位日益突出。

早在武汉"双城"格局初现之际，城市的经济功能便显现出来。当时的沙羡屯、鹦鹉洲、黄军浦、南浦等错落于大江南北，成为转输粮草等物资的重要场所。至隋唐时期，武汉已经成为长江流域中与扬州、益州、江陵等著名港口齐名的重要商港。大诗人李白多次到过鄂州，对鄂州的繁华景象印象深刻，写下"万舸此中来，连帆下扬州"的诗句。而正是在此时武汉开始具有"市"这样的称呼。在鄂州城外，兴起了著名的"灵泉古市"。"灵泉古市"位于今天江夏灵泉山，其地又称覃庙，古来水网密布，四通八达，彼时已形成规模可观的商业集市。

至宋代，随着长江航运的发展和江南经济的进一步开发，武汉地区商业获得迅猛的发展，其标志就是"南市"的空前繁荣。"南市"又称为"南浦"，位于鄂州西南江面与沿岸之间，即鹦鹉洲与鄂州江岸之间的狭长带状水域，形如一条内河，并延伸到巡司河河口一带，江面港湾与江岸街市连为一体。它既是商船停泊之所，又是商品交易之地。陆游在《入蜀记》中记载了"南市"的繁华，他说："城外南市亦数里。虽钱塘（今杭州）、建康（今南京）不能过，隐然一大都会也。"

由于火灾，南市后来被焚毁了。不过在南市附近，北倚黄鹄矶的沿江港埠一带很快形成新的市场。"烛天灯火三更市，摇月旌旗万里舟"，街市繁华，店铺酒肆绵延数里，往来客商络绎不绝。也就是说，"市"的出现和存在，并不仅仅是一个单纯的称呼，而是社会经济发展的一种表现和载体。

"因商而兴" 三镇鼎立

如果说武汉的兴起是因应了军事斗争的需要、际会了战争的风云，那么，武汉的成长壮大则得益于市场这只无形的巨手。武汉位居天下之中，地擅九省通衢之便，既是兵家眼中的要地，又是商家心中的天堂。国家扰攘之时，她被豪强所觊觎；天下晏然之际，其又为商家所垂青。

明代中叶以前，并无独立的汉口区域。"明成化初，忽于郭司口下直通小河约长十里，汉水径东入江，后襄河遂淤，于是汉口有兴机矣。夫汉口，初亦芦洲耳。明洪武间，未有人住。至天顺间，始有民人张天爵等祖父在此筑基盖屋。嘉靖四年，丈量上岸有张天爵等房屋六百三十间，下岸有徐文高等房屋六百五十一间。汉口渐盛，盖由小河水通，商贾可以泊船故。今为天下有名码头。"[①]"1465 年，因湖北省汉水下游的航路改变而产生了名曰汉口的小市，1497 年升格为镇，此后被常设为镇。19 世纪初发展成为拥有100 万人口、控制由两湖的全部、江西、河南、陕西的各一部分组成的商业圈——'长江中游大地区'——的中枢首府；而且成长为集地区首府、大城市、地方城市三重商圈的交易功能于一体，各种功能兼而备之的商业中心。"[②]

汉水入江。1871 年约翰·汤姆逊拍摄

① （清）唐斋潢：《汉口书论》，见武汉市汉阳区地方志办公室编：《汉阳府志（清乾隆十二年）》卷之四十七《艺文志》，湖北人民出版社，2013 年，第 603 页。

② ［日］斯波义信著，方健、何忠礼译：《宋代江南经济史研究》，江苏人民出版社，2012 年，第 30 页。

清代武汉城镇合图

汉口崛起改变了武昌—汉阳夹江对峙的"双城"格局，武汉"三镇鼎立"的城市格局最终定型。在三镇之中，武昌和汉阳都是"城"，汉口则为"市"。三个风格与功能迥然不同的区域隔江相望，共同组成一个大城市，从此"武汉三镇"成为一个专有名词。这种独特的城市空间格局也成为武汉区别于其他城市的一个重要特征。

"武昌为三楚都会，辎轩、冠盖之所萃，声名、文物之所统，江、黄、汉、襄诸境之所观感而则效"，[①]作为湖广会城，明代武昌城的空间布局以蛇山为界，分为南北并以南部为主的两大部分。蛇山以南的部分以楚王府为中心，"楚宗藩奠厥中，镇抚总巡屏翰，诸司环布厥左右"。"在其左右环置各郡王府及三司衙门。例如按察使署、武昌道、提学道等在平湖门内楚王府西侧；都司署、总兵府、武昌卫等在楚王府南侧；一部分郡王府、长史司署在楚王府东侧。府署建筑外，城南还分布有城隍庙、铁佛寺、武当宫等宗教建筑。城北地区空间相对狭小，主要分布有布政使署、武昌府署及江夏县署。"[②]

清代武昌城布局除了楚王府已不存在外，官署衙门的分布与前朝大同小异。据潘新藻《湖北省建制沿革》介绍：

> 总督署明代在望山门内……清康熙二十一年重修。咸丰四年署毁。后总督自荆州移回，就三道街盐道署内办事。咸丰七年于原址重

---

① （清）湖广巡抚石琳：《武昌府志序》，见武汉地方志办公室编：《清康熙湖广武昌府志校注》（上册），武汉出版社，2011年，第3页。

② 吴薇著：《近代武昌城市发展与空间形态研究》，中国建筑工业出版社，2014年，第47页。

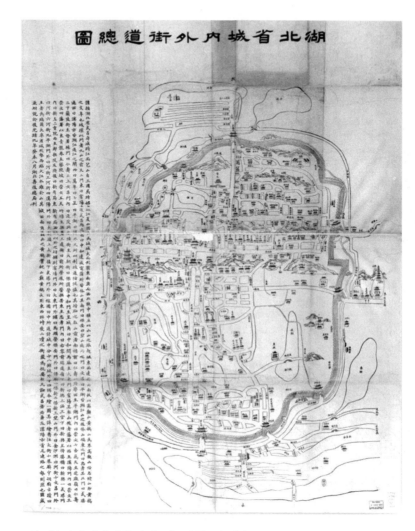

清《湖北省城内外街道总图》（原图高清复制）

建。光绪十八年间拓展，圈督标千总署入内并购民房，地益增大。……巡抚署在忠孝门（小东门）内前所营……光绪二十九年，巡抚奏请裁缺，署址改建法政学堂内。布政使司署，在汉阳门内，黄鹄山阴。明洪武间改中书省创建。按：正对长街，居南楼洞口之北，俗称之藩司。按察使署在平湖门内黄鹄山南，光绪三十二年，划西边隙地建西路小学堂。提学使司署在水陆街，其西为学务公所。提督学院

清朝时的武昌。旗杆后的一组建筑是湖北巡抚衙门

清朝武昌官衙照壁

署在胭脂山南。巡警道署在百寿巷。督粮道署在粮道街。武昌府署在汉阳门内，明甲辰年建。……江夏县署在文昌门内正街……"①

四级官署布局仍以蛇山为界，清初刘献廷游历武昌后在其《广阳杂记》中对其有扼要描述："蛇山界武昌城为南北二区，巡抚布政皆开府于山北，而总督公署则在山南藩司之前。凿山脉断之，建鼓楼于其上，为南北通衢"。②

明清时期的武昌城空间布局充分体现出中国传统郡县城市以官衙为中心，讲究等级，威临四方的专制政治色彩。其街道地名也大多以所在官署命名，如王府口、抚院街、司门口、都府堤、察院坡、巡道岭、粮道街、三道街、候补街等，"湖广会城"的政治功能通过这些地名得以充分而形象地体现。

武昌还是两湖地区文化教育中心之所在，武昌贡院为两湖地区生员乡试科考之所在；武昌府学为湖北最高学府，上至湖广总督，下至武昌知府，省城各级官署和官员都十分重视文化建设。武昌书院云集，据统计达

① 潘新藻：《湖北省建制沿革》，湖北人民出版社，1987年，第819页。
② （清）刘献廷：《广阳杂记》卷四，中华书局，1957年，第196页。

12所之多，数量为湖广之最。江汉书院于雍正十一年（1733年）钦定为省城书院，"一时书院之兴，惟此为盛"，清代理学名臣熊赐履曾在此肄业，省内十郡之士，有跋涉二千余里前往求学。晚清两湖书院更是湖广最高学府。"光绪十六年，总督张之洞调取湖南北两省高才生肄业，分经学、史学、理学、文学、算学、经济学六门，分教六人，住院诸生湖北额一百名，湖南额一百名，均归湖南北学政调取，商籍四十名，由院甄别。住院诸生月给膏火银四两，朔望二课，均有奖赏"。[1]

明代汉阳城既是汉阳府又是汉阳县治所之所在，文化教育较为兴盛，府、县两级衙署及县学、文庙、书院等均设在城内。明清时期，为改变汉阳府领县太少、辖地过窄、财赋窘迫的状况，自明嘉靖至清乾隆时期，历代汉阳知府都向朝廷吁请将周边沔阳、黄陂、孝感等县划归汉阳府管辖。经过数代努力，到雍正七年（1729年），清廷终于批准将孝感、黄

武昌贡院旧址

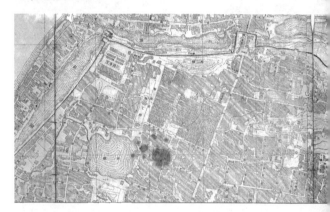

武昌贡院所在位置图

两湖书院

---

[1] 民国《湖北通志》卷五十九《学校志五》（第五册），湖北人民出版社，2014年影印本，第1556页。

武昌贡院前的"惟楚有材"牌坊

汉阳朝宗门

陂划归汉阳府统辖，乾隆二十八年（1763年）又将沔阳州划入，光绪二十五年（1899年），又在汉口设夏口厅，隶属于汉阳府。至此，汉阳府成为领一州（沔阳州）、一厅（夏口县）、四县（汉阳、汉川、孝感、黄陂）的大中型地方行政机构。

升格后的汉阳府城在清代屡有修缮，城市空间布局以显正街为轴线，自东至西横贯全城，连接朝宗门和凤山门，汉阳府署居于显正街正中段，坐北朝南，其门前道路穿过鼓楼，直达南纪门。汉阳县衙在府署西侧，府县各公廨主要集中在显正街北侧，西南区域为教育和司法机构，东南区域有郎官湖以及民居。咸丰年间（1851—1861年），太平军四次占领汉阳，曾在城东筑木城，城西再筑外城，但汉阳城本身毁坏十分严重。光绪六年（1880年），汉阳城得以重建，修筑了东面朝宗门，南面南纪门，西面凤山门，北面则凭借了凤凰山天然屏障，城周长计约2千米。光绪三十二年（1906年），汉阳知府严舫、知县林瑞枝主持再修汉阳城，并将东谯楼改为汉江楼。此时的汉阳城周长约3千米，有朝宗、南纪、凤山三座城门，三座城门各建一谯楼，东南临长江，北倚凤凰山。自公元 621 年唐朝始筑汉阳城，直至民国时期汉阳拆除城墙，汉阳古城存续时间达 1300 余年之久，千年古城，实至名归。

汉口因水而兴，沿汉江一带，河中码头一字排开，最早的水码头，如今可考的是建于清乾隆元年（1736 年）的天宝巷等码头。后陆续修建了杨家河、老水巷、兴茂巷、彭家巷、大硚口、小硚口、大王庙、五显庙、沈家庙、关圣祠、鸡窝巷、接驾嘴、龙王庙、鲍家巷、新码头、流通巷等码头。道光三十年（1850 年）汉口著名的有八大码头：艾家嘴、关圣祠、五圣庙、老官庙、接驾嘴、大码头、四官殿和花楼。叶调元《汉口竹枝词》云"廿里长街八码头，陆多车轿水多舟"。汉口开埠后，外国商人陆续来汉办工厂、开洋行，从事贸易，利用"内河航运权"垄断轮船运输，陆续沿长江岸建筑近代轮运码头和仓库货栈。至 1910 年，汉口有大小洋码头 74 个。到 1926 年，大大小小洋码头有 87 个，从江汉关一直延伸到丹水池、谌家矶一带。至 1937 年抗战前夕，汉口长江沿岸有外国现代大码头 36 座，其中轮船公司 20 座、工厂商号 15 座、机关 1 座。至新中国成立前夕，武汉有水码头 243 个，陆码头 220 个，码头工人 5 万左右。

汉口接驾嘴码头

汉口码头具有地域性和专业性等特点，各地来汉的客商形成各种帮口，有些码头及附近街市被地域性的商帮控制，甚至以他们的祖居地命名，如宝庆码头及宝庆正街、宝庆三街、宝庆一至七巷一带属湖南宝庆府帮，新安码头、新码头和新安街、大新街为徽州帮控制，运销淮盐的江西帮占据石码头和淮盐巷，湖北本地商帮拥有咸宁码头、蒲沂码头等。清嘉庆年间（1796—1820 年），宝庆府船民最早在宝庆正街一带开码头，

汉口龙王庙码头

因无人留守，被徽帮占了，宝庆人反而不能落脚。到咸丰年间，在湘军将领曾国荃的支持下，宝庆帮不仅夺回了码头，还趁势扩大了地盘。到20世纪30年代，宝庆码头的地盘、人口甚至超过了他们老家的新化县城，号称"新化第一县城"。

有一些码头随着商业市场的专业化逐步成为专用码头。如接驾嘴码头为炭薪市场码头；龙王庙码头、小新巷码头，周围水果行集中，为水果码头；宝庆码头因附近有几家大米店，主要搬运大米；永宁巷、五彩巷、石码头，因为这一带有8家大粮行，码头主要搬运由荆门、天门、襄樊等地运来的粮食；流通巷码头起坡的货物多是大宗的食油和皮油；大水巷码头主要搬运老河口、汉川、天门、沔阳来的棉花；肖家巷大码头运芦柴，小码头运江西瓷器；沈家庙码头靠药帮巷，是各地商帮药材行栈号店集中的大市场，主要起坡中药材；稍远一点的，汉阳鹦鹉洲，是竹木专业市场码头。

与武昌、汉阳这类政治功能型城市不同，汉口城市结构体系一开始就具有鲜明的非政治化倾向，长期以来没有成为地方行政中心，而只是一个附属于省府和县地方政权的商业性市镇。明代嘉靖时置汉口镇，隶属汉阳县。明末，朝廷在汉口设巡司进行管理，仍隶汉阳县。清初，增设仁义、礼智司于汉口，虽移汉阳府同知分驻汉口，但行政上的分属地位仍然没有改变。城市结构体系这种非政治化在城市空间布局中的体现，便是汉口城市是自然生长而不是被人为规划出来的。明末清初，城市街道在汉水沿岸至大江口沿线发展，上起硚口，下至堤口，绵延十余里，有正街、后街、黄陂街等主要街道二十余条，城区面积约11.2平方千米。至嘉庆、道光年间（1796—1850年），汉口已是"坊巷街衢，纷岐莫绘"，"街衖重重，难以缕记"，称之为街者32条，称之为巷者64条。其布局构成为一片狭长的空间地带，缺乏传统封建都会的那种方正谨严的布局特点，完全是为有利于商业活动沿江沿河自然形成。清人叶调元于道光年间所作《汉口竹枝词》中有不少描写汉口街道、码头的诗作："汉河前贯大江环，后面平湖百里宽。白粉高墙千万垛，人家最好水中看。""廿里长街八码头，陆多车轿水多舟。若非江汉能容秽，渣滓倾来可断流。"[1]

　　与此相反，传统郡县城市政治中心意识和军事防御意识在汉口空间结构布局体系中黯然失色。从保存的清朝光绪三年（1877年）秋藩司刊印的《汉口镇街道图》来看，作为清朝在汉口的最高权力机构——汉阳知府分同知署，并不处于当时全城的中心位置，而是设在中路以北、堤街以南（相当于今大智路）一带颇为偏僻的地区，传统封建城市中左祖右社之类的祭祀建筑被鳞次栉比的商人会馆以及药王庙、雷祖殿之类商人祀奉的庙宇所替代。同治年间为抵御捻军修筑的城墙堡垣，1906年，在汉口绅商的强烈要求和张之洞的支持下拆毁，作为封建城市的最后标记的城墙被一条后城马路所取代，"从前为人迹罕到之处，近则轮轨交通，店铺林立，几令人不可思议矣"[2]。

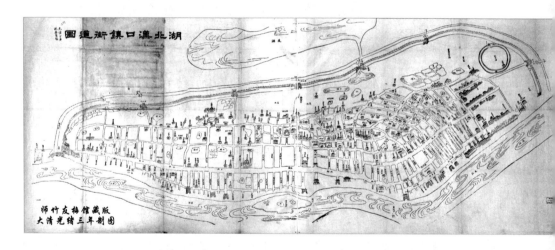

光绪三年汉口地图

　　汉口是一个典型的移民城市，区位和商业的因素带来了人口的稳定而快速的增长。明朝中叶，汉口只有星星点点的数户居民，汉口改道后，嘉靖年间

---

① （清）叶调元著，徐明庭、马昌松校注：《汉口竹枝词校注》卷一《市廛》，湖北人民出版社，1985年，第112页。

② 武汉地方志办公室、武汉图书馆编：《民国夏口县志校注》（上册）卷九《交通志》，武汉出版社，2010年，第201页。

已增至 7000 余人，万历年间更跃升至 5 万余人。经过 100 多年的发展，汉口已由一个与渔村没有多大区别的小乡镇演变成有十万人口之众的大城市。"清乾隆三十七年（1772 年），汉口居民为 33209 户，99381 口；到嘉庆十八年（1813 年），汉阳县合县居民 103179 户，428526 人，其中汉口居民已发展到 26929 户，人口突破 10 万大关，达 129183 人。乾隆三十七年的汉口人口比嘉靖四年时增加了 12 倍多，嘉庆年间的人口更是比嘉靖四年时增加了 17 倍之多。"[1] "1721 年的人口普查说有 99381 人，1813 年的人口总数是 129182 人，1888 年为 180980 人。……据以上记载，我们发现：到 1813 年为止，在近一个世纪里，人口总数增长了大约 30%；而在随后的 75 年中，则增加了 40%。1813 年的人口普查还为我们提供了汉阳全县的人口登记数 428526 人。……那么，我们似乎就可以推测，经过 19 世纪的发展，汉口一镇的人口数已经接近或超过了汉阳全县人口总数的一半。"[2]

在武昌、汉阳和汉口三镇中，汉口虽然是最为晚出的城市，但由于其非政治中心的功能特性，因而能够在某种程度和某些方面突破传统体制藩篱获得自由发展，在商业贸易和市场经济方面显示强大的活力和坚强的韧性，其城市发展速度以及经济辐射圈和文化影响力反超武昌和汉阳，成为帝国晚期一颗耀眼的城市新星：

> 在三市构成的组合中，汉口不仅超越汉阳县（元代为"府"），还超越武昌成为实际上的大集散地，得益于前述的天时地利。由于发展过快且变得很大，值得注意的是：汉口相比一般的贸易港（商埠）吸引了更多外来人口，且在资历上可算作香港的前辈。换一个角度看，在武昌也有一定的工商业者，与以这些人为主体形成汉口市民的速度相比，则现实的发展速度过快。而外来人才迅速大量聚集于此地，由此构成了多元的都市。[3]

① 汤黎：《人口、空间与汉口的城市发展（1460—1930）》，中国社会科学出版社，2010年，第 56—57 页。

② ［美］罗威廉著，江溶、鲁西奇译：《汉口：一个中国城市的商业和社会（1796—1889）》，中国人民大学出版社，2016 年，第 46—48 页。

③ ［日］斯波义信著，布和译：《中国都市史》，北京大学出版社，2013 年，第121 页。

"天下四聚" 城市新星

巨镇水陆通，弹丸压楚境。

南行控巴蜀，西去连鄢郢。

人言杂五方，商贾富兼并。

纷纷隶各藩，一一旗号整。

骈骈驴尾接，得得马蹄骋。

偁偁人摩肩，蹙蹙豚缩颈。

群鸡叫咿喔，巨犬力顽犷。

鱼虾腥就岸，药料香过岭。

黄浦包官盐，青箬笼苦茗。

东西水关固，上下楼阁迥。

市声朝喧喧，烟色昼暝暝。

一气十万家，焉能辨庐井。

两江合流处，相峙足成鼎。

舟车此辐辏，翻觉城郭冷。

这是有"清初诗坛六家"之一美誉的浙江海宁人查慎行于康熙年间游历汉口后写下的一首描述汉口市井繁华的五言长诗。诗中描绘出，汉口虽为弹丸之地，却是湖北的商业重镇，其商业势圈辐射至巴蜀、鄢郢等广大西南、西北地区。汉水两岸码头林立，舳舻相连，与汉水平行分布的河街、汉正街、夹街、堤街等市廛鳞次，纵横交错。街市上"人烟数十里，贾户数万家"，商铺林立、场坊栉比，百业匠作，竞奇斗妍，一派繁华景象。

明清之际汉口的兴起和繁荣，既赖"地利"——两江交汇、九省通衢的地理交通优势，更在"天时"——中国经济重心由黄河流域向长江流域南移的大趋势。长江流域农业发达，商品经济发展催生出新的商业革命，国家越来越倚重于长江与运河航线，将发达的南方所产出的粮食、盐及纺织品等源源不断地运往京畿地区。同时，新型市镇大批涌现，汉口成为这个新的城镇家族体系中重要一分子。"1279—1415 年，由于一直停运大运河，全中国规模的南北贸易量锐减，受此波及，长江的航运业也开始萧条。但江南经济的复兴比意想的要快，随着 1415 年大运河恢复航运，1421 年政府就将首都从南京迁到了北京，东南西北各地的商业又重新繁盛起来，并在 16、17 世纪实行了被认为是'第二次商业革命'（第一次在宋代）的大发展。江苏三角洲地区的木棉、丝绸等轻工业开始兴盛，其曾经的所谓为'天下粮仓'的地位让给江西、湖南、四川东部，反而开始从这些地区购买粮食、食用油、竹木、矿产品等物产，同时在当地售卖纺织品等产品。因此可以说，汉口市在 1465 年顺应了自然界变异的同时，十分适时地脱颖而出。"①

随着汉口市镇商业功能的渐趋完善，汉口不仅民间商业交易十分活跃，而且受到国家政策的眷顾，成为国家级漕粮交兑口岸和盐业专卖"楚商行盐"总口岸。"明万历元年（1573 年），题准湖广、衡、永、荆、岳、长沙漕粮，原在城陵矶交兑者，改并汉口水次。"②如果说，漕粮运输和交兑促进了汉口水上运输和码头商品转运的繁荣，那么，汉口淮盐总经销则直接刺激了汉口商场的兴旺发达。"明万历间，各商因所派郡邑或有不可泊船者，始聚于武昌之日沙洲。嗣洲岸倾圮，复群聚于汉阳之汉口。汉口之有盐行，自兹始也。行分因招各口岸小贩贩卖，有司亦以使商为请，而向时盐院所拨之口岸册无用矣。且汉口为九州百货备集之所，而盐务一事，亦足甲于天下。汉口一年所行之盐引八十三万道，课额一百万，而货卖官引盐价六百余万，于十五省中亦未有可与匹者。"③清朝初年，户部规定汉口为"商船聚集分销引盐之所"。据雍正十年（1732 年）统计，仅湖北一省，每年销售淮盐即达三十五六万引，再加上湖南盐引，共为 774137 引，汉口港年吞吐量达 2.6 亿多斤。到乾隆时更高

① ［日］斯波义信著，布和译：《中国都市史》，北京大学出版社，2013 年，第 116 页。

② （清）范锴：《汉口丛谈》卷三，湖北人民出版社，1999 年，第 43 页。

③ （清）唐裔潢：《汉口书论》，见武汉市汉阳区地方志办公室编：《汉阳府志（清乾隆十二年）》卷之二十三《食货志》，湖北人民出版社，2013 年，第 266 页。

达 90 余万引, 年吞吐量达 3.3 亿多斤。嘉庆、道光间, "鹾商典库, 咸数十处"[①], 有 "十里通津住盐艘" 之誉。

明末的汉口已是一个相当繁华的商业港口城市, 对此, 万历《汉阳府志》曾做如是描述: "汉镇……前此商船四集, 贸易纷华, 风景颇称繁庶"。[②]成书于道光初年的范锴《汉口丛谈》, 也对汉口明末崛起为商业重镇屡屡提及: "汉口自明以来, 久为巨镇, 坊巷街衢, 纷歧莫绘"。[③] "肇于有明中叶, 盛于启正之际", "弘治以后, 沔水于郭师口直冲入江, 而汉口遂有泊船之所, 乃市列渐盛矣。兹汉镇人烟数十里, 贾户数千家, 鹾商典库, 咸数十处, 千樯万舶之所归, 货宝奇珍之所聚, 洵为九州名镇"。[④]

"汉口通江水势斜, 兵尘过后转繁华。朱甍十里山光掩, 画鹢千檀水道遮。北货南珍藏作窟, 吴商蜀客到如家。笑余物外无营者, 也泊空滩宿浪花。"[⑤]在经历明末农民起义和明清朝代更迭等长期的战乱后, 清朝初年, 汉口镇逐渐复苏。康熙年间, 一个新兴的商业市镇在全国乃至东亚脱颖而出, "往来要道, 居民填溢, 商贾辐辏, 为楚中第一繁盛处"。[⑥] "上至硚口, 下至接官厅计一十五里, 五方之人杂居, 灶突重沓, 嘈杂喧呶之声, 夜分未靖。其外滨江, 舳舻相引, 数十里帆樯林立, 舟中为市, 盖十府一州商贾所需于外部之物, 无不取给于汉镇, 而外部所需于湖北者, 如山陕需武昌之茶, 苏湖仰荆襄之米, 桐油墨烟下资江浙, 杉木烟叶运行北直, 亦皆于此取给焉"[⑦], 汉口已成为华中乃至全国商业中心。

汉口因水而兴, 沿汉江一带, 河中码头一字排开, 岸上河街鳞次栉比,

---

① (清) 范锴:《汉口丛谈》卷三, 湖北人民出版社, 1999 年, 第 138 页。

② 武汉地方志办公室编:《明万历汉阳府志校注》卷之二《疆域志》, 湖北人民出版社, 2007 年, 第 51 页。

③ (清) 范锴:《汉口丛谈》卷二, 湖北人民出版社, 1999 年, 第 74 页。

④ 同③, 第 138 页。

⑤ 潘耒:《汉口》, 武汉地方志办公室、武汉图书馆编:《民国夏口县志校注》(下), 武汉出版社, 2010 年, 第 615 页。

⑥《大清一统志》卷二六一。

⑦ (清) 章学诚:《湖北通志检存稿》卷一《食货考》, 湖北教育出版社, 2002 年, 第 37 页。

汉口码头

汉口附近汉江上的驳船

"石填街道土填坡，八码头临一带河。瓦屋竹楼千万户，本乡人少异乡多"。[1]除岸上生意外，水上贸易也十分兴盛，"19世纪中叶，全中国的河运、海运中达到50吨位以上的帆船合计约有22000只，包括小船在内据推测有20万只。据说每年出入汉口码头的共有1万只船，但这只是大船的数量。较为可信的数字则是：此地交易量最大的物质是盐、茶、米，而从江苏来的运盐船一年有15000只，一年四季都在1500—2000只，一条船装盐166吨。据说，在汉口设置十多家代理店被称为'运商'的食盐批发商、贸易商，每年雇佣1.1万人充当船长及水手，因此，相当于每家商家约雇有18人。另外，众所周知的是：每条船上有六七名船员，则每年就有165000船户到汉口来。"[2]清初有诗描绘云："孤征穷水驿，今到汉江头。泽国升为市，人家竹起楼。烽烟消鄂渚，士女习巴讴。始信湖湘美，山衔

———————————

① （清）范锴：《汉口丛谈》卷二，湖北教育出版社，2002年，第132页。
② ［日］斯波义信著，布和译：《中国都市史》，北京大学出版社，2013年，第119页。

万井稠"。①不但白昼交易频繁，甚至"五方之人杂居，灶突重沓，嘈杂喧呶之声，夜分未靖"。清人熊两溟也有诗记其盛况："夕阳下汉口，楼阁动繁弦。夜市灯千树，春江月万船。酒残金易尽，花落玉难全。壮士如鸿鹄，高歌《鰕鮖篇》。"②

汉口商品市场的商品种类十分丰富，商业行帮有所谓上八行，叶调元《汉口竹枝词》："四坊为界市廛稠，生意都为获利谋。只为工商帮口异，强分上下八行头。……银钱、典当、铜铅、油烛、绸缎布匹、杂货、药材、纸张为上八行头，齐行敬神在沈家庙；手艺作坊为下八行头，齐行敬神在三义殿"。③汉正街自明清以来，西段粮、什货、油、棉各业较多，东段以药材、参燕、金银行业为主；中段百货、布匹、山货、海味、纸张等业居多。"四海九州之物不胫而走，特形异物，来自远方者，旁溢露积。"据章学诚《湖北通志检存稿·食货考》统计，汉口镇商品市场上共有商品 18 大类，230 余种。

清初汉口漕粮转运基本承袭明代旧制，但改为官收官兑。顺治二年（1645年），户部奏定每年额征漕粮 400 万石。其中，湖广仍为 25000 石，每石也以 4 斗随船作耗（并成为定制）。后来，除了运京漕粮（又称北漕），还要额征南粮（又叫南漕、南米，或称荆州官米），以供地方驻军开销，数量与漕粮大体相当。 如顺治十八年（1661 年），湖广除漕米 222100 石，还额征南粮238582 石。明清时期汉口的民间粮食贸易也很发达。两湖、四川是当时全国最大的商品粮产地。乾隆十年（1745 年），晏斯盛说"楚北汉口一镇……日销谷米不下数千，所幸地当孔道，云贵川陕粤西湖南，处处相通，本省湖河，帆樯相属，粮食之行，不舍昼夜"。因此，康熙年间已有"湖北运江之米，即系湖南运下汉口之米"的说法，雍正年间，又出现"江浙之米历来仰给于湖广，湖广又仰给于四川"的记载。据估计，仅 1734 年这一年，由汉口运往江浙的粮食约计 1000 万石，足见汉口粮食市场之盛。④

①（清）范锴：《汉口丛谈》卷五，湖北教育出版社，2002 年，第 292 页。
② 同①，第 336 页。
③（清）叶调元著，徐明庭、马昌松校注：《汉口竹枝词》，湖北人民出版社，1985 年，第 3—4 页。
④ 涂文学：《文化汉口》，武汉出版社，2006 年，第 50 页。

汉口淮盐总局遗址

汉阳木材市场

淮盐是汉口商品市场上的大宗商品。康乾时期的交易量之大已如前述。"清朝后期的大部分时间里，汉口是淮南盐区的首要分销中心，由政府指定向长江中游的大部分地区销售食盐。……虽然在19世纪后半叶盐贸易在地方贸易总额中所占的比例急剧下降，但到1907年，估计其每年的贸易额仍高达四五百万两，在全部商品贸易额中居第七位。"①

竹木业也是汉口港运输货物的大宗，竹木是汉口商品市场的重要商品，"清朝初年，江西商人将贵州优质木材贩来汉口出卖，随后湖南人从湖南水路运来竹木销售。1769年汉阳江岸出现了一长条沙岸，即后来的鹦鹉洲，这沙洲很快成了最好的木材市场，因为满载木材的大船不容易在汉口停泊和卸货，而在此则容易得多。到了19世纪40年代，鹦鹉洲成了中国最大的木材交易市场"。②"扬州锦绣越州醯，巨木如山写蜀材。黄鹤楼头望灯火，夜深江北估船来。"清初桐城派文人姚鼐游历汉口时，汉口码头竹木交易的繁忙场面给他留下了深刻印象。

① ［美］罗威廉著，江溶、鲁西奇译：《汉口：一个中国城市的商业与社会（1796—1889）》，中国人民大学出版社，2016年，第67页。
② 同①，第5页。

除淮盐、粮食和竹木三大宗外，汉口也是华中最大的棉花市场和茶叶集散地，其棉花市场规模与芜湖等地不相伯仲。"棉花和丝也是汉口传统的大宗贸易，它包括许多种类：生丝、染色的与本色的、纺成线的、织成布的，以及已做好了的服装。每天都有几百只民船停靠在棉花市场的岸边装卸货物。"[1]茶市方面，"在汉口建立之初，从湖南和其他茶产区汇集并重新分配茶叶就成为汉口的主要功能之一。历明清两代，汉口为国内以及北边的蒙古和俄罗斯的亚洲部分提供了巨大而且不断增长的茶叶供应量"。[2]说汉口是当时国内最大的茶叶码头一点也不为过。此外，油料和药材也是汉口市场交易的重要商品，"在清代，油料的对内对外贸易均稳定地增长着（特别是桐油和白蜡），因此，到20世纪初，有报告称汉口的油料贸易额超过了粮食和茶叶，在所有商品中位居第一。在中药材贸易方面，汉口长期保持其全国最大中药材集散地的地位，它的大批发商们控制了整个中国卖药商人所需要的各种土特产药材的装运"。[3]

汉口街市上的茶叶运销

汉口的商业市场是一种典型的居间中转贸易市场，"汉口不特为楚省咽喉，而云贵、四川、湖南、广西、

汉口码头扛棉花包的工人（1923—1924年）

---

① ［美］罗威廉著，江溶、鲁西奇译：《汉口：一个中国城市的商业与社会（1796—1889）》，中国人民大学出版社，2016年，第68页。

② 同①，第67—68页。

③ 同①，第68页。

陕西、河南、江西之货，皆于此焉转输"。① 由于汉口独特的区位优势，使其商圈通过长江和汉水延伸至中国大部分地区，加上国家将这里作为漕粮重要交兑口岸，带动汉口运输体系和市场交易的整体发展，农业时代中国国民所需的米、盐、油、茶、木材、棉花及布匹、药材等几乎所有商品都集中于斯，种种因素使得汉口市场超越地域局限并突破长途运输的一些技术障碍而成为全国性商业中心。

汉口商业市场是一种比较成熟的市场经济，即与近代经济相融相通的市场运行机制与运行环境。有较明确的按产品和功能分门别类的劳动分工，有系统化的交易原则、市场规范和契约制度，有种类繁多、层次分明的各种行会、会馆等商业组织以及代理商和经纪人、其他委托代理商、批发商、行商、零售商等分工严格的商业团体。在汉口，"西方著作中通常描述的中国城市（或前工业化城市）的种种陋习和效率低下，在汉口却很少表现出来"。汉口商业世界"看上去与西方概念中前工业化的、城市的、商业资本主义的社会颇为相似"。② 而且，在汉口市场商业活动中起主导作用的是商业行业组织，如前所述之商业"上八行"就是汉口最早的商业行业组织。这些行业制定商业交易规则，进行商业中介和仲裁，调解商业纠纷，维持市场秩序，在推动汉口市场经济的繁荣发展中充当极为关键的角色，发挥了十分重要的作用。汉口行业组织对商业经营活动的管理主要包括以下几个方面的内容：

一是制定规则以规范市场交易活动。"汉皋地方辽阔，商贩辐辏，各业皆有帮口，有会馆，既可以议规整条，复可以敦睦乡谊，两有裨益，故官宪亦不之禁。"③ 如汉口米市公所就于 1678 年拟定章程，规范米市交易："吾等莞汉镇米市，以米牙为业。若无公同集会之所，则无以商定行规，必致众议相异，轻重不一，将违吾等之初愿，以米谷为民食所依之故也。若轻重且不一，何以明吾等为公之心，复何以卫吾行之诚信？故集同业之众于兹，以划一交易，且

---

① （清）刘献廷：《广阳杂记》，中华书局，1957 年，第 193 页。
② ［美］罗威廉著，江溶、鲁西奇译：《汉口，一个中国城市的商业与社会 (1796—1889)》，中国人民大学出版社，2016 年，第 88—91 页。
③ 《申报》，光绪五年十一月二十日。

重申行规"①。"药帮"的"怀庆会馆"在广泛征求药材商人意见的基础上，制定药材行业经营规范，"共同草拟了一份面向全行业的规则（行规）。除了陈述一般性原则之外，他们还按照药材的地域来源，确定了一份汉口药材行业的34种主要药材贸易的清单（迄今仍保存着）。清单上的每一种都有十一款标准来规范其贸易，要求所有汉口药材商人遵守。这些标准包括药材交易的容器类型（例如，木箱）、销售单元的大致重量以及所允许的误差比，以及付款时银两的成色。规则还进一步具体规定了每宗交易中买主支付款、买主获得款、牙人佣金以及货物运送过程中的损耗等各自所占的比重"②。其他如茶叶公所对茶叶交易也有严格的行业规范。成书于民国初年的《汉口小志》亦对汉口"商业规范与共同准则"有详细介绍：

> 汉口交易习惯为中国极复杂之一部，盖由商业之种类或国籍之异同所生，又或由各个信用之程度以异，其交易习惯因而不能一律，兹就一般交易上习惯说明如下：
>
> 甲、货物之买卖决定。一般虽交换交单、订单、成单以为约定之证据，然由买卖之大小信用如何，或为口头及账簿上之约束而不一定，关于秤平及支付期日，豫宜质之对手，然后以为约束。
>
> 乙、货物之交付。虽当约定之时以为决定，然一般习惯由卖主送至于买主指定之场所，其通例也。若指定为堆栈时，则送运费用归买主任之。其他如交付之时期，当以随时为决定。
>
> 丙、价银之支付。一般定于契约之初者，虽以十日二十日或一礼拜后二礼拜后皆不一致，凡属长期者，当于其期间给付以市场普通之日息，唯与外国人交易而涉于长期者，不仅缺交易之敏活两造以危险甚多，故普通为二礼拜，独中国商人间于彼等之会馆公所为严重之制裁，斯患甚少，故涉于是期为多。

---

① ［日］根岸佶：《中国行会研究》（东京，1938），转引自［美］罗威廉著，江溶、鲁西奇译：《汉口：一个中国城市的商业与社会（1796—1889）》，中国人民大学出版社，2016年，第304页。

② ［美］罗威廉著，江溶、鲁西奇译：《汉口：一个中国城市的商业与社会（1796—1889）》，中国人民大学出版社，2016年，第310—311页。

很难想象，如果没有这种"契约"的规范和约束，汉口这样一个庞大的商品市场体系将会如何运转。

二是管理商业经营活动和维持市场秩序，主要包括明确市场准入门槛，确定市场价格防止无序竞争，规范市场行为和维护商业道德等。如"铜器公所一直坚持1879年制定的规章：在汉口，只有属于铜器公所并经过它授权的商店才能生产并出售铜制的管乐器；天平公所则规定其所属工匠不得在任何未经公所特别授权的地方经营衡器"①。市场价格的合理与稳定，既能在保护商家利益的前提下防止恶意竞争，同时也是为了维护消费者的权益，保持市场的持续繁荣。

三是协调商人和政府关系，调解和仲裁商业冲突。总体上看，清代汉口的官商关系还是比较和谐的，地方政府为了维持汉口商业的繁荣和市场的稳定，一直支持会馆、公所等商业组织开展工作，但是国家与社会在维护彼此利益方面不可避免地产生矛盾，在商会与官府之间的博弈中，商会虽然承受了许多压力，但在争取商人权益、维护市场繁荣方面仍有不少可圈可点之处。"因为在地方官府看来，大部分行会都是支持社会秩序的建设性力量，所以它们积极支持行会制定自己的内部规章制度以及仲裁行会成员与非行会成员之间发生的商业纠纷。"②

汉口的商业团体和组织不仅在商业和市场管理上发挥主导作用，而且还参与甚至主导城市建设和城市管理，使明清时期的汉口形成了一套有别于郡县城市的独特的城市治理模式。从明清之际到清末民初，汉口在四百余年的发展历史中，其城市建设和城市管理不乏政府和官僚的作用，如明崇祯八年（1635年）汉阳府通判袁焻主持修筑的从硚口到今长堤街江边环绕镇北的半圆形的"袁公堤"；清同治三年（1864年）汉阳知府钟谦均、汉阳知县孙福海主持在后湖修筑的上起硚口，下至沙包（今一元路），环列汉口西北的堡垣；清光绪三十年（1904年）湖广总督张之洞主持修筑的上起硚口皇经堂汉江边，下迄长江边牛湖广佛寺前（今堤角），全长13.5千米的"张公堤"等三次大的堤防建设，对

---

① ［美］罗威廉著，江溶、鲁西奇译：《汉口：一个中国城市的商业与社会（1796—1889)》，中国人民大学出版社，2016年，第333页。

② 同①，第331页。

于汉口市区空间扩展具有重要意义。然而，由于汉口城市并非行政中心，政府一向疏于城市具体管理事务，这就给民间留下广阔空间，行会、会馆、商会等社会组织承担了大量的城市建设和管理事务，汉口城市治理具有鲜明的"民间自治"特色。

汉口城市的"民间自治"表现在商业经营活动、消防及社会救助、城市建设与管理等方方面面。商业经营及市场规范化管理前面已有述介。在社会救济、城市治安和消防方面，汉口商业组织更是发挥了重要甚至主导性作用。

首先是商人尤其是外籍商人在汉口大量投资兴建会馆、善堂、学校等。如徽商修建的"新安公所"，山陕商人修建的"山陕会馆"等。商人办学最典型的是徽商于1721年在新安书院亦即紫阳书院、徽州会馆内增建"六水讲堂"，这种所谓的"义学"不仅招收徽商子弟入学受业，而且服务范围面向整个汉口社会，"汉口四方杂处之人，亦无不沐浴熏陶，感发兴起，则书院之为功于人心风俗者，又不独六邑（徽州府属的六个县——引者注）之人被其泽也"[1]。

其次是参与甚至主导修建街巷、道路、堤防等市政建设。作为一个因商而兴的城市，汉口城市兴起有两个鲜明特点：一是没有经过严格的规划，城市建设随意性很大；二是许多街巷、马路、里弄、会馆等由商人和居民自主建设，尤其是地域性商人集团投资对街区、码头、会馆、祠堂庙宇、学校的建设。这些街区著名者包括由安徽商人于康乾时期修建的新安街，河南怀帮药商于康熙时期修建的药帮一巷、二巷、三巷和药帮大巷，山、陕商人于道光年间修建的关帝街，湖南商人于嘉庆道光年间修建的宝庆正街及宝庆一街、宝庆二街、宝庆三街，江浙、安徽的盐商于康乾嘉道时期修建的淮盐巷，江苏吴县商人于雍正年间修建的金庭巷等等。汉口环江多湖，水患频仍，汉口商人主动出资兴建堤防等大型城市基础设施，据《民国夏口县志》记载，汉口地方绅商筹资兴修的堤防主要有长丰堤[2]、长乐院、长安院、中墩堤院、高姓古堤等。另有汉阳商人邬明适捐资修筑了武昌沙湖堤，"江夏沙湖滨江，遇潦辄病涉，明适捐

---

① 《汉口紫阳书院志略》卷七。
② 《民国夏口县志校注》（上册），武汉出版社，2010年，第103—104页。

三千金，筑堤十里"。①汉口绅商对城市的"义举"还表现在主动投资修建了一些道路、桥梁、堤防，保护城市安全，方便市民出行。这些道路、桥梁、渡口码头，被称之为"义路""义渡"，如徽州公所就拓宽、修直并重新铺设了经过新安书院建筑群前面的一条"义路"，1806 年（嘉庆十一年），徽州公所建立了一座渡过汉水的义渡。康、乾年间，当玉带河洪水时常泛滥时，山陕公所在玉带河上建了两座石桥，供行人出入之用。

　　最后是进行社会救济的"慈善"活动。这些善举，"大概不外施药送诊、设船救生、施送板棺、收埋白骨、兴学种痘、惜字宣讲、施茶救火、施粥发米、施送寒衣等事，是以穷苦小民咸沾其惠焉"②。晚清汉口的善堂据说有 100 多家，《民国夏口县志》列表统计共 45 家。汉口街市房屋多为砖石木质结构，商旅云集，人烟稠密，时有火灾发生，给商家和市民带来巨大损失，因此救火成为城市治理一项重要事务。明清时期乃至民国前期，这项工作主要是由商人们承担的，有的商人捐资拓宽街巷，开辟"火巷"，以利救火。汉口有专门的救火机构——"水龙局"。"夏口一邑，人烟稠密，厥惟汉口，偶一失慎，势成燎原，特置水龙，星奔扑救，诚法良美意也。考汉口水龙之设创自清嘉庆年间，经咸丰乙卯发逆肆虐，汉皋荡为平地，盛举就湮。及收复后，蓬户鳞次，尤虞火警。前郡守刘倡率绅商集资，复置水龙，分布城镇各善堂、善局。绅商士民，闻风兴起，相率举办。或由独立仔肩，或由众情集腋，均能恤灾捍患，踊跃从公，此清宣统前地方遇警救患之情形也。近自兴办保安会后，改水龙为水袋，救灾实便于前，旧日水龙大半湮没，存者甚少，故不备哉。"③这种肇始于救火的水龙局之类的组织后来逐步演变为职能更宽泛的保安会、自治会、公益救患会、消防会等市民自治组织。1907 年，汉口小董家巷筹办自治会，开汉口镇各段保安会之先河。此后，汉口银钱业、绸缎业、百货业荟萃之地，纷纷效仿上海救火会章程，成立了黄陂街上段保安会、四官殿保安会、四段保安会、堤口下段保安会、义成社保安会等，负责地段消防事宜，后又扩展到负责商警和环境卫生等。

---

① 王葆心著：《再续汉口丛谈》卷一，湖北教育出版社，2002 年，第 205 页。
②《民国夏口县志校注》卷五《建置志》，武汉出版社，2001 年，第 110 页。
③ 同②。

汉口"非体制性"自由身份和"转输贸易"的商业功能，孕育出了不同于传统的"农业——宗法——儒学"正统文化的新的"商业——城市"亚文化。与农业——儒学文化的禁欲主义、重农轻商、重义贱利、崇俭黜奢相反，汉口商业——城市文化的重商传统、逐利意识与奢靡习尚十分突出。明代中叶以来的汉口地方文献中，类似的记述比比皆是，如《万历汉阳府志》讲汉口人重商崇奢："汉镇士民，不事田业，惟贸易是视。商船四集，货物纷华，风景颇称繁庶。无奈郡邑供应，取诸本镇者十九，小民少有盖藏，检括一空"。①康熙《汉阳府志》描绘汉口社会普遍弥漫着的奢靡之风："汉镇水陆珍奇莫不备，每一会宴，穷极丰典。不但侨宦富商为然，中产之家勉强徇俗。惟务外饰，内鲜私藏，甚有典春衣而为之者，盖亦习俗使然也。""汉镇旧事繁华，今侨居仕宦、商贾、富家多以服饰炫耀，逮下走亦穿绸锻，侈靡极矣。"②这与鲁迅笔下的现代上海人宁可蜗居斗室，喂臭虫，也要将一条西裤压在枕头底下，以便第二天穿起来裤缝笔直的形象何其相似！

道光年间叶调元在《汉口竹枝词》的"自叙"中对其时汉口的奢靡享乐风气也曾作过绘声绘色的描述："夫逐末者多，则泉刀易聚，逸获者众，则风俗易隳。富家大贾，拥巨资，享厚利，不知黜浮崇俭为天地惜物力，为地方端好尚，为子孙计长远；骄淫矜夸，惟日不足。中户平民，耳濡目染，始而羡慕，既穴则效，以质朴为鄙陋，以奢侈为华美，习与性成，积重难返。"③

美国汉学家罗威廉也注意到了18世纪以来的汉口的社会秩序与传统城市的大相径庭："在我们研究的时段里，尽管汉口是个形形色色、鱼龙混杂的城市，但本地居民和往来客商在谈起所谓'汉口特性'时有着惊人的一致。汉口最引人注目的第一个特征就是极度的世俗化，其最典型的表现则是穷奢极欲，相互攀比以夸豪斗富。可以想见，这通常会遭到儒家文人们的谴责，他们指

---

① 武汉市汉阳区地方志办公室编：《汉阳府志（乾隆十二年）》卷之十二《地舆［七］》，湖北人民出版社，2013年，第154页。

② 武汉市汉阳区地方志办公室编：《康熙汉阳府志》卷之一《舆地志》，湖北人民出版社，2014年，第123页。

③ （清）叶调元著，徐明庭、马昌松校注：《汉口竹枝词校注》《自叙》，湖北人民出版社，1985年，第1页。

出：汉口的生活方式与儒家倡导的'俭朴'精神背运而驰。"① 我们注意到，罗威廉用了"汉口特性"这个词汇，并直指其特征是"极度的世俗化"。这似乎表明，前近代时期汉口社会文化所具有的某种范型意义，表明汉口的社会文化远离传统政治宗法文化，而逼近近代市民文化。

　　由于九省通衢的地理交通格局和"转输贸易"的商业特色，汉口在长达二三个世纪的发展进程中，偏离传统郡县城市的政治功能和城乡合治的故道而自我发展、自我完善，孕育出原生型现代化城市的胚胎和种子。到了近代，当封闭的大门一旦打开，这颗种子适逢运会，在适宜的土壤里破土而出并茁壮成长，由传统商业市镇迅速成长为工商复合型、外向性、现代化大都市。

---

① ［美］罗威廉著，鲁西奇、罗杜芳译：《汉口：一个中国城市的冲突与社区（1796—1895）》，中国人民大学出版社，2016 年，第 19 页。

第二章 开放——城市早期现代化的引擎

明清时期
汉口成为兼有内陆和沿海双重特征的边缘性城市。

两江交汇
九省通衢，使得汉口在对外贸易、外来文化等方面敏感度高，接受能力强，并具有居间性和过渡性。

汉口
对周边低级市场的强辐射力，导致汉口成为近代中国第二轮开埠时英国在内地的首选城市。

民国时
有言："上海者，为中国贸易之总汇；汉口者，为内地贸易之中枢，扬子江流域其他各港，皆不过此两地之附庸而已。"

现代化不仅仅是生产方式的转变或工艺技术的进步，它是一个民族在其历史变迁过程中文明结构的重新塑造，是包括经济、社会、政治、文化诸层面在内的全方位转型。

依据不同国家、不同地区现代化历程的起步时间以及启动方式，美国社会学家 M.列维将各国现代化发展模式划分为"内源发展者"和"后来者"两大类型，即早发内生型现代化与后发外生型现代化。早发内生型现代化的基本含义即现代化进程是自身内部现代化因素不断成熟的结果，是原生型的，或谓之原创型的。后发外生型现代化不是自身现代化不断积累的结果，最初的诱发和刺激因素，主要源自外部世界的生存挑战和现代化的示范效应，是在面临着外部强力因素（如武力入侵、亡国等）的冲击或挑战而作出的一种回应，是对早发内生型现代化模式的一种学习、模仿与跟进。与早发内生型现代化模式浓烈的原创性、原生性相比，后发外生型现代化模式具有强烈的次生型特性。

世界各国的现代化发展模式不尽相同。英、美、法等欧美国家的早期现代化早在 16、17 世纪即开始起步，现代化的最初启动因素都源自社会内部。工业革命和政治革命以及以思想启蒙运动、宗教改革等为特征的思想革命促使了现代资本主义生产关系的形成与发展，西欧国家自主地踏上了现代化征程。欧美等国的现代化发展模式呈现出强烈的原生型特质，其现代化发展模式属于早发内生型的原生型模式。

中国早期现代化是随着西方列强军事侵略和殖民掠夺而被动、被迫发生的。列强的坚船利炮冲开了中国封闭的大门，把千年古国推向了千古未遇的变局之中。两次鸦片战争以后，中国传统的封建社会面临着整体崩溃的危局。一部分封建官僚、思想家打出了"自强"的旗帜，发出了变革的声音。"采西学""设局厂""制洋器""改弊政"的洋务运动兴起，开启了中国早期现代化进程。洋务运动实质上是一场由政府启动的中国工业化运动。从李鸿章兴办的各类机器制造局、船政局，到张之洞在武汉建立的铁厂、枪炮厂、纺织四局，都高举"自强""求富"的大旗，推动了早期中国工业化运动轰轰烈烈的发端。19 世纪 40—90 年代的中国早期现代化，本质上是西方武力入侵、殖民掠夺刺激下的一种后发外生型现代化，是一种以西方现代化为模式进行学习模仿的次生型现代化，具有浓厚的被动被迫色彩。

尽管武汉在早期现代化进程中具有某些原生型的特征，在市场结构和城市自治等领域具有欧美现代化的某些类似表现形式，但这并不意味着武汉的对外开放能超越地域的局限并脱离整个中国对外开放的总体格局，不仅其现代化发展模式仍然是次生后发型，而且由于远离海洋、深处内陆的地缘因素，近代武汉的对外开放亦呈现出既晚发滞后又后来居上以及被动与主动交织等多种特征。

在沿海与内地之间
——武汉对外开放的非典型性

近代汉口的开放虽然晚于沿海城市，但这并没有影响她快速现代化和国际化的前进步伐，1902—1911 年的江汉关《海关十年报告》曾以十分肯定的语气说，"汉口是人们普遍公认的中国的芝加哥"。[①]这似乎表明，汉口对外来事物和外来文化有某种先天性认同，因为汉口获得具有"世界性"的称誉距离开埠只有 20 年左右的时间。如此便引发我们思考这样一个问题：一个深处内陆堂奥的传统商业市镇能够那么积极地应对来自遥远的西方经济与文化的挑战，并在很短的时间内完成贸易结构乃至城市功能的现代转型而成为蜚声海内外的国际性城市，原因何在？

原因之一就在于汉口处于一种虽地处内陆又直通海洋的半封闭半开放、既封闭又开放的过渡性状态。

近代中国的被迫开放是从沿海城市开始的。西力东侵和西学东渐，沿海城市既是最早的受难者，也是最先的受惠者。"五口通商"——上海、宁波、福州、厦门、广州，最早被迫开放的城市都是沿海城市。近代中国沿海城市通过贸易、租界等多种方式和途径，直接或间接地感受西方先进的文化和技术，城市也开始由传统向近代转型，在西方现代精神的熏陶下形成了新的社会风气和城市精神。

近代中国几乎所有的变革都发祥于沿海城市——广州和上海。在沿海通商口岸城市的带动和影响下，内地城市开始引进西方工业技术，中国早期工业化运动——洋务运动，在上海、天津等沿海城市开启先河；与外国开展贸易活动以及派遣留学生出洋……而影响更深远的是观念，沿海城市往昔那些被视为

---

① ［英］穆和德等著，李策译：《近代武汉经济与社会——海关十年报告——汉口江汉关（1882—1931）》，香港天马图书有限公司，1993 年，第 95 页。

"亚文化""次要传统"的异端，如今成了内地城市纷纷仿效和效法的圭臬。

"从 19 世纪 90 年代以来，人们可以看到，中国现代生活中显露出某些与沿海传统相关或受到其影响的内容。首先，外来事物，包括基督教，开始走红，受到宠爱。其次，民族主义以及为生存于世界民族之林而斗争的危机感广泛传播开来。随之而来的是，进步与科学技术重要性的思想；摆脱了家族纽带的个人的观念；以及更为含糊的政治权利与立宪政府的观念。最后，作为这一切之基础的，则是资本主义企业的独立地位以及它对于法律保障的要求。"①近代中国就是这样在沿海先进城市的影响和带动之下，从沿海城市到内地城市，再从通都大邑到僻壤穷乡，迈开了社会变革的蹒跚步履。

近代沿海城市由于地缘政治优势所获得的社会、文化优势当然是整体比较而言的，也就是说，是一种相对于内陆传统社会的比较优势。但是，内陆城市也并非都是一个发展模式，譬如汉口，就是内陆城市中的另类。

我们说汉口有些另类，是说早在前近代，也就是明清时期，汉口的发展就偏离中国传统城市的故道，成为兼有内陆和沿海城市双重特征的边缘性城市。

首先是自然地理上的边缘性，"对此，张之洞领悟犹深，'自沿海各省视之，则为深处之堂奥，统南北各省视之，则为适中之通衢'。这实际上是将汉口城市所处的地理位置同沿海与内地城市相比较而区别开来。'堂奥'——'通衢'的地理格局，既不同于沿海城市（如上海）的海洋边缘性特点，又有别于内地城市的内陆闭塞状况，而处于一种虽处内陆但又直通外洋的半封闭半开放、既封闭又开放的过渡性状态"。由于地理的边缘性进而带来文化上的边缘性，"既与中原正统文化血脉一系，又具有与外来异域文化保持一线联系的天然孔道；既感受东南一带的先进文化信息，又不断接受西北一带古老淳朴农业文化的熏染。长江和汉水不仅给汉口注入了经济的活力，而且相对削弱了汉口与外界文化的隔离机制，在文化传播渠道相对畅通的形势下，使汉口文化摆脱地域局限而形成为近代意义上的城市复合文化"。②

汉口的另类更主要更直接地表现在城市的功能结构体系上。与中世纪内

① ［美］费正清编：《剑桥中华民国史》（上卷），中国社会科学出版社，1998 年，第 26、37、29 页。

② 涂文学：《涂文学自选集》，华中理工大学出版社，1999 年，第 300-301 页。

陆绝大多数城市作为各级政治中心和军事要塞不同，汉口因为两江交汇、九省通衢的地理位置而一开始就被赋予重要的商业功能，城市的非政治化取向十分突出，商业成为城市居民的主要生存方式。由此而展开的一切都带有浓厚的商业化特征。"通衢"与"堂奥"的地理格局使汉口在对外贸易、接受与传播外来文化等方面敏感度高，不仅较之内陆其他城市反映、接受能力强，融合、吸收、消化快，更重要的特征还在于其具有居间性和过渡性特点。

由于汉口"通衢"与"堂奥"，即既有别于沿海又不同于内陆的地缘政治、经济特征，汉口开埠既晚于沿海五大通商口岸又早于内地大部分开放城市。从 1840 年鸦片战争签订《中英南京条约》上海、宁波、厦门、福州、广州先后于 1843 年和 1844 年开埠，到第二次鸦片战争后 1858 年签订的《中英天津条约》，汉口于 1861 年正式开埠，作为内陆城市的汉口的对外开放较之沿海五口岸大致晚了 20 年。但是，汉口虽然晚开商埠，却因其独特的区位优势后来居上，到晚清成为仅次于上海的中国内地最主要的通商口岸城市。

按照英国人最初的设想，打开了沿海五口，就可以长驱直入，迅速占领中国内地的广阔市场。但中国社会经济的实际运行状态并不以英国人的意志为转移，沿海城市的边缘性位置极大地限制了英国商人对中国市场的开拓，后来的历史表明，最初开放的五口除上海和广州外，其他几个口岸对中国近代经济现代化的影响力是十分有限的，所以开埠一段时间后英国人便考虑放弃了。如福州，美国人经过调查后认为"它是没有价值的而且一定要放弃……这个最后的口岸经过七年多的试验以后，已经证明是确定的失败的"。[①]宁波开埠后的第一年（1844 年）进出口贸易额达到 50 万元，但"五年后减到这个数额的十分之三以下"。[②]英国驻宁波领事在总结教训时认为主要原因是宁波离上海太近，"我们在这里遭受失败的原因很明显，上海把一切东西都吸引到它那儿去了，把过多的进口货输送到那里，同时还把原来准备到宁波的茶商吸引到它那儿去了"，因此"甚至有人建议用宁波去换其他口岸"。[③]总体来看，由于《中英南京条约》开放的五个通商口岸局限于东南沿海一隅，英国资本主义企图全面打开中国内地市场的欲望受到遏制。因此，出于将整个中国纳入世界资本主义市场体系的目的，英国殖民主义者迫切需要"把商业向五个通商口岸以外的地方进逼"。[①]

第二次鸦片战争后英国人终于如愿以偿，1858 年签订的《中英天津条约》规定开放汉口、九江、镇江三个沿江城市，而在这三个城市中，两江交汇、又便于航运的汉口所蕴含的商业价值是最受包括英国人在内的欧美商界人士青睐的，如当年法国人加勒利·伊凡的《太平天国纪事》在谈到汉口时就满含歆羡：

> 汉水流入扬子江的交叉点，本地人称为汉口，中国人认为这地方是国内最大的商埠。汉口距海有二千余里，但是江流全程可以航行最大的船只，一队一起航行的船只，达到交叉点时，便为两地，一批停在武昌，一批驶入汉水。
>
> 武昌、汉阳、汉口……大江环绕着三座城……这些河流使中国的财富一直流布到帝国各地。

后来的事实证明，汉口在近代中国对外开放的进程中对于内地市场与国际市场的迅速接轨确乎起到了极其重要的桥梁和纽带作用。关于这种作用，费正清的《剑桥中国晚清史》有过详细分析——

> 在 19 世纪 60 年代和进入 70 年代以后，外国洋行（特别是英国洋行）的分行把大部分棉制品运进汉口等商埠，但位于较小通商口岸（它们是大贸易区的城市市场）的这些分行甚至不能与中心市场的一些中国销售商发生长期的直接联系，当然更谈不上与中间市场或基层集市发生联系了。与这些分行在镇江和汉口打交道的中国商号高踞于传统市场结构的最上层，它们具有了解地方情况以及与低级市场发生长期关系的有利条件。

---

① ［英］伯尔考维茨：《中国通与英国外交部》，商务印书馆，1959 年，第 15 页。

汉口十一个大华商定期与上海通过其代理人购买进口的布和纱，然后把货物转售给汉口的零售商和从湖南及河南低级市场前来汉口购货的商人。[1]

正是因为汉口市场对周边低级市场的这种强辐射力，导致了汉口成为近代中国第二轮开埠时英国在内地的首选城市并吸引西方各国商人纷至沓来。5 国租界，12 国领事馆，30 余家外资企业，114 家洋行和 10 余家外国银行，先后有 17 个国家的商人来汉进行商贸活动。到清末，汉口迅速崛起为仅次于上海的中国近代第二大通商口岸，1901 年发表的江汉关十年报告曾以十分欣喜的口气写道：

> 这里不再是一般的通商口岸，它已发展成为帝国极为重要的商业都会。展望前景令人鼓舞，随着铁路与航运联网，汉口与世界的联系将会日趋密切，它的政治与商业地位也会随之得到加强。
>
> 现在汉口兴旺的日子终于来到了，它不仅超过了镇江、南京和芜湖这些旧条约规定的开放港口，而且超过武昌这个省会城市，成为上海的巨大对手了。[2]

汉口这种"通衢"—"堂奥"亦即兼有沿海和内陆双重优势的区位格局，使其在近代中国对外开放中充当着跳板、桥梁和中间人的角色。西力东侵和西学东渐，大致经过了一个三级甚至多级传播和推进的过程：从西方传到沿海通商口岸（主要是上海），是为一级或一次传播；再从上海等推进到沿江的通商口岸，为二级或二次传播，这一级的主要站点便是汉口；再从这里呈放射状态向内地作多级传播和推进。汉口开埠后，由于各国纷纷在这里设租界、办洋行、兴实业，作为一个条约通商口岸，它已经具备与西方各国直接通商和交往的条件。但是，在整个中国近代对外开放的大格局中，汉口主要是通过和上

---

① ［美］费正清、刘广京主编：《剑桥中国晚清史》（下卷），中国社会科学出版社，1985 年，第 66 页。

② ［英］穆和德等著，李策译：《近代武汉经济与社会——海关十年报告——汉口江汉关（1882—1931）》，香港天马图书有限公司，1993 年，第 32 页。

海的联动来影响内陆广大地区并加强自身地位的。对于这种格局,民国时期就有人做过精当概括:"上海者,为中国贸易之总汇;汉口者,为内地贸易之中枢。扬子江流域其他各港,皆不过此两地之附庸而已。"汉口的外贸主要是一种间接的埠际转口贸易,即通过上海等沿海城市进出口。1867年,汉口对外贸易额3053万海关两,由江汉关直接进出口仅为50万海关两,而经上海等地间接出口额却高达3000万海关两,两者相差60多倍。1902年,汉口进出口货物价值1.032亿海关两,其中直接进出口货物价值不过886.6万海关两,只占全部进出口额的8.6%。1910年,汉口外贸总额达1.7亿多海关两,直接贸易额仅为3700多万海关两,而间接贸易额却高达1.35亿海关两。历年统计资料表明,汉口海关间接外贸额除个别年份外,在全国外贸大埠中高居第2位,仅次于上海。而直接贸易额大多数年份却仅为全国第4位,不仅与上海相差很远,而且常常低于广州、天津,有时甚至落在青岛的后头。

在近代中国对外开放"西方——上海——汉口——内地"三级(或多级)传播和推进格局中,各级的开放程度、社会工业化、现代化状况与其同西方直接接触的程度有密切关系,如汉口,就与上海有很大的差距,张仲礼先生主编的《近代上海城市研究》曾通过分析两市在进出口商品种类后指出过这种差距:

> 近代上海,就对全国各地的贸易而言,它处于中心城市的地位。它对全国各地输出数量巨大的舶来品和上海产的机制产品,又从各地吸收大量土货以供出口和上海的轻工业制造之用,在对内贸易中显示出典型的城市功能。以上海和汉口的贸易来说,在1936年,未经加工的食料及饮料类商品,从汉口输往上海同上海输往汉口的商品值比例为12:1(未经加工的食料及饮料主要指稻谷、玉米、小麦、干果、鲜冻牛羊猪肉、鲜蛋、未经烘烤的毛茶等。是年汉口输往上海的未经加工的食料及饮料类商品值为14434043元,而上海输往汉口仅为1201863元)。原料品从汉口输往上海同上海输往的比是23:1(原料品主要指猪鬃、各类禽毛、禽骨、牛皮、豆类、豆饼、花生、烟叶、煤炭、轻重木材、蚕茧、棉花、羊毛、苎麻、铁矿砂、锰矿砂、

钨矿砂、锌矿砂等。是年汉口输往上海的原料品为 85755483 元，上海输向汉口为 3592520 元），即大量未经加工的原料及商品从汉口流向了上海，在这里上海是真正的城市，而汉口只是作为内地农村的中心才显示出其城市的功能。以制成品来说，情况就完全相反了。同样在 1936 年，从汉口输往上海的制成品价值同上海输往汉口的制成品价值之比为 1∶27，这说明上海以大量的制成品（包括进口的机制品）运向了汉口，在这些埠际贸易中上海表现出典型的城市态势，而汉口只是作为内地乡村的代表。[1]

在这里，比较的参照系不同，城市的现代化程度和地位就不同，同西方发达国家相比，上海是不发达的乡村；同内地相比，上海则是发达的城市。而汉口，在同上海的对比中，是乡村；但与广大的内陆城市相比，又无疑是最现代化的城市。也可以这样认为，从城市自身来看，汉口因为开埠与西方世界的零距离接触而获得了早期现代化的长足进展，但从更广大的空间范围予以观照，由于深处内陆堂奥，城市深陷于传统农业社会的汪洋大海之中，汉口远不如上海那样充分西化和洋化，而只能是亦土亦洋，亦中亦西，传统与现代并存，城市与乡村同处，开放与封闭交织。这种传统与现代并存的二元性现象，并不仅仅局限于贸易品种结构领域，还更多地表现在城市的内陆性生态——广义的人文生态与自然生态所带来的局限，由于西方文化传播的时间差所形成的接受西方现代文明的心理时间差，以及江汉区域文化内陆性特征与江浙吴越文化海洋性特征的明显不同等重要因素，直接影响了武汉早期现代化历史进程，并关乎武汉一个世纪以来的发展后劲。

---

[1] 张仲礼主编：《近代上海城市研究》，上海人民出版社，1990 年，第 160—161 页。

在原生型与次生型之间
——武汉早期现代化的"汉口特性"

·

　　总体而言，中国早期现代化具有晚发次生特征，是随着西方列强军事侵略和殖民掠夺而被动、被迫发生的。但当我们将研究的眼光聚焦于晚清的武汉时，却发现近代武汉早期现代化发展路径在总体格局相同时有一些例外。由于武汉"堂奥"—"通衢"的地理特点，由于武汉自明清以来根深蒂固的商业传统，武汉早期现代化具有某些早发原生型现代化模式的倾向特质，城市机能内部在前近代时期即带有某些现代化因子，孕育着产生现代化的某些条件及要素。

　　如上章所述，自明清以来，由于商业贸易的发展和繁荣，武汉城市已具有诸多前现代因素。

**　　第一，武汉的城市功能具有前近代时期的某些现代化因素。**

　　作为明清以来因商业因素而城市化的典型，汉口城市结构体系一开始就具有非政治化倾向。汉口长期以来没有成为地方行政中心，而只是一个附属于省、府和县的地方政权的商业性市镇，早期汉口城区布局完全是自然与商业贸易相结合的生态产物。非行政中心化的后果是城市居民心中政治中心感淡薄，商品经济意识不断强化。这同时又使得市民心中儒家传统伦理观念的影响相对较浅，而非传统的文化价值观念乘隙而生，形成有别于封建政治都会中正统文化的商品文化观念。

**　　第二，武汉城市机能中商业功能十分发达。**

　　武汉的商业历史悠久，远在唐宋时期，武昌和汉阳的商业就已经十分繁盛。特别是17世纪中叶即明末清初汉口崛起以后，以其"九省通衢之地"的区位优势以及兴旺的商业时常为人称道。汉口商业气氛浓厚，市民具有较强的市场意识和商品意识。汉口城市商业功能突出表现为"转输贸易"，即主要是作为居间贸易、中转市场而发挥作用，因而，早在清初便被人视为"天下货物聚买第一大码头"。①

　　作为一个"转输贸易"的商业码头，汉口既是国内区域间商品的集散地，也是水陆路的转运地和水上运输的装卸地，因此，大部分居民的职业为商贩和搬运工人。晚清（1860—1895 年）汉口居民的职业结构中商业人员占总人数的 30%，运输人员占 30%，而官员及专业人员仅占 5%。据宣统元年清廷民政部门的统计，当年汉口从商人数在 5 万人以上。②民国初期，由于辛亥之役，汉口总人数虽大幅度减少，但从商人数与官绅士民之间的人口比例结构依然如故。据《汉口小志》在民国二年的统计，汉口在册总人口 198050 人中，政军学界人数为 3750 人，商界人数为 30990 人，后者与前者的比例几近 10 : 1。商人占总人口比例的 1/6（《汉口小志·户口志》）。清代汉口商人聚集的另一个显著特点是非本土化，即外来移民占据大多数。1840 年以前，汉口共有商业会馆、公所 38 个，其中本地商人所建 2 个，以行业划分未载地域者 8 个，其余皆为外地商人所建。汉口开埠后，移居这里的外地商人更多。"在汉口这样的商业集中之地，有财力的商人主要来自广东、宁波等地，湖北本地人反而经营规模较小。"③

　　繁荣的商业业态、浓厚的商业气息，使得汉口在中国农业社会总体氛围中显得鹤立鸡群，功能结构体系中确乎先天具有同传统城市相异质的某些文化基因。这些基因将有利于汉口顺时应变，启动从传统社会向现代社会的转型。前近代时期汉口发达的商业贸易，孕育出汉口商业传统中一些与近代经济相融合的市场运行机制和运行环境，亦即前述罗威廉在《汉口：一个中国城市的商业和社会（1796—1889）》论之甚多 "理性经济"，18—19 世纪的汉口商业世界"看上去与西方概念中前工业化的城市的商业资本主义的社会颇为相似"。

　　第三，武汉市民已经具备了一定的前现代化意识，城市社会文化的"亚文化"特征十分突出。

　　诸多与商业码头相一致的是流动与开放；与商业生存方式相伴随的是逐利

----

① 吴中孚：《商贾便览》卷三《各省物产》。
② 民政部：《湖北省警务公所第一次统计书》，宣统元年出版。
③ ［日］水野幸吉著，武德庆译：《中国中部事情：汉口》，武汉出版社，2014 年，第
　　5 页。

与奢靡；与商人成为城市社会结构主体和以商人为主体的市民阶层崛起而形成城市共同体意识和公共意识以及行会、会馆主导下汉口城市自治等等。

总之，由于九省通衢的独特地理位置和"转输贸易"的商业特色，汉口经历了从传统的封建集镇向现代城市转型的漫长历史进程，武汉的城市功能结构早在前近代时期即开始孕育出原生型现代化的某些形态特征。

但是，作为传统封建城市大家族中的一员，武汉在前近代时期的发展不能也不可能跨越中国社会历史运行的总体格局和惯性轨道，也就是说，武汉迟至在19世纪60年代开埠前并没有实现现代化，充其量只是具有某些前现代特征。如果按照现代化的含义、动力要素等进行分析，前近代时期的武汉现代化发展模式仍然称不上是早发原生型的模式。前近代时期武汉地区带有浓厚自发倾向的某些现代化的尝试也仅仅只是触及现代化的一些皮毛而已。

谈及中国现代化问题时，工业化问题不得不提及。一些属于早发原生型现代化模式的欧美等国，在其现代化发展进程中都经历了工业革命，工业化程度较高。工业化是一个国家迈向现代化的一条必由之路。国外有关专家学者认为，近代工业化实际上是一个从"发达的有机经济"向"以矿物能为能源基础"的转变，即"越来越多地从矿物中而非从农业产品中获得原料，尤其是能够开发大批能源储备，而非依赖过去提供生产所需热能与动力的可再生能源"。[①]武汉早期现代化的某些尝试，是在没有工业革命发生的背景下进行的，而这些尝试具有很强的局限性，多局限于商业领域，这同英美等国以"工业革命"或"产业革命"为契机的现代化模式大相径庭。

分析武汉地区在前近代时期的商业贸易情形，是能够清楚地发现其强烈的内循环特征的。就商品结构及其流向而言，前近代武汉的商业贸易距离近现代性质的对外贸易还相去甚远。开埠以前，汉口商品市场已经得到充分的发育，发达的水路运输和繁荣的码头，吸引着国内四方商人来汉进行商业贸易。但在汉口的市场商品结构主体中，以农副产品为主，为商品交易之大宗，而矿产品及生产资料等生产性商品所占的比重较小。在农业社会总体的氛围中，汉口的工业品交易远不及农产品交易繁盛。尽管汉口的手工业发达，绣花街、打铜街

① 冯天瑜、陈锋主编：《武汉现代化进程研究》，武汉大学出版社，2002年，第58页。

等专业性手工业生产的产品丰富，生意红火，"街名一半店名呼"，但汉口商品市场上交换的主要是外地货，商品市场仍只是大宗的农副产品在流转。清代的汉口仅仅作为一个商业名镇而非手工业城市而名扬海内。在农副产品交易发达的背景后面，掩盖着的是汉口商品生产功能的缺乏。而这些也从一个侧面反映出武汉在前近代时期也未挣脱农业社会与自然经济的樊篱，以农副产品为主的汉口市场商品结构，实质上仍是自然经济形态的产物。虽然武汉早在前近代以前就已经出现了资本主义萌芽，但其发展极为缓慢，对自然经济产生的分化瓦解作用微乎其微。直至汉口被迫通商开埠后，自然经济才出现加速瓦解的迹象，尤其是在张之洞实施"湖北新政"，鼓励民间投资办厂后，武汉出现了真正的"工业革命"，武汉地区的商品结构乃至产业结构才发生了质的变化。

被国内某些学者称为清代汉口的"商业革命"算不上是严格的具有现代意义的商业革命。

其一，从商业体制和市场流通环节上看，汉口并不具备现代开放性、统一性的自由市场特性。"十九世纪的商业制度尽管按传统标准衡量是高度发展的，但仍然不是'近代'的市场经济……商业往往局限在大量层层既定的小单位结构内，这是由于一些因素产生摩擦阻力所致。这些因素是：存在着多种地方通货的银—铜复本位货币制；运输费用昂贵（既花钱又花时间）；对商品的信用付款比较少见；缺乏互相清理债务用的商业银行体系；传统贸易结构中享有既得利益的无数小中间商遍及各地。每个小组织忙碌地进行着小商业和索尔·塔克斯所称的'廉价资本主义'活动，但这些组织只是通过半奢侈品交易以及白银和一部分粮食以纳税形式流向上级行政机关的方式而发生联系。"①

其二，汉口商业流通市场机制缺乏与近代工业化运动的联系与沟通，商业对工业的投资体制、体系始终未能建立。"晚清的近代制造业的整个发展前途是受限制的。把非通商口岸的储蓄纳入工业的各种组织——特别是近代的银行制度——并不存在。"②对照武汉的情形，我们发现费氏所说的近代银行制度

---

① ［美］费正清、刘广京主编：《剑桥中国晚清史》（下卷），中国社会科学出版社，1985年，第56—57页。
② 同①，第51页。

缺乏的情形同样也存在，武汉的商业与工业存在严重脱节状态，"商业没有也不可能给工业以有力支持，张之洞办工业获得款项资金来自官署和各种税款，商人通过钱庄和银行投资几乎没有——因此，张之洞在武汉办企业基本上是官办，这既有张之洞作为一个封建官僚的个人原因，同时与武汉近代市场经济体制没能建立起来存在直接联系"①。诚如费正清所说，"由于（中国的）市场有限，又缺乏能把储蓄系统地转入工业投资的现代银行体系，其中央政府的财政资源严重不足，以及面临着进口货和在华外资工厂的制成品的竞争，所以某些地方大员和与之有关联的实业家为了共同利益而试图建立一些有限度的、但受到保护的工业帝国，也许就不令人奇怪了。能指望获得成功的纯商办企业为数很少"。②明白了费氏所说的这个原因，我们就不难理解张之洞在武汉所办企业每每官办而很少商办和官督商办的个中奥妙了。

在农业社会总体背景下，工商业发展被置于不受重视的角落，除了关系国计民生的淮盐、漕粮贸易外，政府根本无意于商业的发展，意味着政府几乎无意充分利用存在于许多地方性区域中强有力的商业力量。对照清代汉口市场发展状况，我们很难发现政府管理和调控商业、市场经营的相关历史记载。武汉的商业活动带有明显的自发性、民间性的特点。这种完全依靠商人自身和市场调节的贸易，在前近代社会既有积极因素，同时也不乏负面效应。汉口和长江流域的大米市场运行体系表明，"生产和销售过程的每一阶段都以劳动密集型形式为其特征"。"将大米载往缺粮地区的跨省贩运，是由私商经营的。例如汉口就是运往长江下游地区的稻米的主要集散地（长江下游地区在 18 世纪时每年缺米量估计多达 140 万吨）。需要现款的农民在集市上出售大米，粮贩将大米购进后运到较大的中转市场，然后再汇集汉口。大米在各级市场上流动是不稳定的……虽然在市场竞争的既成条件下，价格根据市场供求规律发生季度性变化，但在某个具体市场的任何一个特定时期内，占上风的还是统一的价格。"这种以劳动密集型生产和交换为特征的市场体系，在满足农村种植者和城市消费者的需求方面当然有积极作用，但负面效应也显而易见。市场上的

① 李宪生：《两次世纪之交武汉对外开放》，中央文献出版社，2001 年，第 192-193 页。

② 同①，第 45 页。

中间环节多，"各市场的米多如牛毛"，"大米在各级市场上的流动是不稳定的，因为许多乡间富户能把大米储存起来，等到米价高达顶点时再行出售。这种做法有助于减缓米价的波动。不但拥有仓储设备的人在数量上非常庞大，以致个别人根本无法影响米价"，这样导致的后果是"米商的利润根据市场情况而上下波动，但其投资的利润回收却长期不见增长"。市场的分割，在劳动密集型状态下生产、运输和分配的技术性和组织性改进进程的缓慢，阻碍了商品生产的发展和统一大市场的最终形成。这样的情形在棉花和纺织品贸易中表现更为明显，布的生产牵涉到一系列加工和染织工序，在这整个流程中，布商负责产品的流转和对加工过程的组织。全过程的每一个步骤，都有买方和卖方参与其间，因此，这些互相分割的市场极有竞争性，它们从未通过大规模的组织纵向结合起来。

其三，从商业簿记改革方面看，旧式账房制度的生命力依然强盛，流水账并没有被西式的复式借贷记账法取代。

其四，商人的自治组织还没有建立健全，带有强烈独立性的商会组织机构还没有产生。前近代时期虽然有些如会馆等商帮组织，也有按地域关系、行业组成的同业行会、会馆等商民组织，不可否认的是，前近代时期同业行会、会馆等工商组织具有较强的经济职能，对个体作坊、商号有较强的约束力，在平息行业竞争、加强同业联系、保护同业利益等诸多方面发挥了积极的作用；在参与社会事务方面，特别是社会公益事业方面产生了一定作用。这些作用多局限于经济职能方面，而参政议政、参与城市社会事务的力度显然不够。具有现代意义的商会组织是在开埠后的 20 世纪初才成立的。对此，章开沅先生曾说过："只是在商会成立后，资产阶级（包括资产阶级化绅商在内），方才有了真正属于自己的社团，有了为本阶级利益说话办事的地方。从此不再是以个人或落后的行帮形象，而是以新式社团法人的姿态与官府或其他社会势力相周旋。"因此我们可以认为，武汉真正的商业革命亦是在开埠后才发动的。

现代化最主要的经济因素是工业化。但直至汉口开埠前的 19 世纪 60 年代，武汉的早期工业几乎是一片空白。以工业中的基础——机械制造业为例，即使在汉口已开埠的 19 世纪 70—80 年代，武汉地区也仅仅只有翻砂业及以手工作坊为主的机器修理业。汉口开埠后，外商在汉口开设了几家以修理船舶为主的机器修理企业，这是武汉地区最早出现的近代机械工业。国内最早的专业铸造厂——荣华昌翻砂厂于清同治十一年（1872年）始设立。此时的民营周恒顺炉冶坊仅仅只有两盘炉具、20余名工人，仍处于手工作坊时期。直至光绪三十三年（1907年），汉口才有从事生产资料生产的民营的近代机器工厂——扬子机器厂出现。这意味着直到20世纪初，武汉的机器工业进入了能够制造动力装置的时期。详情参见下表：

19世纪90年代前开设的民营机器厂一览表

	开设年度	负责人	厂址	备注
周恒顺炉冶坊	1866年	周仲宣	汉阳双街	1905年改名周恒顺机器厂
荣华昌翻砂厂	1872年	陶左编	汉阳南岸嘴广裕和冶坊	
（不详）	1879年	汪静臣	汉阳杨家河	
永昶机器厂	1895年	（不详）	前汉口	建造70尺小轮船一条

武汉的早期工业化运动是在张之洞督鄂后，为了争利权、塞漏卮，早期工业化才有了实质性动作，丝麻四局的兴办、汉阳铁厂和湖北枪炮厂的创建，短短十几年间武汉初步建立起来"以轻挹重"的近代工业结构体系，武汉成为中国近代工业的重要发祥地之一。

总而言之，武汉早期现代化是在外源推动下开展的。开放，城市早期现代化的引擎。武汉早期的现代化发展路径表面看来类似早发原生型，而内在本质上依然没有突破后发次生型的总体模式。汉口地区出现过类似于西欧国家早发原生型现代化发展模式中的某些因子，并且这些因子在其后推进武汉现代化发展历程中发挥了重大作用，因而对前清时期武汉的现代化发展予以一定肯定评价是合乎情理的。但矫枉不能过正，任何过高估价武汉早期现代化的成就，并归结为某种"发展模式"，不是无视现代化发展的一般规律，便是对历史的无知。结论只有一个，武汉不可能跳出中国现代化的整体框架模式，如硬要牵强出一个什么"模式"的话，充其量不过是罗威廉所说的具有"汉口特性"而已。

在被动与主动之间
——武汉对外开放晚发早至的奥秘

尽管武汉在早期现代化进程中具有某些原生型的特征，市场结构和城市自治等领域具有欧美现代化的某些类似表现形式。但这并不意味着武汉的对外开放能超越地域的局限并脱离整个中国对外开放的总体格局，不仅其现代化发展模式仍然是次生后发型，而且武汉的对外开放最初亦呈现出晚发滞后和被动特征。

武汉开放的这种滞后性，其参照系是沿海开放城市。从 1840 年第一次鸦片战争签订《中英南京条约》开放上海、宁波、厦门、福州、广州等东南沿海城市，到 1858 年第二次鸦片战争签订的《中英天津条约》开放汉口、九江、镇江 3 个沿江城市，武汉的对外开放和上海等城市相比大致相差 20 年。

武汉开埠后，也没有很快出现像上海开埠后那种令人瞩目的变化。美国汉学家罗威廉似乎也看到了这一点，不过如本书在导论中所引述的，罗氏是从正面谈论这种现象的，而笔者的看法则不尽然。

1861 年，也正是汉口开埠的那一年，曾国藩在安庆引进西方先进机器和先进制造技术，建立了近代第一家用机器生产枪炮的军工企业"安庆内军械所"。此后不久，江苏、上海、天津等地近代军工、民用企业不断涌现，如1865 年李鸿章在上海创办的江南制造总局、1866 年创办的天津机器局等，都是规模宏大、影响深远的大型洋务企业。直到 1889 年张之洞督鄂之前，全国各地包括上海、天津、福州、南京等沿海沿江城市，甚至诸如西安、兰州、长沙、济南、昆明、太原等内地尚未开埠的城市，创办的军工企业达 20 个，武汉竟没有一个。同时，洋务派在各地所办的学堂也达 20 所，而武汉同样也没一所。由此算来，武汉学习西方，开展近代工业化运动晚了沿海地区整整30 年。

近代武汉对外开放的被动性，还更直接地体现在商贸领域。开埠后，汉口的贸易并没有发生实质性的巨变。开埠前，汉口的贸易渠道里就有洋货流动。欧洲工业品开始到达汉口，大约是在19世纪初由广东商人通过湘江水道运至华中地区来的。1822年，一位中国旅行者来到汉口，在市场上看到有"新奇的洋货"在出卖。鸦片战争以后上海的开放，促进了这种贸易的发展，专营"洋货"的批发商开始在汉口出现，如19世纪40年代，宁波商人方承志就开始在汉口经营英国白洋布。1861年英国开埠代表团成员们看到在汉口当地的商店里陈列着不少外国商品，其中有日本的海带和几种不同种类的英美纺织品。[①] 因此，早在19世纪中期，汉口与欧洲的贸易就发生了颇有意义的接触。然而，开埠后贸易的增长情况却似乎让人觉得有点沮丧。罗兹·墨菲的结论是："实际上，贸易的增长是很小的。开埠对于中国经济的冲击，与贸易数字所反映的情况相比，非常之小，这也是那些使用这些数字的学者们想不到的。"[②] 实际上，从1861年至1890年，汉口的国内贸易额一直比其对外贸易额大得多。下列1880年海关贸易数据，表明了当年汉口的国内贸易量较之于外贸额占有优势：前者为2906万海关两，后者为1843万海关两。换言之，国内贸易额占总贸易额的61.3%。

汉口海关检查的贸易货物价值统计（1880年）

货物价值（海关两）
对外贸易从海外引进的外国货物 27841
从其他中国港口进口的外国货物 13303494
出口到海外的地方产品 5099638
总计 18430973
国内贸易从中国其他港口输入的地方产品 13513967
输出到其他中国港口的地方产品 15549933
总计 29063900

资料来源：海关总税务司《中国通商口岸对外贸易报告》（1880年）

---

① 冯天瑜、陈锋主编：《武汉现代化进程研究》，武汉大学出版社，2002年，第375页。

② 同①。

汉口开埠初期，除茶叶对外贸易外，其他贸易项目进展不畅。1864年初，对外贸易显示出萧条气象。1865年，英国领事写道："在过去两年里，汉口的商业年鉴上几乎找不出什么亮点来。"1867年，一本英文参考手册告诫那些准备投资的人们说汉口的"商业低迷不振"。《北华捷报》的一位通讯员在1885年的一篇快讯中对汉口贸易状况概括说："25年前的这个月，恰恰是汉口开埠之时，我相信，当时人们对汉口的外贸是抱有很大期望的。汉口过去的历史既充满着成功，也不乏令人沮丧的挫折。因此，我们正在举行的汉口开埠25周年的纪念活动，丝毫也不意味着良辰美景即将来临。"[①]

在引进先进的近现代城市经营管理理念、设备方面，武汉在开埠后相当长的一段时期内也是无所作为。市政设施的现代化，使城市市民能够接触和享受钢筋混凝土楼房、有轨电车与公共汽车、电灯及有线电话、自来水和下水道等现代都市文明。汉口开埠前，城市建筑大体都是清一色的木骨结构平房，市民的居住条件与环境还是阁楼里弄，大多毗邻而居，虽处城市，但却仍然享受着"鸡犬之声相闻"的乡村生活乐趣。汉口城市街道狭隘，一般以青石、泥土铺就，"石填街道土填坡""街道狭窄，马车通行极为困难，大概只有两辆人力车勉强并行之间距"[②]。这种旧式街道不仅妨碍交通，而且极不卫生。旧时的汉口城市没有饮用及排水系统，饮用水取自自然的江河湖水、井水。生活污水随意倾泻，缺乏文明卫生的生活习惯。汉口的居民"家少凿井，多仰汲于襄河"。在以电灯为典型代表的新能源、以电报电话为代表的新通信技术尚未运用的时代，市民的生活质量难以得到根本性改善。现代城市的声光电化对于汉口华界居民来说，似乎还只是"可望而不可即"的未来。

武汉对外开放的滞后性、被动性不在于西方的侵略势力冲击太弱，事实上，列强对武汉是极其关注的；不在于地理位置，因为在轮船运输时代，武汉"九省通衢"的区位优势是值得羡慕的；不在于历史负担，因为武汉自古以来就是商业重镇；也不在于武汉人的人文观念和社会意识，武汉的社会风气并不

---

① 冯天瑜、陈锋主编：《武汉现代化进程研究》，武汉大学出版社，2002年，第377页。

② ［日］水野幸吉著，武德庆译：《中国中部事情：汉口》，武汉出版社，2014年，第36页。

封闭保守。最重要的在于当时的湖北武汉地方掌权者，不能像当年李鸿章之于上海开埠那样给予积极的回应，他们昧于时势，缺乏李鸿章对时势发展所具有的顺应时势的态度。

当时，胡林翼、曾国藩、左宗棠并称为"咸同中兴"的三大名臣。胡林翼具备晚清政治家必备的素质与能耐，他于 1855 年升任湖北巡抚伊始，便面临十分复杂而严峻的整饬任务，"当是时，官私庐舍焚毁几近，诸事草创，民物凋残"。经过其短期的整饬便收到成效，"自是湖北兵与饷强天下"。胡在湖北任职期间正是太平天国运动如火如荼的高峰时期，鉴于局势，胡的主要精力放在了练兵、求才、察吏和筹饷诸事务上，形势迫使其思虑的重心放在务实而不是求变通变。但胡林翼所具备的儒家进取精神和人格，使他的思想与个性仍具备一定的向近代转换的欲求与潜能。著名社会学家费孝通先生曾反复引述一个关于胡林翼的小故事，说的是当年胡林翼在攻打南京城时，在长江边采石矶处察看形势，看见一艘外国轮船如奔马溯江飞驰，震惊之下，当场竟昏倒在地，醒来只说了一句话："这世界要变了！"费先生

胡林翼

认为，胡林翼这个人很有远见，他看到的不只是一艘小小的火轮，而是西方工业文明——一个时代变化的开始，一个时代的终结。更确切地说，他看到了历史的转折点。大清国如有此类轮船，何患洋人一再欺负中华？ 1861 年胡林翼呕血而死，他跌倒在武汉正式开埠之际，跌倒在"洋务运动"的门槛之外。

胡林翼的同僚及后继者们，大多缺乏一种足够的智慧、创新的勇气和坚韧不拔的毅力，与胡林翼相比他们显得那么平庸与无能。湖广总督官文，对西方势力充满敬畏与防范，却没有任何积极的应对举措，对声势浩大的"洋务运动"也无动于衷。汉口开埠后，贸易走私之风日炽，官文两次奏请在武汉设关。这种反应虽谓迅捷，但其出发点仍是保证课税和避免局势混乱，其初衷并非是以此促进对外贸易和对外开放，维护利权。官文等人对西方的冲击和刺激，只有一种近乎本能的戒备和防范，缺乏洋务官僚那种兴办实业、争利权以"求强""求富"的眼光与魄力。与沿海城市如火如荼的近代工业化浪潮相

比，武汉显得格外消沉和黯然失色。

总之，在被迫开放后的 20 多年时间里，武汉并没有主动顺应历史潮流，化被动为主动，1861 年的开埠对武汉的对外开放和社会经济、城市发展而言，"丝毫也不意味着良辰美景即将来临"。就总体而言，在张之洞督鄂之前，武汉对外开放只是一种被动被迫的无奈，无论是水平、层次还是方略、举措，仍是比较落后和穷于应付。武汉的对外开放真正走出被动的阴影，摆脱滞后与落后的局面应当是张之洞督鄂之后。

关于张之洞督鄂及其"湖北新政"带来武汉近代崛起，我们将在以后的章节中详细论述。社会转型时期运用权力的杠杆启动现代化事业进程，是集权国家的一种共有现象，如日本、俄国等国早期现代化运动就是如此。"湖北新政"亦是这种特殊时代的特殊产物。没有张之洞依靠官僚的权威和个人魄力推行洋务新政，实现自主的、主动的对外开放，武汉的对外开放是不可能晚发早至、后来居上的，更不可能在十几年间成为中国近代对外开放与经济贸易发展的"领头羊"之一。

武汉的对外开放之所以能后来居上，晚发早至，其功劳当然不能完全归功于张之洞个人，还与武汉市民开放的素质密切相关。武汉市民对外来文化具有极强的相融性。罗威廉认为，汉口因为移民城市的特性，"多民族人口给这个城市带来了异乎寻常的文化宽容性"[1]，这种"文化宽容性"甚至甚于那些早开放的沿海城市。广州及华南一带，虽然开放较早，然而该区域曾是两次鸦片战争的战场，受殖民主义者掠夺太深而排外心理甚强，民众普遍有仇洋惧洋的心理，故而对对外开放持消极抵制的态度。最典型的案例是广东省南海县丝织手工业行会，曾于 1881 年 10 月聚众焚毁裕昌厚等缫丝厂，并迫使南海县衙门封闭继昌隆等其他丝厂。新式机器生产打破了某些以手工劳作谋生人的饭碗，自然引起一定的偏见，甚至敌视，很多人对新式生产技术和经营方式缺少一种宽容态度。在京、津等地，同样也发生过抵制修筑铁路的盲目排外的事端，反映了这些地区和城市社会对新兴事物本能的反感和排拒。这种出于本能的反感和反抗到义和团运动时到达了高峰。

---

[1] 汪熙、[美]魏斐德主编：《中国现代化问题——一个多方位的历史探索》，复旦大学出版社，1994 年，第 30 页。

面对西方殖民者的入侵，面对民族危机日益加重，民生民权日益被涂炭，武汉人同样也产生了自己的强烈不满与抗争。纵观近代武汉对外开放的历程，武汉地区因开放出现的中外矛盾、华洋冲突同样不绝如缕。如 1863 年 6 月，一伙英、美商人携武器在汉口龙王庙码头渡江时，被邻船上的中国兵勇骂为"洋鬼"，外商恼怒万分，引发了中外冲突。1911 年 1 月，人力车夫吴一狗被印捕暴打毙命。武汉民众群起抗议，英国水兵开枪弹压，打死民众多人。汉口民众愤愤不平，部分地区店铺相约罢市，人力车夫及码头工人亦罢工。武汉 38 个团体连日集会，公推代表赴京控告、交涉。

但是，这种民族抗争、维护主权人权的行为并没有演绎为盲目排外。惟因如此，武汉人才能以开阔的视野容纳西方异质文化，在迈向现代化的前行途中少了几分阻力。武汉人对洋货，同样也没有那么强烈的排斥，早在 19 世纪初就有欧洲工业品开始运达汉口。鸦片战争后，专营洋货的批发商开始在汉口出现，从精英阶层到普通民众，对通过租界或直接从外洋输入的优秀文明，都持积极态度。西方的科学、技术和文化，租界的建筑和公共设施、管理规章，都逐步为人们所接受和移植。尽管一开始有些不理解、不习惯，但毕竟未至排斥地步，最后都能较好地消化吸收，为我所用。这正是近代武汉虽然开放滞后，但后来居上的重要原因之一。

武汉商人、企业家及其他民间力量也能在一定程度上主动应对开放格局。平心而论，武汉的商人、企业家面对对外开放的大潮，起初的反应是比较迟缓的，武汉开埠后，外国资本在汉开设洋行、工厂，外洋轮船也直接开入汉口码头，而同期武汉的民族工业（不含手工业）几乎为空白。但武汉的商人能很快感知到对外开放的气息，积极行动起来投身于对外开放的格局中，与外商一逐高低。甲午战争后，武汉兴起了一股民间办企业的热潮。由战前几乎一片空白（只有 1 家机器作坊）猛增至辛亥革命前的 120 家，民营工业的地位在全国仅次于上海而居第二位。由于欧风东渐，西方近代企业制度和经营理念、经营方式传入我国。武汉的商人能很快地顺应时势变化，跟上时代潮流，以开放的视角迅速地转换经营方式。

从业务经营范围看，出现了一批外向型的新兴行业，报关业的崛起便是一个明显的例证。汉口开埠后，随着江汉关的设立，进出口的商品由于报税业务手续繁琐，工作流程概用英文，以代理报关为主要业务的报关行应运而生。报关行业务人员熟悉英文税则及报关手续，使报关程序得以加快。1874 年，汉口地区诞生了报关机构，至 1925 年，汉口报关公会会员有 73 家。20 世纪 30 年代初，由于内地运销商品均依赖汉口为分散市场，内地出口商品均以汉口为集合市场，报关行业务有了长足发展，报关行户数已发展到 130 家。报关业务与武汉外贸兴衰共同消长。

在普遍对外开放的总氛围下，汉口商业业态日益更新，老式企业日趋式微，新兴行业方兴未艾。如带有礼堂、装有电梯、附设游乐设施的现代宾馆、饭店的兴建使"悦来客栈"式的小旅社大为失色。装饰豪华的理发厅将肩负剃头挑子的匠人赶向了街头巷尾。江汉路上矗立的武汉近现代商业企业——武汉中国国货公司在众多百货摊群中如鹤立鸡群，独领风骚。各种类型的中外银行纷纷开张，旧式票号钱庄或走向衰落，或沦为现代金融机构的附庸，兴废无常。

善于应变的武汉商人适时调整经营方式，家庭家族式的店铺、工厂逐步向现代股份公司过渡。即使是传统的行业也出现了许多改弦易辙者。新式的聘用经理制取代了掌柜负责制。旧式账房改为新式会计制度，流水账为西方复式记账方法所取代。会计师事务所也应时而生，在经济活动中起着越来越大的作用。

种种变化足以表明武汉商人们行为方式上的主动应对时势变化，以开放的胸襟将武汉经济推向现代潮流，反映了"传统文化与现代文化的接轨既是这种过渡和转变的动因，又是这种过渡和转变的必然结果"[1]。

武汉的民间力量积极参与了城市现代化建设，促使了武汉向"东方芝加哥"的演进。历史上的武汉素来是一个有着"市民化"传统的城市，具有近现代意义的市民较早产生。武汉市民作为武汉民间力量的主体基础，积极参与了武汉城市现代化进程，推动了武汉的对外开放。在社会政治层面，武汉民间力量也相当活跃，倾注了很高的热情。如清末的立宪运动，武汉是全国除上海以外的仅有的几个中心之一；首义之枪在武汉打响，武汉成为中国迎来共和国第

---

[1] 余育德、涂文学主编：《近代武汉城市文化散论》，香港天马图书有限公司，1994 年，第 147 页。

一道曙光的城市。这些都反映出武汉城市市民现代政治民主意识的觉醒。

　　武汉民间力量积极投身于城市事务的规划与管理，开创了经营城市的新理念，加速了武汉城市向现代化转型的步伐。促使了汉口华界地区土地增值及房地产业迅速发展，其市政建设足可以与租界媲美：新街区内房屋建筑规划严整，配套市政设施较全，并设有警察局专司治安，较之汉口传统的老街区确乎有耳目为之一新的感觉。迨至民国中期，汉口市政改革运动更是轰轰烈烈，是全国为数不多的建构起市民对城市事务参与机制的城市之一。1933 年，全国颇有影响的市政刊物《道路月刊》这样描述了汉口城市建设市容面貌："近两年来，市府修路的政绩，出乎我们意料之外，由牛路跳过了马路的阶段，进而为现代的柏油路。汉口法日两个租界，觉得自惭形秽，竟步市府后尘而翻造柏油路了。"

　　近代的武汉，在对外开放和早期现代化诸方面，尽管晚开放、迟发展，但最终却变被动为主动，迎头赶上沿海早开放早发展地区，创造了晚发早至、后来居上的奇迹，堪称"后发展效应"的典型。武汉的近代崛起给人的启示是深刻的，城市现代化的发展并不取决于地理位置是沿海还是内陆，也不在乎是早开放还是晚开放，关键在于如何冲破保守和自我固蔽意识，如何克服观念和体制上的重重阻碍，善于利用和发挥固有的优势并主动顺时应变，善于学习和包容他人先进的东西而创造性地为我们所用。这，大概就是武汉近代崛起的奥秘之所在。

北伐后，武昌拆除城墙修建道路

第三章 "东方芝加哥"——蜚声海内外的外贸大港

市政分割
治权沦丧与城市治理规范化、现代化并存。

民族情感
城市主体意识被践踏与现代市民意识的觉醒并存。

洋货倾销
利权外溢与国际贸易大港的崛起并存。

江汉关的建立
凸显了汉口作为一个内陆外贸大埠的独立地位。

地理优势
商业传统和包容开放的城市性格与特殊历史机缘一拍即合，
使汉口迅速脱颖而出，成为内陆唯一的国际性城市。

20 世纪初
美国观察家将汉口比作"东方芝加哥"。

1856 年，英法两国借口"亚罗号"事件悍然发动第二次鸦片战争，1858 年 6 月 26 日，清政府被迫与英国、法国签订《天津条约》，条约规定中国增开潮州、琼州、台南、淡水、登州、天津、牛庄、镇江、南京、九江、汉口等 11 个通商口岸。1858 年 11 月 8 日，英国特使额尔金与英国海军舰长华约翰率"狂怒"号、"报应"号巡洋舰及"迎风"号、"鸽"号、"驱逐"号炮艇，士兵 300 余人从上海溯江而上，于 12 月 6 日到达汉口，10 日，湖广总督官文会见了额尔金。额尔金返回上海后，即决定选择汉口、九江为通商口岸。惟因其时长江中下游许多地区为太平天国所控制，长江中下游通商口岸开放暂被搁置。

1860 年（咸丰十年）10 月，英国公使普鲁斯向恭亲王奕䜣重提开放汉口、九江两口，得到奕䜣同意，1861 年 2 月 11 日，受额尔金派遣，英国海军中将贺布与参赞巴夏礼率火轮及兵舰 4 艘，士兵数百人以及上海英商代表团和随员、翻译 40 余人从上海启程赴镇江、九江、汉口，办理开埠通商事宜，3 月 11 日抵达汉口并会见官文。3 月 21 日，巴夏礼与湖北当局签订《英国汉口租地原约》，划定汉口英租界。4 月 27 日，上海英国领事署宣布"汉口、九江辟为商埠，设置领事"。不久，英国首任驻汉领事金执尔便抵达汉口，设置领事馆，汉口正式开埠。

五国租界 化外之地

汉口两江交汇,九省通衢,独特地理区位和商业优势,鸦片战争后便被外人所觊觎,图谋在此开辟口岸,"把商业向五个通商口岸以外的地方进逼"。[①]"长江沿岸之商场,除上海外,其交易总额无一能凌驾汉口者。……法人浮克氏早见及为无穷之利薮,而唤起来者之注意。一八六一年,中国政府遂遭西人之迫胁,开为通商市场。英国先于市街东端沿长江之此岸划定租界,俄之租界即在其东。甲午之役,德国假扶植中国之名,干涉《马关条约》事件,其后索要酬报,遂亦得于东城外指定地点作为租界。日本因《马关条约》之结果,亦得从英、俄、德、法之后,划地一隅。惟位置僻在各国租界之西偏,不能无不便之感。"[②]从1861年3月21日巴夏礼与湖北布政使唐训方签订《英国租界原约》开辟英租界,到1898年7月16日日本驻华大使吉野敦促清廷履行《马关条约》,并胁迫其签订《汉口日本专管租界条约》开辟汉口日租界,近40年间,汉口共开辟了英国、俄国、德国、法国、日本5国租界。

1861年3月21日签订的《英国租界原约》,将汉口黄陂街以下、从花楼街往东8丈起到甘露寺江边卡东角为止,长250丈、宽110丈,共计458余亩的地方划为英国租界区:"定准汉口镇市以下街尾地方,自汉口江边花楼巷往东

英租界地图

---

① [美]费正清、刘广京主编:《剑桥中国晚清史》(下卷),中国社会科学出版社,1985年,第66页。

② 徐焕斗著,张博锋、尉侯凯点校:《汉口小志·商业志》,武汉出版社,2019年,第108—109页。

八丈起，至甘露寺江边卡东角止，量得共长二百五十丈，进深一带一百一十丈，并无参差不齐。……共合地基四百五十八亩零八十弓，每亩地丁银一钱一分七厘，共银五十三两六钱二分五厘；漕米每亩二升八合四勺，共米十三石零一升五合七勺，每石折银三两，共三十九两零四分七厘一毫。两共银九十二两六钱七分二厘一毫，将此地永租与英国官宪，分为英国商民建造房栈居住之所。……每年四月内，由英领事官将以上地丁、漕米价共银九十二两六钱七分二厘一毫，清交汉阳县查收，方可永租无异"。① 4 月 27 日，英国驻上海领事单方面公布《长江各口通商暂订章程》，宣布"汉口、九江辟为商埠，设置领事"。随后英国驻汉领事金执尔到达汉口，在英租界内设置英国领事馆，是为外国在汉设立的第一个领事馆。

　　英国在汉口设立租界三十多年后，又有德国、俄国、法国和日本先后在汉开辟租界。1895 年中日甲午战争后，德、俄、法诸国借口"三国干涉还辽"有功，向清政府提出包括开辟租界等一系列无理要求。德国捷足先登，于 1895 年 10 月 3 日（光绪二十一年八月十五日）与湖北当局签订《汉口租界合同》，取得在汉开辟租界的权利。合同规定："德国租界定准汉口镇英租界以下地方，自通济门城外沿江官地界外起，至李家墩前面为止，量得共三百丈。其江岸尚有水淹，议定深处一百二十丈，经本领事会同汉阳薛令、委员董令，立定宽处地址用石块钉界，其深处界址俟江岸水退再钉。又德国租界共合六百亩，每亩地丁银一钱一分七厘，共银七十两零二钱；每亩漕米二升八合四勺，共米十七石零四

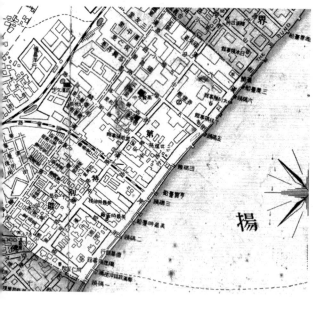

德租界地图

① 武汉地方志办公室、武汉图书馆编：《民国夏口县志校注》（上册），武汉出版社，2010 年，第 226—227 页。

升，每米一石折银三两，共银五十一两一钱二分二厘。两共银一百二十一两三钱二分，每年四月内，由德国领事官送交汉阳县查收汇解，将此地永租与德国，听德国领事官照约办理。"[①]1898 年 5 月，德国又数次面晤江汉关监督瞿廷韶，要求将通济门外原留出的空地及后段空地（计深 120 丈，前宽 12 丈，后宽 25 丈）一并让予德国，德国将租界北面江边之地退还中国。瞿廷韶顾及胶州案未了，恐再生事端，不得已答应了德方要求。双方于 7 月 11 日修订界址，画押存案。

1896 年 6 月 2 日（光绪二十二年四月二十一日），俄国与清朝湖北当局签订《汉口俄租界地条约》，获取在汉口开辟租界的权利。条约规定："俄、法租界，现议在长江西岸，汉口镇英租界以下，沿江至通济门为止，计长二百八十八丈；以三分之一，由俄国下至通济门城内官地为止，设为法界。以三分之二，由英租界至法界为止，设为俄界。此指大路之外至沿江岸而言，前为界，计长一百九十二丈，由大路至江岸，南首深一百零六丈，北首深三十七丈；其大路之内，南至北，抵法界为上，计前长九十四丈，后长一百十六丈；由大路至城垣官地为止，南首深八十三丈，北首深一百零六丈五尺，均已勘定，竖立界石。又俄国租界共合地四百一十四亩六分五厘，应纳租价，即系地丁漕米银两，计亩科算，每亩地丁银一钱一分七厘，共银四十八两五钱一分四厘；每亩漕米二升八合四勺，共米十石七斗七升六合八勺，每米一石折银三两，共银三十五两三钱二分八厘。二共银八十三两八钱四分二厘，于每年四月，由俄国领事官送交汉阳县

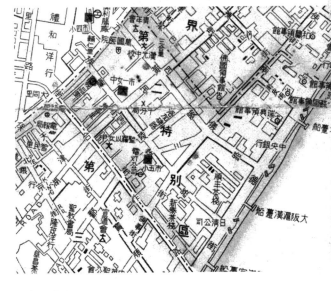

俄租界地图

① 武汉地方志办公室、武汉图书馆编：《民国夏口县志校注》（上册），武汉出版社，2010 年，第 227—228 页。

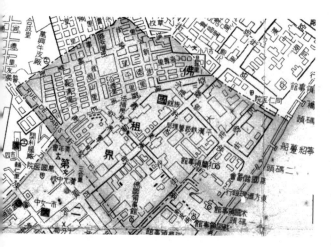

法租界地图

查收汇解，将此地永租与俄国。"①

1896 年 6 月 2 日（光绪二十二年四月二十一日），法国与清朝湖北当局签订《汉口租界租约》，攫取在汉口开辟租界特权。租约规定："法、俄租界现议在长江西岸，汉口镇英租界以下，沿江至通济门为止，计长二百八十八丈；以三分之二，由英租界下设为俄界，由俄界而下设为法界。此指大路之外至江岸而言，是为前界，计长九十六丈；由大路至江岸，南首计深三十七丈，北首计深十七丈；其大路之内，西南至俄界起，东北抵城垣官地为止，计斜长一百十七丈；由大路至城垣官地为止，南首深一百零六丈，北首深四十三丈五尺，均已勘定，竖立界石。计法国租界共合地一百八十七亩，每年应纳租价，即系地丁银、漕米银两，照亩计算，每亩地丁银一钱一分七厘，共银二十一两八钱七分九厘；每亩漕米二升八合四勺，共米五石三斗一升八勺，米一石折银三两，共银十五两九钱三分二厘，二共银三十七两八钱一分一厘。于每年四月，由法国领事官送交汉阳县查收汇解。"②

1898 年 7 月 16 日（光绪二十四年五月二十八日），日本与清朝湖北当局签订《汉口日本专管租界条款》，获取期盼已久的在汉口设立租界的权利。条约规定："日本租界定准汉口镇德国租界北首起，量得东界沿江长一百丈，南界紧靠德界，东起江口、西至铁路地界为止，西界沿铁路地界，北界自东界之北端江口起，至西界之北端铁路地界为止，画成直线。此为日本专管界。立定此约之后，派员会同竖立界石。又界内应纳钱粮，定于每亩地丁银一钱一分七

---

① 武汉地方志办公室、武汉图书馆编：《民国夏口县志校注》（上册），武汉出版社，2010 年，第 228 页。

② 同①，第 230—231 页。

厘，每亩漕米二升八合四勺，每米一石折银三两。每年四月，由日本领事官汇齐，送交汉阳县查收。"[1]日租界从通济门外德租界北首起，沿江下行 100 丈，至爕昌小路（今郝梦龄路），东起江边，西至平和街（今中山大道），总面积 247 亩半。条约还为日本后来扩展租界，攫取更多利权预埋伏笔，规定："此次所定日本租界过于窄狭，将来商户盈满，或出丹水池以下至沙口，由日本领事官随时与江汉关监督商酌，购买妥宜地基，以便日后设立工厂，总以附近铁路为主"。[2]

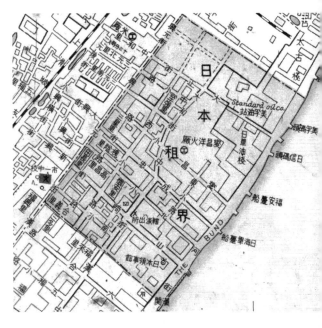

日租界地图

英、德、俄、法、日五国划定租界后，英、法、日三国先后于 1898 年（光绪二十四年）、1902 年（光绪二十八年）、1907 年（光绪三十三年）与清朝湖北当局签订条约，要求扩展租界。其中英租界"后至城垣，留出官地五丈止；南自一马路向城垣直线起，北至俄界止；共合地三百三十七亩五厘"。英租界总面积达到 795.33 亩。法租界"自官地西距铁路六十丈为止，合一百八十亩，当此一面与德租界毗连之街直引至距铁路六十丈之官地为止；南由俄法之界直引一线至垣墙之外，距铁路六十丈之官地为此设为新法国租界。又堡垣地基宽三丈，垣内地宽五丈，垣外地宽五丈，城壕之地宽六丈，均展为法国新界，免缴地价"。法国租界总面积达到 357 亩。日本"从原定界址起向北接展一百五十丈为止，东西界线照原界画齐。"新增面积 375.25 亩，日租界总面积

① 武汉地方志办公室、武汉图书馆编：《民国夏口县志校注》（上册），武汉出版社，2010 年，第 231 页。

② 同①，第 231—232 页。

达到 622.75 亩。[①]

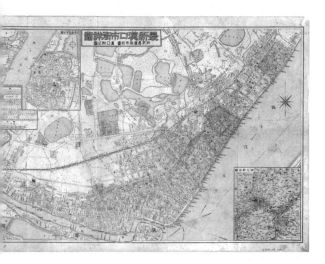

汉口市街及租界图

从 1861 年英国开辟第一块租界，到 1902 年日本扩展租界获得 375.25 亩新租界，四十余年间，英、俄、法、德、日五国在汉口沿江大道江汉路以北，麻阳街太古下码头以南，中山大路东南（其中法租界有一部分越过今中山大道距今京汉大道东南 200 米止），滨长江西北一带，沿江岸线长约 3.6 千米的狭长地带开辟了 5 个租界。其中英租界南自今江汉路两侧，北到今合作路与俄租界相接，东起江边，西抵今中山大道。俄租界南起今合作路，北至今黎黄陂路与黄兴路之间，抵今洞庭街后再往下行，直至今车站路以至江边，东起江边，西至今中山大道。法租界在今洞庭街以东，与俄租界在今车站路分界，洞庭街以西在今黎黄陂路与黄兴路之间与俄租界为界，北至今一元路与德租界相接，东至江边，西则越过城垣包括今长清里、德兴里、庆平里、三德里、海寿里、复兴街、如寿里以及友益街全部包括今天声街、辅堂里、新成里、平安里、永庆里一线并靠近大智门火车站。德租界南起今一元路，北至今六合路下，东起江边，西抵今中山大道。日租界南在六合路与德租界毗邻，北至今刘家祺路以北、麻阳街以南，东起长江边，西迄铁路边。汉口五国租界总面积 2861.65 亩，其租界数量仅次于天津（9 个）居第二位，租界面积位于上海（48653 亩）、天津（23505.5 亩）之后而居第三位。

汉口开埠后，先后有英国、美国、俄国、法国、日本、德国、意大利、比利时、丹麦、荷兰、瑞典、墨西哥等 12 个国家在汉口设立领事馆。

---

① 以上所引英、法、日租界扩展条约均见武汉地方志办公室、武汉图书馆编：《民国夏口县志校注》（上册），武汉出版社，2010 年，第 232－233 页。

汉口英国领事馆

光绪八九年新盖
British Consulate Hankow.
Rebuilt 1891.

汉口美国领事馆

汉口意大利领事馆

汉口日本领事馆

汉口德国领事馆   汉口俄国领事馆

　　租界改变了汉口空间布局。租界开辟之前，汉口城区主要在沿汉水附近扩张，是一片杂乱拥挤的商业城镇空间，江汉关以下滨江地区则是乡郊荒野之区。租界开辟后，殖民统治者按照现代方式规划城市，建设城市。1864年，英国人为汉口英租界设计了规划图，这也是汉口有史以来的第一张城市规划图。租界区建设将西方规划理念、技术带入汉口，使汉口出现了一大片新市区。英租界有河街（今沿江大道一段）、领事街（今洞庭街一段）、鄱阳街（今鄱阳街一段）、湖南街（今胜利街一段）和湖北街（今中山大道一段）等5条主干道，8条横干道；俄租界有河滨街（今沿江大道一段）、鄂哈街（今洞庭街一段）、玛琳街（今胜利街一段）和亚历山大街（今中山大道一段）等4条主干道，5条横干道；法租界有河街（今沿江大道一段）、吕钦使街（今洞庭街一段）、德托美领事街（今胜利街一段）、霞飞将军街（今岳飞街）、西贡街（今中山大道一段）和玛尔纳得胜纪念街（今友益街）等6条主干道，6条横干道；德租界有汉景街（今中山大道一段）、江岸街连汉江街（均为今沿江大道一带）和汉

汉口英租界河街初创时期

中街（今胜利街一段）等3条主干道，6条横干道；日租界有河街（今沿江大道一段）、中街与大和街（均为今胜利街一段）等2条主干道和5条横干道。汉口各租界区面江而立，通过租界当局相互间的协调、规划，在总体格局上有所统一。如各国租界沿江贯穿一条干道，干道临江外侧设置码头、趸船、花坛绿地，干道内侧建立许多高层建筑和仓库。租界中心纵贯着今胜利街，并穿插着一系列横街。各租界区内的道路严格规划，并随着租界的建设不断完善，整齐划一，形成网络，主要以棋盘式为主，顺江方向的主要干道大部分都可以贯通。德、俄、日租界最早铺设19世纪后期在欧洲新兴的柏油路，尤其德租界，"外人皆以为租借地模范"。

汉口法租界中街

汉口德租界河街

汉口俄租界河滨街

汉口日租界中街

　　在修筑道路的同时，各租界工部局很注重修筑较完备的下水道排水系统。不过早期的下水道是明沟和阴沟，下水管很小，污水粪水直接排入长江。租界内大批西式建筑如雨后春笋般地拔地而起，工厂、银行、洋行、商场、私人住宅鳞次栉比，煞为壮观。据统计，从1861年到1949年，武汉著名的建筑工程300多项，其中100多项为外国人所建，且绝大部分建在租界内。《海关十年报告》曾以惊叹的笔触描述了这种巨变："在汉口，变化之大更是令人惊叹。自上个十年报告刊行以来，新近开辟了俄、法、德租界，几年前还是稻田和肮脏小屋杂处之地，现在铺设了马路，竖起了高大的住宅。这些新租界与英国租界相连，使汉口有了长达两英里长的河街。"①

　　租界改变了汉口的市容市貌，提升了城市生活品质。除了整齐的街道、西式的洋房，更重要的是有详细而严格的市政管理制度规范。以英租界为例，工部局即汉口大英市政委员会，下设工程科管理租界内一切工程事宜，如民众的房屋建筑审批、公共阴阳沟渠和道路码头建筑等；卫生科管理租界内一切卫生事宜；警察科即巡捕房，负责维护秩序和公共安全等，各有专管，各司其职。管理章程采用列举式，规范、明晰、操作性强、便于执行。如汉口《英租界巡捕房章程》之《附则》第19项规定，"凡本界内居民，每家须备有盖之渣桶一个，以储一切废物渣滓。其材料或以冰铁为之，或以涂白铅之木为之，或以木为之而镶以冰铁……当清道夫取此废物以尽其义务时，有阻之者，科以二十五两以下之罚金"。《工部局市政章程警察附则》对于英租界市政管理的规定十分详细：

　　　　1. 任何人不得在租界内携带或私藏武器，违者拘罚，武器没收（由正规部队送"洋务公所"发落）。2. 马车、人力车在租界内行驶时，不得拉响铃，违者拘罚。3. 结婚、出丧仪仗路经租界时，不得使用乐器，违者拘罚。4. 燃放鞭炮，敲锣打鼓，或使用其他响器者，拘罚（以上两条，领有执照者可免）。5. 行人高声谈话，或大声喊叫者，拘罚。6. 相骂、打架、闹事者，拘罚。7. 小偷、扒手，拘罚（重大抢劫案，或其他民、刑事案件，例由"洋务公所"按情节轻重移送"夏口县公署"审理，法院成立后改送法院，租界只管违警案件）。8. 开设烟馆，或运、售、吸烟、吸毒者，拘罚。9. 开设赌场，或聚赌抽头者，拘罚。10. 开设妓院，或操卖淫业者，拘罚。11. 倒捉鸡鸭之类在路行走者，拘罚。12. 马车夫套马不慎，擦破马皮者，拘罚。13. 汽车夫夜晚任意使用探照灯，拘罚。14. 汽车行驶租界，速度不得超过15码，违者拘罚。15. 人力车夫不分左右两边鱼贯而行者，拘罚。16. 肩挑负贩走人行道者，拘罚。17. 随地便溺者，拘罚。

---

① ［英］穆和德等著，李策译：《近代武汉经济与社会——海关十年报告——汉口江汉关（1882—1931）》，香港天马图书有限公司，1993年，第30页。

18.家庭卫生不合标准，其情节严重者，拘罚。19.违章建筑者，拘罚。20.华人擅入江边草坪（坪内设有靠椅，从江汉关达界线路，接通俄、法、德、日租界，似简易公园，专为洋人散步游览之区，华人不得越雷池一步）者，拘罚。[1]

汉口《法国租界总章程》第 6 条规定，"白天，禁止产生可能避免的噪音。夜晚，禁止大声喧哗、大声唱歌、演奏乐器影响居民安寝"。再如，自 1914 年 5 月 23 日生效的汉口英租界《公共卫生及房屋建筑章程》，第二十六项是有关防火的规定"中国人的住宅或店铺最多可存放 2 担稻草。有火炉或类似物的房屋或厨房，不得存放稻草。不允许在租界建有稻草房，否则，将被处以不超过 10 两银的罚款并可没收其稻草"。

这些操作性很强的管理条款，既有章可循，又能确保付诸实施。汉口各租界，"其道路之构造，除俄租界外，虽多用细沙，然亦时时扫除清洁，洒水润之"。在法制化、规范化和精细化的管理下，汉口租界街道整洁，秩序井然，较之华界狭街陋巷，杂乱无序，无疑悬隔霄壤的两个世界。"江岸之道路坦坦平平，如砥如矢，绿树垂阴，掩映两侧，球场憩所亦列其间。瞩目对岸，则大河前横，而武昌之山丘与黄鹤楼诸胜隐约高下，与烟波相俯仰，与风帆相送迎。盖旅客来此者，除其心目间经营事业之外，而披怀风月亦复流连不置也"。[2]

租界引入先进市政设施，现代交通、通信和电灯、自来水等，公用事业次第起步。1888 年，人力车和客运马车开始穿行在租界的大街小巷；1903 年出现第一辆汽车；1912 年，法商在汉口歆生路创办出租汽车行，有小轿车 6 辆，汉口专业的出租车行诞生；1929 年，第一辆公共汽车从六合路始发，经过法租界和原俄、英租界抵达硚口；1915 年，英租界六码头至武昌汽车轮渡开通运营。1872 年，英租界建立邮政系统；1898 年，汉口引入邮政汇款形式；1884

① 李绍林：《汉口英租界的英帝罪行》，政协武汉市委员会文史学习委员会编：《武汉文史资料文库》第五卷《租界洋行》，武汉出版社，1999 年，第 34—35 页。
② 徐焕斗著：张博锋、尉侯凯点校：《汉口小志·商业志》，武汉出版社，2019 年，第 110 页。

年，清政府经营的电报业务在租界运营；1901 年，德商西门子在租界开办电话

紧邻江汉关的汉口"大清邮政总局"大楼

业务；1906 年，英商电灯公司在英租界开办电灯照明业务，1907 年和 1913 年，德国电灯公司、日本大正电厂分别开业，租界电灯照明基本普及，1909 年华商既济水电公司水厂正式通水，租界和部分华界开始用上自来水。"汉口已有了自己的电话公司，用电和供水由一家中国公司提供，公司供水始于 1908 年，现在它正在设法增开电厂。城区马路已有警察值勤，市政当局正朝着改善排水设施，加强卫生教育等方面努力。……犹如一颗变革的星星火飘临武汉，大有燎原之势。1900 年租界区内一辆马车，几辆人力车就算得上新鲜事了。现在租界区内人力车发展到 1000 辆，汽车 7 辆，武汉三镇到处可听到人力车的吆喝，马车在武昌比比皆是"。[①]

20 世纪初，一位外国记者游历汉口后以惊叹的笔触这样描写其时汉口街景："汉口被列强视为重要的商业中心而加以建设……现代化的大厦与银行，巨大的仓库，那些美丽的花园别墅和高级旅馆，都是汉口有代表性的建筑物。不管什么时候看上去，汉口给人的印象与其说是中国的城市，不如说是国际性都会"。[②]

然而，租界毕竟是外来入侵殖民产物，在带来现代城市文明的同时，也种下城市畸形与变态的恶果。"只要稍加注意我国都市之发展情形，便知道很多畸形变态，例如近百十年来的都市，很多偏在沿海一带，且每一大都市，多以外国经济势力作中心，甚至被划定了许多租借区域，行使外国行政权，这种都

① ［英］穆和德等著，李策译：《近代武汉经济与社会——海关十年报告——汉口江汉关（1882—1931）》，香港天马图书有限公司，1993 年，第 103—104 页。

② ［德］王安娜：《中国——我的第二故乡》，生活·读书·新知三联书店，1985 年，第 200 页。

市，无疑是适应外力侵入产生的，非由本身之自然生长，故于我们国家民族的利益，颇不相容……"①外国势力掌控之下的条约口岸和租界，中国政治、司法、财政各项权利皆为帝国主义所控制，经济遭受掠夺榨取。

> 我国商埠的性质，如从形式上而论，第一是一部不平等条约之明文，第二是由条约上演绎而成历来见惯不惊的一种不法之习惯。如以其一贯之精神以观，即是始终不外外人在此商埠有特权之独占，务使我们长久处于经济被榨取的地位。换言之，即由此商埠之开放，我们的行政权，实受若干之限制，司法权实有若干之范围不能及，财务行政之征收权，亦屈不得伸，此就公经济之关系而言的。至私经济所喫亏的地方，亦不弱于前者，其最显明处，即自国之生产品，常受外来品之压制，私人企业，常受无形之打击。其结果，与上之公经济，双方同时，不至于国困民穷不止。而其他因有商埠之开设，窝留我国之捣乱分子，为军火贩卖之机关，致我国之内乱反覆绵绵不息。借问曰：伊谁之咎，必当数"商埠"！呜呼！商埠为我国困民穷之源②。

在外国人设立的租界内，许多中国人不能以自己的名义办企业，置产业，必须要挂旗于外国银行、洋行名下。"法租界有一个特别法，即中国人在法租界置有房地产，自己无权出名登记，必须由外国银行、洋行挂旗，收取挂旗费用。如遇有房地产纠纷，也必须由持旗银行、洋行出面办理。否则，领事馆和巡捕房不但置之不理，而且还驱逐搬家，将房地产收归法领事馆所有。即或是中国的贪官污吏、土豪劣绅和军阀政客，时常借助租界置有房产，也要进行挂旗手续。如吴佩孚在黄兴路44号置有楼房一栋，也照样经过了挂旗手续。还有卢金山、刘佐龙、萧耀南等也都在法租界置有产业。这说明这些欺压人民的大官僚，一到洋大人的面前就威风扫地，也只好听从外国人的摆布了。"③

---

① 张笃伦：《漫谈市政建设》，《市政评论》，第十卷第三期。
② 漆树芬：《经济侵略下的中国》，光华书局，1925年，第15页。
③ 注应云：《汉口法租界种种》，政协武汉市委员会文史学习委员会编：《武汉文史资料文库》第五卷《租界洋行》，武汉出版社，1999年，第92页。

　　西方人在中国的城市里划出特定区域，设立特殊的市政机构——"工部局"，严重地破坏了国家的主权独立和城市的市政统一。汉口开埠后，租界实行所在国市政管理体制。在英租界，最高权力机关是纳税人会议，市政管理机构为工部局。纳税人会议每年召开一次大会，听取工部局报告，选举工部局董事会，任免职员，通过规则、预决算、创制法律、发行公债。工部局董事会全称大英帝国汉口市政委员会（THE HANKOW BRITISH MUNICIPAL COUNCIL），董事会和总董任期一年，负责决定租界重大事项，管理租界收税以及租界日常事务，对职员进行监管考核

汉口英租界工部局大楼

等。工部局下设工程、卫生、警察、教育等职能机构。

　　英国租界管理体制为德、俄两国所效法。法租界也有纳税人会议和工部局董事会，但与英国纳税人会议为最高权力机关不同，法租界权力集中于董事会和董事长，而法国领事是当然的董事长，所以实质上是法国领事大权独揽。董事长有权决定租界的大政方针，甚至可以停开和解散董事会。工部局设秘书即总办负责具体事务，下设消防局、路政局、公共工程管理处、卫生局等办事机构。日租界有所谓居留民会，类似英、法租界的纳税人会议，其执行机构为居留民团行政委员会（后改称参事会），下设庶务、调查、财务、工务、电气、港务、卫生、保净等科室。租界有自己的警察（巡捕房）、法庭，享有领事裁判权，《汉口租界条款》规定"汉口英国法院为初审法院，以领事兼理司法，审判采取独任制，间或采取合议制"。"公审会堂"的所谓"会审"，虽然由英国驻汉领事和中国地方官员会同审理，但外国法官和律师主导案件审判，往往做出有利于外国人的判决。法租界巡捕房有行政拘捕、司法缉查、调查询问权。"法租界公民通过其法定场所和现有规章中的预设条款享有所有权、购买

权、出售权、贷款权和法律诉讼权"，是典型的"国中之国"。因此，国人讥称为"畸形的汉口市"：

> 谁不知道汉口市是一个庞大有名的都市！位全国本部的中心，南北有平汉粤汉两铁路的衔接，东西有长江的贯通。论其经济地位，有比之美国的芝加哥；论其政治的地位，与湖北省会——武昌只一衣带水之隔；再论其军事的地位，则历史上夙称重镇，向为兵家所必争。都市所必具的条件，也莫不具备。现在虽不冠以特别市的衔头，却依然与京沪等市比肩而立。而记者竟以畸形的三字相加，读者或以为骇异；其实，若从市政上观察，也只配加这三个字。
>
> 何以只配加以畸形的三个字呢？且让记者将从前在上海《建设周刊》所发表之《市政与上海市》一文，其中与本文颇有关系之一段，摘录于下，然后再进而加以讨论。
>
> "惟是上海是一个市，而分辖于几个市政机关。说明白点吧：是分辖于吾国的市政机关和几个租界的市政机关。明确是一个市，好像变成几个市。（有租界的地方也就同上海一样）一切的市政，各不统属，不相联络。因此，各有各的特色，纳税亦有不同。……"
>
> 汉口市的情形，大抵相同。不过租界的地位，稍为偏于一方而已，但是租界之外，还有特别区。租界的市政机关，现虽改为警察署，但其待遇，也和其他不同。[1]

汉口老波罗馆

由外力开启且由外人长期控制的汉口租界，商场充斥着舶来商品，街市弥漫着异国情调，黄、赌、毒成为社会公害。虽然《英租界巡捕房章程》附则第

---

[1] 方逖生：《市政与汉口市》，《道路月刊》第31卷第2号。

63 条规定"本界内不准开设妓院、赌场以及其他扰乱秩序之场所",法租界对此也有明文禁规。租界建立之初黄、赌、毒管控表面上看起来确有成效,但暗地里"三害"猖獗,屡禁不绝。20 世纪 20 年代后,法租界干脆撕下禁赌禁毒的遮羞布,公开允许开设妓院、赌场和烟馆,在法租界,只要花 50 元钱就可以买一张吸烟执照,开设烟馆。据曾任法租界巡捕班长多年的当事人回忆:"法租界的旅馆是烟、赌、娼的世界,贪图享乐者在里面日夜吞云吐雾,喝雉呼卢,麻将牌之声传达马路,京胡、二胡通宵不绝。以旅馆计,有京汉旅馆(经理黄海涛,鄂城人),万园旅馆(经理丁竹卿,汉阳人),新新旅馆(经理路云生,山东人),安安旅馆(经理谭楚伦),红楼旅馆(经理秦培卿,鄂城人),辛丑旅馆(经理胡某),大东旅馆(经理史开昌),安乐旅馆(经理陈某,汉阳人),以后又有华商旅馆(经理王静斋,南京人),铁路饭店(经理刘联珂,他是为妓女拉胡琴的,后来还做了中统的专员)。这 10 余家旅馆把法租界变成巴黎式的花花世界,这些经理们也靠烟、赌、娼来发横财。""法租界的妓馆很多,如长清里、辅堂里、永贵里、如寿里,都是聚集娼妓的地区,每家妓馆都在法租界巡捕房完纳花捐,这是明娼,另外天声街一带,或茶馆、烟馆,由男女勾引,带往暗娼处者更不知十有多少。其实这些'暗门子',法租界巡捕房是知道的。"[①]日租界更是制毒、贩毒大本营和赌窟,其三业组合(事务所)和汉口检番,是嫖客们心向往之的色情服务场所。殖民主义者对汉口社会的毒化影响至深且久,即使在租界收回很长一段时间后,仍然挥之不去,其流韵余风已深深浸入城市骨髓之中。20 世纪 30 年代,就有一篇题为《三教街透视》的文章这样描述其时汉口旧俄租界三教街:

> 谈及三教街,在一口一个"你家"的汉口人家看来,谁也要动情羡慕、像上海的霞飞路、北平的王府井大街、天津的梨栈街一般,三教街是汉口最欧化的中心地带。那儿,有发售顶尖舶来品的百货商店——惠罗公司、立丰洋行,有供给正号摩登男女谈情说爱的咖啡馆——松柏厅,有专以中国骨骼外国气味的男女做主顾的理发处——

---

① 注应云:《汉口法租界种种》,政协武汉市委员会文史学习委员会编:《武汉文史资料文库》第五卷《租界洋行》,武汉出版社,1999 年,第 88-89 页。

比得美容室。夏的来到，一年一度刷新的露天夜游园里，有舞厅，有球场，有餐室……在灯光灿烂乐声悠扬的交织中，可以使每一个享乐的高等华人忘记着自己的年庚岁月。

对富人说来：你要穿最漂亮的西服吗？到三教街去。你要着最新兴的皮鞋吗？到三教街去。你要喫最精美的面包吗？到三教街去。你要装饰你的住宅像皇宫一般富丽堂皇吗？到三教街去。尊夫人，贵小姐要化装成典型的摩登美人吗？三教街的美容室烫发、画眉、修指甲，保险六个月不走样，价钱很公道，每次只需大洋十五元，小费随便赏。总之，只要你的衣袋麦克麦克的话，三教街的白俄、犹太人、甚至盎格迟撒逊的绅士，他们会在这只有制面纺纱低劣工业区的汉口，为我们高等同胞搜罗全球驰名的最高贵最华丽的衣食住行的一切。白昼间，像镜面似的光平的柏油路，是帝俄租界时代的建造，据说是汉口市的第一条柏油路。一九三四年式的雪佛兰、福特，电掣似的飞驰着，车子里会飘出甜美的笑声，香的气味，忙得那穿黄色制服的十字街头警士，双手齐举，努力给一般人间骄子服务着。两旁高楼大厦，终年微笑似的对立着，墙儿敷着娇艳的油漆，窗儿装着雅致的纱帘，盆栽摆布在走廊栏杆上，奇花异草，点缀得十足的艺术化。你以为这些住宅的主人都是文明国家的居留人吗？那就错了，十之八九是流落异国的白俄舞女。在晨起时候，她们会坐在楼头整容，敷粉画眉，拿着镜子那种顾影自怜的神态，可以供给马路行人的公开欣赏。到了夕阳西下的黄昏时候，给酒醉得烂泥一般的美国水兵，歪戴着帽儿，三三五五地跑进这些藏春窝里去，当街的楼头，立刻表演着兽性的淫剧。女的含着失了青春的笑，抱着男子的颈，像融化了的糖条儿似的，缠在男子的身上，疯魔似的接吻，好像邮局的人员盖邮戳一般，同时，啦啦啦的歌声飘送到街心中来。

称霸三教街的惠罗公司，谁也知道是发卖清一色来路货的百货商店，通明透亮的玻璃窗柜里，陈列着花绒的锦毯，金色的铜床，西蒙子钢条弹簧床绷，异样的衣裳，异样的鞋帽，异样的化装物，异样的陈设品，异样的一切。供应汉口市各界士绅的需求，那扇血口似的大门张开着吸吮我们次殖民地人民的脂膏血肉！

一到夜晚，全部风光都集中到桃花村了。这自然是白俄流氓经营的买卖，前年叫作百老汇，去年叫作邦可，今年改名桃花村了。里面有纸醉金迷的舞厅，有钗光鬓影的球场，红的，绿的，黄的，艺术味道的电灯装设在树丛中，映着一对对假情人，表演着人类的丑剧。音乐师奏着兴奋的曲，假情人们依着曲调的音节掀起肉的波动。高脚香槟酒杯相交的娇声，彼唱此和，留兰香糖的纸皮，被扔在地上，好似一堆堆金钱的剩余血骨，叹着身世的不幸，遭受了残酷的摧毁。

总之，这罪恶渊薮的三教街，从前是旧俄租界，现在还有俄国总会，一切穷奢极欲的玩意，大半是毛长三寸，有国归不得的白俄流氓经营的。旧俄的皇族政权就是这般猪仔断送的，处危急存亡之秋的中国同胞甘愿步他们的后尘吗？我们要知道，旧俄帝国的灭亡，不过是"楚人失之，楚人得之"，万一中国亡了，恐怕不是"楚人得之"吧？[1]

一面是大厦栉比、整洁靓丽的现代新城，一面是灯红酒绿、纸醉金迷的"罪恶渊薮"；文明与野蛮相伴，天使与魔鬼同行；市政分割、治权沦丧与城市治理规范化、现代化；民族情感、城市主体意识被践踏与现代市民意识的觉醒；洋货倾销、利权外溢与国际贸易大港的崛起……这，就是近代汉口真实而矛盾的社会状态。武汉城市早期现代化，因了外力推引与植入，在付出了高昂甚至血的代价后，就这样迈开了蹒跚的步履。

20 世纪 30 年代的巴公房子（左）与惠罗公司（右）

① 寒微：《三教街的透视》，《平汉新生活》1934 年第 2 期。

江汉关：开放与城市现代化的象征

　　1861 年汉口开埠后，按照《长江各口通商暂订章程》之规定，包括英国在内的外国商船从上海到汉口，只须由上海海关发给"江照"，交纳"进出各税连船钞"，各地海关无权过问，也不能收税，导致走私之风炽烈，"自洋人到汉口通商，两湖厘税均无"，地方利权严重受损。于是，湖广总督官文向朝廷提出了在汉口设关之请。"咸丰十一年八月，增设长江洋关。动议洋商入长江，进口、出口正税俱在上海交纳，故原定章程第七款有'沿途任便起货、下货，不用请给凭单，不用随纳税饷'之语。江苏巡抚薛焕谓：'如此则毫无稽考。应饬令洋商将运进长江之货，除完海关正税外，其应纳内地半税。先在上海完纳者，由上海给凭单上驶。出口货物如在汉口出口者，先在汉口完纳，由汉口给予凭单下驶。必如此上下稽核，始无偷漏之弊。'湖广总督官文因奏请增设汉口洋关，以专责成。报可，遂饬汉阳府勘择地基，设立关卡，并添设监督一员"。①

　　按《夏口县志》这一说法，似乎汉口设关一奏即准，很是顺利。但实则不然，江汉关是在官文三次上奏，几经周折才设立的。史料记载，官文曾于1861 年 5 月、6 月、9 月三次上奏，再三要求设立江汉关。官文历数汉口不设关之弊，不仅外商在汉口进行贸易活动，完全不受地方政府的稽查，而且"内地商人分赴湖南、湖北购买茶叶等货物，动称洋商雇伙，抗不完纳厘金"。②"汉口为九省通衢，行运甚广，百货丛集。其中茶叶、大黄、桐油等货，尤为出口大宗，奸商倚托影射，甚至将停运之货接济贼匪，违禁之物潜行夹带。自汉口至镇江，途经千余里，其中处处可以私售，汉口既无盘验，上海镇江无凭稽

---

① 武汉地方志办公室、武汉图书馆编：《民国夏口县志校注》（上册），武汉出版社，2010 年，第 216 页。

② 《湖北通志》卷五十《政经志八·权税》。

查。若经由长江出口，则上海亦无从查知，不特税课竟归无著，抑且将来流弊无穷。"①解决这些问题，"唯有汉口设关，明定章程，设立行栈，收票发票，稽查盘验，由商贩自行贩运到汉镇入行售卖，照海关章程将内地各货出口正税及子口税一并于汉口完纳，其进口洋货运至汉口仅照章点验方许售销，以符一税不二税之约。并禁止华洋行伙往山乡镇市自行采办。如此出入货物既可稽查，而税课亦有攸归矣"。②

经过官文据理力争，总理各国事务衙门"再四筹商"，终于议准在汉口设关。"至汉口地方据该督奏必须设关，自应准其建立，查验出进各货。惟该督奏请由京简派监督一节，臣等查江苏、上海口系苏松太道管理，浙江宁波口系宁绍台管理。汉口本非海关可比，且进出正税均在上海征收。汉口关仅征子税，又盘验货物等事，应由汉黄德道管理，毋庸由京派往。其汉口建关一切事宜，即由该督督同汉黄德道妥议章程，实办办理。所有建关经费及应没书吏人役工食等项，既系仅收子税，则均力求撙节。"③

关于江汉关设立的时间，目前一般认为是 1862 年 1 月 1 日，或 1861 年 12 月 2 日（咸丰十一年十一月一日），旅英学者范榕通过搜集和解读时任英国驻汉领事金执尔的多封信函，判定 1861 年 12 月 2 日在汉口江汉关附近江面一条大帆船上举行了江汉关开关典礼："阴历十一月一日当天，所有的高官们都准备来参加新海关的开关典礼"，"江汉关开关典礼是在江中的一条抛了锚的大帆船上举行，在船上的江汉关负责人仰望着关署说道：'我正式宣布张同仁辞去对外贸易长官，由郑某（即郑兰道台）来管理对外贸易，任江汉监督'。"④

江汉关的机构设置和管理方式仿照欧美海关模式，其负责人称"税务司"，由海关总税务司委派，直接听命于总税务司。税务司全面负责海关工作，总揽海关业务及内部行政事务。其具体职能包括：（1）统辖关务，在不妨碍商务发达的前提下依法征收关税；（2）管理训练属员，总司外人帮办和华员的业务和语言训练；（3）应无条约国或无领事的缔约国的请托，代理领

---

① 《筹办夷务始末》同治朝卷二。
② 《湖北通志》卷五十《政经志八·权税》。
③ 《筹办夷务始末》同治朝卷二。
④ 郑榕：《江汉关到底是哪一天设立的？》，《人文武汉》，2024 年 1 月 13 日。

事和通商公证人之职；（4）兼理航道、港务、气象观测、邮政、港口、外洋进口船舶的检疫、引水及本地产品参加国际博览会等。税务司之下设有副税务司、帮办等。江汉关内设机构有总务、验估、秘书、会计、稽查、港务、江务等7课。其中，总务课负责对货物进出口、轮船结关、进口税、吨税及堤工捐征收、缉私案处理等。验估课负责货物之查验、鉴定，货物估值、税则号列之审核等。秘书课负责保存全关文件档案，文件收发登记、拟稿、缮写、打字、译电、人事统计等。会计课负责关务方面收支，工资核算、发放，各种关税经费造具会计报表等。稽查课负责缉私、船务、巡缉、结关、供应、庶务、管理关产等。港务课负责自理与港务有关的事宜。江务课负责管理长江中下游及江上助航设备等。

　　江汉关组织管理的另一个系统是江汉关监督公署。江汉关建立后，在汉口青龙巷设江汉关监督署，并移汉黄德道于汉口，统称汉黄德道兼监督税务江汉关署。"至咸丰十一年，又移驻黄州府城之汉黄德道驻此，兼司税务。可见道光后商场之剧，移方面官以镇之。自通商后，设江汉关监督于大智门坊的同治二年，建榷关于通济门江滨。又于汉口南岸设子卡，则商场日拓，税法日繁之验也。"①江汉关监督由湖广总督选拔任命，首任监督湖北分巡汉黄德道为郑兰。江汉关监督公署设总务课长1人，税务兼计核课长1人，部派会计主任1人，汉阳南关、分关及武穴总卡各设委员1人。

江汉关监督何维键。约翰·汤姆逊摄于1871年

---

① 王葆心：《续汉口丛谈》卷一，湖北教育出版社，2002年，第15—16页。

江汉关实行的是海关双轨运行体制，即江汉关税务司由总税务司任命，江汉关监督由地方政府选拔任命。由于江汉关税务司由总税务司直接任命，且基本上由外籍人士担任，据统计，从1862年至1949年，先后担任江汉关税务司者一共323人次，除9人是中国人外，余者皆为外籍人士。税务司以下的副税务司、帮办、高级职员、外勤等全部都是英、美、法籍人士，只有文书、杂役等才派中国人充任。实际上税务司是一个超越中国政府行政体系之外的独立系统，大权独揽，控制了海关收税、稽查等主要业务，成为江汉关政务的实际主持人。海关以所谓"外人帮办税务"之名，主宰各级海关事务，体现了较强的半殖民化色彩。

"江汉关"的建立，对于武汉的对外开放和城市现代化具有重要意义。

首先，江汉关的建立，凸显了汉口作为一个内陆外贸大埠的独立地位。

开埠初期，汉口只是上海的附庸，只征收子口税，进出口正税需在上海完纳。随着汉口贸易地位的提高，外贸进出口业务的增加，从1863年1月1日起，江汉关正式对外征收正税，汉口作为长江中下游地区独立的对外通商口岸至此正式形成。

其次，江汉关建立后，其业务范围扩展至长江中游地区，武汉作为华中地区对外开放中心城市的地位得到加强。

江汉关建立之初，下辖一关三卡，一关为汉阳南关（汉阳县南岸嘴），稽查内河民船，三卡为北卡、子口卡和武穴总卡。北卡设在汉口租界十八段之下沙包滨江，子口卡设在汉口镇襄河上游硚口滨河，武穴总卡设在广济县武穴镇滨江。1876年9月中英条约规定，中英双方"议准于湖北宜昌、安徽芜湖、浙江温州、广西北海添开通商口岸"，同时议定在长江沿岸的安徽大通、安庆和江西湖口与湖北武穴、陆溪口、沙市等处开辟船舶暂时停靠所，准许轮船停靠，上下客货。从此，江汉关税务司开始兼理稽查上述长江六处的事务。

1898年石灰窑分关设立，其职责是监管载运水泥厂物料进口、水泥出口以及大冶铁矿出口至日本的轮船。1903年，京汉铁路建成通车，江汉关又分别在刘家庙和大智门车站设立两个子口卡。民国时期江汉关业务范围进一步扩展，管辖地区进一步扩大。1930年7月14日，岳州分关职员大部分撤退，其工作交由江汉关税务司领导；1934年1月1日，汉口盐务检查机构查禁非法私盐的权力移交海关执行，其检查人员也一并移交江汉关；1937 年 1 月 31 日，长沙关结束，人员并入江汉关，关务清理由江汉关接办；同年 10 月，国民政府颁行海关转口税整理办法，江汉关扩增转口税，增设分支机构 15 处。[①]

第三，江汉关作为现代关税制度的产物，其职能和管理方式完全是按照现代西方海关模式建立的，与中国传统的关卡相比，江汉关无疑是一个全新的系统。

海关作为监督对外贸易、管理税务的国家行政机构，其主要职能包括征收关税、稽查货物、制止走私、货运管理等；在其主要职能关税征收方面，无论是税收种类还是税收管理上，均与传统关卡有别。据《湖北通志》介绍，江汉关的税收来源有正税、半税、子口税、船钞、三联单罚款、罚款、洋药进口正税、红茶补厘、火油池捐、护照费、小轮船牌费、船牌费等 12 种：

> 日正税。凡洋货进口、土货出口均案税则（5%）科征，内有洋货办足值百抽五，免税之货完纳增收一项，前奉部饬提出另行列收报解。日半税。凡土货复进口者征之。日子口税。凡洋货运入内地或土货出关运内地者照税则折率（2.5%）征收，概免沿途厘金。日船钞。照章征收，以三成解外务部，七成解税务司。日三联单罚款。光绪二十九年江汉关监督与税务司议定章程，凡洋商请领三联单购运土货，倘逾限未经转运，即照该货应完出口正税银数加两倍半罚缴，每结罚款由税务司运关如数解部。日罚款。系各商漏税及变价充公之数，同治二年奏明按十年计算，以三成解京，以三成归监督充赏，以四成归税务司充赏。日洋药进口正税。计大土每箱完税三十六两，小土每箱完厘八十两。凡洋药进口，出入关栈，必须报完税厘，方准出栈，故每结收数均以土商报运之数核算。日红茶补厘。凡红茶出口，查验厘捐局斤票，不符者照茶税章程补征。日火油池捐。系洋商在汉口设立火油池按斤重捐出之款。日护照费。光绪三十年外务部定章，

① 甘胜禄：《江汉关源流》，见［英］穆和德等著，李策译：《近代武汉经济与社会——海关十年报告——汉口江汉关（1882—1931）》，香港天马图书有限公司，1993 年，第 189-190 页。

官员往来各口岸，请领护照，每张收费三两，以四成解外务部，以四成解度支部，以二成留关供支。曰小轮船牌费。凡行驶内港小轮，赴关领牌，初次纳银十两，每年换领新牌纳费二两，以一半解外务部，一半存关供支。曰船牌费。凡华商挂旗船均应照纳，按三成均摊，以一成归税务司，一成解部，一成归监督办公。①

在稽查货物、制止走私方面，江汉关具体负责者为总插子手，下辖插子手、验货员、巡役等。总插子手和插子手均由外国人担当，有19人之多，验货员又分两等，由中国人担任，总计12人，其中一等验货员7人，二等验货员5人。巡役共12人，亦由中国人担任。为稽查需要，江汉关为税务司和总插子手各配巡船一艘，其中税务司的巡船为白色，总插子手的巡船为黑色。另有驳船5艘，每艘配水手3—5人。所有巡船均挂江汉关巡查字牌。为了严行稽查，江汉关监督会同湖北盐法道及总办厘局于1863年1月22日在广济武穴设总卡，由江汉关专委洋人插子手、通事等负责稽查上下江各类商船。这些船只如通过武穴，均须赴卡报验。船只如运货上江，携带的江照江单，查明货照相符立即放行，倘有不遵、盘查拒捕及插用洋旗并无各样单照，则沿途拉拦截，援例施罚。对于报验货物，如有货色、价值、数量不符者，经查明系误报或假报，视情节轻重和应纳税款之多少，处以一至三倍的罚款，最多不超过5倍。如商家对货价以多报少，经海关查验不符而商家不服，则可照该商原报价，由海关买回再行拍卖。至于违禁物品，不论多少一律没收充公。

至于查处走私，江汉关没有成文的制度，一般按所谓"成例"判罚。凡在进出口轮船内查获的私货，如系客商白带，为数不多，非故意瞒税者，将原物发还；如所带数量过大，或准其减价买回，或照应纳税额加一倍或两三倍罚金，发还原货；如系因舞弊行贿即将货物予以充公；若由惯带私货之人，或在某房、水手等处查获者，多予充公，其情节轻微者，亦准其买回。船上账房、买办等代友人购买的零星货物则不予过问，如价值较大，又有意藏匿，进口时藏在货仓内，不载入进口舱单，除将货物充公外，偶有另罚船主500两以下之罚金。

---

①《湖北通志》卷五十《政经志八·权税》。

货运管理也是海关的一项重要职能。江汉关在建关之初即对船舶停靠地点、拨艇禀报立号、货物起卸、存储时间和地点、洋商领取切结、三联单的有效期及延期和核销、途经各卡的申报、查验、改装、违章罚款等做了详细规定：

一、凡大洋船、内江轮船，只准在大江龟山头之北，甘露寺之南停泊，离西岸在一里路之限内起载货物，凡划艇等项船只，只准在汉镇内河南岸停泊起载货物。一、凡拨艇须在关上禀报立号，方准拨货，其请执照之拨艇，须用江字立号，其无执照之拨艇用河字立号，其拨艇须用汉英文将第几号写明于该船头尾。凡系轮船起载货物，只准用江字号拨艇拨货。一、凡两船欲行互拨货物，必先请领本关特准据单方可。一、凡商船起货装货均须日间，不得在日出以前日落以后，礼拜日，给假日均不准行。其内江轮船若请有准单，以三更为限，亦准其起货装货，至拨艇起货装货不论码头，惟各进口货在未入栈房之先及各出口货在未装出口船之先，须赴米厂南岸嘴汉关码头候验。一、凡商人领照装货，因船已满载，复行退回者，须携货赴本关码头查验后方准起回上栈。一、凡商船将抵汉口，关上派员役上船看守、查验等事均照《天津条约》三十六七等款办理，详见另条。一、凡大洋船到汉，须俟起货完竣看舱之后，方准装货，不得一面起货，一面装货，以致混淆。内江轮船不在此列。一、本关每日至十点钟开关至四点钟闭关，礼拜并给假日期停止办公，凡请各项单照须禀本关税务司查阅。此为江汉关专定章程第二款。洋商大洋船划艇风篷等项船只抵镇江者，须由船主将船牌呈交该国领事官查收，无领事官即行呈关，并将舱口单呈关查验，或俟领事行文来关或由船主自行将船牌呈关，由关发给护照一纸，内注明船带兵器、炮枪、刀、药等件若干，水手多寡并押载吨数，并将船舱封固，随时派差押送，方准前往九江，至九江关口如何验货征税，并防走私，另行议定开具章程。该船抵汉口时，须将护照呈领事官，并将舱口单报关呈验。俟由领事官照条约之例报关方准开舱。一、开舱之后，各货主应将其货用汉英文开具清单，内注明货色、件数、斤两、长短、价值，并用拨艇第几号各等情形呈关，请领起货准单，方准将该货装入拨艇，运自本关码头候验。一、该拨艇抵码头，由关委派验货，饬令该商赴银号照数纳税取号收缴关，请领税单，始准将该拨艇之货登岸入栈。该货若有别口已完税之实据，应由该货主在呈清单时，将完税凭据一件呈关，若货照相符，方准给起货放行单。华商同例报税。一、凡各商装货下船之先，须将该货运至本关码头，并将该货汉英文开具清单，内注明货物件数、斤两、长短、价值，并用拨艇第几号各等情形呈关，由关给验单，该商收执，赴银号照数纳税取号收缴关，请装货准单，方准赴装货，华商同例报税。一、各船在口内之时，由关每夜派人看守，或随时将其舱封固，不准起载货物。一、凡有外国牌照船只者，其如何完税纳钞，应照条约定例办理。凡有洋商雇买内地船只往来运货，仍令洋商照内地船完交船料，主照厂关则例办理。一、起载货物已毕，税钞完清，应由该船主将所装之货，详细开单呈关请领红单，由关封舱，派役押送，方准领回护照下江前往九江。一、凡有洋商雇买内地船只运货者，仍令其照暂定章程之例，详见另条。呈具保单请领执照，俟江面肃清即行停止，第三款内江轮船之例。一、凡有轮船自上海常做长江买卖者，应将船牌呈交上海领事官留署。由领事官转请江汉关给发轮船江照一纸。凡有此江照者，则可照后开之例起载货物，完纳税饷，其无此江照者，须照以上第二款之例办理。过镇江时，须由船主将江照呈关查验放行。一、凡有江照之船抵汉口者，该船或由领事官报关，或自持江照、舱口单、税单等件呈关均可，内关发给准单，方准起货。[①]

江汉关经费来源主要是关税提成。1863年，总税务司规定全国各海关经费按关税的10%提取，后来又改为15%。按照这个规定，江汉关的经费大大增加，如1875年，江汉关年终税款145万两，每月经费从5000两增加到10000两。这种经费管理机制不仅有利于海关的内部建设，更重要的是有利于改善和

①《湖北通志》卷五十《政经志八·榷税》。

提高海关征收缉私的条件和手段，从而吸引进出口商。在税收管理上，江汉关把税款的征收、储存汇寄予以分割，相互牵制，同时又合为一体。这种严格的关税征收和保管制度，有效地防止了税收征管过程中可能出现的弊端。正是由于江汉关扩大了税收项目，引入和制定了一套行之有效的管理制度和管理措施，因而使江汉关不仅获得了较为稳定的税收来源，而且稳中有增。据统计，自 1863 年至 1885 年，江汉关的税收总额一般都在 100 万—200 万关两左右；1886 年至 1911 年的大多数年份，关税总额都超过 200 万关两，其中 1910 年达到了 320 多万关两。民国以后税收增长幅度更大，1919 年达到 422 万关两，创历史最高纪录。1922 年达 450 多万关两，以后虽然因战争和自然灾害等原因，有些年份有所减少，但总体上呈上升趋势，1929 年是 826 万关两，1930 年是749 万关两，1931 年更达到 955 万关两。

尽管在征收关税和货运管理等方面体系健全，制度严密，但外人把持下的江汉关对于洋商仍颇为"关照"。洋商除享受特权只交纳 5% 的关税和运往内地的 2.5% 子口税外，不再交纳内地常关关税和厘金。对于一些不法洋商走私和挟带毒品、武器等行为，江汉关稽查部门往往睁一只眼闭一只眼，听任为之。反之对于华商，在纳税、货物估值验收等方面倒十分严苛，处处刁难。华商经常被无故扣货罚款等。江汉关每年的巨额关税完全不能存入中国人自己办的银行和国库，必须交由汉口的英国汇丰银行电告上海汇丰银行，再由其按汇兑行市结汇交给海关总税务司署用以强行扣抵外债和"庚子赔款"。而汇丰银行在经手巨额关税款项时，采取多种手段为自己牟取利益，据统计，从江汉关开关到 1929 年中国实行"关税自主"的 68 年中，在关税汇兑上受英国银行剥削达 500 万两纹银以上，可以修建十几座江汉关大楼。

第四，近代海关不仅仅是对外贸易关税的征收、管理、监督机构，而且还担负了许多涉及城市现代化的基础设施建设和管理任务。

这些任务包括港务、航道、引水、气象、邮政、检疫、管理报关行等。

港务：包括对汉口港船只停泊界限、移泊、载运军火、油类及易燃物品等进行管理。对于船舶管理、航道保护等都有详细规定。

航道：自 1866 年起，江汉关开始着手对汉口航道进行筹划，并先后在长江中下游设置灯船、浮筒、标桩。1906 年在九江开设巡江司，专司测量水道、设置水尺、印发航船布告、水道水量通告、检查沿江标志事宜。

引水： 1869 年总税务司将《引水总章》发到江汉关，将引水监督权明文划归海关。

气象： 自 1869 年 11 月起，江汉关开始办理气象工作。

邮政： 1878 年 12 月，江汉关创办汉口邮政分局。1897 年 2 月汉口成立邮政总局，邮务长之职由江汉关外籍人员兼任。

检疫： 1902 年汉口对进出口货物开始检疫，由江汉关管理并制定检疫规则。

管理报关行： 报关行业务为客户经理货物出入，完纳关税，介绍船舶和仓栈"以计客商之便宜"。报关行须在江汉关注册并接受其监管。

江汉关职能的这种扩展和延伸，对于城市早期现代化建设和武汉成为国际性城市"东方芝加哥"起到了一定的推动作用。如港务、航道、引水、检疫等不仅在提高长江的通航能力，吸引外商外资外轮云集武汉方面有积极作用，更重要的是在交通、外贸管理方式上引进国际方式和国际惯例，使武汉的商事习惯迅速与国际接轨。另外，从传统邮驿制向现代邮政的转化，海关功不可没。从 1866 年清政府开办海关邮政，江汉关开始兼理邮政业务，到 1908 年，汉口邮政完全脱离海关而独立，江汉关对于武汉近代邮政事业的建立和发展功不可没，"汉口邮政总局所辖湖北省及河南各地，其分局多达 113 处。邮递路线长达8200 里（中国里）。邮件的邮递量达 5500000 件"①。

江汉关最初设于夏口县汉口河街，即汉口镇英国租界花楼外滨江，我们现在看到的江汉关大楼是 1921 年现场打桩，1922 年 11 月 4 日浇灌基础开始动工兴建的，这一天正是江汉关成立 60 周年的纪念日。曾于 1910 年以前任江汉关税务司、时任海关总税务司的安格联专程从上海赶来主持奠基典礼，大楼正门左侧的一块刻有"中华民国十一年十一月四日总税务司安格联爵士奠此基石"字样的石碑，记录了这一难忘的历史瞬间。江汉关大楼位于汉口沿江大道九十度转角处，其外部造型是希腊古典式和欧洲文艺复兴时期流行样式相结合的产物，大楼通高 41 米。仅钟楼即高达 23 米，1912—1921 年《海关十年报告》说

---

① ［日］水野幸吉著，武德庆译：《中国中部事情：汉口》，武汉出版社，2014 年，第239 页。

当时"正在建设中的新海关大楼钟塔高达 150 英尺，宏伟壮观"。[①] 在周围一片低矮的砖木结构建筑群中，江汉关鹤立鸡群，大气磅礴，在很长时间内是汉口乃至武汉最高的地标式建筑。从这座楼顶钟楼每隔 15 分钟传出的《威斯敏斯特》的旋律，使人恍如身处异国。江汉关，就是这样一个矛盾体：既是中国沦为半封建半殖民地的产物，也是武汉从传统走向现代、从封闭走向开放的象征。

1922 年江汉关大楼开工奠基石

1923 年至 1924 年间的江汉关

---

① ［英］穆和德等著，李策译：《近代武汉经济与社会——海关十年报告——汉口江汉关（1882—1931）》，香港天马图书有限公司，1993 年，第 136 页。

驾乎津门 直逼沪上

尽管汉口在清代中叶达到了旧时代应有的发展高峰，但它只是一个进行内部循环的国内商业中心。19 世纪 60 年代以前，汉口的市面虽然繁华而热闹，但与上海、广州等开埠城市相比，多了些封闭与沉闷，少了些开放与活跃。武汉要超越地域局限，走出内部循环的商业势圈，建立更为开放的市场体系，实现城市的近代转型，需要借助新的发展动力。1861 年汉口开埠，武汉在欧风美雨的冲击下，城市发展引入新的动能，地理交通格局发生新的变化，由一个以区域交换市场为主体的内陆商业市镇转型为以进行外部商业循环为目标而开放的国际性城市。

一、外商、外侨、外资大举进军汉口，武汉成为万商云集的国际性城市。

汉口有洋商的历史可以上溯到 18 世纪 40 年代的瑞典和挪威小股商人来汉经商。19 世纪 50 年代，俄国商人开始涉足汉口，主要进行茶叶贸易。但外国商业势力的大批进入，是 1861 年汉口开埠以后的事。其时英、法、俄、美等国商人借助《天津条约》的有关规定，纷纷来汉开工厂、办洋行、设银行，汉口成为西方商人竞相角逐、攫取利润的热闹场所。

1. 工厂。 "汉口设立之各大工场，和面粉公司、制冰厂、香烟厂、砖茶制造所、制油制饼工场及各蛋厂，均为外国人所创办。"[①] 近代汉口的外资工厂，最主要的行业是茶叶加工，"一直到最近几年，制茶业的相对重要程度，

---

① 徐焕斗著，张博锋、尉侯凯点校：《汉口小志·商业志》，武汉出版社，2019 年，第 127 页。

虽然有一些下降，但仍然是汉口的首要工业"。[1] 汉口茶叶加工的原料主要为湖北蒲圻羊楼洞所产茶叶，外商收购后在汉口制作成红茶和砖茶，然后出口至俄国和英法等国。"汉口地区的茶叶加工主要有红茶和砖茶。红茶根据生产时期的不同可分为头帮茶、二帮茶、三帮茶、四帮茶（四帮茶又称籽茶）这四种类型。头帮茶所用的原料是在清明时节、谷雨之前所采摘的新茶，二帮茶在谷雨后 10 天，三帮茶在谷雨后 20 天，四帮茶是在三帮茶采摘后，又经过一个月的时间采摘的茶。为外商所看好、踊跃进行交易的是头帮茶和二帮茶，四帮茶和头帮茶相比，无论在香味上还是色泽上都大为逊色，其价格只为头帮茶的一半。砖茶分红茶、绿茶两种，红砖茶以红茶粉末为原料制作，绿砖茶则以绿茶的粗叶及其绿茶的粉末混在一起所制作。"[2] 1865 年，俄商顺丰砖茶厂从崇阳迁来汉口。该厂以蒸汽机作动力压制砖茶，常年有职工 800—900 人，不仅是外商在汉开办的最早工厂，也是当时全国同类工厂中创办最早、规模最大的企业。"〔俄国〕，顺丰公司是最早的欧洲在华企业之一，在汉口开埠前后它已经从事了很多的活动，并且发展了华北的茶业。公司经营了一个闻名本埠的大砖茶厂，每年产砖茶 150000 篓，每篓 1.5 担。工厂使用最新的机器，雇工人八九百人，日夜开工。"[3] 稍后不久，俄商阜昌、新泰砖茶厂也迁入汉口，"在这些砖茶厂中，阜昌砖茶公司所经营的工厂要算是最大的一个，这个公司在福州、九江、上海、天津、可仑坡和莫斯科都有支店。……其汉口工厂设在英租界，规模宏大，设备完善，在欧洲人监督下工作的中国工人，约有 2000人"。[4] 新泰砖茶厂也是与顺丰、阜昌不相伯仲的俄资砖茶企业，1891 年 5 月 1 日，该厂举办盛大宴会和博览会，庆祝建厂 25 周年，正在中国访问的俄皇太子尼古拉二世专程来汉参加庆典并参观新泰砖茶厂，足见其规模之大和地位之显赫。1872 年，英国商人也在汉开办砖茶厂，但不久停办。自从俄商砖茶厂开

---

① 《商埠志》第 712 页。见皮明麻、冯天瑜等编：《武汉近代（辛亥革命前）经济史料》，武汉地方志办公室 1981 年内部印行，第 13 页。

② ［日］水野幸吉著，武德庆译：《中国中部事情：汉口》，武汉出版社，2014 年，第 171 页。

③ 同①，第 13 页。

④ 同①，第 13 页。

办之后，制茶业遂成为当时汉口最大的工业，汉口也因此成为全国茶叶加工和出口的中心。所输出的砖茶约占全国输出砖茶总量的60%，年输出总价值达200万两白银。到19世纪90年代以前，汉口的茶叶加工业主要由俄商所掌控，"19世纪70年代汉口有俄商四大砖茶厂，共有蒸汽动力砖茶机15架，茶饼压机7架。砖茶机每台日产砖茶120筐（每筐130余斤），茶饼机每台日产茶饼21筐。数千名中国工人为俄国资本家提供高额利润，每年由汉口输出的砖茶约占全国砖茶输出总量的60%。（19世纪）90年代与20世纪初的20年中，每年由汉口出口的茶叶在40万担上下"。[①]俄商顺丰、新泰、阜昌三大茶厂共有资本银400万两，中国雇工数千人，年产值近5000万两。"[汉口]砖茶工厂，俄租界

1908年的汉口顺丰茶厂

汉口制冰公司的起冰机

---

① 郭其耀：《武汉最早的外商工厂——俄商砖茶厂》，见政协武汉市委员会文史学习委员会编：《武汉文史资料文库》第五卷《租界洋行》，武汉出版社，1999年，第170页。

和利冰场旧址

19世纪下半叶的新泰茶叶压榨厂

和英租界各有两家。他们安置有新式机器，雇用中国工人数以千计。在过去10年中，由江汉关出口的砖茶，值银达26000000两，由此可见茶叶的重要。整个茶业主要掌握在俄国商人手中。"①

外国人在汉开设工厂，当然远不止于制茶业。19世纪70年代外资开始经营打包厂和压革厂，80年代出现制蛋厂，90年代以后外资工厂门类更多，据统计涉及机械修理业、电力工业、冶炼和洗矿业、建筑及建材业、蛋品业、面粉业、制酒业、榨油业、制烟业、澄油业、净皮和制革业、打包业、石油加工业、芝麻加工业、纺织业及染织业、汽水和制冰业、肥皂业、玻璃业、西药业、印刷业等22个行业。其中，**机械修理业**较大的企业有德国人开办的民丰机器汽车修理厂、机昌机器厂、西门子电器公司、汉口机器修理厂和茂昌机器厂等，日本人开办的樱花铁工厂、松本铁工厂和森昌机器桶工厂等；**电力工业**如德资美最时电灯公司、英资汉口电灯公司和日资汉口日本电厂等；**冶炼、洗矿**

---

① 《商埠志》第604页。见皮明麻、冯天瑜等编：《武汉近代（辛亥革命前）经济史料》，武汉地方志办公室1981年内部印行，第14页。

业有英资汉口熔金厂，法资亨达利有色金属精炼厂和东福安直母尼制造所，德资嘉利炼锑厂，俄国人开办的黄金厂，日资高昌公司精炼厂、礼和淘洗矿砂厂及汉阳小型炼铁厂等；**建筑、建材业**主要有德资韩具洋行、宝利洋行、石格司洋行和德源砖瓦厂，英资景明洋行、通和有限公司和发德普公司等；**蛋品业**有德资美最时蛋厂、嘉利蛋厂、礼和蛋厂、天成洋行蛋厂、开利公司蛋厂、贝格德蛋厂、元亨蛋厂、吉利

英美烟草公司汉口工厂

蛋厂，英资培林蛋厂、安利英蛋厂、和记蛋厂、永源蛋厂、沙逊洋行蛋厂以及美国、法国、比利时、澳大利亚等国商人开设的慎昌洋行蛋厂、永兴蛋厂、公兴蛋厂、瑞兴蛋厂、和兴（盛）蛋厂等；**面粉业**有德资礼和机器面粉厂，日资东亚制粉株式会社、和平制粉株式会社以及英中合资的和丰面粉厂和恒丰面粉厂，另有荷中合资的金龙面粉厂等；**制酒业**有法资康成造酒厂和中法合资的法华蒸酒公司等；**榨油业**主要是日本开办的日华榨油厂、日信榨油厂、日信榨油二厂、黄泰洋行榨油厂等；**制烟业**有英商开办的永泰和烟厂、香烟精撰所及英美合资的颐中烟公司和大英烟公司，此外还有日资福华制烟公司和菲资晋和烟公司等；**澄油业**有德资礼和澄油厂、美最时澄油厂、瑞记澄油厂、碑格尔澄油厂、元亨洋行澄油厂、禅臣澄油厂、嘉柏炼油厂，美资其来桐油厂、美孚炼油厂、施美洋行澄油厂、胜利澄油厂，英资怡和澄油厂、安利英澄油厂，日资三井油厂、三菱澄油厂以及法资立兴澄油厂等；**净皮、制革业**有日资高田商会制革厂、襄河制革厂、大仓净皮厂、三井洋行净皮厂，德资元亨洋行净皮厂、禅臣洋行净皮厂、礼和洋行净皮厂、加柏洋行净皮厂、美最时洋行净皮厂，英资宝顺洋行净皮厂、怡和洋行净皮厂、中和洋行净皮厂、安利洋行净皮厂以及美

资慎昌皮革厂和法资立兴洋行净皮厂等；**打包业**有德资美最时打包厂、礼和打包厂、瑞记打包厂，英资隆茂打包厂、平和打包厂和中英合资的汉口打包厂，法资立兴打包厂，日资日信榨花包梳厂等；**石油加工业**有美资美孚火油公司、德士古煤油厂，英资亚细亚火油公司，德资咪唛洋行石油厂等；**芝麻加工业**有英资安利英芝麻厂、沙逊芝麻厂，德资嘉利芝麻厂、礼和芝麻厂、美最时芝麻厂、福来德芝麻厂，法资立兴洋行芝麻厂和日资三井洋行芝麻厂等；**纺织、染织业**主要有日本人开办的泰安纱厂、汉口丝厂、黄泰茧厂、泰孚腿带子厂、日信洋行染织厂等；**汽水、制冰业**有英资和利汽水厂、那嘉利汽水厂、赞育汽水厂、汉口制冰厂、和记冻肉厂以及日资中华制冰会社工场等；**肥皂业**有日资金昌肥皂厂和小林肥皂厂等；**玻璃业**有日资三合玻璃厂和武内玻璃厂等；**西药业**有日资丸三药房、回春药房和若林药房等；**印刷业**有英资嘉利印局、基督教圣教书局、颐中烟公司印刷厂和日资崇文阁印书局等。据统计，清末至 1938 年汉口沦陷前，汉口有外资工厂（含合资）152 家。[1]

上述 20 多个行业的外资工厂中，规模较大且对武汉近代经济影响深刻的行业主要是食品加工业，包括茶业、面粉、蛋品、制冰及汽水、榨油、酿酒、冶炼、卷烟、打包等等。茶叶前已简述，蛋品制造业最早出现于 19 世纪 80 年代，德商为该行业主要投资者，礼和蛋品厂为汉口最早的蛋品制造企业，后来相继有英美商人来汉开设蛋品厂。到辛亥革命前，汉口共有外资蛋品制造厂 12 家。"这些企业的规模是很大的，其中一家在开工季节中每天用鸡蛋 3 万至 4 万枚。"[2]蛋品制造厂主要将湖北及邻近地区出产的鸡鸭蛋分别制成蛋白粉和蛋黄液，出口至英、法、德、美等国，"在汉口，现今已有 6 家蛋白制造厂，皆为外国人所经营。其生产原料为家禽鸡、鸭蛋，虽说名厂都是鸡、鸭蛋并用，但总体来说，鸭蛋的消耗量要比鸡蛋多。各厂家的生产规模都不甚大，其投资的资本金大致在 1 万元上下，职工人数大约百余。各工厂每天生产 20 箱内外，各工厂在 7、8 两月都会休业；如此计算，年总产额在 6000 箱左右。每箱重量为 100 斤。……主要输出到英、法、德诸国，作为药品、染料、

① 《汉口租界志》编纂委员会编：《汉口租界志》，武汉出版社，2003 年，第 145-149 页。
② 《武汉地区工业调查报告书》（日文本）第五号。转见皮明麻主编：《武汉史稿》，中国文史出版社，1992 年，第 344 页。

点心之原料"。[①] "当这项工业（蛋粉业）1898年首创的时候，有一时期在本
埠是非常有希望的：该年有价值25323两的蛋白粉1012担和价值37121两的蛋
黄粉8251担出口，主要是向欧洲出口。1899年出口蛋白粉增至1541担，值银
38524两，蛋黄粉增至11582担，值银52154两。翌年，数字增加了将近一倍：
蛋白粉2373担，值银59256两，蛋黄粉18928担，值银85222两。"[②] 德商虽
然是投资汉口蛋品制造业最早和最多的，但英商后来居上，如和记蛋厂便是甲
午战争后外商在汉兴建的规模最大的蛋品厂，其资金雄厚，设备先进，拥有冷
冻设备，"和记行出本三万镑建造一厂，不用药制而以冰冻装罐运英，本年共
二百吨……"[③] 蛋品出口量曾占到全国50%以上。近代武汉的蛋品制造业在国
内颇具行业优势，汉口"12处工厂中，德籍工厂占5家主要制品为干蛋白、液
体蛋黄，多输往德国。最初，工厂的设备简陋，后逐渐改良，采用德国式的真
空干燥法、美国式的喷雾干燥法，和记工厂拥有冷冻设备。由于和记的出现，
冷冻蛋制品才开始由汉口输出。这个时期，汉口输出量产值，不过100万两以
下，但若和全国比较，已占50%以上"。"本埠好几家蛋粉厂，尽管有镇江华
商蛋厂的竞争，营业还是相当的好。这些工厂的制造方法，是把蛋白和蛋黄分
开，用蒸汽打蛋机将蛋白打成一层薄胶体，备供工业上的应用。蛋黄也进行加
工制造，以作染革私掺制某几种漆料之用。"[④]

外资工厂的次第开办，开启了武汉近代工业化新时代，使武汉由一个传统
的政治军事中心（武昌、汉阳）和单纯的商业中心（汉口）向现代工商业大都
会缓慢转型。"关于汉口的将来，我认为有种种迹象说明它终将成为一大工业
中心……现在汉口租界里已能看到三个小的工厂的烟囱；这既然已经开始，如

---

① ［日］水野幸吉著，武德庆译：《中国中部事情：汉口》，武汉出版社，2014年，第
60页。
② 《海关十年报告》，1892—1901，汉口，第303页，见皮明庥、冯天瑜等编：《武汉近
代（辛亥革命前）经济史料》，武汉市地方志编纂委员会办公室内部印行，1981年，
第17页。
③ 《关册》，1908年，中文本，汉口，第44页。见皮明庥、冯天瑜等编：《武汉近代
（辛亥革命前）经济史料》，武汉市地方志编纂委员会办公室内部印行，1981年，第
15页。
④ 《商埠志》第695页。见皮明庥、冯天瑜等编：《武汉近代（辛亥革命前）经济史料》，
武汉市地方志编纂委员会办公室内部印行，1981年，第17页。

果情况适宜，便不难预测几年后汉口将会呈现出那些关心中国的人素所期望的一些新气象。此间煤价很便宜，附近煤藏量也很大；而且廉价的有技术的劳动力也很充足。汉口已经是中国的几种工业的中心，特别是丝绸、丝绒与毡呢制造；所需要的是经营能力与资本聚集能力，目前居住本埠的外国商人已有潜在力，至于资本，如果提高信心，便可以聚集起来。"①

2. 银行。几乎与开埠同时而来的是外资在汉口开办的银行分行，"汉口又有外资银行分设之支店，本为各国扶植商权之机关，而于市面金融影响颇具。如英之汇丰银行、麦加利银行，俄之华俄道胜银行，德之德华银行（二行皆兼有中政府股本），法之东方汇理银行，日本之横滨正金银行，美之万国通商银行是也"。②

1861年，英国汇隆银行在汉口设立代理处，首开汉口外商银行设立之先河。但汇隆银行在19世纪60年代的世界棉业投机中破产，其汉口代理处好命不长，随之撤销。真正在汉口正式设立的第一家外国银行是英国的麦加利银行（一译"渣打银行"）。1863年夏，"上海麦加利银行首先派人来汉，起初是赁屋营业，且是春来秋去，仅为经营茶业的洋行服务。随着进出口贸易的发展，该行业务范围扩大。1865年决定在英租界内建楼（今洞庭街55号）正式开

汉口麦加利银行大楼

---

① 《英领事商务报告》，1876年，汉口。参见皮明庥、冯天瑜等编：《武汉近代（辛亥革命前）经济史料》，武汉市地方志编纂委员会办公室内部印行，1981年，第33页。

② 武汉市地方志办公室、武汉图书馆编：《民国夏口县志校注》（上册），武汉出版社，2010年，第244页。

业"。[①] 汉口麦加利分行的主营业务是买卖外汇，兑换外钞外汇、旅行支票、存款、放款、栈单押款、活期存款透支，并将其在华发行之纸币在汉流通。经营茶商的放款和汇款，并将其在华发行之纸币在汉流通。后来扩展业务范围，兼营鸦片、棉纱、棉布、煤油、五金及其他进口商品，收购并出口茶叶、棉花、蛋类、牛皮、猪鬃、生丝、桐油等内地农副土特产品，年获利银洋 20 余万元。民初，麦加利汉口分行当选"汉口外国汇兑银行公会"永久主席。20 世纪 20 年代，麦加利汉口分行大力透支贷款和押汇，支持外商在汉收购物质以补给第一次世界大战协约国之军需，年利润猛增至 30 万银圆。1938 年武汉沦陷后，麦加利汉口分行业务勉强维持，太平洋战争爆发后，其职员被日军关押，资金和资产被日军劫收。抗战胜利后，麦加利银行汉口分行于 1947 年 1 月 2 日正式复业，1949 年歇业。

继麦加利银行之后，英国汇丰银行于 1866 年在汉口设立分行。汇丰银行亦称"香港上海银行"。汉口分行 1866 年设立于汉口英租界江边（今沿江大道青岛路口），1868 年正式开业。汇丰汉口分行主要经营汇兑、外汇交易、信贷、储蓄、保管箱等金融业务，并在汉发行钞票，1886 年 12 月发行的钞票有 1 两和 5 两（海关两）纸

汉口汇丰银行大楼

币，后来又发行面值为 1 元、5 元（两）、10 元（两）、50 元（两）、100 元（两）的银圆券和银两券。1877 年，汇丰银行对清政府贷款白银 500 万两，指定以上海、广州、汉口海关关税作担保，汉口海关关税因此被汇丰银行所控制，"英人以汇丰作为海关金库，每天把江汉关征收的关税全部存入汇丰，到

---

① 蔡萼英：《汉口第一家外国银行——英商麦加利银行》，见政协武汉市委员会文史学习委员会编：《武汉文史资料文库》第五卷《租界洋行》，武汉出版社，1999 年，第 137 页。

了一定的时候通过汇丰转账，以支付我国国债名义提出。这种临时存入的时间多久我们虽然不得而知，但据民国七年（1918 年）《夏口县志》卷十二《商务志》的'关税总额'记载：清光绪二十五年（1899 年）年收关税为 2194412 万两，宣统之季，即超过一倍以上，姑以光绪二十五年税收计算，平均每天收税约 6000 两左右。即令每星期提取一次，这种无息使用周转资金的便利亦非寻常可比"。[1] 据海关统计，江汉关开关以后每年所征关税 200 海关两以上，平均每天为 6000 海关两左右，汇丰分行作为江汉关金库，在收进和拨出的过程中，采取种种手段攫取巨额利益。汇丰银行还主宰并操纵外汇行情，"那时我国经济命脉完全掌握在外国人手里，每天对外贸易外汇行情，我国银行不能自主，反由外商银行操纵。外商银行所有外汇行情，一向以上海汇丰银行挂牌的行情为准；而汉口外商银行外汇牌价，又以上海路透社电知汉口汇丰作为根据。因而汉口汇丰每天上午开门后，就有各外商银行跑外汇的经纪人集中在大厅里，等待抄录外汇行情。这就无形之中进一步提高了汇丰的地位，为其开拓业务，创造了更有利的条件"。[2] 进入民国以后，汇丰汉口分行业务持续发展，但在 1938 年武汉沦陷后遭遇重挫，尤其是太平洋战争爆发后，其资产被日军没收，账册报表由横滨正金银行接收，行址被日军特务部强占。抗日战争胜利后，汇丰汉口分行恢复营业，1955 年歇业。

20 世纪 20 年代华俄道胜银行汉口分行

距离麦加利银行和汇丰银行在汉口设立分行 30 多年后，

---

① 余舜臣、王家滋：《汉口汇丰银行概述》，见政协武汉市委员会文史学习委员会编：《武汉文史资料文库》第五卷《租界洋行》，武汉出版社，1999 年，第 139 页。

② 同①，第 143 页。

19 世纪 90 年代又有两家外国银行登陆汉口，它们分别是 1896 年在汉口俄租界夷玛街口（今黎黄陂路口、沿江大道 162 号）开设的华俄道胜银行汉口分行和 1898 年在汉口德租界河街德国领事馆附近开设的德华银行汉口分行。华俄道胜银行前身为华俄银行，1896 年成立，为清政府与俄国合资银行，总部设在圣彼得堡（1918 年迁往巴黎）。华俄道胜银行汉口分行拥有一座自建的 4 层钢筋混凝土古典主义风格的大楼，其在汉口曾发行面值为 1 元、2 元、5 元、10 元、50 元等 5 种银圆券，总计达 10 万元，为俄国在汉口的茶叶采购、砖茶制造以及其他商务活动提供金融服务。1926 年，华俄道胜银行歇业。德华银行 1898 年成立，总部在中国上海。其在汉口的分行曾发行面值为 1 元、5 元、10 元、50 元、100 元等 5 种纸币，第一次世界大战期间，中国政府对德宣战后，汉口德华银行被中国政府收管并整顿。"一战"结束后，德华银行汉口分行恢复营业。1944 年 12 月 16 日，汉口德华银行大楼被美军飞机炸毁，抗日战争胜利后，汉口德华银行被

德华银行汉口分行

法国汉口东方汇理银行

中国政府接收。①

　　1902年，法国东方汇理银行在汉口法租界（今沿江大道171号）设立分行。关于东方汇理银行，民初《中国年鉴》曾作如是介绍："东方汇理银行系一八七五年法国诸大银行联合设立，以为法国经营印度支那之一机关。总行设于法国巴黎，一八八五年《天津条约》成立，安南归法国保护后，乃设总机关于安南之东京、西贡，其发展地域大为扩张。后复推广至暹罗、盘谷、新加坡、海防、河内。旋设分行于香港、上海、汉口、天津、北京、广州各处。然其业务多在安南、香港、上海三处，而尤以安南为最盛。该行发行之兑换券，流通市面，颇受欢迎，其流通额亦逐年增加，但在我国，其发行额渐为他国银行及我国银行所压倒，及五国银行团组织成立，该行为团员之一，亦占优势。凡我国大小借款之权利，该行莫不分润"②。东方汇理银行汉口分行在汉金融业务除为法国在汉工商企业的商务活动提供金融便利外，抵押地皮是其业务之

日本横滨正金银行汉口分行

大宗，汉口法国洋行买办、有"地皮大王"之称的刘歆生大量收购汉口后湖荒地，很多资金便是从该行借贷的。1949年8月，东方汇理银行汉口分行歇业。③

　　19世纪末20世纪初，在汉口开设分行的外资银行中，日本银行数量最多。计有1906年在汉口英租界河街阜昌街口（今沿江大道南京路口）开设的横滨正金银行汉口分行，1908年在汉口歆生路（今江汉路）开

①《汉口租界志》编纂委员会编：《汉口租界志》，武汉出版社，2003年，第162-163页。

②《中国年鉴》第一回。参见皮明庥、冯天瑜等编：《武汉近代（辛亥革命前）经济史料》，武汉市地方志编纂委员会办公室内部印行，1981年，第25页。

③ 同①，第163页。

设的日本住友银行汉口分行，1915 年在汉口一码头开设的日本台湾银行汉口分行，1918 年在汉口日租界河街开设的中日合资中华汇业银行汉口分行，1920 年在汉口领事街设立的日本汉口银行总行等。其中横滨正金银行除在汉口发行面值为 1 元、5 元、10 元、20 元、50 元、100 元的银圆券外，"专司长江流域所产之棉花、麻、五倍子、赤麦、牛皮、猪鬃、药材、桐油、菜油、黄蜡、漆等之对下游输送及对日输出汇兑，同时兼理自日本及下游输入之棉丝、布绢、人绢布、生丝、文具、机械、自行车、颜料、药材、纸张等之汇兑"。抗日战争胜利后，横滨正金银行于 1945 年被中国政府接收。在汉口的外资银行中，唯一一个在汉口成立总行的是日本汉口银行。汉口银行是由在汉日商集资兴办的股份制银行，注册资本 100 万日元。1930 年 12 月在上海设立分行。1945 年 10 月歇业。

1910 年，花旗银行在汉口今鄱阳街开设分行。花旗银行是美国著名金融机构，其前身为 1812 年成立的纽约城市银行。第一次世界大战结束后，花旗银行以白银 17 万两于沿江大道青岛路口修建五层大楼作为新行址。辛亥革命前，花旗银行在汉口发行钞票，"汉口花旗银行的钞票分一元、五元、十元三种，票面有中文花旗银行四字。其余都是外文和花纹。花旗银行首先利用对美国洋行

汉口花旗银行

和传教士的收付，把计票流通到市面；并且宣传说它比现金还可靠，随时可以兑现，而且不兑其他钞票和杂洋。接着由于买办账房的推动，便在汉口银钱业吃开了，逐渐普遍到整个华中区，都当现洋一样行使。辛亥革命时，有些贪官污吏抬送现银和现洋到花旗银行兑换钞票，一兑到手便欣然色喜以为'万事大吉'。钞票的大量发行，替花旗打下了无本求利的根基；加之那时水火刀兵的

影响，就有大批钞票流失，没有回笼"。① 花旗洋行在汉口的业务包括储蓄存款、外汇业务等，"花旗银行在经营业务范围内，把外汇业务当作主要业务，经常进行买空卖空的活动。在外汇市场上常与其他外国银行竞争，有时也放价。对于买办账房虽然随时下达行情，却又不许外露；既要账房大量招揽外汇生意，又须得笔笔过脚清楚，倘有丝毫含糊，马上就要受到指责"。② 1938 年武汉沦陷后，花旗银行汉口分行在汉业务终止，其未了业务转交上海分行办理，抗战胜利后，汉口花旗银行也未复业。③ 花旗银行之外，美国银行在汉设立分行的另有万国通商银行（1910 年）、友华银行（1919 年）、中华懋业银行（中美合资，1919 年）等。

　　除了上述英、德、法、日、美银行外，近代在汉口设立分支机构的较有影响的外国银行还有 1912 年在汉口霞飞路开设的法国和比利时合资的义品放款银行汉口分行、1920 年在汉口东方码头开设的意大利华义银行汉口分行、1921 年在汉口一码头中意合资的震义银行汉口分行、1922 年在汉口阜昌街开设的比利时华比银行汉口分行等等。自开埠至中华人民共和国成立前夕，在汉的外资银行既有开业的，也有因各种原因撤离歇业的，时有增减，1882 年统计有 10 余家，如果加上一些外国银行的办事处，更多达 40 多家。辛亥革命前夕，外资银行有 12 家，20 世纪 20 年代初更多达 20 家，达到发展巅峰。

　　外资银行的经营模式和管理方式既具资本主义近代企业一般特点，同时也体现出海外殖民主义特色。"以上银行都是股份合资的组织形式，银行内部的管理模式与日本大同小异。只是很多外国从事银行业的人士由于对汉口的本土的金融情况不甚了解，给银行的业务开展带来很多不便，为此，外国银行大都雇佣中国人为买办，其买办的工作为现金出纳、鉴定中国商贾的信誉、调查客户的金融信誉及银行有价证券的真伪等任务。外国银行业界间的联系不甚紧密，但都随时保持着应对中国银行商策的联系。关于汇兑市场，本无定规，然而多以上海分行的行情为准，以电报为沟通信息的手段，大致以此算定，汉口

① 董明藏：《汉口花旗洋行的掠夺》，见政协武汉市委员会文史学习委员会编：《武汉文史资料文库》第五卷《租界洋行》，武汉出版社，1999 年，第 153 页。

② 同 ①，第 153-155 页。

③ 《汉口租界志》编纂委员会编：《汉口租界志》，武汉出版社，2003 年，第 164 页。

的 97 两，相当于上海的 100 两。"①外资银行的管理人员一般分本国银行派出人员和在华聘用人员，外籍管理人员办事机构称之为"写字间"，在华聘用人员办公室称之为"买办间"。"写字间"又称"洋账房""洋经理室"，"写字间"总管称大班、副班，即经理、副经理；内设出口、汇兑、账房、出纳、文牍等部门，每部门有外籍职员 3—5 人，另聘有外籍律师为法律顾问。"写字间"也有一些中国职员、练习生、工人等，一般 30—50 人不等。"买办间"又称"华账房""华经理室"，内部人员有出店、通讯、勤杂等，一般十几人或几十人不等，主其事者为买办。买办受聘，一般须交纳 10 万至 20 万元保证金。其主要职责是代外国银行联系存户，经营现金、贷放款项以及对我国行庄票据兑换等业务。凡是外国银行有关中国方面的业务，必须经过买办签字负责方才有效。

外资银行在汉主要经营吸收存款、发放信贷、经营汇兑等业务。仅存款一项业务，据估计清末汉口外资银行所吸收的中国资金达 1000 万元以上。经营汇兑是外国银行的主要业务。这些银行通过其与总行的关系，参与操纵埠际汇兑，进而操纵了中国的进出口贸易。外国银行还利用特权，承办关税、盐税收入和外汇保管业务，亦在汉口发行纸币。如汇丰银行就是江汉关税收的指定存放银行。从 20 世纪起，外资银行还负责承办中国政府借款，充当帝国主义国家对华资本输出的主要工具。如 1909 年和 1911 年，湖北地方政府两次向汇丰银行借款 250 万元，利息 7 厘，期限 10 年，以宜昌盐厘作抵押。外资银行在经营外汇业务的过程中对中外企业持双重标准，如花旗银行对在汉外国洋行往来手续均予优待，但对于中国银钱业介绍的或直接上门的外汇生意，则有意怠慢和苛刻。对待华商银行往来，清末日本驻汉总领事水野幸吉说，"中国银行与外国银行之间所进行的交易大致是资金借入，较多的方式是信用借贷。也有对走俏商品进行担保的情况。借贷的期限多为短期，但也有像俄清银行分行那样有五个月期限的贷款。我国横滨正金银行汉口分行最长期的贷款为三个月，

---

① ［日］水野幸吉著，武德庆译：《中国中部事情：汉口》，武汉出版社，2014 年，第 111 页。

大都为一二周期限的短期贷款"。① 花旗银行对华商银行的外汇存款较为严苛，规定必须具备两种资格：（一）要存放番单（洋行支票）和现金，（二）事先要由谙外语的负责人与洋经理直接联系或由买办介绍，才能建立存款关系。虽然名为开立往来户，却只能存款不能借款。如果开出支票稍有透额，马上退票，并即时用电话予以指责。尽管如此苛刻，而华商银行有些外汇不得不与它打交道，甚至觉得是一种"面子"。②

外资银行对武汉传统的金融机构——钱庄的现代转型具有重大推进作用。钱庄在逐步买办化的过程中，其经营方式和内部管理系统初步完成了从传统金融组织向现代银行体制的转变。当然，这种转变是以其巨大的利益牺牲为代价的。有些钱庄在与外资银行的合作中，甚至付出了血的代价。1908 年，汉口三怡钱庄在当年农历十月应兑付汉口汇丰银行银 50 万两，三怡钱庄因资金周转失灵而无法如期兑现。汇丰银行毫不通融，致使三怡钱庄倒闭。一些与三怡钱庄有业务往来的钱庄和商号均受牵连，相继停歇，整个汉口"银根骤紧，贸易为之停阻"。1911 年底，汉口因受阳夏战争牵累，各钱庄有 3000 万两放贷无法如期收回，外资银行落井下石，紧缩对钱庄的拆借，导致大多数钱庄歇业，金融市场萎缩，武汉工商业元气大伤，数年之间难以复原。

3. 洋行。洋行是外国商人在我国通商口岸设立的经济组织的通称，其经营范围以商业贸易为主，兼及金融、航运、房地产、出口加工等。汉口开埠后最早设立的洋行是英商安利英洋行（瑞记洋行）和怡和洋行（亦名"渣甸洋行"）、德商美最时洋行、美商琼记洋行等。随后，各国商人接踵而至，汉口一时间万商云集，洋行林立。来汉外籍商人有俄国、法国、丹麦、荷兰、西班牙、比利时、意大利、匈牙利、日本、瑞士、秘鲁、巴西等。1891 年，汉口洋行有 27 家，其中英国 12 家，德国 6 家，俄国 4 家，美国 3 家，法国 1 家，日本 1 家。外商及眷属 370 人。清末民初为 116 家，其中英国 42 家，德国 29 家，美国 15 家，法国 11 家，俄国 6 家，丹麦 4 家，比利时 2 家，印度 2 家，意大

---

① ［日］水野幸吉著，武德庆译：《中国中部事情：汉口》，武汉出版社，2014 年，第113 页。
② 《汉口租界志》编纂委员会编：《汉口租界志》，武汉出版社，2003 年，第 164 页。

利2家，葡萄牙、菲律宾、土耳其各1家。1916年前后增加到140家，其中日本62家，英国35家，德国16家，法国8家，俄国5家，美国5家，丹麦4家，比利时2家，意大利、葡萄牙、土耳其各1家。1920—1937年保持在130家左右，这期间日本在汉洋行猛增，据统计1924年汉口日商洋行达75家。抗日战争尤其是武汉沦陷后汉口洋行大量萎缩，据统计仅80余家，其中日商洋行即达57家。抗日战争胜利后，虽有不少外商洋行复业，但总体呈不景气趋势，据1949年5月的统计，汉口洋行有37家，到这年年底却只剩下11家了。[①]

随着外国工厂、银行和洋行的纷纷建立，来汉的外国人逐渐增多。据有关资料记载，1911年，在汉英国人504人，美国人504人，法国人123人，德国人162人，俄国人325人，日本人528人。另有丹麦、瑞典、比利时、西班牙、葡萄牙、墨西哥等国商人尚未计算在内，总计约2400人。

汉口最早的洋行**安利英洋行**原来叫瑞记洋行，由犹太人同父异母兄弟安诺和卡勃于1854在上海开办，清末又在汉口四唯路开设分行。第一次世界大战爆发后，安诺和卡勃的瑞记洋行散伙，安诺将在中国各地的瑞记洋行易名为安利英洋行继续经营，1915年开设汉口分行。瑞记洋行主要经营棉布、呢绒、汽车、钢铁、铜、机器、五金、电器、电料等进口和牛羊皮、蛋品、桐油、五倍子、芝麻、蚕豌豆、肠衣、苎麻及钨锑矿砂输出等出口业务，此外还经营保险业务。安利英洋行接管了瑞记全部资产和业务，据统计，汉口分行每年出口我国土特产品原料和矿产品约值银币750余万元。安利英还涉足农产品加工领域，1919年，汉口巨商刘季五、程栋臣等开设汉

安利英洋行旧址

---

① 根据《武汉市志·对外经济贸易志》（武汉大学出版社，1996年）、《汉口租界志》（武汉出版社，2003年）、《武汉文史资料文库·租界洋行卷》（武汉出版社，1999年）综合统计。

口打包厂，租用英租界地皮作厂房，由于租界内土地房屋华人不能租用，安利英趁机参股 10%，由其出面向港英当局登记注册，挂旗为英商汉口打包股份公司，由安利英派人任经理。安利英曾是位于武昌的第一纱厂纺织机器和零部件的供应商，后因该厂出现资金周转困难，欠安利英一笔纺织机器款无法偿还，安利英趁火打劫，将第一纱厂的经营权、原料供给、产品销售直至财务权劫持到自己手中。抗战期间，第一纱厂被日寇劫收。第一次世界大战后，安利英洋行业务一度下降，资金周转出现困难，于是邀犹太富商沙逊参股入伙，1934年，沙逊因其分红难以达到期望值而拆股退出。自 1935 年 1 月起，由安诺组织英商瑞记英洋行，规定只做出口生意，安利英所有在中国的产业和产权全部让归沙逊所有，并规定安利英只做进口生意，包括机器、汽车及保险业务。武汉沦陷尤其是太平洋战争爆发后，安利英虽然对日本百般趋奉，仍免不了被日人吞食的厄运。1942 年 2 月，安利英资产和业务被日本三井洋行接管，所有银行存款和账册都被冻结，工作人员也被三井洋行悉数解雇。抗战胜利后，瑞记英

汉口怡和洋行旧址

卷土重来，于 1947 年 2 月在汉口胜利街 244 号买办王霭臣住宅内设分行，收购各种土特产品运交上海瑞记英总行，但此时的瑞记英已是强弩之末，呈每况愈下之颓势，勉强支撑到1953 年，于是年 7 月歇业。①

英商**怡和洋行**也是较早在汉开设的外国洋行。怡和洋行又称渣甸洋行，于 1880 年前后在汉口今沿江大道 104 号开设汉口分行，其业务最初以轮船运输为主，设船头部主管其事，内设轮船、趸船、码头、堆栈

---

① 徐薛昌、林万里：《回忆汉口安利英洋行》，见政协武汉市委员会文史学习委员会编：《武汉文史资料文库》第五卷《租界洋行》，武汉出版社，1999 年，第 187-192 页。

4 个办事处。早期有"源和""昌和""吉和"3 艘轮船和"汉口""汉阳"两条趸船，行驶汉申、汉长（长沙）、汉宜航线。后来又开辟了申宜、宜渝、汉常（常德）等航线，客货轮增至 20 余艘。怡和洋行还经营远洋运输，曾经承运过汉阳铁厂订购的英国机器。[①] 除航运外，怡和洋行还从事贸易、金融、实业等经营活动。"怡和洋行的活动范围更广，从公用事业、铁路到缫丝厂和炼糖厂。"[②] 怡和洋行也涉足金融业务，"他们也经手金子、银子和铜币，以及各条约口岸银圆的兑换业务。"[③] 甲午年间，怡和意欲在汉开设纺纱厂，湖广总督张之洞获知后，致电海关总署，力阻其进口纱机来华设厂纺纱。[④] 清末民初，怡和业务不断扩张，又增设了进出口部，出口货物有棉花、杂粮、牛羊皮、五倍子、桐油、木梓油、猪鬃、矿砂等。运进我国的物质有棉纱、布匹、呢绒、五金机械、炸药（矿山用），也有砂糖、啤酒等，年营业额均超过 100 万银圆。武汉沦陷后，怡和洋行业务受挫，太平洋战争爆发后，怡和财产被日军接管，西籍员工先是被关押，后又被遣送到上海，华籍员工则全部被解散。1945 年抗战胜利后，怡和洋行重回汉口，清理产业，准备复业。1946 年，怡和大班杜百里卷土重来，重开航运，然国民政府已收回内河航运权，杜百里航运复业计划成为泡影，只得变卖资产，于 1947 年灰溜溜回国了。杜百里之后，怡和曾重组安和公司，假中国商人名义继续开办内河航运业务，以一艘"吉和"（"安康"）轮行驶汉申线，但亏损严重。1949 年 1 月，安和公司关门歇业，怡和所有经营活动停止。1951 年，怡和委派曾在怡和进口五金部任过写字的华人任维周任汉口大班，开展五金机械进口业务，但生意清淡，勉强维持到 1955 年，终于关门大吉。[⑤]

英商在汉口另一家较有影响的洋行是 1902 年 8 月 23 日开业的和记洋行。

---

① 吴剑杰编著：《张之洞年谱长编》（上卷），上海交通大学出版社，2009 年，第 288—289 页。
② ［美］郝延平著、李荣昌、沈祖炜、杜恂诚译：《十九世纪的中国买办——东西间的桥梁》，上海社会科学院出版社，1988 年，第 23-24 页。
③ 同②，第 85-86 页。
④ 同①，第 410 页。
⑤ 钮济同：《对英商怡和洋行的回忆》，见政协武汉市委员会文史学习委员会编：《武汉文史资料文库》第五卷《租界洋行》，武汉出版社，1999 年，第 193—197 页。

和记是英国公爵费斯特独资经营的万国进出口公司在中国的名称。汉口和记洋行最初5年的业务是收购鸡鸭，后来扩大业务范围，除鸡鸭外，还收购鸡蛋、鸭蛋、鸽子、牛、猪、大小麦、蚕豆和芝麻，并开展机器进口业务。和记在收购和出口家禽牲畜的同时开始谋划相关加工经营，1902年，和记在今汉口六合路购买土地，分三次（1904年、1909年、1914年）建成屠宰厂、蛋厂和炼油厂，并在谌家矶建鸡鸭饲养厂，在汉口江边建设轮船码头，有自备的趸船、驳船和拖轮，在京汉铁路上有自备货车车皮，形成了收购、加工、运输、销售一条龙产业链。20世纪二三十年代和记出口的农产品种类繁多，丰富多样，包括冰全蛋、冰蛋白、冰蛋黄、全干蛋白、炕蛋白、冻鸡、冻鸭、冻野味（獐、兔、野鸡、野鸭等）、冻牛肉、冻猪肉、猪油、腌猪肉、猪鬃、肠衣、大豆、芝麻等；20世纪40年代后期出口产品有冰全蛋、炕蛋

和记蛋厂（1931年）

白、盐黄等。进口产品包括：为制造产品所需要的机器设备零件；为制造产品所需要的消耗材料如：机油、滑机油、汽缸油、亚母尼亚汽液、氯化钙、凡士林、牛油；为修理机器所需要的皮带、锉刀、锯条、砂布、螺丝刀、石棉、考必林、铝板、白铁板、工具钢等。和记洋行发展的鼎盛时期为第一次世界大战至第二次世界大战之前即1913年到1937年这20多年时间。第一次世界大战期间，万国进出口公司负担了英国作战的粮食任务，需要很多物质，所以就大量向中国购进，和记大发战争财，至"二战"前夕达到巅峰。据知情人透露，和记洋行最繁盛时期出口的物质，除粮食不计外，计冰蛋8000余吨，全干蛋500吨左右，猪15万—18万头，牛2万—2.5万头，羊1万—1.5万只，鸡鸭及野禽15万—17万只。根据和记当时向外商银行以货抵数字计算，其年营业额竟高达3000万银圆以上。和记洋行收购鸡鸭鲜蛋的网络密布，其购货方式

是通过分庄（收购站）买进的，这种分庄多是季节性的，往往在农产品收获季节开办。和记洋行的分庄，陆路方面，京汉铁路北到彰德，南至信阳，陇海线西到洛阳，东至开封，粤汉铁路南抵株洲；水路沿长江上至江口，下至九江，溯汉水而至襄阳，并伸展到新野、南阳，沿府河到达长江埠及天门渔新河，县河线重点在安陆。在其沿线主要城镇共有 40 余处分庄（收购站），有些大的口岸还设有支庄。1938 年 10 月汉口沦陷后，和记洋行停业，1941 年太平洋战争爆发后，和记被日资三菱洋行接管，改名为三菱和记洋行。1945 年抗战胜利后，和记洋行从日人手中接收汉口分行，但和记盛世不再，1949 年武汉解放后，和记勉强支撑了一段时间后最终歇业。

亚细亚火油公司是总部设在伦敦，以英资为主，另有丹麦、荷兰、瑞典商人入股的经营石油的托拉斯。1890 年，亚细亚火油公司在上海设立中国总公司，1912 年前后在汉口设立分公司，并在九江、长沙、宜昌、重庆设立中型分公司，在湘西的洪江和鄂北的老河口设立小型办事处。公司最早设在英租界三码头江边，后迁往宁绍码头江边，随后又迁至京

亚细亚火油公司汉口分公司大楼

汉南局二楼，1925 年，位于今天津路 1 号的亚细亚大楼（今临江饭店）落成，亚细亚汉口分公司方定居于此。作为一家经销石油的大型公司，汉口亚细亚分公司有自己的储油场所设施，有自办的水陆运输，有遍布湖北及周边地区的销售网络。亚细亚汉口分公司的营销网络，由点到面，广设总庄（代销总店），包括：鄂东区（团风、仓子埠、鄂城、黄石港、武穴）、京汉线（黄陂、孝感、广水、信阳、驻马店、郾城、许昌）、鄂西区（新堤、监利、调关、石首、藕池、公安、郝穴、陆湖堤、沙市、江口、董市、河溶、宜都、宜昌以迄川东夔府）、襄府河线（蔡甸、汉川、仙桃、岳口、沙洋、钟祥、长江埠、天

门、樊城、老河口以迄河南之南阳及陕西之汉中)、粤汉线(咸宁、崇阳、岳阳)、湘西区(津市、沅江、常德、汉寿、桃源、洪江以迄贵州之铜仁)等。亚细亚汉口分公司的业务经营经历了 1912—1926 年全盛时期、1927—1938 年持重时期、1938—1941 年衰退时期、1945—1949 年现金交易时期、1949—1952 年苟延时期等几个阶段。全盛时期的亚细亚汉口分公司各个总庄油栈储存有大量煤油，代销人员可以随时提取，公司为了多销煤油，采取多种激励手段刺激代销人多销。但武汉沦陷尤其是太平洋战争爆发后，日军接管了亚细亚所有油柜。抗战胜利后，亚细亚公司意欲重振雄风，无奈公司的长江油轮多数损毁，运输工具缺乏，油类供应渠道不畅，再续辉煌终成旧梦。1952 年底，亚细亚各处的公司和油栈被中国人民政府接管，其汉口分公司寿终正寝。①

汉口太古洋行

英商太古洋行（太古轮船公司）。太古轮船公司是总部设在伦敦的轮船运输企业，1866 年进入中国，是英国资本操纵中国航运的垄断组织。中国总公司设在上海，1875 年在汉口等长江沿线港口城市设立分支机构。汉口太古轮船公司在航运业界中可以称得上是最大的轮船公司之一。其业务以货运为主，并兼营其他业务，推销太古车糖和永光油漆，代理保险及进出口等。太古轮船公司除客轮外还有 8 艘拖轮和 30 余艘拐拖轮，其汉口码头分上太古、中太古和下太古三处：上太古在江汉关上首今江汉路至王家巷之间，有码头 2 座；中太古在江汉关下首今南京路至天津路江边，有码头 1 座；下太古在今黄浦路江边以下，有码头 4 座。由于上、中太古两处的趸船仓库多，码头地点适中，长江上中下游轮船都在这里停靠，旅客和货物都集中在这两处起卸，是汉口太古轮船公司客货运输

① 刘文林：《英商亚细亚火油公司》，见政协武汉市委员会文史学习委员会编：《武汉文史资料文库》第五卷《租界洋行》，武汉出版社，1999 年，第 198—205 页。

重点码头，如中太古码头便是渝宜汉客货专用码头，上太古码头是申汉线客货轮和湘汉线铁驳的专用码头。下太古码头主要功能是仓储，以堆存什粮、加工风净、装船出口以及煤炭堆存为主，有铁路支线直达院内。客货运输是太古洋行的主营业务，太古采取包干方式，每艘客货轮都派一个大买办负责客票推销、旅客伙食供应、货物沿途收交及货物安全质量等。为了防止货物短少、破坏、偷盗，保证货运安全、不受赔偿损失，也采取包干办法。船上买办对货物负责，杜绝了短少、破损、盗窃现象发生。在同业竞争方面，太古轮船公司和怡和轮船公司垄断了除日本以外的各国洋行进出口货物运输。太古利用其政治背景、雄厚资金、周密计划、船舶性能好、内河江海可直接联运、码头仓库地点适中便利等有利条件，对招商局、三北、宁绍三家中国轮船公司采取暗中争夺、私放折扣等办法，挤压其发展空间。它还利用自己的船只多、性能好、吨位大、航行速、周转快等优势，成立了长江航运费公摊委员会，既停止了滥跌运价、又增加了大量收入，从另一方面打败了对手，达到垄断中国内河运输并扼杀我国民族航运事业双重目的。太古轮船公司在武汉沦陷后遭遇重挫，抗战胜利后，太古汉口分公司于 1945 年下半年恢复营业，但因南京国民政府取消内河航行权，太古公司在中国内河航运业务受阻，其他业务也因市场萧条而十分清淡。1947 年 2 月，太古武汉分公司成立了太古贸易公司汉口分公司，开展进出口业务，但因国内战乱，百业萧条，货源有限，生意并不兴旺，从 1947年 4 月到 1949 年 5 月武汉解放前夕，仅出口五倍子 100 余吨，牛羊皮等 1000余张。1954 年 12 月，英商太古轮船公司将其在沿海沿江各地的财产和华籍人员移交我国政府接管，在华业务全部结束。[①]

美最时洋行汉口分行开办于 1862 年，行址先设于英租界，后迁入德租界，至 1945 年其财产被我国政府没收，前后在汉计有 80 余年历史，几乎与武汉近代对外开放相始终，是一家在华运营时间长、业务种类多、影响力强的德资企业。美最时洋行汉口分行的业务除经营进出口外，涉足工业领域十分广泛，包括蛋厂、芝麻厂、牛羊皮加工厂、油厂和电灯厂等，是在汉外国洋行中开办工厂最多的洋行。美最时的进出口业务十分广泛，进口商品种类有钢铁、大小五

---

① 杨德周：《汉口英商太古轮船公司》，见政协武汉市委员会文史学习委员会编：《武汉文史资料文库》第五卷《租界洋行》，武汉出版社，1999 年，第 206—217 页。

汉口美最时洋行大楼旧址

金、机械、电料、光学材料、缝衣针、军火、各种灯具、各种颜料、染料、化工原料、药品、香料、火柴、纸张、皮革、毛巾、毛绒线、呢绒、匹头等，营业额每年几十万元。出口商品有牛羊皮、蚕豌豆、芝麻、五倍子、茶叶、烟叶、桐油、皮油、漆油、豆油、蛋制品等，每年营业额800万两。美最时洋行经理其本国的北德国轮船公司在长江的航运业务，开辟了汉申和汉湘航线，在汉口有自己专有的轮船码头和轮船栈。航行汉申线的轮船有"美大""美顺""美利"3艘，第一次世界大战时被中国政府没收，其汉申航运停航。1926年，美最时又租用2艘挪威轮船重启航运业务，除了装运本行及其他德商的出口货物外，也承运华商的货物，以大豆、小麦等杂粮为大宗。美最时洋行也经营国际海运业务，其由欧洲行驶汉口间船只，属于不定期的货船，每年春夏之交涨水期开始直接放船来汉装卸货物，至冬季枯水时期即停止。此外，美最时洋行还经营保险业务，先后代理英国望赉公司、荷兰保险公司和德国汉堡勃里门保险公司的保险业务，险种包括水火险、财产险（房屋、仓库、机器、设备、货物）等。美最时洋行汉口分行在汉80余年，几经起伏，其发展兴衰与其母国发动两次世界大战相关涉。第一次世界大战爆发后，汉口美最时德人大多被召回，所有财产交荷兰总领事馆代管，其行址则由北洋政府收为京汉铁路局办公室之用。战后，德人卷土重来，采取多种手段赎回洋行资产，并吸收美国资本，易名为美最时中国合作公司恢复经营活动，至20世纪20年代初其业务规模和经济实力即恢复到战前水平。美最时实力恢复后，逼退美资，重新启用美最时洋行汉口分行牌名，至20世纪30年代达到发展巅峰。第二次世界大战爆发后，汉口美最时德人又被召回国，仅留少数人看管财产。1944年，中国抗日战争和世界人民反法西斯战争接近尾声，美最时洋行汉口分行的蛋厂、电灯厂、各种栈房以及华籍职工住宅楼被美军飞机空袭,炸毁殆尽。与此同时,德国柏林的美最时总行亦被炸毁。1945 年抗战胜利后,国民政府没收了美最时洋行在华全部资产,汉口分行的德籍人员被遣送回国,美最时洋行汉口分行不复存在。①

德资另一个洋行是**礼和洋行**。礼和洋行系合资公司,总行设在德国汉堡,1845 年即开始与中国进行贸易,在广州开设了加路威治洋行。1887 年改名礼和洋行,并在上海设立中国总行。礼和洋行汉口分行行址位于英租界(今洞庭街),其业务范围十分广泛,"(礼和洋行)1891 年在汉口开设了一所分行,每年输出的植物油脂、五倍子、斑猫、棉花,特别是畜产品,如鹅毛、鸭毛、猪鬃、蛋白、蛋黄及水牛皮,价值达数百万元。在汉口也有与中国政府谈判的买卖,并供应火药厂、钢铁厂的器材,及附近萍乡煤矿采矿用的机器设备,炼焦炉等等。……该行最近在汉口对岸即武昌建造了宿舍及淘矿洗砂的工场,以处理并输出在那里购买的各种矿砂,每年要运出几千吨。……汉口方面有宿舍,办公楼和仓库,还有一家蛋厂和一家牛皮厂等三个产业;武昌方面有宿舍、办公楼及仓库,下还有一座淘矿砂厂"。②其每年进口营业额约为 200 万元。在其经营的进口业务中,最值得提及的是其为湖北枪炮厂订购进口精炼罐头钢和铸钢机器。③轮船运输为德商汉堡轮船公司代理由上海至欧洲之转口船运,以及由汉口至欧洲之直接航运,其中间接船每年约 15 艘、直接船约 10艘。保险业务为代理英国望赍保险公司、明珠保险公司、挪威合众保险公司的火险和海上运输险。从 1845 年以加路威治洋行名义登陆广州,到 1945 年德国战败礼和洋行在华资产被中国政府没收,德商礼和洋行在中国经营整整 100年,据知情人透露:"在这整整 100 年中,仅礼和在我国开行设厂,倾销其本国及其他帝国主义国家的商品,甚至军火武器,劫走我国出口原料,吮吸中国

---

① 金宝善:《汉口美最时洋行》,见政协武汉市委员会文史学习委员会编:《武汉文史资料文库》第五卷《租界洋行》,武汉出版社,1999 年,第 218-234 页。

② 姚贤镐编:《中国近代对外贸易史资料(1840—1895)》(第 2 册),中华书局,1962年,第 995-996 页。

③ 吴剑杰编著:《张之洞年谱长编》(上卷),上海交通大学出版社,2009 年,第 513 页。

汉口法商立兴洋行

人民的财富共约 6 亿元"。[1]

立兴洋行是法国商人立兴大约于 1870 年在上海创办的从事进出口贸易和农副产品加工的企业，1895 年立兴派法人凯西尔来汉开办立兴洋行汉口分行，不到两年，凯西尔去职到天津另立门户，该行又委塔戛任大班，但几个月后塔戛又辞事另组法兴洋行。于是立兴将总行增职扩股，将三位新入股股东之一的梯·郭田委任汉口分行经理，立兴洋行汉口分行自此开始稳定下来。立兴汉口洋行 1901 年左右在汉口沿江大道 133 号汉口饭店原址后面直至洞庭街地面修建办公楼办公，1923 年又在今洞庭街 84—86 号修建了新的立兴大楼，立兴洋行汉口分行迁至新址办公。汉口立兴洋行的业务与大多数外国洋行大同小异，包括进出口业务、农副产品加工、轮船运输和保险业务等。立兴洋行的进口货物，主要有德国竹节钢、比利时玻璃、美国面粉、法国药物等；出口货物主要为芝麻、猪鬃、牛羊皮、桐油、五倍子、矿砂等。农副产品加工方面，1900—1901 年，立兴洋行在汉口洞庭街下段购买土地修建了办公楼、仓库和加工芝麻的厂房，1907 年又在汉口庆安里（今兴康里附近）购地兴建了 3 座厂房，进行皮油、桐油熬制、猪鬃、五倍子、麻类加工以及打包业务。轮船运输方面，汉口立兴代理法国油船公司和上海法商购置的"立丰""立茂"轮运业务，立兴在汉口有趸船和栈房设备，其"立丰""立茂"在汉申线上运行不到两年，就因不敌怡和、太古、日清、

---

① 张高级：《我在汉口礼和洋行十五年的见闻》，见政协武汉市委员会文史学习委员会编：《武汉文史资料文库》第五卷《租界洋行》，武汉出版社，1999 年，第 234—245 页。

招商等轮船公司之竞争而歇业。立兴洋行汉口分行在清末民初通过经营进出口
和农副产品加工业务多有发展，其由设行之初简陋的竹棚到 1901 年购置大片
土地建大楼、兴工厂，可见一斑。第一次世界大战期间，立兴向欧洲出口蚕
豆、芝麻、鸡鸭、蛋黄，向美国出口桐油、五倍子、牛羊皮、猪鬃、矿砂等，
大发战争财，据统计共净赚 100 余万两。至 1920 年，立兴汉口分行发展达到
巅峰，除大兴土木，建造立兴大楼和新的工厂厂房外，还进军地产行业，在汉
口安庆里、华景行一带经营房地产，并兴建了"立大舞台"，获利颇丰。汉口
立兴在中国全面抗战爆发后开始走下坡路，1938 年 10 武汉沦陷，11 月，立兴
洋行上海总行决定是年年底停止在中国的一切业务，于 1939 年 1 月 1 日起，
立兴原有在华各地的西人及华籍职员由法商永兴洋行雇用，所有业务由永兴接
管营业，立兴各地的不动产亦由永兴洋行承担经理。"立兴洋行被永兴洋行接
管后，立兴的汉行的招牌是取消了，立兴产业公司名义还存，人马全班接收未
动。经租佣金是 75%，一直管到 1950 年 5 月为止，才将经租权移交与比商义
品公司。……至 1954 年，义品不愿继续管理，登报请业主前来自管也无人理，
遂于是年下半年移交〔武汉〕市房地产公司接管。"① 立兴洋行在汉口至此销
声匿迹。

　　美资最早涉足中国外贸业务的是**琼记洋行**。琼记洋行由旗昌洋行的合伙
人老奥古斯丁·何德（Augustine Henrd, Sr）于 1842 年创办，1846 年在上海
设立分行。琼记洋行主要经营运输和进出口业务，其进出口以经销代办业务为
主，从美国进口棉纺织品和为海外委办商在华代办采购茶叶、生丝等并装运出
口。"作为代理商，琼记洋行主要是运送货物给美国同胞；作为船主，他们
如今可以畅通无阻地代运货物到任何地方。"② 最初经营范围主要在上海、广
东、福建沿海，第二次鸦片战争后开始进入长江流域。"1861 年 4 月，罗伯
特·费隆回到上海还不满 4 个月，琼记洋行就把它新购的木壳明轮'火箭'
号开航，沿长江溯流而上。'火箭'号轮船费了 1 个月的时间，从上海驶往

---

① 陆星垣：《法商汉口立兴洋行经营内幕》，见政协武汉市委员会文史学习委员会编：
　《武汉文史资料文库》第五卷《租界洋行》，武汉出版社，1999 年，第 246-254 页。
② 〔美〕斯蒂芬·洛克伍德著，章克生、王作求译：《美商琼记洋行在华经商情况的剖
　析（1858—1862）》，上海社会科学院出版社，1992 年，第 6 页。

汉口，又从汉口开回上海（总共航程500英里）。它是完成这段航程的第一艘商船和第二艘轮船。当它在1861年5月的第二个星期回到上海之际，艾伯特·何德大声欢呼：我们打通了长江，'小伙子！'"琼记洋行进入长江流域是通过代理人的方式开展业务的，譬如"火箭"号首航装载的2万多美元的货物，大部分交给了在九江和汉口设立的代理处。在这些地方都购买了土地，租用了货栈。^①这则材料表明，琼记洋行至少在1862年已经在汉口设立了办事处，并开展货物进出口业务。大约1865年，琼记洋行的汉口分行正式设立，1866年，琼记洋行雇用了汉口著名商人刘绍宗为该行买办。琼记洋行在汉口的业务除了进行进出口货物贸易外，还开展一些金融和地产业务。如收购钱庄庄票贷款给一些资金短缺的商行。19世纪60年代，琼记洋行还通过买办为钱庄发行的庄票作担保，"当汉口的钱庄在六十年代显得不振时，买办要对钱庄庄票作保，因此有些保单上则'注明对所有这些风险承担全部责位'。在汉口，关于一个买办是否应为钱庄庄票负责的问题，琼记洋行的H.G.布里奇斯报告说'本洋行的买办是完全负责的，泰纳洋行（Taytnabb & Co.）和沙逊洋行说，他们的买办的保单承诺的一切此类风险作保。'H.G.布里奇斯（汉口）致A.F.侯德（上海）函。1866年6月29日，HM—23，琼记档"。^②1874年琼记总行及其各地分支机构同时停业，结束了在中国大陆28年经营的历史。

美孚洋行是美国美孚石油公司在中国营销石油产品的企业，其大老板是号称"石油大王"的洛克菲勒。美孚洋行中国总部设在上海，总行之下有东北、华北、华中、华南4个分行。1903年，美孚洋行汉口分行成立，其营业部设在沿江大道花旗银行大楼内，汉口分行管辖范围颇广，黄河以南、南岭以北、九江以西至四川广大地区均属汉口分行经营范围。与其他外商洋行不同，美孚洋行业务经营较为单一，主要是进口石油产品。包括煤油、汽油、机油、飞机油、柴油、白蜡、蜡烛、凡士林以及煤油照明用具凉气灯、草帽灯、罩子灯

---

① ［美］斯蒂芬·洛克伍德著，章克生、王作求译：《美商琼记洋行在华经商情况的剖析（1858—1862）》，上海社会科学院出版社，1992年，第142-143页。

② ［美］郝延平著，李荣昌、沈祖炜、杜恂诚译：《十九世纪的中国买办——东西间的桥梁》，上海社会科学院出版社，1988年，第193页。

等。石油产品大部分从美国进口，部分从中东和近东进口，煤油先后有美孚、虎牌和鹰牌三个品牌产品。美孚汉口分行运用内河航行特权，自置专供运油使用的船只运输石油产品，其中汉申线有"美孚""美平"2条轮船，川汉线有"美川""美滩""美峡""美泸"4条轮船，航行小河及各支流滩于水浅特殊情况的有"美云""美鹰"和拖轮"美孚"1号至6号等。汉口美孚在汉口丹水池建有一大型油栈，在城陵矶和万县各设立一个转口油栈，分别转运湖南和四川的煤油。另外，凡是铁路沿线的油池，美孚均筑有专用支路，便利油罐车装载散油直达油池，通过油管输进/输出。汉口美孚分行为扩大销售，在其经营管辖范围内广布网络，在沙市、宜昌、重庆、长沙、常德、津市、老河口设立了7个小型分行。各小型分行由汉口分行委派经理，划定一定的经营区域，并在各辖区内的大中城镇设立若干经销店。1938年武汉沦陷后，在日本军国主义武力强权面前，美孚不得不低下了傲慢的头颅，千方百计笼络日本人，意欲在日本人的庇护下，继续维持推销势头。太平洋战争爆发后，美日交恶，汉口美孚资产被日本人接收，所有美籍员工被遣送到上海集中关押，美孚洋行汉口分行被日商丸善油槽株式会社和出光洋行取而代之。抗战胜利后，美孚洋行卷土重来，恢复营业，在战后美货倾销的大背景下，其经销外国煤油销量达到战前水平。但随着国内战事日紧，国民党军队节节败退，美孚推销网络也日益缩小，销量也不断压缩锐减。1951年，汉口美孚洋行所有存货被武汉市军管会征购，1952年11月，汉口美孚洋行关门歇业。[①]

　　介绍完近代欧美在汉主要洋行，现在该说一说日本洋行了。19世纪90年代以前，日本在汉洋行很少，据1891年的统计，在汉口27家外国洋行中，仅有1家日本洋行。甲午战争后，日资挟战胜国之余勇，加紧了对中国的经济渗透，在汉开设的洋行数量逐年递增，到抗战时期达到高峰。1907年有41家，1916年前后有62家，1924年有75家。抗日战争尤其是武汉沦陷后，汉口洋行大量萎缩，据统计仅80余家，其中日商洋行即达57家。在这些日本洋行中，较有影响的有大阪商船会社、日信洋行、三井洋行、三菱洋行、诚记洋行、日

---

① 周季东、黄子权：《汉口美孚洋行记略》，见政协武汉市委员会文史学习委员会编：《武汉文史资料文库》第五卷《租界洋行》，武汉出版社，1999年，第274-286页。

清汽船株式会社、东洋棉花公司等。

甲午战争后日本在汉洋行发展大抵经历了几个发展阶段，1898 年至 1907 年日俄战争前后为初步发展阶段，但虽为起步阶段，却来势汹汹，不到 10 年时间即有 41 家洋行进驻。[①] 其中规模较大、业务经营效益显著的有大阪商船会社、湖南火轮会社、日本邮船会社、三井洋行、三菱洋行、日信洋行等。**大阪商船会社** 1898 年 1 月在汉口开业，主要经营长江轮船运输业务。汉口"大阪公司"于 1898 年成立，持续到 1907 年。这家公司是大阪商船株式会社的分公司，投入的资本金为 1.650 万两。日本政府对上海—汉口航线给予补助金，年额二十四万四千九百零三圆三十八钱二厘，在上海—汉口航线有 4 艘、汉口—宜昌航线有 2 艘大小轮。在夏季另加 3 艘航海火轮运行在汉口—大阪之间。本公司的仓库及趸船码头在汉口沿江的繁华地段，距离汉口较近，客货运输都非常便利。最近将在临近俄国租借的地方建立新码头。大阪公司其后归属日清（日中）火轮公司。[②] 同一时期来汉参与长江航运竞争的日本公司还有**湖南火轮会社**和**日本邮船会社**。关于这两家公司的情况，水野幸吉之《中国中部事情：汉口》亦有简要介绍：关于湖南火轮会社，"该会社是由日本控股的股份公司，1903 年开业，投入资本金为 150 万圆。共有 3 条船，有汉口至长沙、湘潭这一条航线"。稍后开业的日本邮船会社则是一家经营长江和海运的公司，"日本邮船会社，该会社是一家海运公司，1906 年开通汉口至日本神户间的直航航线。在此之前购买原英商太平洋行的'华利号'（661 吨）、'萃利号'（663 吨）两艘船，进而，在英国麾下运营汉口—上海的航线。其后，这两艘船连同正在建造的'三新号'火轮，根据合资合同，并入日清火轮会社"。[③] **三井洋行汉口分行** 1902 年 4 月开设于汉口英租界太平街江边（今江汉路口日清公司旁），是一家主营进出口业务的贸易机构，进口商品主要有车糖、海味品，出口货物主要是牛羊皮、猪鬃等。**汉口三菱洋行** 1902 年 5 月开设于汉口

---

① ［日］水野幸吉著，武德庆译：《中国中部事情：汉口》，武汉出版社，2014 年，第 231-232 页。
② 同①，第 73-74 页。
③ 同①，第 74 页。

英租界太平街江汉关旁，其进出口业务与三井洋行大同小异，据水野幸吉说，其进口业务中有日本煤炭输入："1905 年，由于时局原因，运输船不足，煤炭输入与前年相比减少 12 万两。日本的煤炭主要由三菱、三井商社经销，在春秋之际的长江丰水期雇用航运在长江上的火轮船运输。可以预料，随着汉口工业的发展，对煤炭的需求也将会大幅度攀升"。[①]三井、三菱洋行还联手与英国太古、怡和洋行进行车糖贸易竞争，最终取得该商品在汉口市场的垄断地位，1912—1935 年年均 6.75 万吨，货值 2300 多万元，占汉口年均输入车糖 8 万吨的 80% 以上。全面抗战爆发后，三井、三菱洋行短暂休业，日籍职员自行回国，1938 年 10 月武汉沦陷后，两行重新开业，1945 年 9 月抗战胜利后，汉口三井、三菱洋行关张歇业。1904 年开设于汉口英租界河街（1917 年迁至汉口英租界一码头今江汉路黄陂街口）的**日信洋行**是大阪日本棉花株式会社（后改称日棉实业株式会社）的汉口支行的中国名称。两湖是产棉大区，汉口是中国棉花大市场，日信洋行的主营业务便是收购中国棉花以供给于上海、青岛等地日本人开设纱厂，后来还兼营苎麻、牛羊皮、油脂等杂货出口和五金、汽车进口业务。汉口日信经营范围包括湖北、湖南、河南、陕西、四川、贵州、甘肃等省，日信在郑州和汉阳建有两个打包厂，1925 年左右在汉口开办泰安纱厂及日华油脂厂，自备轮船来往于武汉与襄阳之间。日信洋行的母公司日棉实业株式会社是日本"国策会社"之一，所谓"国策会社"是指那些和日本国家政策有密切关系的大资本家的

汉口三井洋行

企业的总称，如三井、三菱、正金、台湾、东亚海运、日本邮船、东棉等公司。它们资本雄厚，凭借对日本政府的贡献，取得了日本政府对它们各方面的照顾和津贴，政府有责任担保它们获得营业利润，甚至还要牺牲中小企业来

[①]［日］水野幸吉著，武德庆译：《中国中部事情：汉口》，武汉出版社，2014 年，第 156 页。

满足这些大企业的发展。因此，日信和前述三井、三菱洋行、正金、台湾银行等日本商业机构可以说是受命于日本政府对中国进行经济侵略掠夺的重要工具。[①]

辛亥革命后，日本投资武汉市场进一步发展，1916 年汉口有日资洋行 62 家，较之 1907 年的 41 家，9 年间增加了 21 家。1924 年更增加至 75 家。较著名的有日清汽船株式会社、诚记洋行、东洋棉花公司、思明堂药房等。如前所述，1907 年以前，日本在华参与长江等内河航运竞争的有大阪商船公司、日本邮船株式会社、大东汽船公司和湖南汽船公司等 4 家轮船公司。1907 年，日清轮船株式会社成立，该公司为合资企业，其中日本皇室宫内省占股 50% 以上，大阪商船公司、日本邮船株式会社、大东汽船公司、湖南汽船公司各以自己的船只入股，另有一部分由日本商民集资入股。因其创办之初招募了若干中国股本，故将公司冠以"日清"二字。后来随着日清业务越做越大，日方陆续收买和兼并了华资股份，日清公司成为纯粹的日资公司，这是后话。日清公司成立后，所有原来的在华日资轮船公司经营业务都归于其名下。其在上海和汉口设立支店，其中汉口支店管辖宜昌、重庆、长沙 3 个出张所和沙市、万县、常德 3 个驻在员。整个在华日清公司在我国沿海和内河共有轮船 28 只，总载重量 6.01 万吨，此外，日清公司在长江线上还有专运散舱桐油的拖驳船队 4 队，每队铁驳 3 只。日清公司开辟的航线有上海—天津、上海—广州、上海—汉口、上海—汉口—宜昌、汉口—宜昌、汉口—长沙、汉口—常德、宜昌—重庆、重庆—泸州等。日清公司虽然进入中国内河船运市场相对较晚，但因有日本政府作后盾，加之又与本国企业抱团作战，因此在与中外企业竞争中立于不败之地，最终在长江沪汉航线上与太古、怡和、招商、三北、宁绍等公司平分秋色。日清公司凭借日本军国主义努力，进行各种违法经营勾当，如偷漏关税、私运烟土、贩卖军火等等，可以说是劣迹斑斑，罄竹难书。[②]

抗日战争时期，借助日本军国主义全面侵华，尤其是 1938 年 10 月武汉沦

[①] 袁范宇：《汉口日信的一些情况》，见政协武汉市委员会文史学习委员会编：《武汉文史资料文库》第五卷《租界洋行》，武汉出版社，1999 年，第 296-306 页。

[②] 江永升、陈鹤皋：《日清汽船株式会社概况》，见政协武汉市委员会文史学习委员会编：《武汉文史资料文库》第五卷《租界洋行》，武汉出版社，1999 年，第 287-295 页。

陷后，日本洋行在汉势力极度膨胀，其时欧美洋行大多停业回国，在 80 家在汉外国洋行中，日本洋行有 57 家，占洋行总数的 70% 以上。这一时期的许多日本洋行，配合日本军事侵略，对华进行经济掠夺，充当日本侵华工具。许多日本洋行在日军指使下，接管欧美洋行资产，承继其原有业务，大发战争财。如 1942 年，三井洋行接管英商安利英洋行后，冻结其银行存款和账册，解雇遣散全部雇员，将安利英洋行资产劫为己有。1939 年，汉口凡善、吉田等 4 家洋行受日本军部指派为亚细亚火油公司之代销店，凡该公司投放市场的煤油和蜡烛，非经日本洋行之手不可销售。珍珠港事件后，亚细亚公司的油栈被日军接管。武汉沦陷后，美资颐中烟草公司为了维护财产和继续营业，迫不得已将鄱阳街办事处及仓库、六合路和硚口两个烟厂、大智路印刷厂及叶子厂等，全部委托日商丸三株式会社代管经营。1941 年太平洋战争爆发后，丸三株式会社撕下代管遮羞布，完全接管颐中公司。日本洋行还狐假虎威，伺机劫掠我国民族资本。汉口沦陷后，日信洋行在日军支持下，占领了武昌第一纱厂。1941年太平洋战争爆发后，其在第一纱厂生产的所有棉纱，全部供给日军，日信完全沦为日本的战争工具。抗战时期，日本军阀联合日清汽船株式会社、日本邮船株式会社、大阪商船株式会社、国际汽船株式会社、三井物产株式会社、三菱商业株式会社、山下矿业株式会社、大阪铁工所等 8 家日本企业组成东亚海运株式会社，以日清汽船株式会社在我国港埠设备为基础，汇集上述各公司全部和部分轮船，并在大阪铁工所购买 9 艘新轮船，分别命名为"兴东""兴亚""兴太""兴平""兴国""兴运""兴隆""兴昌""宁波"号，专门承担日本军部的军运任务。太平洋战争爆发后，东亚海运株式会社接管在我国沦陷区停泊的太古洋行、怡和洋行和打着意大利国旗的我国三北公司的全部船只及设备，并编号更换船名统一调度。另外还将各地劫持的拖轮铁驳，在芜湖组成中支航运公司，归东亚上海和汉口支店指挥，又将劫持的长江小轮船由东亚上海支店领导，成立中华轮船股份有限公司。经过这一番运作，东亚公司彻底垄断了我国航运事业，抗战前长江等内河航运群雄竞争的局面不复存在，东亚公司也确实发了一笔横财。只是好景不长，随着抗战胜利，东亚公司随着它的主子一起被赶出了中国。就在 1945 年 8 月 15 日日本宣布投降的当天清晨，东亚汉口支店店长中西嘉吉即召集员工，部署结业撤退事宜，翌日便下旗关门，准备回国。9 月，国民政府后勤总部水运指挥部派员接管东亚公司汉口支店，至此，这个曾经横行中国沿海和内河的轮船运输垄断组织土崩瓦解。[①] 与东亚海运株式会社一样，日本所有在汉洋行与日本军国主义一荣俱荣，一损俱损，随着日本战败而树倒猢狲散，全部关门回国。

　　洋行作为一种异己的商业组织，对于近代武汉是一柄"双刃剑"。一方面，洋行所进行的国际贸易活动（倾销洋货、收购、加工土特产出口），直接推动汉口市场进入和参与国际循环，由一个内陆的区域性中间市场迅速崛起为国际性城市。"国际贸易和投资对于参与国的经济发展，包括最不发达国家在内，都有着重要作用。具体地说，国际贸易和投资不仅给发展中国家带来资本和外汇，而且带来科技知识、管理技能、技术人才、企业和行政机构以及产品和生产工艺上的创新。外贸曾经是，并且仍然是促进参与国国民收入的基本因素之一。由此导致产出的水平越高，摆脱'贫困的恶性循环'也越容易。外贸可以提高收入水平，随之地促进了经济发展。同样，外国投资——这是外国入侵的某种象征——也为民族主义的商业提供了动力，而这种民族主义商业又会努力促进本国近代工业的发展。总之对外贸易和投资为接受国带来资本、技术和谋求增长的思想，所有这些都是它们所缺乏的"。[②]

　　另外，洋行盘剥性和垄断性商业贸易，对于民族经济的发展又是一种有害势力。洋行依仗其特权和资金优势，对内地农副土特产品进行盘剥性收购，又以高价倾销本国商品，获取高额利润。"中国并不是唯一屈从于外来经济侵略的国家，全世界都感受到了帝国主义的影响。同霍布森和列宁建立的帝国主义理论相呼应，某些研究国际贸易和国际投资的学者，最近在某些重要理论上有所发展。根据辛格——霍普比希——缪尔达尔（Singer—Prebish—Myrda Ⅰ）的'吸收论'观点，贫富国家之间的经济交往，大大造成了它们之间财富分配的日益不平衡。外来的投资损害了贫穷国家的利益，因为它们的出口发展会吸引它们现有的本国企业和国内投资，而出口发展所得的好处却被外来的投资

<hr>

① 江永升、陈鹤皋：《日清汽船株式会社概况》，见政协武汉市委员会文史学习委员会编：《武汉文史资料文库》第五卷《租界洋行》，武汉出版社，1999 年，第 294—295 页。

② ［美］郝延平著，李荣昌、沈祖炜、杜恂诚译：《十九世纪的中国买办——东西间的桥梁》，上海社会科学院出版社，1988 年，第 132—133 页。

国吸收殆尽"。由于近代中国经济发展的滞后，导致外贸和外国投资对中国经济的"积极影响是有限度的。从市场角度来看，由于外资企业是受出口吸引而生产，不是为中国国内市场而生产，重点更多是置于若干劳动密集型产品如茶叶、生丝等产品的生产上。依靠使用非熟练劳动而增加的出口，实际上都耗用于进口上了。以利润汇出的办法，将资金从中国引往国外，就可能感到外资企业母国的收入和就业因对外贸易和投资带来的好处，但中国本身却感受不到"。①

晚清的汉口，洋行对外贸进出口业务几乎完全垄断。"汉口为我国茶叶最大聚散市场，出口超过上海、福州、九江之上，一般占全国总出口量60%左右。所有湖北、湖南、河南、陕西、广西、贵州等省及江西、安徽出产之部分，都集中于汉。自1861年汉口辟为通商口岸后，对外贸易即以茶叶为第一位。1890年以前，一般出口总量在70万—80万之间，最高年份曾达120万担，情况盛极一时。惟有这时茶叶出口，全为外商垄断。"②在经营过程中，各国洋行还逐渐形成了各自的行业垄断。如进口贸易中，英美分别垄断了纺织品、石油进口，德商基本形成了对染料、五金机械进口的垄断，日商则在棉纱、食糖的进口上同英商进行竞争。出口贸易方面，俄商继续垄断砖茶，英商在蛋品、红茶出口上居首要地位，德商在牛羊皮、桐油、五倍子出口中占大额，日商在棉花、油脂、杂粮、猪鬃的出口贸易中大有后来居上之势。洋行这种垄断性经营，对武汉现代城市经济的成长和市场的发育具有两方面的负面效应，一是使城市资源大量流失，民族工商业发展受到压制；二是限制和阻碍了华商参与国际经济竞争和国际市场循环，市场交往沿着洋行—买办—华商或洋行—买办—农民这样的渠道进行。这种间接式的外贸行为，严重制约了汉口商人和商业组织的现代转型。

洋行还培植了一批为数可观的买办（据统计汉口有500多人）。洋行雇用买办为自己服务，其原因是多方面的。郝延平认为，除了语言障碍外，还有货

---

① ［美］郝延平著，李荣昌、沈祖炜、杜恂诚译：《十九世纪的中国买办——东西间的桥梁》，上海社会科学院出版社，1988年，第132-133页。
② 《武汉市进出口商业解放前历史资料》（未刊稿）。见皮明庥、冯天瑜等编：《武汉近代（辛亥革命前）经济史料》，武汉地方志编纂办公室印行，1981年，第41页。

币的复杂性以及与之相关的"变化多端的度量衡制度"，另外最关键的是中西
双方商业习惯和社会习惯的不同，"对他们来说了解中国多得异乎寻常的商业
习惯和社会习惯似乎是不可能的。中国强大的行业性和地区性行会，因乡土观
念和家族观念而加强，使外商在事实上不可能直接同中国人进行贸易。总的说
来，既定的、传统的社会经济条件，再加上文化隔阂，使西方商人必须雇用中
国买办才能顺利地同中国人做生意"。①

　　"买办"既是一个传统词汇，最早是指为明代宫廷采购物品的官方代理
人；又是一个外来词汇，系从葡萄牙语 comprador（采买者）转化而来。清
初专指为居住于广东商馆的外商服务的中国公行的采买人或管事人，后来逐渐
发展为特指在中国的外商企业所雇用的居间人或代理人。鸦片战争以后，来华
开办洋行的外国人纷纷聘请和雇用华人为其代理买卖，这些雇员被称为买办。
买办在近代中国的一些通商口岸城市还有不同的称呼，"除了一般称作买办以
外，在上海买办也叫'康白度'（音译），在香港叫'华账房'或'办房'，
在天津叫'领事的'。在官方文书中他们被称作'商伙'，他们把自己看作
'总理'"。② 汉口洋行的买办也有称"华经理"或华籍经理的，如太古洋行
的"华籍经理原来称买办，1926 年大革命以后，改买办制为经理制，始称经
理"。③ 汉口日本洋行雇用的华籍买办，日本人称之为"经手"。④

　　买办在洋行中的职责"不仅照料商业事务，而且在六十年代以后经办有关
轮船、保险和工厂的事务。有些洋行发展到规模十分庞大、业务复杂的时候，
其各个部门（如进口、出口和机器等部门）都要求有一名自己的买办"。⑤ 如
汉口日商日信洋行就有 8 个买办，每个买办的业务范围都很具体，有的负责棉
花业务，有的负责细纱业务，有的负责粗布业务。德商礼和洋行进口贸易的买

---

① ［美］郝延平著，李荣昌、沈祖炜、杜恂诚译：《十九世纪的中国买办——东西间的
桥梁》，上海社会科学院出版社，1988 年，第 26-27 页。

② 同①，第 52 页。

③ 杨德周：《汉口英商太古轮船公司》，见政协武汉市委员会文史学习委员会编：《武汉
文史资料文库》第五卷《租界洋行》，武汉出版社，1999 年，第 207 页。

④ 袁范宇：《汉口日信的一些情况》，见政协武汉市委员会文史学习委员会编：《武汉文
史资料文库》第五卷《租界洋行》，武汉出版社，1999 年，第 298 页。

⑤ 同①，第 76 页。

办和出口贸易的买办是分设的。英商太古洋行除有总买办外，一些重要的部门如栈务部、太古车糖部、永光油漆部、保险部都雇有买办（华籍经理），保险部甚至雇了 4 名华籍经理。"新辟通商口岸的买办是从广州老式买办演变而来的，他是代理人、译员、掮客和顾问的混合体。通商口岸中外商人通用的混合语言是洋泾浜英语。买办会讲一口流利的洋泾浜英语，而且往往极为引人注目而灵活自如地运用他的东家所用的复杂的商业行话。他精通东西双方经营商业的方法。他是外商通晓中国农产品的收成和商场行市情报消息的主要来源。他还代表外国商行直接同中国商界和银钱界开展大部分的商业活动——寻找顾客，推销货物，收购农产品，并且担保赊欠账款的偿还。"①

近代中国绝大多数买办的身份都是多重性的，也就是说，他们不仅仅是单纯的为洋行服务，充当洋行与中国商界的居间人，他们大多利用其特殊身份或经商，或办企业，成为富甲一方的大亨。"买办还可作为独立商人，以本人的名义来经商致富。他们可以利用买办的职权，以种种方式开拓自己的业务。""人们必须懂得，他们作为买办的角色同他们作为独立商人的角色是根本无法分开的。"②刘歆生曾是法商立兴洋行和东方汇理银行的买办，后来开设了自己的"刘万顺商号"，刘歆生善于利用自己买办的身份或"拉大旗作虎皮"将其产业挂旗法国以资保护；或者"挂羊头卖狗肉"，一面当洋行居间商，一面经营自己的房地产生意。从一个一文不名的放鸭伢一跃而成为汉口的"地皮大王"。"在汉口，从二十世纪头十年起任东方汇理银行买办的刘歆生，也是'最富有和最出名的华商之一'。"③

由于买办这种一身而二任的特殊身份，使他们在近代开放的大潮中独占先机，成为近代中国最早富起来的社会阶层。"买办不仅属于条约口岸最富有的华商之列，而且就整个中国言之，他们也是最富有的。"④郝延平盘点了买办的收入来源，指出这些人的收入来源包括：一是担任买办所得的薪金，每个

---

① ［美］斯蒂芬·洛克伍德著，章克生、王作求译：《美商琼记洋行在华经商情况的剖析（1858—1862）》，上海社会科学院出版社，1992 年，第 59 页。

② ［美］郝延平著，李荣昌、沈祖炜、杜恂诚译：《十九世纪的中国买办——东西间的桥梁》，上海社会科学院出版社，1988 年，第 115 页。

③ 同②，第 124 页。

④ 同②，第 122 页。

买办平均年薪为 1000 两；二是担任买办从事进出口交易所得的佣金，一般为进出口总值的 2%，另有作为办房费用和经手汇票和票据的收入；三是买办经营自营商业的收入。这三项收入加起来造就了许多百万、千万乃至亿万富翁。在武汉的买办群体中，这样的富翁并不少见，如曾任俄商阜昌洋行和华俄道胜洋行买办有"长江流域第一流买办"和"汉口首富"之称的刘子敬以及曾任法商立兴洋行和法国东方汇理银行买办的汉口"地皮大王"刘歆生，二人与汉口祥丰厚土栈经理刘鹄臣并称武汉"三刘"。另如，曾任日本住友银行汉口分行买办的汉口总商会会长周星棠，曾任英商和记洋行买办的杨坤山"被当地人称'杨百万'"等等。①

富起来的买办，在西方现代经营思想理念的影响下，在财富的管理和运用上显示出与传统绅商的异质特性。"在十九世纪，经手中国大部分对外贸易的买办，通过各种合法或非法的手段，积累了可观的资产。从每个人来看，他们的财富大概不能同以前的行商相比，但是他们的人数肯定超过了行商。同时，他们从西方人那里学到了经营现代贸易的方法，并有机会运用各种知识。因此买办能够集资本的消极拥有者角色和积极经营者角色于一身，而使他们区别于传统的富人。那些富人过着绅士生活，把资本的管理交给社会地位较低的管家去办。虽然传统模式也会有例外，可是买办显然组成了把财富和企业家的专长结合起来的一种新型富人。"②

在汉口买办群体中，有的投资工商业，大力兴办实业，如刘子敬在汉口、郑州等地开办蛋厂，在武昌开办了震寰纱厂；周星棠投资纺织、矿业、颜料业和金融业，曾任石家庄大兴纱厂、汉口第一纺织公司、庄华颜料厂董事长、豫丰纱厂及中兴煤矿公司董事以及汉口商业银行总经理；刘歆生曾经投资过榨油厂，"在汉口，刘歆生的榨油厂也'装备了最时新的机器'，刘歆生是当地的著名买办"。另有"汉口的汇丰银行买办邓纪常，后来也与武昌的官纱布局发生关系"。③上海买办朱葆三投资汉口公用事业，"是汉口自来水厂和广州自

---

① 彭雨新：《抗日战争前汉口的洋行和买办》，《理论战线》1959 年 2 月号。
② ［美］郝延平著，李荣昌、沈祖炜、杜恂诚译：《十九世纪的中国买办——东西间的桥梁》，上海社会科学院出版社，1988 年，第 4 页。
③ 同②，第 178 页。

来水厂的董事"[①];上海买办叶澄衷不仅在武汉开设诸如五金、杂货店,而且与他的宁波同乡宋炜臣各出资14万元开办了汉口燮昌火柴厂。更多的买办则投资地产,如前述刘歆生购置了汉口后湖上起舵落口、下迄谌家矶的大片土地,规划建设了歆生路及歆生一、二、三路,并在辛亥革命后与汉口富商一起共同开发建设了汉口模范区;杨坤山和他的搭档、和记洋行副买办黄厚卿在汉口一元路与一元小路之间合资修建了居民住宅区"坤厚里"等等。"因此,买办以某种方式对土地投资,解决正在发展的条约口岸的住房问题,促进了近代中国的都市化。"[②]买办作为洋行的居间人,不仅在商业领域游走在中西之间,而且耳濡目染,成为现代生活方式的最早接受者和尝试者,"许多买办染上了西方人的嗜好和消遣方式。有的人抽香烟或烟斗,许多人很早就对赛马发生兴趣,而赛马主要是由条约口岸的外国人主办和参加的。例如,1865年汉口的买办们将赠品送给汉口春季赛马会"。[③]

买办作为中西文化的桥梁,把西方的近代经济方式和生活方式在武汉进行嫁接与传播,他们建筑了"坤厚里""模范区"等新式里份,让武汉人尝试现代居住方式,住上了钢筋混凝土楼房;他们投资自来水、电灯等城市公用事业,使武汉人告别了用植物油照明和汲取江水饮用的自然生活状态;他们开办"楼外楼"等现代化宾馆,把西方现代酒店管理模式引入武汉;他们修建了华商跑马场,开办了华商总会以及现代化的剧场和电影院,武汉人的闲暇生活方式因此从封闭、私密、小众走向开放性、公共性和大众化。

二、现代交通体系建立,武汉区位优势外向型特征凸显。

19世纪晚期,武汉告别封闭的内陆市镇而成为开放的国际性城市,得力于现代交通的进入,即由帆船时代过渡到轮船时代。

长江素有中国的"黄金水道"之称,汉口居长江航线的中部,"上江航路

---

① [美]郝延平著,李荣昌、沈祖炜、杜恂诚译:《十九世纪的中国买办——东西间的桥梁》,上海社会科学院出版社,第163页。

② 同①,第140页。

③ 同①,第225页。

千余里，下江航路二千余里，皆以汉为起点"。① "汉口、上海间之航线，扬子江之航路自上海迄重庆，水程都为千四百英里。其间分三段，而地点适中、交通最盛者，厥惟汉口。自汉口至上海航程六百英里，沿途码头曰黄石港、武穴、九江、安庆、大通、芜湖、南京、仪征、镇江、泰兴、江阴、张黄港、通州，迄上海而止。其可停泊者，惟九江、芜湖、南京、镇江四处有码头。趸船，余皆无之。"②其两江交汇、九省通衢的枢纽地位，被急欲占领中国广大内陆腹地市场的外国殖民者所看好——

> 从战略上看，汉口似乎是清帝国最重要的港口。大型战舰可以从这里启航入海，同时长江两岸坚固的防御使敌舰难于深入。因此，汉口应是帝国船码头与兵工厂的最佳选址。帝国的首都应放在它的西面，尽可能地接近十八省的中心，一个国家的首都不应建在边陲。③

因此，汉口开埠后，外国人即取得了"内河航行权"。1861年1月，美国琼记洋行"火箭"号轮船驶抵上海，4月首航汉口，是为开埠后第一艘驶入汉口的外国商业性船只。1862年，美国旗昌轮船公司开辟汉申线，揭开了武汉地区轮船运输时代的帷幕。自此以后，各国轮船"闻利共逐，如蚁慕膻，商船增加，日未有艾"，武汉成为"扬子江航路竞争之中心点"④。

开埠之初，进入汉口的经营长江航运业务的外国轮船公司，除美国的琼记洋行、旗昌洋行，英国的宝顺洋行、怡和洋行等四大洋行的轮船公司外，还有美商同孚洋行、英商广隆洋行和吷礼查洋行的轮船。据统计，汉口刚刚开埠后的8个月，汉口港进出的外国轮船达401艘，93433吨，输出入货值约978万海关两。1862年增至1462艘次，290536吨，货值约1204万海关两，分别为1861年的3.65倍、3.11倍和1.23倍。1865年，同孚、琼记、吷礼查、广隆

---

① 《湖北学生界》第一期，1903年1月。
② 武汉地方志办公室、武汉图书馆编：《民国夏口县志校注》（上册），武汉出版社，2010年，第195页。
③ ［英］穆和德等著，李策译：《近代武汉经济与社会——海关十年报告——汉口江汉关（1882—1931）》，香港天马图书有限公司，1993年，第2页。
④ 《湖北学生界》第一期，1903年1月。

等不敌竞争，相继退出长江航运。1867 年，旗昌洋行击败英商宝顺洋行和怡和洋行，独揽长江航运利益，确立了其在长江航线上的垄断地位。据统计，1861 年至 1872 年，共有美国、英国 14 家洋行的 37 艘轮船行驶在沪汉线上，获利最丰的当数美国旗昌洋行，1972 年，该行账面资产为 225 万两，实际总资产达 332.4 万两，拥有轮船 19 艘，2.78 万吨，号称"东亚最大的一支商业船队"。[①]1875 年，英国太古洋行设立轮船公司，该公司投运 9 艘轮船航行于上海—汉口、汉口—宜昌、汉口—湖南等航线上，"旨在与旗昌公司就长江航运一决雌雄"。1882 年，英国怡和洋行的轮船公司重返长江航运市场，以总吨位

太古轮船公司的"汉口"号轮船

13000 吨的 12 艘轮船行驶在上海—汉口等航线上。英商麦边轮船公司、鸿安公司以及法、德、日等国也纷纷在汉口经营轮船航运。1873 年 7 月，旗昌洋行与太古洋行达成"暂时协议"，协定沪汉线货物运价。1874 年 4 月，旗昌又与太古签订"联营协定"，协议双方在沪汉线上配备船舶相等、航次相同以及货物运价等。同年，旗昌还与太古、怡和商讨建立航运联合体，以共同对付新成立的中国轮船招商局。

　　1871 年，为挽回利权，应对列强在长江航运的竞争，招商局轮船公司在汉口正式成立。"同治十年（1871 年）冬，设招商局于汉口。时八荒四域咸来宾享，互市各口。李鸿章恐中国之利尽为洋商所侵，因请设局招商。自置轮船，分运漕米，兼揽商货，冀稍挽回利权。乃奏请筹款购'其昌'。旧行设总局于上海，天津、牛庄、烟台、福州、厦门、广州、香港、汕头、宁波、镇江、九江、汉口，以及东洋之长崎、横滨、神户，南洋之新加坡、槟榔屿、

---

① 《汉口租界志》编纂委员会编：《汉口租界志》，武汉出版社，2003 年，第 174 页。

国营招商局汉口分局

安南、吕宋等十九处，各设分局，委道员朱其昂、盛宣怀、许钤［钤］身先后入局，董其事，是为汉口招商局之始。"①招商局轮船公司成立后，在沪汉线的投入运营的船只"曰江裕、曰江宽、曰江永、曰江孚、曰江新，凡五艘"。同时又开辟了汉宜线和汉口至湘潭、汉口至常德等航线。"汉口、宜昌间之航线，自汉口至宜昌，航程三百七十英里，沿途码头曰新堤、岳州、沙市，迄宜昌而止。轮舟上驶，地盘愈高，水势愈急，所挟断岩腐蚀之质愈多，砂土之增积愈甚，而改变亦愈速。水道深浅，恒无一定，稍不注意，易致搁浅。故招商局上驶之轮仅二艘，曰快利、曰固陵。余为他公司之轮，不录。此外，又有由汉口至湘潭、至常德两航线。"②

为了应对招商局轮船公司这个长江航运业的有力竞争对手，1874 年，旗昌、太古、怡和三家洋行联手"共同研究对付招商局的办法"，实行所谓"真正的合作"。但由于旗昌经营失利，其股东纷纷撤资，迫于无奈遂决定退出长江航运市场。1877 年 3 月，招商局以 222 万两银价收购旗昌产业，招商局轮船公司达到事业巅峰，拥有轮船 33 艘，总吨位 23967 吨。经过长期的竞争，以汉口为中心的汉沪、汉宜、汉湘航线形成太古、怡和、招商局三足鼎立之格局。此外，这一时期在长江上运营的还有英商麦边轮船公司、爱德轮船公司、中英合资鸿安（华昌）轮船公司以及俄、德运送煤油的轮船等等。

19 世纪 80 年代，长江航运趋于相对停滞，《海关十年报告》谈到这一时期长江航运状况时曾作如是分析："1882 年航运总吨位与 1881 年相比有所减

① 武汉地方志办公室、武汉图书馆编：《民国夏口县志校注》（上册），武汉出版社，2010 年，第 195 页。
② 同①，第 196 页。

少，这主要是由于 1881 年军事需要大量江轮用于运送军队。1883 年总吨位仍在下降，但海轮吨位有所改观。1884 年由于法国的报复，悬挂本国旗帜的中国招商局轮船减少，换上美国的星条旗。1884 年茶市期间，'菲力普'号海轮遭到联合抵制。它是一艘外轮，竟敢冒险与'联合会'的船只竞争茶叶运输，而联合会长期以来一直把持着中国的茶叶运输，它以凡是由该会船只运输茶叶其运费减少 5% 的优惠条件招徕顾客。这一规定使'菲力普'号在该埠停留了六个周一直找不到货源。三家主要轮船公司——印度—中国公司，中国航运公司、招商局——也达成协议提高运费。这使得 1885 年江轮吨位显著下降，究其原因是由于缺乏竞争，轮船运输趋次越来越少。1886 年，与江轮垄断相抗衡，一些小货轮下水，从而使长江航运从数量到吨位都有较大幅度提高。这一年三桅帆船和取得许可证的舢板运输吨位也增加了。"[①]

1895 年中日甲午战争后，日资航运公司开始染指长江航运，最早进入的是 1898 年 1 月首航沪汉线的日本大阪商船株式会社，接踵而来的有湖南汽船株式会社、日本邮船株式会社等，1907 年 3 月，日本将上述 3 家企业合组成中日汽船株式会社（日清公司）。由于日本轮运企业的进入，长江航运的竞争呈现出更加复杂、更加激烈的状况。"英中两国经营长江航路的状况已有时日，自 1898 年日本大阪商船会社染指长江起，长江航运进入新时期。以往英中两国的航运公司也就是英国的太古洋行、怡和洋行与中国的官办的招商局相互间竞争激烈，然，乘日清战役胜利之余勇的大阪商船会社进入长江航运之后，英中两国的三家航运公司断然结束相互间的竞争，并相互签订长江客货运协定，实行更为灵活的运输方式，进而，三公司的火轮结为联合体，确立上海—武汉航路，每日两地各有一艘火轮出航的航运格局。在此基础上又签订了三公司的救援协议，即：当三公司中的某艘火轮遇到'搁沙'（搁浅）或'遇难'时，路过的三公司中的其他船舶有援助之义务。"[②] 在中英三公司的联合打压下，日资企业面临巨大的竞争压力，"但是，日本的商船会社不畏环境之巨大压力，

---

① ［英］穆和德等著，李策译：《近代武汉经济与社会——海关十年报告——汉口江汉关（1882—1931）》，香港天马图书有限公司，1993 年，第 3 页。

② ［日］水野幸吉著，武德庆译：《中国中部事情：汉口》，武汉出版社，2014 年，第 72 页。

仍将自己会社的趸船码头确立在汉口沿江的最好地段。不久就有濑户内海的小火轮天龙川丸（天龙川号）、大井川丸（大井川号）等进入汉口，这些新造的火轮考虑到长江水文，专为长江航运所打造，浅吃水、大容积，客货皆宜"。[1]

19世纪、20世纪之交，更多国家航运企业和本国航运企业进入长江航运市场，"这十年里（指1892—1901年——引者注）长江上新增了三条航线——一条属于日本人，另外两条是德国人的——原来的定期航线上又有十一艘轮船下水。这几家新公司是大阪商船会社，汉堡——美洲长江航线，罗德切斯尔·劳埃德长江航线。新增的十一艘轮船由上海的"远东——德国"轮船公司和日本国内承造"。[2] 1900年，德国亨宝洋行和北德意志轮船公司开辟沪汉线和汉宜线；1906年，法国东方轮船公司开始运营沪汉线；1920年，法国吉利洋行开始运营宜渝线；1925年，法国聚福洋行也进入宜渝线。清末民初，先后进入汉口港的有16个国家的船只，计41家洋行或外轮公司，其中英国15家，美国10家，日本7家，德国3家，法国3家，俄国2家，意大利1家，有18家设分公司或办代理机构。此外，尚有瑞典、挪威、澳大利亚、比利时、荷兰、丹麦、西班牙、葡萄牙、芬兰等国家的商船进入武汉，公司船名资料无考。[3]但《海关十年报告（1892—1901）》对此有所披露，"1896年和1899年瑞典和挪威在航运表格全跃居显著位置。这十年开始有挂这种旗的轮船直航汕头；但租船主——德国商人——买下了这些轮船，易帜为德国旗"。"十年的头几年澳大利亚旗崭露头角，有两艘轮船往来于汉口和上海之间。1894年这些轮船落入英国之手，此后只有当这只运送京汉铁路建筑材料的海轮在汉口抛锚时才偶尔见到澳大利亚旗。"[4]长江航运市场出现列国纷争、群雄角逐的"战国时代"。"扬子江航路久为中、英两国人所经营，后忽加以日本大阪商船公司，三公司互相争

---

① ［日］水野幸吉著，武德庆译：《中国中部事情：汉口》，武汉出版社，2014年，第72页。

② ［英］穆和德等著，李策译：《近代武汉经济与社会——海关十年报告——汉口江汉关（1882—1931）》，香港天马图书有限公司，1993年，第35页。

③ 武汉地方志编纂委员会主编：《武汉市志·交通邮电志》，武汉大学出版社，1998年，第185页。

④ 同②，第35页。

竞，协议货客运费，以图营业之敏活，合为一团。于上海、汉口线立每日两地各有一只出航之制，甚至三公司船之一有搁沙、遭难者，合三公司船必互有救援之义务。未几，德、法两国合租界之经费，亦锐意于航业，相继加入，上海、汉口间之定期航路，遂有五国公司之发展，而为长江航运之一大团结。"[1]

1907 年，日本驻汉总领事水野幸吉亦对此有过详细描述："再过二年，随着山东局势的稳定，富甲天下的长江航运将会出现更加激烈的竞争局面。德国在经营汉口租借地的同时，也锐意进入长江航运，汉堡亚米和加线及北德的'罗意德'这两公司相继进入长江航运，准备经营上海至汉口线，大约在 1900 年末完成。此外，自 1897 年，法国以东方轮船公司的名义，也进入长江航运。日本邮船会社收买'麦边线'以英国名义，加入长江航运。

至此，上海—汉口间的定期航线出现五国八公司的混战局面。竞争的结果造成客货运费降低，对乘客的待遇费用提高。进而在夏季又开始了航海火轮的直航线的运营，无疑加剧了长江航运的激烈竞争的状况。从目前的现状来看，进入长江航运业的各国公司，虽然都有各自国家的后援支持，但仍难敌目前无序竞争的自由态势。长江航运将来的趋势，必然要走向各公司相互谋求协调的大联合的形式，不过这需要一些时日"[2]。

20 世纪初，在交通技术的现代化和内河航运的巨大利益的驱动下，催生出一批中国本土现代航运企业，这些企业相继进入长江航运市场，参与列国航运竞争。如 1903 年成立的三北航业集团于 1915 年在汉口设立分公司，该公司有客货轮船 20 余艘，开辟的航线有上海—汉口、汉口—湘潭、上海—汉口—长沙、汉口—宜昌、宜昌—重庆等。鸿安商轮公司 1919 年在汉口设立分公司，有轮船 7 艘，经营汉口—上海、汉口—沙市—宜昌、汉口—湘潭等航线。1925 年成立的民生实业股份有限公司，20 世纪 30 年代开始经营长江中下游航运，该公司在汉口的船舶共 20 艘，经营沪汉、汉宜、沪渝、汉渝等航线。湖北本

---

[1] 徐焕斗著，张博锋、尉侯凯点校：《汉口小志》，武汉出版社，2019 年，第149 页。

[2] ［日］水野幸吉著，武德庆译：《中国中部事情：汉口》，武汉出版社，2014 年，第72-73 页。

三北轮船公司汉口分公司

土航运企业，1895 年成立的仁记轮船公司，先后开辟汉口—长沙、汉口—武穴、汉口—沙市、汉口—宜昌的航线；1913 年，汉口有小轮公司 11 家，船舶 37 艘，开发航线 17 条。[1]

湖北武汉本土企业多为小火轮，其航运范围多以省内航运为主，对此，民国初年编纂的《夏口县志》和《汉口小志》均有记载。《夏口县志》云："汉口近日之小火轮航运业。

汉口为通商巨埠，向来各路船只麇集河干者奚数千百种，为数奚下数千万，姑不备述。惟自轮舟发达以还，商民乐其便利，知业此者必易致富，遂各争先斗捷，创立公司，租赁小火轮，通行各小口岸，大有蒸蒸日上之势。约略言之，则有所谓厚记、仁记、利济、永清、道生、两湖、全鄂诸公司。其舟或经渡省垣、或行府河、襄河及附近湖港。东至黄州，西至仙桃镇，南至咸宁，北至德安与黄陂，亦有能至湖南常德者。惟其魄力不厚，停驶无恒，故直等诸（桧）〔邰〕以下，概从略焉"。[2]

《汉口小志》则专述民初汉水上之汽船（小火轮）航运情形："汉水河面之宽虽不及扬子江，而河底则较江水为深，故五六百吨之汽船无论何时均得往来于襄阳附近，特其两岸富饶冠于湖北全省，产黄豆、豆饼、芝麻、油类、棉花、漆、牛皮、木耳、烟草等为多。不仅此类统由汉口搬运，亦为来自山西、陕西之多额农产品输出于汉口之惟一道路。又棉纱、棉布、砂糖、杂货由此水路输送于上流各地亦为不少。近来上下货物专以民船搬运，

---

① 武汉地方志编纂委员会主编：《武汉市志·交通邮电志》，武汉大学出版社，1998 年，第 197-198 页。

② 武汉地方志办公室、武汉图书馆编：《民国夏口县志校注》（上册），武汉出版社，2010 年，第 196 页。

其民船往来日数，虽因水浇之缓急与风位之如何而不同，然普通航行上水一日五六十里至百四五十里，下水则二三百里。由汉口至老河口须费十四日至二十四五日。故该航路早见有可设立汽船公司之理。往时从事该航路者，为泰安及春和二公司。泰安公司为汉川商民吴心九所设立，资本三千两，以安泰、安济二小蒸汽船于汉口、仙桃镇间开业，为乘客之运送。次则汉口之商民姚冠卿等所设之春和公司，以资本二千金，与紫云、飞云之二小蒸汽船，亦从事该航路。但汉口及仙桃镇间，冬季减水之期，以蔡甸上流多沙洲之故，每年由十一月至翌年三月，蔡甸以上不能航行。现时行驶者，惟万安巷之义和公司"。[1]

民国以后，以汉口为中心的内河小轮运输迅速发展，1914—1926 年间有116 家，营运小轮 195 艘，开辟航线 50 余条；1926—1938 年继续发展，1938 年统计，有轮船公司 196 家，轮船 254 艘，较大的轮船公司有两湖轮船局、仓汉轮船局、复兴轮船局等。[2]

在清末民初长江航运的竞争格局中，虽然招商局有政府的大力扶持，但在拥有雄厚资本并有国家支持（尤以日本为最）的列国航运公司面前，呈现出他强我弱、不敌竞争的态势。"上江航路千余里，下江航路二千余里，皆以汉为起点。吾招商公司下江商轮不过五千八百五十九吨，上江商轮不过一千二百二十九吨。而合英四公司之商轮吨数，俱掩有吾之三倍。德日最后起，而下江商轮，德已有三千四百五十三吨，日已有四千三百八十七吨，上江商轮，德已有千吨，日已有二千三百三十七吨。闻利共逐，如蚁慕膻，商船增加，日未有艾，近日本大东汽船公司又拟以小轮南达洞庭。是为扬子江航路竞争之中心点。"[3]

近代轮运业的发展，外国轮运企业的大批涌入，有力地冲击了传统的木船运输业，"行客货商均以附轮为便，江船及陆路小车无人价雇，此辈悉成游

---

① 徐焕斗著，张博锋、尉侯凯点校：《汉口小志》，武汉出版社，2019 年，第 151 页。
② 武汉地方志编纂委员会主编：《武汉市志·交通邮电志》，武汉大学出版社，1998 年，第 200—202 页。
③《湖北学生界》第一期，1903 年 1 月。

手。"[1]许多从事木船运输业的老板因此而破产，"扬子江（一条内河）上不断增长的国内贸易也正在吸引着越来越多的外国轮船……过去中国的船业资本家现在变成了乞丐，而他们所雇的船夫，则痛恨他们的政府允许外国人参与国内贸易和外国人夺取他们的生计"。[2]木帆船运输锐减，失业者增多，带来百业凋敝、民生维艰的连锁效应。

> 即以湖北一省而论，臣道光年间随往湘南，曾经路过。自汉口以达襄樊，由长江而达瓜镇，数千余里，市廛栉比，樯帆络绎，允称繁庶之区。及臣奉命抚鄂，重到此邦，顿讶其民物萧条，迥非昔比。……绅耆佥称：受困之由，实因轮船畅行，民间衣食之途尽为攘夺，江河船只，顿减十之六七，失业之人，不可胜计，而襄樊一带，行店关闭，车户歇业，瘠苦情况，尤不堪寓目。[3]

这里，某些官僚把近代湖北城乡衰败一股脑地归结于近代轮运技术输入和西方航运公司进入，显然有以偏概全之嫌，但近代蒸汽船对传统木帆船显示出的巨大优势，近代机器运输对传统人工运输的冲击带来的传统运输行业的没落则是不争的事实和历史趋势。

除长江内河航运外，外国公司还开辟了以汉口为起点和终点的国际航线。1869 年，英国贺尔特公司的两艘轮船首抵汉口运茶回伦敦，开汉口直达海外航运之先河。1881 年，到达汉口的远洋轮船有 30 艘 48670 吨位。《海关十年报告（1882—1891）》，记载了 19 世纪 80 年代汉口港茶叶国际航运情况，当时主要有两条航线，一是汉口—英国伦敦航线，一是汉口至俄国敖德萨航线。[4]

① 《卞制军奏议》第 11 卷，见皮明庥、冯天瑜等编：《武汉近代（辛亥革命前）经济史料》，武汉地方志编纂办公室印行，1981 年，第 39 页。

② R. Hart：These from the Land of Sinim, London 1903。见皮明庥、冯天瑜等编：《武汉近代（辛亥革命前）经济史料》，武汉地方志编纂办公室印行，1981 年，第 40 页。

③ 奎斌：《杭阿坦都统奏议》第 7 卷。见皮明庥、冯天瑜等编：《武汉近代（辛亥革命前）经济史料》，武汉地方志编纂办公室印行，1981 年，第 39 页。

④ ［英］穆和德等著，李策译：《近代武汉经济与社会——海关十年报告——汉口江汉关（1882—1931）》，香港天马图书有限公司，1993 年，第 3-4 页。

1900 年汉口码头繁忙的茶叶运输

《海关十年报告》只是简要记载了汉口茶叶海运情况，其实汉口近代国际航运无论是运输航线还是装载货物远非止此。由于汉口内陆开埠港的性质，特别是长江河道每年只能在 4—11 月丰水期才能航行大型海轮，"该埠距海 600 英里，差不多半年时间里，大型船舶可以深入，不过，大型商船和战舰真正能停靠汉口港做起来还有不少困难"。[①] 因此汉口的国际运输以货运为主，为不定期航班。如美最时洋行开办的海运业务，"每年春夏之交涨水期开始直接放船来汉装卸货物，至冬季枯水时期停止。每年约有七八只船来汉，多寡视江水的深浅而定"。"开往的港口有埃及的塞得港（Port Said）、意大利的热那亚（Genova）、法国的马赛、勒哈佛（Marseille、LeHavre）、比利时的安特卫晋（Antwerpen）、荷兰的鹿特丹（Rotterdam）和德国的汉堡、不来梅（Hamburg、Bremen）等。"当年经营海外运输业务的洋行当然不止美最时洋行，据早年洋行华籍人员回忆："当时各洋行代理外洋轮船业务的有 10 余家，竞争甚烈。"[②] 如德商礼和洋行就代理汉堡轮船公司由上海至欧洲之转口船运，以及由汉口至欧洲之直接航运，其中间接船每年约 15 艘、直接船约 10 艘。

---

① ［英］穆和德等著，李策译：《近代武汉经济与社会——海关十年报告——汉口江汉关（1882—1931）》，香港天马图书有限公司，1993 年，第 30 页。

② 金宝善：《汉口美最时洋行》，见政协武汉市委员会文史学习委员会编：《武汉文史资料文库》第五卷《租界洋行》，武汉出版社，1999 年，第 228 页。

20 世纪初，日本轮运公司开辟了汉口至日本一些城市的航线。1905 年 5 月，日本大阪商船会社"开通了汉口至神户、大阪的航线，江海联运使汉口输出货物到日本、日本输入货物到汉口，都降低了运输成本"。[①] 1906 年 3 月，日本邮船会社又开辟了汉口至神户、横滨之间的航线，"投入运营的航海运输的是'伏木丸'（1140 吨）、'新潟丸'（1354 吨）这两艘火轮。因为达到了预期的效益，进而又开通了汉口至横滨的航线"。[②]

20 世纪 30 年代，汉口的远洋运输除了多国化趋势进一步增强外，本国轮运企业参与远洋运输亦呈增长态势。"在海洋运输方面可以看出英国吨位下降幅度较大，1931 年法国没有一艘船只入港。这十年里挂德国旗的船只由于对德贸易的上升而持续增加，值得高兴的是，中国船只在汉口远洋贸易中的比重从 0.88 上升到 8.05。当我们把目光转向依照通共章程进出汉口船只的总数时不能不感到遗憾，挂本国旗的船只有所减少，主要原因是军事当局对中国江轮经常性的征用，上述表格没有显示出来的国别，如丹麦、荷兰、芬兰、葡萄牙、苏俄、瑞典等国国旗这十年里在本埠也出现过。"[③]

总体来看，近代汉口直航国外，其航线和开往——到达港口包括汉口至欧洲各国、汉口至北非埃及、汉口至美国、汉口至日本、汉口至澳洲等国家和地区，几乎遍及全球五大洲。抗战前夕，在汉经营轮船航运业的外埠公司有 50 多家，经营船舶达 80 多艘，湖北省属的轮船公司多达 236 家，各种船舶 321 艘，形成了以汉口为中心通达国内外的 68 条航线。

现代交通的注入和国内外航线的广泛开辟，使汉口成为一个繁忙的国际性商业港口城市。据江汉关统计，1882—1991 年"十年里每年进入汉口港的船只 23500 艘，总吨位达 100000 吨，运送旅客 165000 人"；"1890 年进出汉口港的轮船和货船总吨位是 1226980 吨，比 1889 年增加 146009 吨，1891 年又增加了 48690 吨"。20 世纪初的 1912—1921 年十年间，进出汉口的各国轮船达 169229 艘次，总吨位达 63430999 吨，平均每年的总吨位较之 19 世纪末增加了

---

① ［日］水野幸吉著，武德庆译：《中国中部事情：汉口》，武汉出版社，2014 年，第 83-84 页。

② 同①，第 84 页。

③ ［英］穆和德等著，李策译：《近代武汉经济与社会——海关十年报告——汉口江汉关（1882—1931）》，香港天马图书有限公司，1993 年，第 152 页。

6倍。[①]20 世纪二三十年代保持平稳增长,《海关十年报告(1922—1931)》记载:"这十年里进出本埠的船数量和吨位基本保持稳定。1922 年在江汉关注册的船只有12802 艘,总吨位 7408838 吨,1931 年分别为 11176 艘和 7448362吨。1928 年是创纪录的一年,出入港口的船只有 14260 艘,总吨位 8869999吨"。[②]

与国内外航线广泛开辟相伴随的是一大批码头、仓库、堆栈的兴建。汉口开埠后,一些外国洋行纷纷修筑专用码头。1863 年英商修建宝顺栈五码头,1871 年俄商修建顺丰茶砖栈码头,1873 年英商太古公司在汉口沿江所谓上太古(江汉关以上至今龙王庙之间)、中太古(江汉关以下至今南京路至天津路之间)、下太古(今黄埔路以下)三个地段共筑有7座专用码头。同年,招商局汉口分局在洪益巷口开设了轮船码头,是为中国人自己修建的第一座洋码头,不久又增修 2 座。1892—1901 年的《海关十年报告》:"截止过去三年里……一些大的货栈也已落

建设中的太古仓库

成,一座远洋轮船能停靠的码头正在拟议中。两处大型油轮基地也在汉口稍下一点,一个属于壳牌运输贸易公司,另一个属于荷兰皇家石油公司。"[③]清末,汉口沿江一带的深水港区所修码头基本上属外国公司所有,其中江汉关至合作路江岸是怡和、太古、鸿安、麦边等英商码头;原俄租界德街上段(合作路至黄兴路江边),是日商大阪公司和俄商新泰公司的货栈码头,原法租界一德街

---

① [英]穆和德等著,李策译:《近代武汉经济与社会——海关十年报告——汉口江汉关(1882—1931)》,香港天马图书有限公司,1993 年,,第 22、113 页。

② 同①,第 151 页。

③ 同①,第 32 页。

太古码头及趸船

正在建设中的太古码头

汉口的仓库

下段（黄兴路至一元路江边），是日本邮船公司和法国东方轮船公司的码头；德租界（一元路至六合路江边）是德商美最时、瑞记洋行的码头。

至 20 世纪 30 年代末期，汉口港口码头布局形成了一个三分天下的格局：硚口至龙王庙汉江沿岸，为小轮船码头和木船码头；龙王庙至江汉关沿岸，为中国轮船公司兴建的干线码头；江汉关以下江岸为外国轮船公司开辟的码头，其中丹水池一带为油运专用码头。在长达 12 千米的汉水、长江沿岸先后修建了 144 座轮船码头，各码头配备有趸船 44 艘，跳船 43 艘，一大批外贸

平和打包厂

仓库、堆栈也伴随兴建。据统计，至抗战前夕，汉口一带的中外库场堆栈总计达到 146 座，其总容量约 20 万吨[①]。

码头、货栈的修筑，对汉口城市功能的提升所起的作用是显而易见的。1892—1901 年的《海关十年报告》说："截至过去两三年里，外国居民还只有 290000 平方码的土地，而现在外国人实际借用或正在租借中的土地面积差不多有 1428489 平方码。现代化的改造也逐步展开：电报已经开始运营，不久电灯也会得到广泛使用。除日本租界外，外国人占据的河岸长 1000 多码。京汉铁路车站附近长达 1235 码的堤防工程已经竣工，一些大的货栈也已落成，一座远洋轮船能停靠的码头正在拟议中。……由此我们可以看出在近几年汉口是在以多么巨大的步伐向前迈进。这里不再是一般的通商口岸，它已发展成为帝国极为重要的商业都会"。[②]

如果说，19 世纪晚期，轮船交通打破了武汉的封闭状态，使武汉通过长江

---

① 皮明麻主编：《武汉史稿》，中国文史出版社，1990 年，第 561 页。

② ［英］穆和德等著，李策译：《近代武汉经济与社会——海关十年报告——汉口江汉关（1882—1931）》，香港天马图书有限公司，1993 年，第 32 页。

20 世纪初法国比利时工程师在汉口

走向世界，那么，20 世纪初，随着京汉铁路的修建并开通，铁路与航运立体交通格局的形成，武汉成为内地商业势圈更广阔、对外联系更迅速更便捷的国际性商业大都会。翻开 20 世纪初江汉关的海关报告，我们从书中字里行间流露出来的兴奋之情可以充分感受到铁路对于武汉崛起为国际性城市是何等的重要："对汉口港，乃至全国来说，一个极为重要的事件是 1896 年 10 月 20 日大清皇帝敕谕兴修北京至汉口的铁路。1898 年 9 月 11 日，皇帝敕令直隶总督和湖广总督向外国筹款筑路。""北京已由天津、山海关铁路与跨西伯利亚大动脉连接起来；拟议中的汉口至广州铁路（已为美国董事会，即美国华美合兴公司所控制）将以汉口为终点。人们不难看出这些把帝国心脏与欧洲连接起来的铁路网，将会迅速而广泛地启动清帝国贸易的发展。政府准备在汉口下游江边兴建大型船坞和货栈，以便使大型海轮可以停靠。这两条铁路贯通沿线各省矿产和农业资源丰富的地区，构思宏伟，随着岁月的流逝，它们对中国的发展及其国际交往所发挥的作用，人们将会有更明确的认识。""展望前景令人鼓舞，随着铁路与航运联网，汉口与世界的联系将会日益密切，它的商业地位也会随之得到加强。"①

三、现代市场体系初步建立，汉口"由国内贸易市场一跃而为国际贸易商埠"。

1861 年汉口开埠后，武汉迅速卷入世界市场体系之中。一方面，外国洋行直接进入武汉市场，在武汉与国际（主要是欧美）市场之间架起一座畅通的桥

① ［英］穆和德等著，李策译：《近代武汉经济与社会——海关十年报告——汉口江汉关（1882—1931）》，香港天马图书有限公司，1993 年，第 48、49、32 页。

梁；另一方面，本地商人和商业行帮，积极调整经营策略和经营品种，较快完成了从传统市场体系（区域市场体系）到现代市场体系（国际市场体系）的过渡和转变。

其一，市场商品结构发生重大变化，由经营米、布、盐、木材等农副土特商品向以洋纱、洋布、茶叶为主的外贸商品转变。

洋纱、洋布是外国商品输入的大宗。"近时汉口输入棉丝额益增加，其销路亦愈张，而内地织布业，亦稍发达"。[①] 洋纱、洋布输入后，汉口周边地区农民发现其价廉物美，纷纷以洋丝织布和使用进口棉布。"〔汉口〕据云用棉纱织布，较中国棉花大为便宜，故销行甚开，印度纱之销路更广者，以其价廉于英国也。"[②] "〔一八七一年〕中国农民开始发现这种外国棉布比他自己的（土布）便宜得多。在某种程度内，（洋布低廉的价格）抵补了（洋布）不耐用的〔缺点〕。贸易的普遍恢复和扩张，（洋布）价格的低廉，和（中国）国内情况的改善，使得中国农民能够购买这些货物（洋布），其结果，就是贸易的增加。"[③] 19 世纪 90 年代，棉纱进口总体呈持续增长态势，"1892 年只有 80000 担，1899 年增加到 284000 担；1900 年这项产品有所下降，为 226000 担；1901 年再次回升，达到 250000 担"。[④] 1892—1901 年的《海关十年报告》称："洋货的需求量仍然有增无减。木、棉日用品越来越受到人们的喜爱，但这项买卖基本上把持在中国公司手里，尽管去年曾有一家比利时公司直接从欧洲进口商品——主要是绸缎——取得过满意的效果。"[⑤]

煤油等石油制品的输入也呈不断递增趋势。"本年煤油贸易又进了一步，

---

① 《汉口织布》，译东十月通商汇纂，《东西商报》，1900 年。见皮明庥、冯天瑜等编：《武汉近代（辛亥革命前）经济史料》，武汉市地方志编纂委员会办公室内部印行，1981 年，第 239 页。

② 《关册》中文，1890 年，下卷，第 55 页。见皮明庥、冯天瑜等编：《武汉近代（辛亥革命前）经济史料》，武汉市地方志编纂委员会办公室内部印行，1981 年，第 241 页。

③ Commercial Reports，1871 年，汉口，第 34 页。见皮明庥、冯天瑜等编：《武汉近代（辛亥革命前）经济史料》，武汉市地方志编纂委员会办公室内部印行，1981 年，第 241 页。

④ ［英］穆和德等著，李策译：《近代武汉经济与社会——海关十年报告——汉口江汉关（1882—1931）》，香港天马图书有限公司，1993 年，第 37 页。

⑤ 同④，第 36—37 页。

进口达 149320 加仑，而 1878 年仅 76370 加仑，1877 年仅 27976 加仑。煤油在本港几乎广泛地被采用了"。[1] 1882—1891 年的《海关十年报告》说："汉口进口一个令人瞩目的特点是煤油和外国棉纱进口明显增长，外国鸦片的输入显著减少。这十年煤油贸易共增长了 12 倍；首尾两年的贸易额分别为 483994 加仑和 5754028 加仑。"[2] 19 世纪 90 年代，"煤油贸易发展的速度最为惊人，成为进口商品中最为引人注目的项目，这表明中国人迫切希望使用这种既现实又廉价的外国货。据上一份报告记载，煤油每年最大进口量为 5000000 加仑，通过跳跃式上升，1901 年达到了 16767895 加仑，价值约 2107713 汉口海关两"。[3] 1902—1911 年间，"美国煤油从 14190000 加仑上升到 20950000 加仑。煤油已远足到其他外国商品鲜为人知的角落。随着需求量的不断上升，它的地位越来越稳固"。[4] 20 世纪的第一个 10 年（1902—1911），"煤油已深入到中国的穷乡僻壤，价值从 3970000 两提高到 9000000 两。随着国外逐渐以煤油替代粗制发光物，煤油的地位无疑会越来越巩固"。[5] 煤油这种稳定增长的态势一直保持到 20 世纪二三十年代，1922—1931 年的《海关十年报告》称："煤油的需求保持稳定，这种商品与从前使用的粗制植物油相比所体现出的优越性确保了它的地位，只有当突如其来的灾难如洪水、饥荒降临时，煤油的销售才明显下降，这种下降一般是暂时的"。[6]

钢铁、机器以及工业日用品如铁针日益广受欢迎，进口数量大增。1902—1911 年的《海关十年报告》披露了这十年间铜、铁的进口稳定增长，尤其是"铁路原材料的需求自然与铁路发展速度密切关联——1902 年为 250000 汉口海关两，1910 年为 756000 汉口海关两——1906 年达到了历史最高纪录

---

[1] Trade Reports，1879 年，汉口，第 29 页。见皮明麻、冯天瑜等编：《武汉近代（辛亥革命前）经济史料》，武汉市地方志编纂委员会办公室内部印行，1981 年，第 242 页。

[2] ［英］穆和德等著，李策译：《近代武汉经济与社会——海关十年报告——汉口江汉关（1882—1931）》，香港天马图书有限公司，1993 年，第 11 页。

[3] 同②，第 37 页。

[4] 同②，第 77 页。

[5] 同②，第 110 页。

[6] 同②，第 149 页。

4800000 汉口海关两"。^① 1895 年，汉口进口原材料价值 1302668 海关两，占同年进口总值的 6.8%。1905 年该项进口值更增至 20120508 海关两，占进口总值的 38.6%。生产工具的进口也显著递增，1895 年进口值为 584340 海关两，1905 年升至 1854455 海关两。民国初年，工业化的发展刺激了机器进口，1912—1921 年《海关十年报告》说："国外机器进口值增加从一个侧面反映了汉口工业的发展，十年初各种外国机器的进口价值 316232 两，到十年尾上升为 2500000 两"。^② 武昌起义后，汉口重建带来建筑材料市场的繁荣，"为了满足建筑业对原材料的急需，1916 年达到历史最高纪录。也正是基于建筑业的发展，电器原件、家具、窗户玻璃、五金器具也有明显增加。……机动有轨车、马车和其他运输工具，十年初只有 14933 海关两，到十年尾增加到 1158947 海关两这个可观的数字"。^③ 至 20 世纪 20 年代，城市化与城市现代化发展刺激此类商品进口进一步增长，"如汽车、卡车及其零部件的进口量仍有较大幅度的提高，1931 年为 292912 海关两，1922 年仅 50892 海关两"。"用电器材的需求在缓慢而稳定地上升，装备电力的城镇越来越多，大量用电器材为富有阶层购买走，较高级的中国旅馆和大型私人住宅已装上了加热设备。"^④ 普通工具日用品也深受百姓大众的欢迎，"针的进口数量也有大量的增加。我听说现在几乎没有人再使用土针了，英国针、美国针、德国针一齐出现在市场上"。^⑤ "洋针的进口也有所增加，而且可能还将继续增加，我们造的针比土针又便宜又灵巧。虽然 1891 年的进口数量已超过 635000000 这一可观数字，可见仍未达到极限。由此地购贩货物的内地，有许多地方还未见到洋针，这些地方也将和中国其他地方一样，土针终又要被淘汰。"^⑥

---

① [英] 穆和德等著，李策译：《近代武汉经济与社会——海关十年报告——汉口江汉关（1882—1931）》，香港天马图书有限公司，1993 年，第 77 页。

② 同①，第 109 页。

③ 同①，第 110 页。

④ 同①，第 149 页。

⑤ Commercial Reports，1886 年，汉口，第 3 页。见皮明庥、冯天瑜等编：《武汉近代（辛亥革命前）经济史料》，武汉市地方志编纂委员会办公室内部印行，1981 年，第 242 页。

⑥ Trade Reports，1891 年，汉口，第 29 页。见皮明庥、冯天瑜等编：《武汉近代（辛亥革命前）经济史料》，武汉市地方志编纂委员会办公室内部印行，1981 年，第 242 页。

海产品开始大量进口。"日本物产之输汉口，亦属不少，除薄铁板、铜、漆器、药水等外，以海产物为多。即如昆布一类，最属繁盛；次之则为海参、干乌贼、海扇、椎苹、鱼肚、鳝鳍、干虾等类。其输运多先集聚于上海，乃由上海转以轮船而运入口后，由本港向四川、陕西、湖南三道以分运各省省城。"①进口商品当然不仅仅限于上述几类，《汉口小志·商业志》称："输入品之主要者：棉布、棉丝、棉花（日本品）、织布、铜、海产物……石油、砂糖、纸、烟草、人参及其余药材、樟脑、洋伞、磁器、玻璃器、杂货等"。②

总之，随着武汉市场的国际化程度的加深，尤其是工业化运动的启动和城市化、城市早期现代化的全面展开，进口商品的种类不断增加，据民国初年编纂的《夏口县志》统计，"汉口输入货品—外国之部"包括各类洋布、呢绒、钢铁制品、煤炭煤油、各类机械、白糖车糖、海味、生活日用杂货等共计94种。1882—1891年，汉口外国商品进口净值115664750汉口海关两；1892—1901年，外国商品进口净值161250596汉口海关两；1902—1911年十年中，进口贸易从1902年的59100000两增加到1910年的69120000两；1912—1921年十年中，进口贸易从1912年的72000000两增加到1921年的114000000两；其中国外进口从十年初的49700000两增加到十年尾的78000000两。

输出商品方面，《汉口小志》列表统计的大宗出口货物计有104种。③《夏口县志》将其分为三类：一曰"由汉口直接输出未经转口者"，包括棉花及其制成品、各类杂粮、牛羊皮、各类药材、桐油及各种植物油、矿砂及煤铁、茶叶等共计63种；二曰"外国输入品转口再输出者"，包括各类洋布呢绒制品、钢铁铜铅等金属制品、机器五金、煤油、染料颜料、洋参药物等、海参海带等海产品、生活日用杂货等共计58种；三曰由"内国输入品转口再输出者"，包括棉织品、矿产品、皮革及制成品、书籍纸张、茶叶及其制成品、其他日用杂货等共计36种。"汉口向为土产集散之地，未开埠前即已如此。因武汉处江汉平原中心，物产丰饶，而交通水陆两便，生产者易于集中。故开埠以后，

---

① 徐焕斗著，张博锋、尉侯凯点校：《汉口小志·商业志》，武汉出版社，2019年，第115页。

② 同①，第105页。

③ 同①，第123页。

外人视此为纯粹生产原料、价格极为便宜之地。土产品最著者，以茶叶为第一，行销俄国及其他各国。次为棉花、桐油、苎麻、猪鬃、药材、牛皮、杂粮、丝类、烟草、生漆、家禽、家畜、鸡蛋等项。工业原料，土产消费，均为输出大宗。"① 水野幸吉通过对清末汉口市场的贸易状况的深入调查，认为其"输出品主要是农作物"，位居前列的是茶、大豆类、棉花、桐油等四类。"在汉口的农作物的输出品中，上据首位的大宗生意是茶叶"，"桐油为汉口输出之大宗"。②

销往欧洲的汉口茶

当然，汉口市场输出商品的种类和数量并不是一成不变的，自开埠至 20 世纪 30 年代，汉口市场商品输出由于受制于国际市场需求变化和农作物收成状况等不断变化。这方面，《海关十年报告》提供了不少有价值的历史信息。

在 1882—1891 年这十年中，

光绪初年汉口阜昌路口的茶叶收购

---

① 扬铎：《武汉建国前经济略谈》，见政协武汉市委员会文史学习委员会编：《武汉文史资料文库》第三卷《工商经济》，武汉出版社，1999 年，第 11 页。

② ［日］水野幸吉著，武德庆译：《中国中部事情：汉口》，武汉出版社，2014 年，第 132 页。

输出土特产大宗是茶叶、皮革、大黄、烟草、大麻、丝绸、黄豆、稻米、木材、煤炭、清漆等。如皮革，"自1881年以来，皮革贸易一直保持着上升的势头。……这些皮革主要销纳国是英国、德国和美国。1884年和1885年出口额增长幅度较大。1885年达到七万担"。如烟草和烟草制品，"在这十年里也有较大幅度地提高——但烟叶不如烟叶制品。后者的出口1891年比1882年增加了大约26000担。大量烟草出口英国"。如丝绸，"丝绸出口这几年增长幅度也较大。1891年汉口出口丝绸达到了一个可观的数字2500000汉口海关两，与1886年相比增长是惊人的，这一年丝绸出口值为350000汉口海关两"。如煤炭，"1890年煤炭出口量为39796吨，达到了历史最高水平。1891年下降到36119吨，这一数字与1882年相比还是增长了大约15%"。①

1892—1901年出口商品的大宗相较上一个十年有所变化，茶叶、皮革、大麻、丝绸、稻米、煤炭等仍是主要出口商品，另外增加了石膏、猪鬃及其他毛皮、桐油、芝麻及芝麻油等大宗商品。如石膏，"它们产于湖北安陆府应城城关北部和西部山区。年产量8000担，这些盐井出产的食盐有苦涩味，带有石膏的特征，因而，也称之为石膏盐"。"石膏出口也呈上升趋势，从1892年的144500担提高到337100担。"如桐油、芝麻及芝麻油，"销往国外市场的大麻、麝香、丝绸数量也很大……芝麻从1892年的45200担提高到1901年的453000担。"②

1902—1911年十年间，"茶和芝麻是本埠最重要的出口产品，棉花也值得特别注意"。关于茶叶，我们下面将要着重论述。除茶叶外，《海关十年报告》指出："芝麻贸易持续上升构成了这十年贸易的一个重要特征；从而使主要交易活动从春季转换到秋季，芝麻一度使汉口设施超负荷运转，在此过程中它充分显示了自己的活力以及适应环境的能力，并成为河南和汉口腹地致富的源泉"。海关报告指出由于芝麻出口的持续增长，"从产值上看，芝麻在汉口港的繁荣中所起的作用已远远把茶叶甩到后面"，除茶叶和芝麻外，这十年里保持大宗出口商品地位，还有棉花、皮革、猪鬃、桐油、丝绸、稻米、小麦及面粉等。③

① ［英］穆和德等著，李策译：《近代武汉经济与社会——海关十年报告——汉口江汉关（1882—1931）》，香港天马图书有限公司，1993年，第6—8页。
② 同①，第41—42页。
③ 同①，第81—86页。

　　1912—1921 年是辛亥革命后的第一个十年，这十年里进口贸易较为繁盛，但出口贸易下降明显，传统出口商品如棉花、大豆、桐油、芝麻、牛皮、茶叶的贸易量等不是明显下降，就是波动反复。对此，《海关十年报告》有所披露："出口是我们这十年统计里唯一呈下降趋势的项目，1912 年的出口值为13300000 海关两。出口的滑坡始于 1916 年，当时整个世界都严重感到吨位不足；由于国外对中国主要原料需求量增加，1919 年有所复苏；第二年这种趋势就终止了，这一年出口值为 8840000 海关两，是十年里最低的年份。大豆 1912年出现于我们的主要出口栏目里，1913 年为 1500000 海关两，1917 年减少到只有10605 海关两，后来逐渐回升，1921 年接近 1000000 海关两。铣铁和铁矿十年初出口为 653836 海关两，1918 年达到最高值 7800000 海关两，1921 年跌落到只有2430000 海关两。棉花的波动也很大，高峰期是 1918 年和 1919年，这两年分别是 1820000 海关两和 1500000 海关两，这一贸易与棉花的丰歉休戚相关。专家们一致认为，随着国内纺织工业的发展，棉花用量的增加，棉花出口会越来越少。桐油出口在746925 海关两到 1050000 海关两之间波动，相对来说比较稳定。苎麻外销呈上升趋势。蛋白质和蛋黄销售因世界大战的打击处境

汉口港的棉花转运

艰难，出口值从 1912 年的 2530000 海关两猛跌到 1918 年的 6865 海关两，此后略有回升，1921 年达到 1300000 海关两。芝麻、牛皮、植物蛋白和许多其他商品也因国外市场萧条外销受阻。1916—1918 年间一些产品跌入低谷，还有一些从出口领域消失，只是到十年尾才有部分产品启动回升。清漆 1913 年进入出口领域，1915—1918 年间从出口表中消失，1921 年达到 70124 海关两"。[1]

---

① [英] 穆和德等著，李策译：《近代武汉经济与社会——海关十年报告——汉口江汉关（1882—1931）》，香港天马图书有限公司，1993 年，第 110—111 页。

市场商品贸易结构的变化，是武汉现代市场体系建构和市场国际化的一个重要表征，它直接影响商人的经营行为方式的转变，吸引和引导他们开展获利大的洋货进口和土货出口贸易业务，汉口传统的商业组织——行帮就是在这种形势下出现分化和重组的。

其二，八大商业行帮结构重组，城市商业组织的经营行为以国际市场为导向，直接参与国际商业竞争。

开埠以后，八大商业行帮的名称虽然保存下来，但旧瓶却装上了新酒，经营商品的种类和范围已与往昔大相径庭。"至营业行分，有所谓三百六十之区别。言其大者，向称盐、茶、药材、粮食、棉花、油、广福杂货、纸为八大行。近年，以牛皮商业日盛，故牛皮业与纸业并列为八大行之一。每行多者数百家，少亦数十家。然原领部帖之老行，不逮此数。如盐行凡十余家，年贸易额约四五百万两。茶行凡十余家，年贸易额约千十八〔百〕万两。药材行凡二十余家，年贸易额约三百万两。粮食行凡四十家，年贸易额约三千六七百万两。棉花行凡十家，年贸易额约八百万两。油行凡十余家，年贸易额约二千三四百万两。广福杂货行凡二十余家，年贸易额约六七百万两。牛皮行及纸行共十余家，年贸易额约五六百万两。此各业行分之大概也。"[①]

19世纪90年代汉口兴起了所谓"洋货行"，"如洋纱业，兴起于19世纪90年代，在此之前汉口尚无棉纱这个行业。该行业开始只是一些贩卖洋纱的摊户，且兼营带子、栏杆、花边等小百货。随着汉口洋纱的销路日广，这些摊户营业趋旺，获利颇丰。为扩大业务，他们纷纷改为专营棉纱的商号，洋纱业就这样出现了。到辛亥革命前，汉口洋纱号发展到20余家，其他如洋布、五金等新兴的洋货行大都是这样渐次成'行'的"[②]。又如，皮行在开埠前本来是没有的，但由于国际市场的需要，开埠后汉口皮行应运而生。1892年，汉口牛皮出口50000担，1901年竟增加到162635担。1911年，汉口牛皮号发展到19家，牛皮铺31家。当年出口值达数百万海关两，一跃跻身到八大行之列。

---

① 武汉地方志办公室、武汉图书馆编：《民国夏口县志校注》（上册），武汉出版社，2010年，第249页。

② 皮明庥主编：《近代武汉城市史》，中国社会科学出版社，1993年，第143—144、149页。

尽管洋行对外贸的许多行业进行垄断性经营，但汉口的商帮在变革经营方式和参与国际贸易方面并非无所作为，而是乘隙而入，积极开拓新的经营领域，使其商业活动与国际市场发生联系。这主要表现在两个方面：

一是旧有行帮扩大经营范围、经营洋货而获得发展。1911年，汉口50户百货店所经营的商品，洋货占到80%。据统计，清末汉口杂货行年交易额达600万—700万两之巨，成为汉口商业行帮转型成功的典型。最为突出的是，地域性商帮突破原来带有明显地域特产经营限制，适应国际市场需求而转向经营土产出口和洋货进口业务。"汉口市场之繁盛，不特为本省商人所趋集，其各省商贾无不有本店或支店设立于其间。从前省界之见未除，各自分其圈限，布为自卫之策，于是有各省之帮数及各业行分之区别。"① 各省商帮除保持各自原有经营特色外，如山西帮之金融、江西帮之银楼、徽州帮之典当、宁波帮之海味等，无不顺应市场需求，扩大经营范围，大多经营棉纱、洋布、洋广杂货等进口洋货。

二是积极介入对外贸易，与洋行一同进行市场竞争。如五金商号就经办交通和工业生产原料、器械进口业务。晋和铁号长期供应武昌造纸厂和汉阳兵工厂所需之紫铜，年交易额曾高达40万两。顺记承五金号在1906年一年，与汉阳兵工厂的交易额就达35万两。元泰、水隆等五金号，亦与京汉铁路局和兵工厂建立了长期的业务联系。《海关十年报告》显示，清末棉织日用品的进口业务主要被华商所掌控："洋货的需求量仍然是有增无减。木、棉日用品越来越受到人们的喜爱，但这项买卖基本上把持在中国公司手里，尽管去年曾有一家比利时公司直接从欧洲进口商品——主要是绸缎——取得过满意的效果"。②

其三，一批专业性市场相继形成，市场行情受国际市场影响日益加深。

至辛亥革命前夕，汉口形成了所谓八大市场：茶叶市场、棉花市场、棉纱棉布市场、粮食市场、蛋品市场、桐油市场、水产品市场、畜产品市场。汉口自明中后期就是漕粮转运中心，开埠后的粮食市场更趋活跃，"系统研究汉口

① 武汉地方志办公室、武汉图书馆编：《民国夏口县志校注》（上册），武汉出版社，2010年，第248-249页。

② ［英］穆和德等著，李策译：《近代武汉经济与社会——海关十年报告——汉口江汉关（1882—1931）》，香港天马图书有限公司，1993年，第36—37页。

粮食贸易的日本学者曾注意到 18 世纪末汉口输往长江下游地区的大米量急剧下降，他们不能完全解释其原因。虽然此种贸易在 19 世纪二三十年代再度兴旺，但它再也未能恢复此前的繁荣。不过，所有清朝后期的地方史料都证实，大量米船从号称'谷仓'的湖南来到汉口繁荣的粮食市场。另外，当 19 世纪 50 年代后期汉口从太平军手中再次夺回之后，此种大米贸易曾有一个复苏期——这种复苏是由于需要把粮食从重新平定的长江中游地区运去供应仍在遭受战火蹂躏的长江下游地区的军民。迟至 1907 年，日本领事仍把大米排成汉口贸易的第二位商品（估计每年的贸易额价值达 1800 万两），并报告说汉口码头每天都有 100 至 300 艘湖南米船在卸载"。①

　　除传统农副土特专业市场外，汉口商场在开埠后最重要的表现是工业日用品市场的出现与日趋活跃。"武汉传统日用工业品市场，为沿海工业城市（主要是上海）商品运销内地的转口码头。"民国时期，武汉的日用小百货市场集中在黄陂街帝主宫一带，"货源来自市内小型工厂、手工作坊及行商坐贾，有的往上海采购。经营纽扣、包头、发网、衣针、要货、头绳、鸭蛋粉等小百货商品，批售给汉水、湘江沿岸和铁路沿线乡镇码头及货郎担，价格比较低廉，批量大小随意，经营方式灵活，一般专精一行，为沟通城乡的重要渠道。武汉沦陷后，这个小百货市场被日军破坏，转至汉正街三镇茶楼下，称三镇市场。这类日用品专业性市场，按照商品来源和商品类别，一般都是同业集中经营，以方便购销为特点"。② 不仅批发性专业市场集中于所谓新八大行，零售和批零兼营的商户也大多集中于这些行业，开埠早期，日用杂货店经营商品为纯粹外国货，据说主要为广东商人开设，"饼干、糖果、杀虫药片、炼乳、桌椅和吊灯、玻璃器皿、外国铁刀和陶器以及其他类似的东西，统统归到'未列名的杂货'内，因其总额小，不值得细分项目。但是这些货物都有一定销售额。最适合中国市场的饼干，是一些小而甜的饼干。在汉口，亦如在大多数通商口岸一样，买卖这类货物的商店，主要是广东人开设的。但除通商口岸外，绝看不

---

① [美] 罗威廉著，江溶、鲁西奇译：《汉口：一个中国城市的商业与社会（1796—1889）》，中国人民大学出版社，2016 年，第 67 页。

② 武汉市地方志编纂委员会编：《武汉市志·商业志》，武汉大学出版社，1989 年，第 31—32 页。

到这种商店,从而我推想这种商店的顾客主要是外国人所雇用的广东人,他们对于外国奢侈品或日用品,已经有了相当的嗜好"。①

到了晚清尤其是民国,这种状况有了很大改变:一是经营商品分类细分化;二是经营人群多元化。民国《夏口县志》根据警察局《民国七年分商户分类调查表》的统计,民初汉口营业种类171种,店铺23720家,其中:棉制工业品方面,棉花行店并洋纱店93家,包头丝线行店125家,棉花花包行店51家,棉绒织机坊46家,疋头绸缎铺188家、棉带线店82家等;粮食方面,杂粮米坊258家、杂粮行185家;茶叶方面,茶叶铺93家;蛋品方面,蛋行59家;畜产品方面,牛皮坊312家、鸭绒铺12家、猪鬃铺147家;药材方面,药铺153家、茯苓行11家、参号药房23家、药材行82家;洋货方面,洋油栈店49家、肥皂洋烛洋碱厂店49家;日用杂货方面,京苏广货铺567家、杂货堆栈18家。②

近代汉口市场的兴衰,完全受国际市场行情所左右。如畜产品市场皮革的出口,1877年,俄国与土耳其交战,国际市场上对皮革的需求量激增。这一年,汉口牛皮出口比上年猛增3倍,达创纪录的5.6万多担。1900年后,因国际市场对牛皮需求不旺,汉口牛皮出口顿跌至2万担。

最能反映汉口市场与国际市场关系的是茶叶市场。晚清汉口茶市主要以出口为导向,19世纪60—70年代,"(汉口的)主要出口货是茶,今年茶的出口比以往任何一年都多,但欧洲对这种茶的消费增加,能与供应的增加相适应,湖广两省茶的种植近来有了扩张,几乎较十年前增加了50%,只要生产者能够得到他们现在所得到的价格,茶的种植也许会继续扩张。本埠输出了适合英国市场的茶约计600000箱,每箱重951磅,较去年输出增加了100000箱"。③汉口因此成为"中国内地的一大茶叶口岸",其出口额一般占全国出口总量的60%左右,"汉口因为地处产茶最多的三省湖北、湖南及江西的中

---

① Commercial Reports,1881年,汉口,第19页。见姚贤镐编:《中国近代对外贸易史资料1840—1895》,(第二册),中华书局,1962年,第1105页。

② 武汉地方志办公室、武汉图书馆编:《民国夏口县志校注》(上册),武汉出版社,2010年,第245—248页。

③ Commercial Reports,1871年,汉口,第38页。见姚贤镐编:《中国近代对外贸易史资料1840—1895》,(第三册),中华书局,1962年,第1472页。

心，与四川、安徽、陕西、江苏等省又有水路相贯通，因此汉口成为中国最大的茶叶市场达六十年之久"。①

但是，19 世纪 80 年代以后，汉口茶市持续增长的势头受到限制。据统计，1881—1890 年，汉口茶叶的年均流转量为 958453 万担，1891—1900 年维持在 957392 担左右，1901—1910 年为 999178 担，20 年间仅增长 20 个百分点。1882—1891 年的《海关十年报告》说："从总体上看，该埠土产和茶叶贸易在稳步下降，尤其是 1886 年以后。1891 年的贸易额与 1886 年相比减少了大约 120000 担，与 1882 年相比减少了 20000 担。从记录情况看，1886 年贸易额最大，出口 900000 担，1891 年投放市场的茶叶只有很少一点没有售出"。②汉口茶叶的市场流向也在这时发生了变化，主要输往俄国，而英国则主要从印度、锡兰等国进口茶叶。"装载茶叶直航伦敦的船只在这十年里不断减少：1884、1885、1886 年 14 艘；1887 年减少到 10 艘；1888 年为 7 艘；1889 年 6 艘；1890 年、1891 年分别只有 4 艘。另一方面，运送茶叶到敖德萨的船只却在增加，1886 年只有 3 艘；1887 年 5 艘；1888、1889 年 6 艘；1890、1891 年达到 8 艘。1890、1891 年从汉口启航直达敖德萨的船只是开往伦敦的一倍。"③19 世纪的最后十年，汉口茶叶出口贸易状况持续恶化，《海关十年报告（1892—1901）》记载：

> 这十年里茶叶贸易严重萎缩……前几年大量认购中国茶的英国逐渐停止了购买。有好几艘装运茶叶直航英国的大型货轮这两年中止了运营，数量不多的茶叶从汉口运往上海，然后转运到英国。三十年前中国提供了世界茶叶消费量的 86%，现在只有 25%。廉价的印度茶和锡南茶充斥了伦敦市场，它们辛辣而浓烈的味道似乎更能赢得消费者的喜爱。……
>
> 幸运的是俄国人仍然钟爱中国茶，需求量还不断上升。1892 年俄国从中国进口茶叶二千七百万磅，1900 年达到四千三百万磅。大

---

① ［美］威廉·乌克斯：《茶叶全书》（下册），东方出版社，2011 年，第 651—653 页。

② ［英］穆和德等著，李策译：《近代武汉经济与社会——海关十年报告——汉口江汉关（1882—1931）》，香港天马图书有限公司，1993 年，第 4 页。

③ 同②，第 3—4 页。

量茶叶经汉水运到西伯利亚和蒙古。[①]

　　到 20 世纪初，由于种种原因导致茶叶对俄贸易也大大减少，19 世纪 60—70 年代收茶季节汉口江岸茶船云集的繁忙景象不复存在。"汉口获得如此重要地位的原因，还有一部分是来自俄国大多数茶商在此设有工厂，因此自从俄国失去大主顾的资格以后，汉口原来的外国茶商荟萃中心的身份，就开始失去了它的重要性。1914—1918 年的第一次世界大战，使汉口的茶叶出口事业顿时宣告停止。多数茶行也纷纷关闭。"[②]《海关十年报告（1902—1911）》则认为是日俄战争影响所致："这十年里的总值达到 84996817。（从上表）可见 1905 年前茶叶贸易一直保持着上升势头，这一年由于日俄战争，与俄贸易受到影响"。[③] 到 20 世纪第二个十年，俄国完全退出茶叶市场后，汉口茶叶出口市场更加萧条，"这十年行将结束时政府采取了一项权宜之计，免除茶叶的所有税收，这一切对改善茶叶的境况于事无补，并且由于俄国暂时退出中国市场而使形势变得更加严峻。销往中国其他口岸的茶叶也在不断下滑：以红茶为例，1912 年为 171500 担，1921 年仅为 21000 担；与此同时，绿茶和小京砖茶分别从 41000 担、415000 担减少为 640 担和 15000 担"。[④] 20 世纪 20 年代末 30 年代初，汉口茶市的衰落已呈不可挽回趋势，用《海关十年报告（1922—1931）》的话说是"已经衰落到了很不起眼的地步"。"最严重的打击是欧战期间俄国市场的关闭，而来自锡南、印度茶的竞争越来越激烈，欧洲公众日益偏爱味道浓烈的爪哇茶和印度茶。在俄国，茶叶由国家垄断，尽管近年来本地一些厂家与苏联签订了协议，但数量较小。"[⑤]

　　汉口茶叶出口下降，市场疲软原因何在？既有外部因素，也有主观原因。就外因来看，主要是日本、印度、锡兰等国家和地区出产的茶叶与中国形成竞争，如印度茶叶，质量优良，且"印英相去较近，茶价虽昂，水脚较省，故英

---

① ［英］穆和德等著，李策译：《近代武汉经济与社会——海关十年报告——汉口江汉关（1882—1931）》，香港天马图书有限公司，1993 年，第 42—43 页。
② ［美］威廉·乌克斯：《茶叶全书》（下册），东方出版社，2011 年，第 651 页。
③ 同①，第 79 页。
④ 同①，第 111 页。
⑤ 同①，第 157 页。

商多舍中而就印"。①"这样，印度和锡兰茶逐渐打破了华商对国际市场的垄断，西欧许多国家大多转向印度和锡兰购茶。如以英国为例，1866 年印度茶仅占英国茶叶消费量的 4%，1876 年上升为 17%，1886 年则更升至 41%。中国邻近的日本茶叶的发展，则很快占领了华茶在美国的市场。如邻近 1867—1868 年，中国绿茶输美量为 1400 万磅，日本为 870 万磅，中国茶占上风；1876—1877 年，中国绿茶输美量减为 950 万磅，而日本则增至 1900 万磅，占压倒优势。"就内部原因来看，既有茶叶质量的因素，更有中国政府和商人对国际市场把握不准市场机制和市场行为不规范造成竞争乏力、市场范围缩小等多重原因。对此，《海关十年报告（1902—1911）》分析得颇为透彻：

> 中国茶叶走下坡有几个方面的原因：一是在国外市场行为失当；二是中国政府沉重的课税；但主要的原因是，中国人以为他们垄断了茶叶市场，使得买主接受自己生产的产品：他们才是质量与价格的唯一仲裁者。值得注意的是，在扬子江流域产茶区未曾听见过大的茶园。农民起初种植茶叶是为了满足自家的需要，后来由于利润可观才追加种植面积，茶叶的种植和配制不讲究任何科学，只是因袭本地既有的粗放经营的陈规。竞争从来没有进入茶农的思维。当后来证明印度和锡兰更适宜茶叶种植时，大型茶园迅速涌现，它们讲究种植的科学性，配制特别精细，并做了大量的宣传。放同样量的茶，印度茶泡出来的茶汁色泽更浓，按大众口味比起含少量鞣酸的中国茶来更胜一筹。与此同时，中国茶的质量却在下降，有的甚至一文不值，以至于本地茶叶的需求也在减少。到 19 世纪末，中国只提供了世界茶叶需求量的 25%，而 70 年代是 86%，长期以来要求改善茶叶制作方式的呼声停息了。在对英贸易中茶叶从所占比例的 90% 下降到12%；在对美贸易中也占这个比例。而同期美国从日本购买的茶叶却从 18700000 磅增加到 47500000 磅，到 1907 年，本地茶叶从 1886 年的历史性纪录 676746 担退到 376954 担。这一衰落正好发生在茶叶在

---

① 《汉口商业月刊》，第 1 卷第 6 期。

国外从奢侈品向必需品转化的年代。1890年前在俱乐部里很少听说
"下午茶",即便在伦敦餐馆里也很难得。十年过后,这已成为一种
惯例,茶叶店四面破土而出,但中国从中获利甚微,甚至俄国也把需
求转向印度,中国茶叶协会成立就是旨在为中国优质茶叶大造舆论,
并努力改善它的地位;这个协会得到了中国政府的支持,并已取得了
一些成效,但还谈不上十分显著。[①]

这里牵涉许多深层次问题:传统农业社会结构下小农经营,根本谈不上产
业化、规模化和科学种植及配制:"连岁茶价,往昔售三十余两至四十两一担
者,今只售十六两、十七两至十八两,其粗货竟有售至四两、五两一担。在贩
运商人,血本全糜,多难再举;间有余力者亦思改图别贸。惟山户小民,终岁
栽植辛勤,不获一饭之饱。其故何欤? 矧茶树冬槁春荣,时届清明节候,次第
萌芽,一到谷雨节,则叶便舒矣。采茶者以愈嫩为愈贵,若多延数日,则叶片
已老,便成无用。故采摘必在谷雨节之三五日间,是以植茶之户纵家有数口,
亦不能是供采摘,必须添催工人。际此彼此同时,工人又不能贱雇。以近年之
茶干头二三春扯计,每觔单秤不及百文,然以四觔生叶始能晒得干叶一觔,除
开销摘工之外实已无余。故山户终岁勤劳,不获一饭之饱之情形也"。[②]"中
国茶实际上犹如一个笨重尚可运动的残废人。中国人知道他们能为自己的茶叶
找到市场,从而就漠视了普遍公认的等级,加之没有提高质量的科学知识,总
体标准越来越低。茶叶复苏的前提必须是政府和农民改变种植态度:前者把它
视为一个特别税收项目,后者把这种作物当作子孙继承的传家宝。中国人对剪
枝和间苗有一种传统的抵触情绪,不明白不让作物生长过密的原因,而相信在
一定的面积里,数量越多,产量越高。对茶园征收土地税后使得后一种趋势更
加抬头,严重妨碍了茶叶种植面积的扩大,导致农民寻求提高种植密度来扩大
收益。茶叶可以通过施肥来提高产量,但如果不间苗,没有用的草木不拔掉,

---

① [英]穆和德等著,李策译:《近代武汉经济与社会——海关十年报告——汉口江汉
关(1882—1931)》,香港天马图书有限公司,1993年,第78-79页。

② 《光绪十三年十一月二十三日,江汉关税务司裴式楷申呈汉口茶叶公所呈报菜市情形
节略》,见姚贤镐编:《中国近代对外贸易史资料1840—1895》,(第三册),中华书局,
1962年,第1473页。

植物就会因枝叶的间隔失去更多吸收阳光和空气的机会。另外叶片可能以最有害的方式采撷下来。农民等到植物叶片长丰满后，再去消除各个叶片，削弱了它的再生机能，也损坏了第二、第三次生长枝叶的质量。印度的种植者们通过培育灌木取代破败的植物。灌木栽种后，两年内可以产茶，五年内即可大量采摘。最初摘掉的是花蕾和两片顶叶；日子一久，从树干里滋生出许多新的嫩叶，在环境恶劣的时候，它们就留下来给树干补给养分。这样茶树就可以源源不断地提供市场所需的茶叶。而中国人必须每年栽种一次，这不仅意味着突击性的工作，较少关心，而且可能每株死亡，导致后来的退化。茶树堆在一块等着晒干，碰到阴雨天，淋湿了即使不发霉，也会失去原来的味道和色泽。种植者们的无能使茶叶失去了往日的繁荣，落到今天这步惨景。"[1]

从营销环节来看，中国商人缺乏商品包装、宣传意识和团队意识，政府对茶叶出口不仅没有有效的支持，反而征收重税。"咸同年间，申汉两处所售红绿洋茶，日销日广，售价逐高，当时所定值百抽五之例，每担完出口税银二两五钱，合之售价尚不甚为相左。今日东洋产绿茶，印度产红茶，均免出口税，则又用机器制造，成本甚廉，行销甚广，故中国之茶日形壅滞，无不互相贬价，年甚一年，近来各商罢业居多，综合出口茶叶，转之从前销数十绌其四五矣。"[2]中国茶叶面对国际市场往往是被动的，当国际市场上需求畅旺时，茶叶出口呈现繁荣景象；反之，则由于缺少积极应对措施而一蹶不振，市场机制不健全带来茶叶贸易衰落。

尽管汉口茶叶市场因种种原因由盛而衰，从而成为近代武汉乃至中国市场转型的一个不成功的范例。但是，总体而言，晚清汉口市场在较短的时间内基本上实现了适应性转型。加之后来张之洞推行"湖北新政"，鼓励"商战"和外贸出口，使汉口迅速崛起为我国内地最大的外贸大埠。1867—1894年，汉口年进出口总额由3100万海关两增至4300万海关两，1895—1910年，年进出口总额由4300万海关两增长至1.72亿海关两，增长幅度达3倍；民国初年继续保持增长态势，1920年为2.20亿海关两，1926年为4.12亿海关两，较之1920

---

[1] ［英］穆和德等著，李策译：《近代武汉经济与社会——海关十年报告——汉口江汉关（1882—1931）》，香港天马图书有限公司，1993年，第80-81页。

[2] 《商约税则议略》，《昌言报》第一册，第9-10页（光绪二十七年）。

年增长了 87.64%；在全国主要外贸大港上海、广州、天津、汉口四城市对比中，汉口的位置大多数年份靠前，1865—1885 年 20 年间，汉口在四大港中仅次于上海而稳居第二；1886—1910 年 25 年中，汉口有 8 年仍居第二，12 年居第三；1911—1930 年 20 年中，汉口有 14 年居第二，5 年居第三，其中 1911—1919 年 9 年间一直占据着仅次于上海的第二把交椅。由此算来，在 1865—1930 年 65 年，汉口居全国外贸第二大港地位长达 42 年之久。

汉口对外贸易具有间接性特征，即以埠际转口的间接贸易为主。这一特征的形成与汉口本身所处的区位以及近代中国对外开放格局有关。当时，航空未兴，铁路初建，中国对外贸易主要渠道是从长江通过上海出口，而上海则通过汉口深入中国腹地取得出口资源和中转国外工业产品，于是形成国外—上海—汉口—内地和内地—汉口—上海—国外这样一种外贸进出口格局，汉口在其中处于一种居间性、中转性地位。

> 汉口贸易年见繁盛，盖以输运便利也。此地为中国全国之中心，水路四通八达。溯长江则可以直达四川、云南、贵州，溯汉水则可以直达河南、陕西、甘肃，其湖南、江西诸省亦皆舟楫互通，山西、安徽其货物亦莫不汇集于此也，所谓九省之通衢也。中国内地商务，实以此地为要衢焉。其于外国贸易，除茶叶外，殆无他物，而输入外国品则无非由上海及各港转接而来也。至其贸易各港，以上海为主，而通于宜昌、九江、芜湖、镇江、宁波等。输出英国及疴德萨、西北利等，而以茶为大宗也。其在内地交通各部，即为湖北、湖南、河南、四川、贵州、陕西、广西等省也。日本物产之输汉口，亦属不少，除薄铁板、铜、漆器、药水等外，以海产物为多。即如昆布一类，最属繁盛；次之则为海参、干乌贼、海扇、椎茸、鱼肚、鳝鳍、干虾等类。其输运多先集聚于上海，乃由上海转以轮船而这入口后，由本港向四川、陕西、湖南三道水路以分运各省城。以故货物来往甚多，不亚于上海也。输出品以茶叶为大宗，而桐油、生铜、牛皮、药种、煤炭、信石、烟草、大黄、白蜡等次之。以上各物品亦无非运自云南、四川、山西、河南、湖南等省，而

递转各地。其输入之重要品则为阿片、棉花、金币、毛布、金属及各种杂货。据一千八百九十一年新调查，其贸易额则外国输入品有一千零一万九千九百二元，内地输入品有九百二十四万九千五百八十元，输出品有二千二百九十九万八千四百四十元，合计有五千九百二十六万七千七百二十三元也。①

汉口对外贸易的间接性在海关统计数据中多有反映。如出口："下面几种产品尽管出口上海，很清楚，它们最终转运到了国外：1895 年锑矿开始外运，是年出口 1008 担；以后逐年增加，1900 年达到 73135 担；第二年减少到只有 55507 担，价值 127187 汉口海关两，1892 年猪鬃出口总量为 2035 担，1901 年上升到 5990 担，价值 232889 汉口海关两。1898 年白鹭毛开始输出，但数量很小"。关于进口："那么人们一定想知道某种商品如何在市场上站稳脚跟的。1901 年印度棉纱进口为 248900 担，几乎完全转口到了重庆，留在当地消费的只有 60400 担；同一年日本棉纱进口为 194400 担，只有 8300 担转口，本地消费了 186000 担；1901 年英国棉纱进口 3500 担完全用于本地消费。"②

从直接贸易额与间接贸易额总体比较来看，汉口外贸间接贸易特征更为明显。1867 年，汉口间接外贸额（包括经他埠转口进口的洋货、土货和经他埠转口出口的土货）达 30000 万海关两，而同年的直接外贸额（指经江汉关直接进出口的贸易）仅为 50 万海关两，两者相差 60 倍；1901 年汉口间接贸易额为 1.35 亿海关两，同年直接贸易额增为 3700 万海关两，两者差距倍数虽然缩小为 3 倍多，但差距绝对值却进一步拉大（由 30000 万两增为 1 亿两）。在 1867—1894 年 28 年中，汉口直接出口的土货值年平均为 503.7 万海关两。而同期出口年均总值是 1823 万海关两，间接出口量几乎是直接出口量的 3 倍。民国后仍然如此，1924—1933 年汉口内外贸易总额中，对国内埠际的转口贸易额为直接对外贸易额的 3.7 倍。

在近代中国第一轮对外开放的大潮中，尽管武汉开埠也晚，但城市早期现

---

① 徐焕斗著，张博锋、尉侯凯点校：《汉口小志·商业志》，武汉出版社，2019 年，第 114-115 页。
② ［英］穆和德等著，李策译：《近代武汉经济与社会——海关十年报告——汉口江汉关（1882—1931）》，香港天马图书有限公司，1993 年，第 42、40 页。

代化的航船却直挂云帆,晚发早至。"自咸丰八年立约与外人开埠通商后乃由国内贸易市场,一跃而为国际贸易商埠。"[①]"世上指汉口为九省之会者,绝非溢美可知也。其贸易之年额,除上海外,长江沿岸之诸港,无有出汉口之上者。"[②]独特的区位优势,悠久的商业传统和固有的包容开放的城市性格与特殊历史机缘一拍即合,使汉口迅速脱颖而出,超越广州、厦门、福州、天津等沿海早开放城市,成为与上海一样享有广泛国际知名度的内陆唯一的国际性城市。

20 世纪初,美国观察家以他们独特的眼光,将汉口比作"东方芝加哥",美国学者罗威廉在其研究汉口的名著《汉口:一个中国城市的商业与社会(1796—1889)》中这样写道:"美国观察家们则逼真地把汉口在国内商品市场上的地位(以及大陆上的位置)同芝加哥对联起来。"[③]

似乎为证明罗威廉此言不虚,1918 年 10 月 18 日,美国《哈泼斯杂志》发表题为《中国的芝加哥》的文章,指出"汉口在全国商品市场上所处的地位,可与芝加哥在美国的地位媲美"。自此,汉口"东方芝加哥"声誉鹊起,蜚声海外。

1905 年,日本驻汉总领事在所著《汉口》一书中写道:"与武昌、汉阳鼎立的汉水朝宗之处汉口,汉口年贸易额达 1 亿 3000 万两,凤超天津、近凌广东,今已成为清国第二要港,几欲摩上海之垒。鉴于此,机敏的观察者言:'汉口乃东方之芝加哥'"。[④]

1902—1911 年的《海关十年报告》也以十分肯定的语气写道:"汉口是人们普遍公认的中国的芝加哥"。[⑤]

"东方芝加哥",一个让人津津乐道的城市品牌,一段使人不断重温的历史旧梦!

---

① 《汉口商业月刊》,第 2 卷第 10 期。

② 徐焕斗著,张博锋、尉侯凯点校:《汉口小志·商业志》,武汉出版社,2019 年,第 104-105 页。

③ [美]罗威廉:《汉口:一个中国城市的商业与社会(1796—1889)》,武汉市档案馆藏。

④ [日]水野幸吉著,武德庆译:《中国中部事情:汉口》,武汉出版社,2014 年,第 1 页。

⑤ [英]穆和德等著,李策译:《近代武汉经济与社会——海关十年报告——汉口江汉关(1882—1931)》,香港天马图书有限公司,1993 年,第 95 页。

第四章 "湖北新政"——近代武汉异军突起

两湖总督张之洞
以"朝气方新"的姿态，在武汉推行"湖北新政"——修铁路、建工厂、重商务、办市政、兴文教、练新军。

武汉
成为中国早期工业化运动的发祥地。

武汉
成为全国新式教育的中心和两湖地区的文化中心。

武汉
成为中国内陆最大的通商口岸。

武汉
成为与上海并驾齐驱的蜚声海外的国际性城市。

1889 年 12 月 17 日（光绪十五年十一月二十五日），张之洞乘江轮抵达湖北省城武昌，次日接篆视事，开始了他长达 18 年的湖广总督辉煌生涯。当是时，朝野人士普遍看好张之洞督鄂，"现任两湖总督张之洞很可能是许多年来担任这一职务的人中的佼佼者"[①]，"富有远见、正直、精力过人的张总督大展其抱负，为两湖地区美好未来的实现打下了良好的基础"[②]。

后来的事实证明，海关人士的眼力不错，张之洞以"朝气方新"的姿态，在湖北武汉推行"湖北新政"，修铁路，办工厂，练新军，兴教育。武汉不仅在其任上开始了从传统的政治中心和商业市镇向现代化的国际性工商业城市功能的转型，而且成为中国早期工业化运动的发祥地，华中地区的政治、经济、文化中心，中国内陆最大的通商口岸，与上海并驾齐驱的蜚声海外的国际性城市——"东方芝加哥"。

---

① ［英］穆和德等著，李策译：《近代武汉经济与社会——海关十年报告：汉口江汉关（1882—1931）》，香港天马图书有限公司，1993 年，第 28 页。
② 同①，第 65 页。

张之洞新政概观

1896 年 3 月 11 日（光绪二十二年正月二十八日），张之洞完成署理两江总督回到武昌，上"回湖广任谢恩折"，其中便谈到他在湖广总督任上所行诸政："窃臣奉饬回湖广总督本任，嗣经钦奉光绪二十一年十一月十八日寄谕：湖广地方紧要，铁厂、枪炮厂甫经告成，现当开办铁路、整顿陆军之际，需用甚繁，炼钢轨、制快枪，实为当务之急。银圆铸成能否流通各省，该督回任后，均当加意举办，以立富强之本。……臣以下驷之庸材，处上游之重镇，自惭需缓，莫补时艰。……查湖广自去秋以来，北潦南旱，匪伏民穷。况值商埠新开，益觉军容之难弛。臣惟有因时抚定，竭力经营。广仁以利疲氓，明耻以求战士。凡现办之铁政、银圆、炮厂、学堂诸事，皆有关乎通商、惠工、任能、劝学之端，在议者讥其并骛之劳，而微臣常觉有后时之惧。为山复篑，何辞积累于寸铢。未雨彻桑，敢懈绸缪于闲暇。……"①

一、建工厂

张之洞在武汉建立现代化工业基地，三镇布局分工明确：在汉阳是大型的重工业和军工基地，计有汉阳铁厂、汉阳兵工厂等；在武昌城是军民用轻工业——近代纺织基地，计有纱布丝麻四局等。此外，还在三镇创办了一些规模较小的民用工业，如汉口的贫民工厂，汉阳的针钉厂、官砖厂，武昌的模范工厂、造纸厂、制革厂、毡呢厂等。

汉阳铁厂（汉冶萍公司）：汉阳铁厂是张之洞在武汉建立的第一座现代化钢铁企业。"先是公督粤时，以洋铁入口者多，土铁之行销日少，乃筹款购

---

① （清）张之洞：《回湖广任谢恩折》（光绪二十二年正月二十八日），见赵德馨主编：《张之洞全集》（三），武汉出版社，2008 年，第 374 页。

机，设厂炼铁，以期杜绝外耗，未及开办，而移督楚"。① 张之洞调任湖广总

督后，上奏请将所购机器设备运移湖北建厂，得到批准后，即于1890 年6 月3 日（光绪十六年.四月十六日）委蔡锡勇为总办，在武昌三佛阁成立湖北铁政局，着手铁厂规划、选址、建设事宜。关于选址，"初勘定塘角及金鸡垸两处，皆不合宜。嗣有议设黄石港者。公持六不便之说，最后相地汉阳大别山下，长六百丈，广百丈，公以为设厂有六便，乃开始经营"。② 汉阳铁厂由英人设计和监工，"统计炼生

汉阳铁厂

铁、炼熟铁、炼贝色麻钢、炼西门士钢、造钢轨、造铁货六大厂，机器、铸铁、打铁、造鱼片钩钉四小厂，以及烟通、火巷、运矿铁桥、铁路各工，江边码头、起矿机器房"等，③ 俨然一大型钢铁联合企业。汉阳铁厂1891 年（光绪十七年）9 月开工建设，1893 年（光绪十九年）4 月竣工，历时近三年。1894年（光绪二十年）2 月15 日汉阳铁厂开工生产，6 月30 日出铁。

汉阳铁厂建成，出铁成功，张之洞踌躇满志，意欲宏图大展："鄂厂若生铁两炉全开，每日可出生铁一百余吨。其贝色麻钢厂、西门士钢厂、熟铁厂三厂并炼，每日可出精钢、熟铁共一百余吨，每年可出精钢、熟铁三万吨。以七十八两之价核计，共值银二百四十万两；即价有涨落，或所出钢铁不足此数，亦可值银二百万两"。"盖地球东半面，亚洲之印度、南洋、东洋诸国均

① 张继煦：《张文襄公治鄂记》，湖北通志馆，1947 年，第29 页。

② 同①。

③ （清）张之洞：《炼铁全厂告成折》（光绪十九年十月二十二日），赵德馨主编：《张之洞全集》（三），武汉出版社，2008 年，第133 页。

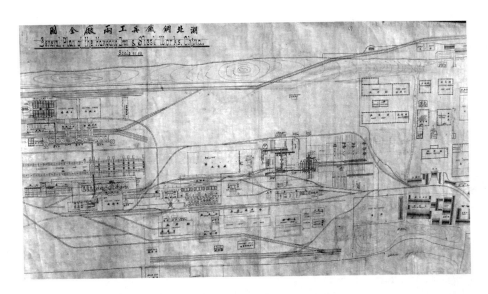

汉阳钢铁厂设计规划全图

无铁厂，止中国新创铁厂一处。今铁煤俱备，以后自当有起功"。[1] 然事与愿

违，由于规划、技术、原料、资金等诸因素，汉阳铁厂开工生产后即遭遇发展困境。"惟炼铁仅开一炉，每年仅出铁一万五千余吨，亏损甚巨。欲添开一炉，则须增银五六十万两，无从筹措，加以所聘洋员一再更易，良工难得，又马鞍山煤质含磺过重，不甚适用，而外来煤值过昂，煤铁不能相辅为用。不得已，于二十二年奏准归直隶海关道盛宣怀招商承办。"[2]

汉阳铁厂生铁炉

① （清）张之洞：《查覆煤铁枪炮各节并通盘筹画折》（光绪二十一年八月二十八日），赵德馨主编：《张之洞全集》（三），武汉出版社，2008年，第281—285页。
② 张继煦：《张文襄公治鄂记》，湖北通志馆，1947年，第30页。

张之洞

盛宣怀

1896 年 5 月 14 日（光绪二十二年四月初二日），由张之洞保荐盛宣怀督办汉阳铁厂事务，招集商股，官督商办："兹查有总办招商局、直隶津海关盛道（即盛宣怀——引者注）才猷宏达，综核精详，于中国商务、工程、制造各事宜均极熟习，经理商局多年，卓有成效。因该道从前曾有承办铁厂原议，适因请假在沪，现今电调来鄂面商，并亲往铁厂、铁山、运道等处详细查勘，议定湖北铁厂而归该道招集商股，官督商办。应即商委该道督办湖北铁厂事务。所有厂内厂外凡关涉铁厂之铁山、煤矿、运道、码头、轮驳各船以及应用委员、司事、华洋工匠人等，应如何派司职事，及应办一切事宜，机炉应否添设，款项如何筹措，均由该道一手经理，督饬商董酌量妥办，但随时择要禀报本部堂查考。务速体察情形，筹画尽善，酌议章程，截清用款，限数日内禀候本部堂核定后，即行接办"。[1]5 月 23 日（光绪二十二年四月十一日），张之洞饬铁政局造册移交铁厂所置机器、炉座、厂屋、堤沟、矿厂、煤井、运道、码头，以及现存钢铁、焦炭、煤斤及一切物料器具、轮驳各船，由盛宣怀点验接收。[2]

盛宣怀接办汉阳铁厂后，审时度势，以解决煤炭与招集商股为两大要务。1898 年（光绪二十四年），在充分查勘的基础上，盛宣怀投资百万两开设萍乡煤矿，委张赞宸为萍乡煤矿总局总办，并延聘德人赖伦为技师长。1902 年（光绪二十八年），向德商礼和洋行借款 400 万马克，另向各钱庄借贷，总投资达 6767867 余两，日出煤 1300 吨，出焦 780吨，其中土焦 170—180 吨，年产煤近 50 万吨。关于招集商股，盛宣怀在"接办汉阳铁厂"的禀文中，估计"目前需用

① （清）张之洞：《札委盛道督办汉阳铁厂》（光绪二十二年四月初二日），赵德馨主编：《张之洞全集》（五），武汉出版社，2008 年，第 457—458 页。
② 吴剑杰：《张之洞年谱长编》（上卷），上海交通大学出版社，2009 年，第478 页。

商本一百万两",称其"生平办事脚踏实地,必须俟议定章程,恭候核奏。职道一面回沪招齐商股,并赴天津与开平矿局妥议运煤章法,限三个月内来鄂接办,以期妥实"。[①] 但因铁厂经营效益不佳,盛宣怀招商集股并不顺利。万般无奈之下,他只得向日商大仓组、兴业银行和三井物产株式会社以及德商礼和洋行、华俄道胜银行等借款。借贷外资,虽然解决了一时经费短缺问题,但代价惨重,如日商兴业银行要求分三十年以大冶铁矿矿石抵还其所借 300 万两借款,并以大冶得道湾矿山为担保,无疑饮鸩止渴。1905 年盛宣怀开始着手建设新钢厂,并策划汉阳铁厂内开始建第三、第四大化铁炉。1908 年新钢厂落成。到张之洞离任的 1907 年,汉阳铁厂出铁年产量达到 62148 吨,大冶铁矿砂年产量 174612 吨,萍乡煤矿年产量 621000 吨。

　　1908 年(光绪三十四年)2 月,盛宣怀申请将汉阳铁厂、大冶铁矿、萍乡煤矿合并组建,经清廷农工商部注册,成立完全商办的汉冶萍煤铁厂矿有限公司(简称汉冶萍公司)。改制后的汉冶萍公司拟招新股 1500 万元,连同老股 500 万元,共计 2000 万元。至 1911 年(宣统三年)实收股本 1300 万元。自此,中国历史上首次出现了使用新式机械设备进行大规模生产的钢铁联合企业。当是时,中外舆论纷纷看好汉冶萍。1908 年第 177 期《广益丛报》认为"该厂日后之发达殊未可限量也。该厂与两江、两湖、四川各省承办材料颇有美名,近复将该厂重行组织,大加扩充,俾应各处纷购。该厂为扬子江煤铁公司之一部分,督办为盛杏荪宫保,共有资本二千万元,纯为华股。近复在汉口另建一厂,资本洋四十万

大冶野鸡坪矿山

---

① 〔光绪二十二年四月 X 日,盛宣怀禀:"接办汉阳铁厂"〕,见孙毓棠编:《中国近代工业史资料(第一辑 1840—1895 年)》(下册),科学出版社,1957 年,第 826 页。

元，专造川汉及粤汉路所用之材料"。①《华商联合报》不仅赞誉其为中国第一大铁厂，而且希望国人尤其是有产者放长眼光，积极参与，使之更成为"世界上之第一铁厂"——

> 汉阳铁厂为中国仿照泰西铁厂之第一大厂，光绪十六年张文襄公督两湖时所创立，至二十二年乃由盛宫保接办。所炼之铁，为大冶矿产，世所著名，每月约出五千吨。大半航市日本，近更运售于美利坚。至其所用煤炭，始则购置国外，后乃得江西萍乡煤矿，自制焦炭听用。今则除矿磨外，所有机器用多电力云。贻曰：铁之为用大矣，自轮路之巨，以至锥刀之末，盖莫不系之。昔闻人言有某氏，子方束发读书，其父撮举书中所列金铁二字问之，谓金与铁孰贵？答言金贵。其父告之曰：金之品诚胜于铁，而取用之广，则铁实胜于金。今世人皆知重黄金而不知重铁，此所以口口从利，而于机器实业多不能发起研究之，而所谓赤血黑铁之主义更无论矣。其子嘿然不复能置对。吾谓今日中国之民，大半皆某氏子也。使其能知铁之贵于黄金，则其对于汉阳铁厂，方将牺牲财产以合资兴起而扩充之，何致迟迟至今认购续招股份者，尚以黄金虚掷为虑。吾故表面出之以告当世，愿世之资本家相继奋兴，使汉阳铁厂得为世界上第一铁厂焉。②

湖北枪炮厂（湖北兵工厂、汉阳兵工厂）：汉阳兵工厂是旧中国最为著名的兵工厂之一。张之洞认为，如欲富民强国，挽回利权，须"讲求工政"，如欲强军自振，抵御外侮，则要讲求武备，于是有湖北枪炮厂之兴办。

早在张之洞督粤时，即有在广州开设枪炮厂之设想，并着手相关机器设备采办购置。1889 年（光绪十五年）张之洞调任湖广总督伊始，即于 1890 年 1 月 27 日（光绪十六年正月初七日）致电总理海军事务衙门和直隶总督李鸿章，要求将所购机器"一并移设于鄂"。③1890 年（光绪十六年）3 月，湖北

---

① 《西报评论汉阳铁厂》，《广益丛报》，1908 年第 177 期。
② 《中国第一大铁厂汉阳铁厂》，《华商联合报》，1909 年第 15 期。
③ （清）张之洞：《致海署、天津李中堂》（光绪十六年正月初七日发），赵德馨主编：《张之洞全集》（八），武汉出版社，2008 年，第 38 页。

枪炮厂在汉阳大别山北麓开始筹建，自当年8月至1892年（光绪十八年）4月，从德国订购的各种机器陆续到汉。1892年5月，湖北枪炮厂正式动工兴建，1894年7月3日（光绪二十年六月初一日），枪炮厂厂房建成，张之洞前往视察。"湖北创设枪炮厂，在汉阳炼铁厂内，共分炮厂、枪厂、炮架、炮弹、枪弹为五所。五厂皆系总监工委员候补通判冯熙光统管。枪、炮厂日夜趲工，装配机器，至本年五月间一律告成，专待炼成精钢后开机试造。其炮架、炮弹、枪弹三厂工亦得半。"①不料7月12日（光绪二十年六月初十日），枪厂突遭雷电袭击，引发火灾，大部厂房被毁（七排厂房塌毁五排），已经安装的机器被烟火熏烤受损。张之洞获悉后，除派员查明原因，严厉追责外，"督饬该监工委员将枪厂被焚处所勒限修复，以后一律用铁梁、铁柱，以期稳固，损伤机器迅速修整完好，以便早日开工制造"。②1895年5月，蔡锡勇向远在江宁署理两江总督的张之洞报告："枪厂七排全完，现配轮轴，校机器，月内可竣。已开工先造枪上零件。架、弹厂屋已完，现设机器，俱兼夜工。炮已成八生七二尊，连车，演放甚好。子母炮五尊，另新式快炮一尊，连水师架月半成"。③枪炮厂投产生产后，张之洞不满意枪、炮及枪弹生产产量，于6月2日（光绪二十一年五月初十日）致电蔡锡勇，要求另筹资金，添置设备，增加生产："枪炮厂原定机器每年出枪一万五千支，炮百尊，实数不过出三分之一耳。枪弹每日出二万五千颗，月止七千余万颗，亦太少。现拟另筹巨款，添枪、炮并弹四种机器，须每月实能出双管小口快枪三千支，每月实出无烟弹三百万颗，快炮一两磅子者每月实出五十尊，每月实出弹五万颗。可问洋匠，各种机价脚需款若干，厂工需若干，能就本厂相连地扩充否，抑在铁厂内空地另造。此事在必办，且须速办，速洵复勿迟"。④1898年（光绪二十四年），又于汉阳赫山添设炼罐子钢制无烟火药两车间，定名为钢药厂。钢药厂于1901年（光绪二十七年）冬开工制造，并附设硝磺醋精各种镪水及依脱火酒等厂，

① （清）张之洞：《汉阳枪厂被灾情形片》（光绪二十年六月），赵德馨主编：《张之洞全集》（三），武汉出版社，2008年，第187页。

② 同①。

③ 吴剑杰：《张之洞年谱长编》（上卷），上海交通大学出版社，2009年，第430页。

④ （清）张之洞：《致武昌蔡道台》（光绪二十一年五月初十日巳刻发），赵德馨主编：《张之洞全集》（八），武汉出版社，2008年，第335-336页。

汉阳兵工厂码头

汉阳枪炮厂一角

后于1917年元月归并于兵工厂，改名为汉阳火药厂。1904年（光绪三十年）9月26日，张之洞"以枪炮厂内分厂林立，厂各有名，非枪炮二字所能包括。查日本制造枪炮之厂名曰炮兵工厂，较为简要"，奏请改名湖北兵工厂。[①]1908年（光绪三十四年），湖北兵工厂改名为汉阳兵工厂。

湖北枪炮厂生产的军工产品包括马、步快枪、各种快炮、前膛钢炮、枪弹、炮弹、无烟枪炮火药、硝镪水等。据1908年7月22日（光绪三十四年六月二十四日）湖广总督陈夔龙奏报，兵、钢两厂综计开机制造以来，共造成步、马快枪11万余支，枪弹4000余万颗，各种快炮740余尊，前膛钢炮120余尊，各种开花炮弹63万余颗，前膛炮弹6万余颗，枪炮器具各种钢坯44.6万余磅，无烟枪、炮药27万余磅，硝镪水200余万磅[②]。皮明庥先生研究统计的结果与此稍有出入，如他认为各种炮弹共计98万余发，较之陈夔龙的统

① （清）张之洞：《请留膏捐余款添制军械折》（光绪三十年八月十七日），赵德馨主编：《张之洞全集》（四），武汉出版社，2008年，第207页。
② 《庸庵尚书奏议》卷九，宣统三年（1911年）铅印本，第18页。

计多了近30万颗。[①]

在上述产品中，张之洞最为重视的是七九步枪（仿德国毛瑟枪，口径7.9英寸）。本来湖北枪炮厂初始设计产品是连珠枪，1890年8月，部分机器也已从德国起运来华。张之洞在了解欧洲枪支制造最新动态后，认为"小口径枪最精，各国俱已弃旧改新。中国创枪局，似不宜用旧式枪机"。[②]"鄂设枪厂，机宜新式，钢贵自炼，二事并重。倘有机而钢不适用，口径既

汉阳兵工厂炮厂车间

小，击力将逊于毛瑟。鄙意以改小口径为便。"[③]决定将湖北枪炮厂的枪支生产由连珠枪改为新式小口径枪支。但原订机器已经从德国发货启用，造小口径枪必须另购机器，用款甚巨。为此，张之洞于1891年3月至8月（光绪十七年二月至七月）与清朝出使俄、德、奥、荷大臣许景澄频繁电联，商讨不惜巨资另购新机事宜。张之洞之所以对小口径枪如是孜孜以求，不惜废旧改新，费时费资，根本原因在于他洞悉世界军工技术发展大势，认为中国近代军事工业必须站在世界前沿，制造出最新式的武器装备，让中国军队能够手握利器，抵御外侮。因此，他不仅在湖北枪炮厂大力制造这种小口径步枪，而且希望全国其他兵工厂也能加以推广，使全国枪、弹同归一律，以期各军互用。湖北枪炮厂从1896年（光绪二十二年）开始生产此型步枪，因为这种步枪为略加改造的德国1888年七九式步枪，故定名为八八式步枪。从1896年至1944年，中国主要军工厂都生产这种步枪，中国军队也基本上使用这种步枪，是近代中国

---

① 皮明庥、邹进文著：《武汉通史·晚清卷》（上），武汉出版社，2006年，第254页。

② （清）张之洞：《致俄京许钦差》（光绪十七年七月初三日发），赵德馨主编：《张之洞全集》（八），武汉出版社，2008年，第92页。

③ （清）张之洞：《致柏林许钦差》（光绪十七年四月十九日发），赵德馨主编：《张之洞全集》（八），武汉出版社，2008年，第88页。

生产、使用时间最长的一种轻武器。由于该枪的主要生产者湖北枪炮厂后改名为汉阳兵工厂，因之被称为"汉阳造"。

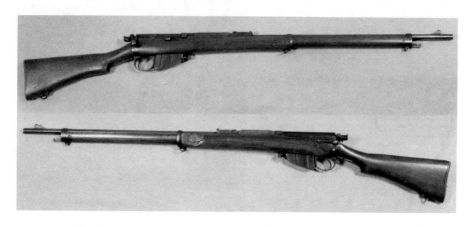

"汉阳造"步枪

"汉阳造"是经过清廷测试认定的军工名品。"1897年1月，督办军务处为划一枪制，曾指示会校湖北枪炮厂和上海制造局所产制枪。先验空地演放沪枪连放十五枪，鄂枪连放一百零五枪，均命中击穿一百七十码达三分厚钢板。后令洋匠克本将沪、鄂枪逐一拆卸，悉心考校，结论是鄂枪在枪式、枪管、机簧管、扳手机簧、来复线、坐力点、望牌座、准头、轻重、刀头等十个方面优于沪枪。如枪式：'鄂枪专宗小口径毛瑟，取法划一，配合得力'；'沪则采取英澳两种式样，似未能尽取其长'。枪管：'鄂枪经久耐用，而沪枪较薄，不甚坚实'。机簧管：'鄂枪短而藏于管内，无碰断之虞'；'沪枪长而附于管旁，一断即弹壳不能退出'。来复线：'鄂枪四条，多寡合宜。而沪枪六条，子出时旋转既久，即坐力过大，兵勇肩下抵枪靶处必然作痛，难于久支，切阻力过大……速率必减'。轻重：'沪枪重一百二十二两八钱，鄂枪重一百零九两八钱，德枪重一百零九两三钱，是鄂枪仅差德枪五钱，而轻于沪枪十三两'。"[1] 同年11月，张之洞派候选知县汪洪霆解送鄂厂小口径毛瑟枪一千支，配弹十万颗，三生七快炮十二尊，配弹每尊二百枚，至京呈投督办军

<hr />

[1]（清）张之洞：《咨陈督办军务处会校沪、鄂枪式》（光绪二十三年二月十八日），赵德馨主编：《张之洞全集》（六），武汉出版社，2008年，第14-15页。

务处，得到朝廷好评。汪来电称："恭邸（奕䜣）、庆邸（奕劻）、荣中堂（禄）均见，颇赞鄂厂枪炮极好，云宪台苦心筹划，经营不易。略询鄂厂制造情形，不以沪造为然。庆邸云：鄂厂枪炮可称利器。荣中堂云，意欲扩充鄂厂要务，各省无须另添设厂，各处经费亦拨归鄂，事归一律，后再筹商'。"[①]"朝廷没有再斥责张之洞'空言靡费'，反而表扬他'苦心筹划，经营不易'，可见枪炮厂的开办成功得到朝廷的肯定。"[②]

"汉阳造"自 1895 年开工生产，首年生产 1300 支步枪，至 1910 年"湖北兵工厂钢药厂历年及宣统元年造成拨解实存各项军火表册"记载，1895—1909 年 14 年中，共制造步枪 121974 支、马枪 8062 支。当时湖北新军第八镇所用步枪全部为"汉阳造"，民国以后更成为中国军队的主力枪械。从辛亥革命到抗日战争再到解放战争、抗美援朝，"汉阳造"都建立了丰功伟绩，成为近代中国战争史上的神话传奇。

纱布丝麻四局：张之洞在武汉奠定的以机器纺织工业为主的近代轻工业基础，主要是在武昌创办的组群式的布、纱、丝、麻四局。早在 1889 年（光绪十五年）张之洞督粤时便奏请在广州开设织布官局，为筹集购置机器款项，张之洞"劝令阖姓商人认捐，银四十万两，为订购布机一千张，及照配轧花纺纱厂机器成本，又令于光绪十六年冬接充新商时，另捐八十万两，为建厂及常年经费之用"。[③]不久张之洞移督湖北，将广州所购机器运移武昌，于 1891 年（光绪十七年）"在省城文昌门外，勘得官地一区，高广坚实，近在江边，便于转运。地基纵横各百余丈，间有民房，从宽给价购买。另片奏江苏补用知县薛培榕由粤来鄂，监修工程。由该员到鄂，即日兴工"。[④] 1891 年（光绪十七年）初，织布局厂房动工，1893 年（光绪十九年）春，织布局开机织布，据张之洞奏章称，"湖北织布局目下厂屋业已落成，各项机器亦经配设完备，次

①《汪守来电》（光绪二十三年十二月十九日戌刻到），赵德馨主编：《张之洞全集》（九），武汉出版社，2008 年，第 278-279 页。

② 吴剑杰：《张之洞散论》，湖北人民出版社，2017 年，第 23 页。

③ 张继煦：《张文襄公治鄂记》，湖北通志馆，1947 年，第 30 页。

④（清）张之洞：《粤省订购织布机移鄂筹办折》（光绪十六年闰二月初四日），赵德馨主编：《张之洞全集》（二），武汉出版社，2008 年，第 332-334 页。

第开机纺织"。①斯是时，文昌门外，厂房栉比，机器轰鸣，一片繁忙景象。
"布机一千张，内有提花机一千张，有一千二百匹马力之压力。今冬拟先开机
二百张，每昼夜约出布四百匹；明春各机齐开，一昼夜可出布二千匹。以汉口
全镇计之，官局所生之布反敷汉口销数六十分之一耳。"②织布局投产后，雇
英国人德金生任总监工，最初日产布253米，二三年后昼夜开织，日产布600
米。"湖北织布局业经工竣，布机一千张，陆续教练开织。所织布匹甚为坚洁
适用，所纺棉纱，坚韧有力，远胜洋纱，销路顺畅。官、商、士、民咸晓然于
此举为有益地方之事。大率一年需用棉花数百万斤，皆用湖北本省所产之花，
间或参用江南通州花，纺织工徒需用二三千人，皆用湖北本地之人。此举无
论于大局何如，要之销湖北之土货，养湖北之贫民，则确有明征。"③本土机
器织布面市后，深受湖北及周边名省居民喜爱，"通行各省，购取者争先恐
后"。④"布局纺纱织布逐日增加，现开夜工，出货尤多，市面销售畅旺，他
省商贩来局订购纱布者亦陆续不绝。销土货而杜外耗，实为利源所在。"⑤"而
江汉进口之洋布，几少十余万匹，挽回利权不少。"⑥张之洞本人也说，"自
湖北设织布局以来，每年汉口一口进口之洋布，已较往年少来十四万匹"。⑦
织布局最初效益也不错，获利颇丰。1894年日产布400米，年盈利约36万
两。第二年日产布600米，年盈利增至60余万元。但自投产盈利之日起，张
之洞既要偿还山西善后局借款本息，"截止二十二年（1896年）止，两省已
解过息银十三万八千两，计息银已居本银四分之三"。⑧又抽出部分资金补充

<hr>

① （清）张之洞：《湖北布局所出布纱免完本地销售税厘及内地沿途税厘片》，赵德馨主
编：《张之洞全集》（三），武汉出版社，2008年，第70页。

② 李鼎颐：《中国土产钢铁棉花论》，见陈忠倚编：《皇朝经世文三编》卷三一，1898年
（光绪二十四年），第9页。

③ （清）张之洞：《筹拨织布局官本折》（光绪十九年六月初四日），赵德馨主编：《张之
洞全集》（三），武汉出版社，2008年，第102页。

④ 《申报》1894年10月13日。

⑤ （清）张之洞：《饬北藩司、善后局借拨布局银七八万两以应急需》（光绪十九年八月
十九日），赵德馨主编：《张之洞全集》（五），武汉出版社，2008年，第438页。

⑥ 张继煦：《张文襄公治鄂记》，湖北通志馆，1947年，第30页。

⑦ （清）张之洞：《劝学篇·外篇》农工商学第九。

⑧ （清）张之洞：《致太原胡抚台、俞藩台》（光绪二十四年闰三月初七日午刻发），赵
德馨主编：《张之洞全集》（九），武汉出版社，2008年，第310页。

铁厂、枪炮厂经费之绌，导致布局流动资金不足。张之洞遂决定招商集股，规定每股库平银 100 两，计 5000 股，集资 50 万两，每年保利 1 分 5 厘。"由于每年股东分红超过应得盈利，同时，外国技术人员舍鄂棉不用，远从通州等地采办原料，以致成本过高，产品滞销，运至上海等地兜售，增加了不少运价，使织布局累年亏折。到 1898 年，织布局终因敌不过外国棉制品的排挤，濒临绝境。1902 年以后，先后由商办的应昌、大维等公司承办。"①

1894 年（光绪二十年），在织布局产销两旺大好形势下，张之洞乘势而上，奏请朝廷开设纺纱局。"公以洋纱一项，进口日多，各省有难销洋布之区，更无不用洋纱之地，开源塞漏，以此为大宗，乃奏请设纺纱局。"②张之洞计划在织布局附近建南、北两厂，但因经费原因，至 1898 年（光绪二十四年）只建成北厂。该厂由官商各出资 30 万两合办，起先安装 10000 枚钞锭，后又购置按 9700 余锭 10—16 支纺纱机，总计织布机 1000 台，纱锭 5 万枚，动力 1500 匹马力，招收职工 1600 人，其中女工为大多数。1898 年（光绪二十四年）投产，张之洞委派江汉关道吴熙麟、署臬司瞿廷韶督办局务，候办知府盛春颐总办局务，候补道王秉恩驻局负责具体经常性业务。官多权重，不仅人浮于事，而且盲目指挥，不恰当地干预生产经营活动，对商股掣肘太多。商董要求"官为保护，商为经理"，希望政府再拨 20 万两，由商董自主经营，政府不得擅自干预。这一要求遭到张之洞拒绝。于是，商董们上书请求退还股本，收回官办。张之洞踌躇再三，最终决定由政府另行筹款，专归官办。"俟一二年后办有成效，再行招商承办，以符本部堂倡导制造，振兴商务之本意。"③纺纱局北厂建成投产后，南厂因厂房未建成，致其所购 47000 余纱锭的机器不能安装投产。1894 年 11 月（光绪二十年十月）张之洞署理两江总督时，这些机器连同搁置在上海的机器辗转于苏州和上海，最后作价 50 万两卖给了张謇的南通大生纱厂。湖北纺纱局在收归官办后，年年亏损，无奈之下只有重新招商承办。

---

① 皮明麻、邹进文著：《武汉通史·晚清卷》（上），武汉出版社，2006 年，第 255 页。

② 张继煦：《张文襄公治鄂记》，湖北通志馆，1947 年，第 31 页。

③ （清）张之洞：《札纺纱局改归官办》（光绪二十三年六月十五日），赵德馨主编：《张之洞全集》（六），武汉出版社，2008 年，第 58-59 页。

与开办纺纱局几乎同时，张之洞又于 1894 年 11 月 2 日（光绪二十年十月初五日）奏请开设湖北缫丝局："湖北产丝甚多，惟民间素未经见机器缫丝之法，无从下手。……查善后局尚存有扬州绅士严作霖善捐存款银三万两，又提盐道等外销银一万两，共银四万两。先订购缫丝二百盆之机器，酌买蚕茧，于湖北省城望山门外购地设厂。并派工匠赴沪学习，先行试办。其厂地、厂屋及马力汽机可供三百盆之用，俟将来机工熟习以后再行扩充。"[①] 缫丝厂 1896 年（光绪二十二年）6 月投产，除官本四万两之外（后陆续增至 8 万两），另筹商股 2 万余两，招收职工约 300 人，日产丝 50 余斤，其中上等丝 30 斤，次等丝 18—19 斤。缫丝厂开办初期产销颇旺，但好景不长，不到两年，即连年亏损，于 1897 年（光绪二十三年）5 月招商承办。

湖北省丝绸局（湖北缫丝官局）

1898 年（光绪二十四年），张之洞又委札道员王秉恩创设制麻局："查湖北土产苎麻，质地坚韧，货多价贱，民间仅以绩麻线、织麻布，相沿成习，此外别无出色生新之法，徒以贱值售诸外洋，经洋商织成各样匹头，又以贵价售与中国，良由华民不谙制造，以致利权外溢，徒负土产。前经本部堂访闻外洋各国于苎麻一项，有专门纺织机器，将苎麻醡去粗皮，漂练洁白，梳栉精细，如而成绒，继而成线，为经为纬，光亮柔滑，足与蚕丝相仿佛。粗之可织苎布，即通行最细最光最爽之洋布。精之可以织丝织绒。或全用本质，或搀丝，或搀棉，织成匹头，或花或素，无不精美，洵足化粗为精，化贱为贵，较之棉花纺织纱布，其利尤溥。中国改造土货，无有善于此者。现值湖北小民生计艰难，有此美材良法，亟应倡导鼓舞。兹特创设制麻局，先行购织机四十张，酌配梳纺等

---

① （清）张之洞：《开设缫丝局片》（光绪二十年十月初五日），赵德馨主编：《张之洞全集》（三），武汉出版社，2008 年，第 205-206 页。

机，分别织布织绸，先行试办，俾商民仿行制造，渐次推广，各省均可仿办，用以开风气而利民生"。[1]制麻局于 1897 年 8 月（光绪二十三年七月）动工兴建，厂址位于平湖门外，占地约 2643 亩。按规划，制麻局设 2 个分厂，第一厂纺织细纹、斜纹各色精品麻布，第二厂加工原料和纺织帆布、麻袋等一般制品。1904 年（光绪三十年）试生产，1906 年（光绪三十二年）正式投产，有员工 453 人，其中女工 251人。"开工后，聘雇日本工师，制品中有中西时花，各样缎匹，实地名纱，并细纹斜纹各色麻布，新式各花大小麻线，台布，及粗细各号麻纱等件。"[2]为了扶持制麻局生产经营，张之洞于光绪三十二年（1906 年）"又奏称所出麻货系为抵制洋货，广兴农工商实业而设，创办维艰，根基未固，请暂免税厘而保利源"。[3] 1907 年（光绪三十三年），粤商韦尚文承办制麻局，次年招新股组成应昌公司，承租初期效益不错，计获利 150 万两。但张之洞在商办后仍委派司监大员监管公司业务，外行干政，造成管理混乱，结果效益下滑，在开业投产 9 年后停产歇业。

以上布纱丝麻四局基地，占地面积 1600 余平方米，房屋机器投资共 500 余万两，"经营六七载，始底于成。卒因官款支绌，不易维持，光绪二十八年议定招商承办。由粤商韦应南禀准招股承租，三十三年春，又禀准其父韦尚文接办，是为应昌股

丝麻四局所用的粗纺机

丝麻四局所用的细纺机

① （清）张之洞：《札道员王秉恩创设制麻局》（光绪二十四年三月二十七日），赵德馨主编：《张之洞全集》（六），武汉出版社，2008 年，第 121—122 页。
② 张继煦：《张文襄公治鄂记》，湖北通志馆，1947 年，第 31 页。
③ 同 ②。

份有限公司。每年纳租银 10 万两。嗣因各局添购机器，领有官款，复议定加租银 1 万两，以 20 年为限"[1]。改为商办后，四局经营始渐有起色，"初改商办后，每年仍有亏累，复经逐步实行财政上之整顿，渐能达到收支相抵。其光绪三十四年度决算现已经发表，根据该决算，上年度四局共获得纯益 149384 两。由此可知，将来四局之发展，确实有望"。[2]

其他工厂：1902 年，张之洞将纱布丝麻四局招商承办，把官方的股金转化为工业贷款，又积累了一些资金办起了一批官办民用企业。这批新建的工厂为两类，一类是手工工厂，另一类是近代企业。

手工工厂主要有手工善技场和贫民大工厂。

模范大工厂原名善技场，1907 年（光绪三十三年）在武昌兰陵街（今解放路）建造厂房，委任留日习工业的范鸿泰主持场务，次年建成投产。场内分设纺织、金、木、制革等各种工艺，招集生徒，分班学习技艺。1908 年改为官商合办。

1907 年，张之洞在汉口硚口下首堤外劝工院的基础上兴办了贫民大工厂，专制普通简易的日常用品，为教育贫民自谋生计之用，为社会福利性质企业。中途曾经停办。1919 年汉口贫民工厂大扩充。[3]汉口贫民工厂是汉口手工纺织一大工厂，规模宏大，资本富裕，历年办理虽无多大发展，亦著一定成绩。全盛时期，曾开机 400 余乘，容纳工人 800 余人。

张之洞在清廷宣布实行"新政"后创办的近代工厂还有 1907 年创办的造纸厂、针钉厂、制革厂、毡呢厂、官砖厂。造纸厂在武昌城外白沙洲，所用机器均购自外洋。投资官款 30 万两，后追加到 50 万两。委候补道程颂万、高松如办理。1909 年建成，生产竹纸、连史纸等三种产品。1911 年买办刘子敬承租商办。1916 年，白沙洲造纸厂负责人劳用宏聘工业专家何鹿荦入厂为总工程师，每日出纸一百三四十令。[4]

制革厂建于武昌城保安门外南湖，傍岸建造厂房。由继任张之洞的两湖总

---

① 张继煦：《张文襄公治鄂记》，湖北通志馆，1947 年，第 32 页。
② 《支那经济报告书》，1909 年第 29 号。
③ 《汉口中西报》，1919 年 3 月 17 日。
④ 《局厂近纪》，《汉口中西报晚报》，1916 年 7 月 31 日。

督赵尔巽令官钱局拨款兴办，机器设备购自德国，固定资产投资计用去官款 50 万两。

1904 年在武昌武胜门外所建砖厂因规模较小，产品供不应求。张之洞以汉阳各厂用砖甚多，俱来远道，价昂而不能应急需要，乃于汉阳慧山北苑建筑官砖厂。该厂 1908 年建造，烧造青、红客板及耐火砖红瓦等，为建筑各厂厂房之用。

官砖厂烧制的机制砖

1907 年，张之洞在武昌城北武胜门外下新河地方，划拨织布局新购官地 130 余亩，建造厂屋，创设毡呢厂。按照商律股份有限公司条例，定为官商合办。1908 年，由鄂督陈夔龙委派湖北试用道严开第充任总办，会同官钱局候补道高松如拨款施工。机器由德商礼和、信义两洋行订购，1909 年冬试车，每昼夜可出毡呢 600 余码。用上等洋毛和棉料制成，以供军警、邮差及铁路人员服装之用。1911 年，鄂督瑞澂委派王潜刚接办，聘留学美国的王家鸾为工程师，由官钱局借洋 20 万元。开工未久，逢辛亥武昌起义，人员逃散，工厂停工。[1]

官砖厂生产的机制瓦

针钉厂的创办源于张之洞以湖北所需针钉多系进口，市场需求量大，有利可图，便委派候补道黄厚成会同候补道高松如筹办针钉厂，选定赫山汉阳铜币局旧址创办。1907 年，张之洞离任，由继任人赵尔巽接续督办，招集商股，并由官方投资银 30 万两。1909 年 5 月正式投产。开办数年，未曾获利，开工一年停工数次。这个由欧洲进口的最新机器装备组建的厂，1910 年因亏空巨额公款而宣布破产。"宣统三年（1911 年）五月，由南洋华商承租续办，惟制针而不制钉。"[2]

---

[1]《工商半月刊》第 2 卷第 21 期。

[2] 杨大金：《现代中国实业志》（上册），转引自冯天瑜、皮明庥等编《武汉近代（辛亥革命前）经济史料》，武汉地方志编纂办公室印行，1981 年，第 184 页。

二、重商务

面对西力东侵，利权外溢的严峻形势，张之洞敏锐地意识到，抵御外侮，挽回利权，不仅仅是振兴武备，更需发展工业，振兴商业，"看以后时势，中国岂能以兵存，仍是以商存耳"。①甲午战败，割地赔款，主权沦丧，张之洞"惶悚痛愤，寝食难安"，于1895年7月19日（光绪二十一年闰五月二十七日）上奏陈"修备储才"九策，内容包括亟练陆军、亟治海军、亟造铁路、在内地分设枪炮厂、广开学堂、速讲商务、讲求工政、多派游历人员、预备巡幸之所等。其中在"宜速讲商务"中，张之洞认为，中国人虽然不乏经商之才，但由于国家长期以来的轻商抑商之国策，使之"但有征商之政，而少护商之法"，由于国家"于商务尤不考究"，导致商人缺乏合法经商和市场规则诚信意识，"群起逐利，私作奸伪，不顾全局，以致百业皆衰"。因此，张之洞吁请国家重商护商，便商利民。张之洞所主张的"护商之法"，"不外合众商之力以厚其本，合国与民之力以济其穷"，即把分散的商人资本组织集合起来，仿照近代西方商业模式，实行公司制和董事会制。各级政府须成立专门的护商便商机构——商务局，为商人排忧解难，"专取便商利民之举，酌剂轻重，而官为疏通之"。他还希望朝廷派往外国的使臣，把了解外国商情、沟通中外商贸作为一项重要任务，并"将各国商务情形随时考究，知照总署及各省督抚，以便随时悉心筹划"。②

至于如何振兴商务，张之洞对此有缜密思考和系统谋划。一是"讲求商学"，张之洞认为，要在近代竞争激烈的商战中立于不败之地，必须研习商学："各国风尚、道里远近、口岸冲僻，皆运货者所当知。若无此学，不过步人后尘，听人操纵，岂能获利"。因此，他建议广设商业学堂，培养通晓中外通商情形之经商干才。"果能认真开办，处处多设，数年毕业以后，商智渐开，自必各出新意，自辟利源。"张之洞对商业学堂人才培养方案还有具体设计："一面多派学生数十人分至东西洋，入其商业学堂，分门学习。分为两

---

① （清）张之洞：《致西安樊云门》（光绪二十七年二月初一酉刻发），赵德馨主编：《张之洞全集》（十），武汉出版社，2008年，第261页。

② （清）张之洞：《吁请修备储才折》（光绪二十一年闰五月二十七日），赵德馨主编：《张之洞全集》（三），武汉出版社，2008年，第260页。

班,一班学速成科,两年毕业。一班学完全科,五年毕业。如此则所讲商务皆有实际,且切于今日中外通商之情形也"。二是"定商律",即商业之法。商业立法的目的是"护商","商律之义,保护而已矣"。其主要内容为"禁讹诈,禁假冒,禁亏塌,准专利",维护公正合理的市场秩序,并鼓励发明创造。商业法规制订后,要"晓示民间",落地生根。三是"开商会"。"商会者,谓于繁盛市镇令商人自立一会,按期聚会,互相讲求孰利孰害,孰缓孰急,若上海、天津、汉口、广东等处尤要。"张之洞指出,商会是商人自治组织,自筹经费,自由选举,自主活动。"可由商会中自筹经费,自行推举明习商务、老成练达者若干人。游历东、西各国,考校各国华货销路迟速,运道难易,回华之后,自然辗转布告,商智日开矣。"四是"恤商情"。张之洞批评中国营商环境不佳:"盖中国商务之通病,往往未办事先须费钱若干,必须先除尽此弊,始可言及商务矣"。他认为政府"护商便商"的要义在无为而治,不随意干扰商人正常的经营活动,且轻徭薄税,使商家安居乐业,踊跃营运:"恤者,平日不骚扰,将办之时不需索,办成之后不苛征,如此而已。或初办数年免税,或有税而从轻。商人乐其不扰不苛,自然踊跃营运,不待官之督劝也"。对上述四点建议如何落地,张之洞提出要明晰官商职责界限,充分发挥政府和商人两个积极性,并分轻重缓急次第展开。"总之,以上各事,出洋习商学、定商律两条,应由官迅速办理。中国立商学一条,应由官认真劝办。恤商情一条,应随时由官体察酌办。至商会可劝谕商人自为之,不须官出费,亦不可令商筹经费,交官办理。此最为商人所深忌。""若官劝设公司,断断无益。有大利可图,有资本可集,自必赶设公司,何待官劝。若无把握,劝亦不行。管见则谓此时贵部(指商部——引者注)所宜急办者,尤在迅速选派明白切实人员出洋游历,专事考求商学,期以两年回华,与所派学习商务速成科之学生同时回国,则胸中既有成竹,措施自有次第。此尤为要著中之先著。"[1]

张之洞振兴商务举措,包括成立商务局"启发商智,联络商情";筹组商会使商人"互相联络,广设公司";开办商务学堂"研习商学","开商智,

[1] (清)张之洞:《就新设商部应办事宜函复商部》(光绪二十九年十二月二十七日),参见吴剑杰:《张之洞年谱长编》(下卷),上海交通大学出版社,2009年,第815-816页。

培商力"；创办两湖劝业场，"专售国货，标明定价，以广招徕"；专设商场局，自开商埠，以"不失管理地方之权"。

1. 成立商务局。 1898 年 7 月 25 日（光绪二十四年六月初七日）朝廷给湖广总督张之洞、两江总督刘坤一颁上谕："振兴商务为目前切要之图。迭经谕令各省认真整顿，而办理尚无头绪。""泰西各国首重商学，是以商务勃兴，称雄海外。中国地大物博，百货浩穰，果能就地取材，讲求制造，自可以暗塞漏卮，不致利归外溢。著刘坤一、张之洞拣派通达商务，明白公正之员绅，试办商务局事宜，先就沿海沿江如上海、汉口一带查明各该省所出物产，设厂兴工。果使制造精良，自能销路畅旺，日起有功。应如何设立商学、商报、商会各端，暨某省所出之物产，某货价宜之制造，并著饬令切实讲求，务使利源日辟，不令货弃于地，以期逐渐推广，驯致富强。事属创办，总以得人为先。该督等慎选有人，即著将拟定办法迅速奏闻，毋稍延缓。"张之洞接到上谕后，迅速行动，9 月 7 日（七月二十二日）即札委王秉恩等筹设汉口商务局。张之洞认为，汉口地处长江中游，其传统商圈覆盖整个长江上中游，新组建的商务局不仅管理湖北一省商务，而应综理四川、陕西、云南、贵州、湖南和广东、广西等省工商事务。而长江下游诸省则由上海商务局负责，江楚两省分工协作，"联络贯通"，共担全国振兴商务之大任。"上海为沿江总会，汉口为上游要冲，铁路枢纽，自应分设两局。除上海一局由两江督部堂刘委员开办外，兹于汉口设立商务局，以鼓舞联络上游川、陕、云、贵、湘、粤等处工商为要义。其商学、商报、商会及讲求工厂制作、商货销路等事，江楚两局各自筹办，总有应行联络通贯，或应互相协助之处，随时知照，会商办理，难分两局，仍联为一气。"对于汉口商务局的职责，张之洞明确提出了"一曰启发。商报、商会、商学，皆系启发之事"；"二曰倡导。制造土货，需用机器"；"三曰合力。商务必集公司，方能大举"；"四曰塞漏。与洋商合办工厂，既免占我全利，并可学其工艺"；"五曰祛习。中国商贾积习，识陋见小，亦思依仿新式，办运新货"；"六曰保护。商局既设，未倒之先，官为访察防护。既倒之后，官为严追惩办"；"七曰体恤。严禁税关厘卡留难需索，新制土货可以抵制洋货者，奏明减轻或暂免税厘，定明专利年限，不准他商仿照"；"八曰奖励。新创机厂暨捐资兴办商报、商会、商学及在外洋学成工艺回华可资实用者，奏明请奖"[1] 等 8 点要求。1898 年成立的商务局，由候补道王秉恩暨奏调江苏候补道程仪洛总理其事，并遴选各商帮"通晓时势"的商董 24 人为总董，分董 36 人。总董的组成并不拘于本地士绅，因为"汉口之商外省人多，本省人少"，但取其熟悉商情。商务局是地方自治机构，也是一种政府辅助权力机关。

2. 筹组商学商会。 张之洞以为，商学与商会对于振兴商务意义重大，"有商学以考各物制法，各货销路，各国嗜好，各业兴旺。有商会以集思广益，互相联络，故能力厚旺，广设公司"。由于中国商学不兴，商会未设，导致商人势力分散，志小力薄，难以做大做强。"既无商学以探制造销行之源，而且志小力薄，各谋生理，甚至彼我相忌，囿于近利小数，又无商会以收同心合力之效。"由于汉口特殊的地理位置和悠久的商业传统，其创立商学、商会既有必要又有可能。"况汉口东西为长江上下之冲，南北为铁路交会之所，实为中国商务枢纽，是欲讲求商务，尤必先自汉口始。"[2] 因此，早在 1898 年筹办汉口商务局时，张之洞即有由"本（商务）局商董邀集各省各帮大商入局，订立商会，或面商，或通函，或登报，互相讨论考校，以期联络协助，力厚气旺"之议。1902 年，清廷推行"新政"，张之洞"会同湖北抚部院筹商，应饬令商务局劝集商款，于汉口地方创设商务学堂、商会公所，以立其基"，并允以报效巨款之汉口商人黄训典充当商会总董，由商务局督同该商并各帮商人广为劝导捐输、择购地址建立商务学堂和商会公所。[3]

1903 年，在清政府为支持现代化运动和领导工业发展建立的新部门——商部——正式成立的时候，张之洞在年底回复商部的公函中，明确提出要开商会。"商会者，谓于繁盛镇市令商人自立一会，按期聚会，互相讲求孰利孰害，孰缓孰急。若上海、天津、汉口、广东等处尤要。"[4]

---

[1]（清）张之洞：《札委王秉恩等在汉口相地开办商务局》（光绪二十四年七月二十二日），赵德馨主编：《张之洞全集》（六），武汉出版社，2008 年，第 152—154 页。

[2]（清）张之洞：《札商务局创设商学、商会》（光绪二十八年九月十六日），赵德馨主编：《张之洞全集》（六），武汉出版社，2008 年，第 434—435 页。

[3] 同 [2]。

[4]（清）张之洞：《就新设商部应办事宜函复商部》（光绪二十九年十二月二十七日），见吴剑杰：《张之洞年谱长编》（下卷），上海交通大学出版社，2009 年，第 815—816 页。

　　1905 年，汉口商务总会成立。由汉口商务局根据商部所订章程，邀集商董，推举总理、协理、总董。初假商务局办公地。但商务局并未撤销，并直接插手商会的选举和改选。自此以后，商会的整个发展过程中，多数时候，商会的领导层是由政府指定的，即使选举出来的领袖，也是政府认可的。

汉口总商会

　　1907 年农工商部奏定商会章程，"有湖北之汉口为应设商务总会之处"①。1907 年底商会一年任期届满，商务局总办孙询刍牌示汉口三十余帮重举帮董参加汉口商务总会的改选，并举用高济川任商会坐办，裁判、书记也由商务局总办举用。因汉口商务局总办"选举商会总协理一事不合舆情"，被职商黄训典、蔡辅卿联合各行商列款向继任鄂督控告，要求另立商会。但鄂督赵尔巽批示却说"该商等既已另立商会，已存有意见，在该商等无合群兴业之心"，只是准许"所有各帮未举商董之人准其照（商法）第四条章程，由该帮自行选举归入总会"②。汉口商务总会总协理选举之后，报农工商部加札任用。同时，湖广总督裁撤了官办的汉口商务局。全镇商务事宜均归商会办理。独立的商会算是正式成立了。《民国夏口县志》对此有明确记载："查汉口未设商会以前，曾有官立之商务总局，办理全镇商务事宜。至光绪三十三年，农商部奏定《商会章程》，有湖北汉口为应设商务总会之处。于是由局提倡其事，邀集商董，遵章公同组织，定名为'汉口商务总会'。公举熟悉商情、众望素孚者为总协理，禀报农商部加札任用。而商务总局亦即裁撤，所有全镇商务事宜，均归商会办理"。③ 1907 年 12 月

①《夏口县志》1920 年，《商务志》，第 13 页。
②《申报》1907 年 11 月 15 日至 12 月 25 日，合订本第 91 卷，第 194、648、684 页。
③ 武汉地方志办公室、武汉图书馆编：《民国夏口县志》（上册），武汉出版社，2010 年，第 251 页。

26 日，改选后的汉口商务总会在后花楼正街开第一次大会，商务局总办孙询刍等出席。商会总理卢鸿沧报告中再提"商战"，为中国五十余处有名商埠遍插洋旗，大宗生意都被抢去而痛心疾首。他指出商会的三大宗旨：一须和洽商界人心，二须发达商界知识，三须讲求商界利弊。孙总办演说则谓"官商融协，凡有公益之事，可依商之主义为之"①。

省城武昌商人曾于 1901 年谋设商会未果。1907 年，武昌劝业场商董张楫、唐际清发起开办商会，禀报武昌知府赵楚江，"试办之初，暂不举总协理"。公举李文藻权理会事，吕逮先主文牍。获准先行试办。② 1909 年，武昌商务总会遵章正式成立，公举总理、协理及会董各员。

3．办商报，兴商学。张之洞十分重视商学研习和商情传播，他要求商务局将编辑出版《商务报》作为其重要职责之一，并对《商务报》所刊内容提出了明确要求。"照得湖北汉口地方遵旨设立商务局，所有办法章程八条，声明由局传布商报，业经恭折奏明，奉旨允许。饬令加意讲求，认真经理在案。兹查商报一事，凡有关商务谕旨自立恭录，奏疏文牍均应采录，此外商局讲论，中外商情暨各报商务通论、商务交涉案件，均应采入，其东洋西洋各报、商学商律诸书，亦应择要译编，按旬出报。"1899 年 5 月 7 日（光绪二十五年三月二十八日），张之洞札饬各道府州县并咨行各省购阅《商务报》："查商务实今日要图，振兴之法非一日所能尽，而综论利弊，则必以《商务报》为开通风气之先。现既奉旨设局立报，应即通饬湖北各道府州县，查照《农学报》一体购阅，并转发绅商阅看，使知中外货殖之盈虚，制造之良楛，行销之通塞，庶可透析利病，力图振兴。"他还希望各府州县能将"地产所有各货，人工所成各货，详载利用之实，筹划行销之法"，"详细函致该局内商报馆，以备采择入报"。为扩大商报影响，张之洞要求其除在本省各府州县销售外，还可向省外推广，"除通饬湖北各道府州县遵办外，相应将现出商务报第一册，咨送贵部堂、部院，请烦查照，通饬各属知照。如有阅报者，即照报尾所载各省经理、送报名处，前往购阅。其有各属官绅商民考究商务一切利益，均可随时论

① 《申报》1908 年 1 月 6 日。
② 《申报》1907 年 8 月 27 日。

列，详细函交送报处，转达湖北商务局内商报馆，采择登报，庶各省商情无虞隔阂，商务得以流通"。[1]

张之洞还十分重视包括商务学堂在内的实业教育，"公以泰西各国，有商学，以考名物制法，各货销路，各国嗜好，各业兴旺……亟应刱设商学商会，以资启发。光绪二十八年，饬商务局劝集商款于汉口，刱设商务学堂"。[2] 1903年12月（光绪二十九年十二月），张之洞在就新设商部应办事宜给商部函复中，就专门提议讲求商学，在所设各种实业学堂中应包含商业学堂在内，并派生员留学欧美东洋，"此分学之于外国者也"。[3] 1902年10月17日（光绪二十八年九月十六日），张之洞札饬有关部门选址筹款，开办商务学堂："汉口为东西长江上下之中，南北为铁路交会之所，实为中国商务枢纽，是欲讲求商务，尤必先自汉口始。现今会同湖北抚部院筹商，应饬令商务局劝集商款，于汉口地方创设商务学堂、商务会所，以立其基。查有汉口职商"黄训典前曾报效巨款，并有以后每年乐输巨款之议，其急公好义之诚，实为人所难能。应派该职商充当商业总董，由商务局督同该职商并各帮商人，广为劝导捐输，择购地址，建立商务学堂"。[4]

4. 创办两湖劝业场。 湖北武汉商品会展经济，实自张之洞始。武汉地区未成立商会之前，商人多自谋生理，彼此不相闻问，虽有所谓"八大帮"的行会，也只是各行业内部的组织，行会之间的互相沟通很少。而与农工联络的机构，久无所闻。所以商品不能日精，土货输出者日少。自从1861年汉口辟为对外通商口岸后，外国商品涌入武汉三镇，小至针钉、火柴，大至机器、轮船，都是洋货的天下。为此，张之洞创办了武汉最早的商品博览会，以驱动湖北武汉实业界参与国际竞争，振兴地方经济。

早在1898年（光绪二十四年），张之洞札江汉关道开办汉口商务公所：

---

① （清）张之洞：《札饬各道府州县并咨行各省购阅商务报》（光绪二十五年三月二十八日），赵德馨主编：《张之洞全集》（六），武汉出版社，2008年，第230—231页。

② 张继煦：《张文襄公治鄂记》，湖北通志馆，1947年，第34页。

③ （清）张之洞：《就新设商部应办事宜函复商部》（光绪二十九年十二月二十七日），见吴剑杰：《张之洞年谱长编》（下卷），上海交通大学出版社，2009年，第815—816页。

④ （清）张之洞：《札商务局创设商学、商会》（光绪二十八年九月十六日），赵德馨主编：《张之洞全集》（六），武汉出版社，2008年，第434—435页。

"照得今日阜民之道，自以通商惠工为要策。汉口为南北水陆交冲之地，华洋商贾荟萃之区，与各省气势易通，与外洋声息亦甚易达，自宜设法鼓舞，俾外省偏僻遥远各州县所有出产造成各货，得以传播流通，以开风气而濬利源。查湖北地产所有各物，如大冶之铁，兴国之锰，利川、建始、鹤峰、兴山、德安之铜，兴国、施南之铅，施南所属各县之土硝、硫黄、雄黄，应城、巴东之盐，兴国大冶、蒲圻、当阳、长阳等处之煤，江夏等处之观音土，大冶之白灰石、汉白玉石，应城之石膏，竹山、施南之石绿，蒲圻、崇阳、通山、鹤峰等处之茶，汉阳、黄州、安陆、荆州之棉，武昌各府之麻，襄郧之黄白黑木耳，施南之厚朴、阴沉木、瘿木，黄陂、孝感之蓝靛，宜施郧之药材、生漆，武昌等处之柏油、菜油，竹山之桐油，薪水之蔗，均州之烟叶，蕲州之艾叶、白花蛇，施南之虎豹狼狐猴牛等皮，麻城之鸭毧，应山之蜂蜜。人力所成各物，如省城蚕桑局之锦缎绸绉，荆州之锦布，天门、江陵、河溶之绢，郧阳之茧缎，当阳之茧绸，汉口之蠲绒，沔阳、河溶、黄州之丝，通城之葛，德安之布，汉口之白铜器皿，宜昌之石筍屏风，兴山之瓷器，沙市之木器，江夏、蕲州之竹器，兴国之纸等物，皆有可观。此外，有益民用，可以贩运远方之物，尚复不少。兹拟于汉口创设商务公所，预备宽敞明洁之屋，将以上各种货物分别陈列，标明出产地方、价值、运本，令华洋商民均得到局纵观。专派坐办委员常驻局，经理此事，并饬各帮大商公举董事数人，禀派入局，协同经理，随时会议。并邀集素有阅历之行商坐贾比较物产之精粗，工艺之优劣，考求采制新法，配用合宜，随时剀切劝勉，以期日出日广，日造日精，民生藉以宽舒，地方益臻繁盛。此系仿照外洋劝工场办法，既所以兴商业，亦所以勉工艺。其应如何相机推广，筹本集股，购置运销，统由商人自筹自办，官不预闻。有关涉本省外省地方各事，如弹压保护、询访外省外洋情形之类，则禀官为之主持照料，不令窒碍，应即派委大员督率经理"。①建"宽敞明洁之屋"，将各种商品在公所"分别陈列，标明生产地方、价值、运本"，供中外商人参观订货；专派坐办常驻经理其事，同时令各帮大商公举董事数人入局协同经理，随时会议，并邀请有阅历的行商坐贾常来公所评论商榷，比较物产之精粗，工艺之优

① （清）张之洞：《札江汉关道开办汉口商务公所》（光绪二十四年三月初二日），赵德馨主编：《张之洞全集》（六），武汉出版社，2008年，第117页。

秀，考求采制配用新法，以提高质量，扩大销售，占领市场。相机推广，筹本集股，购置运销等具体商业活动，统由商人自行筹办，政府不插手。而维护正常的交易秩序，搜询提供外省外洋商品及质量信息等服务性的工作，"则禀官为之主持照料"。在这里，张之洞已经把商品展览会的政府组织服务工作与商人的具体业务行为划分开了，成为后来者效仿的样板。

1902 年（光绪二十八年），张之洞又在武昌城兰陵街（今解放路）创建两湖劝业场。当时，北京、天津建有劝业场。武汉的两湖劝业场规模宏大，与北京、天津劝业场成鼎足之势。张之洞在《札委高松如等会同承办劝业场工程》中指出，"照得各国都会地方，多设有劝工场及商品陈列所，聚百货于其中，分行罗列，以类相从，物标定价，听人观览购取。工者价昂而售速，劣者价贬而滞销，彼此相形，自生激励。此外又设立博览、赛珍等会，所以劝工商实业者，洵属法良意美。湖北武汉地方，东西据长江上下之冲，南北为铁路交会之所，商货日见辐辏，工业必见繁兴，凡各国所以劝工劝商者，亟应酌量仿办，以开风气。查省城长街三佛阁迤南路一带，原归两湖书院管业，市房十三栋，南北长二十三丈有奇，东西深五丈有奇，应即拨充公用，就地建设劝业场一区。内分三所，一曰内品劝业场，凡本省人工制造之品，招商分类，罗列其中。一曰外品商业场，凡外省外国各种货物、机器切于民用者，招商分类，罗列其中。仍于两所之中划留一大间，名曰天产内品场，陈设两湖各种土产、五金矿质、煤炭各项有用之土石泥沙，以及各种谷果、茶麻、油漆、竹木、药材、皮革、骨角、毛羽，以备外省及外国人游览，考辨采取，制造借用。其房屋巷道及陈列层次，务须仿照东人法式，令其明朗整洁，出入无碍，便于详观。内品场以劝工，外品场以劝商，天产内品场以统劝工商，兼可劝农。此项劝业场建专备工商各业陈设各件，断不收取房租地租"[①]。1904 年 8 月（光绪三十年六月），两湖劝业场建成开展。后来，劝业场内又设了南北两场，每场门面 79 间，场前场后又摆摊 42 处，凡入场经营者，完纳租金，专售国货，标明定价，公平交易。张之洞此举开风气之先，有力地促进了武汉三镇的商务发展，拓展了武汉商品市场。

---

① （清）张之洞：《札委高松如等会同承办劝业场工程》（光绪二十八年九月二十二日），赵德馨主编：《张之洞全集》（六），武汉出版社，2008 年，第 435 页。

张之洞还鼓励湖北武汉商界走出国门，将地方土特产和工业产品推销海外。1902年10月13日（光绪二十八年九月十二日）张之洞指示江汉关道积极筹组代表团参加将于1903年4、5月在日本大阪举行的劝业博览会。"查此项货物大致约分二类。一天然品……一制造品……每种皆只作式样，不必甚多。……应急派江汉关道会同商务局，督饬员司悉心筹办。各州县所出土产，如有必须由该地方官采办者，迅即由该关道径行札饬采办送省，其运送出洋照料一切，另委洋务局翻译委员邝国华妥为办理。所需经费，迅即估计大数，禀候筹定款项，随时拨给。"①

张之洞提倡的商品博览，促进了湖北武汉地区商品质量的提高。1910年（宣统二年），湖北筛选精品参加在南京举办的跨省区的南洋劝业奖进会。湖北、武汉的政、军、商、学各界约3000人赴宁参观、洽谈。武汉参展的商品获奖可观。汉阳铁厂的铁器受到好评获奖。仅汉口参展商品获一等奖的，就有美粹学社的绣字、彩霞公司的绣画、肇兴公司的新式绸缎、兴商公司的茶砖。获二等奖的有鼎孚公司的轧花机、太久保公司的罐头、利华公司的皮革等92项。还有多项三、四等奖。1911年（宣统三年），武汉产品参加世界性的博览会，获奖的有汉冶萍公司的钢、铁制品和耐火砖，武汉劝工院的铜器、玻璃和瓷器、地毯，湖北制麻局的葛布等10个单位的十几种产品。1914年汉阳产钢轨在欧洲博览会获奖。1915年在美国费城的巴拿马赛会上，汉口产品有袁采章的花缎、姚春和的铜器、信记的茶叶等20项获一等金牌奖，另有二等银牌奖8项。1919年巴拿马赛会的酒类比赛，汉汾名酒也获奖牌。②

5. 专设商场局，自开商埠。清政府自开商埠始于1898年（光绪二十四年）对岳州、三都澳、秦皇岛的开放。1898年（光绪二十四年）4月，总理各国事务衙门奏文云："泰西各国首重商务，不惜广开通商口岸，任令各国通商，设关榷税，以收足国足民之效。中国自通商以来，关税逐渐加增，近年征至二千余万，京协各饷多半取给于此。惟是筹还洋款等项，支用愈繁，筹

---

① （清）张之洞：《札江汉关道等筹办参加日本劝业博览会》（光绪二十八年九月十二日），赵德馨主编：《张之洞全集》（六），武汉出版社，2008年，第432页。
② 皮明庥：《一个总督·一个城市·一场革命》，武汉出版社，2001年，第45页。

拨恒苦不继。臣等再四筹维，计惟添设通商口岸，藉裨饷源"①。1898 年（光绪二十四年）8 月 10 日，光绪下谕旨，同意总理衙门的上奏，宣布"广开口岸"："谕军机大臣等：欧洲通例，凡通商口岸，各国均不得侵占。现当海禁洞开，强邻环伺，欲图商务流通，隐在觊觎，惟有广开口岸之一法。三月间，业经准如总理各国事务衙门王大臣奏，将湖南岳州、福建三都澳、直隶秦王岛（即秦皇岛——引者注）开作口岸。嗣据该衙门议复中允黄思允条陈，谓各省察看地方情形，广设口岸，现在尚无成议。著沿江沿边各将军督抚迅速就各省地方悉心筹度，如有形势扼要商贾辐辏之区，可以推广口岸拓展商埠者，即行咨商总理衙门办理。惟须详定节目，不准划作租界，以均利益而保事权。该将军督抚等筹定办法，即着迅速具奏"②。1899 年（光绪二十五年）4 月 28 日，三都澳正式开埠，同年 11 月 13 日，岳州开埠，秦皇岛亦于两年后开埠。自此以后，各地竞相效仿，奏请开埠。从 1899 年（光绪二十五年）4 月 28 日，三都澳正式开埠，到 1904 年长沙自开商埠，晚清完全自主开放的商埠共有秦皇岛、海州、吴淞、三都澳、鼓浪屿、香山、公益埠、葫芦岛、武昌、岳州、浦口、天生港、济南、潍县、周村、湘潭、常德、昆明、南宁、海拉尔等 20 处。其中省会城市有武昌、济南、昆明、南宁、长沙等 5 处。

　　对于总理衙门要求各地自开商埠，张之洞可谓闻风而动，1900 年 12 月 11日（光绪二十六年十月十八日），其上《请自开武昌口岸折》，提出拟在武昌省城滨江距北门外六七里江岸地区自开商埠。"查武昌省城滨江距北门外六七里之江岸，即与汉口铁路码头相对。前年美国人勘粤汉铁路时，即拟定此处为粤汉铁路码头，将来商务必然繁盛。近年洋行托名华人私买地段甚多，各国洋人垂涎已久，此处必首先通商无疑。此处若设租界，距省太近，营垒不能设，法令不能行，有碍防守。查岳州系自开口岸，名通商场，不名租界。自设巡捕，地方归我管辖，租价甚优，年年缴租，各口所无，一切章程甚好。前三年，奉旨令各省查明可开口岸地方奏办。窃拟趁此条款尚未宣布之时，即请旨，准将武昌城北十里外沿江地方，作为自开口岸，庶不失管理地方之权。此

① 光绪二十四年三月丙戌《总理各国事务衙门奏》，见朱寿朋编：《光绪朝东华录》（四），中华书局，1958 年，第 4062 页。
② 朱寿朋编：《光绪朝东华录》，中华书局，1958 年，第 4158 页。

时先定为十里外，若临时洋人嫌远，再酌改为七八里。"① 得到朝廷批准后，12 月 13 日，张之洞饬札江汉关道将在武昌自开商埠门通告各国领事，"兹于光绪二十六年十月初八日钦奉谕旨，准在武昌城北十里外沿江地方作为自开口岸，择地开放通商场，亟应钦遵妥办，以资阜民而便通商。除饬江夏县迅速会同清丈局将地址勘查绘图外，合将开办章程五条，先行札知该关道即便遵照，照会驻汉各国领事存案"，并订立《武昌城北十里外沿江地方自开通商场开办章程》五条②。

武昌自开商埠大局已定，筹办工作有序展开：首先是成立机构——商场局，"派委湖北藩司瞿廷韶总办局务，洋务委员候补道梁敦彦、署武昌府知府梁鼎芬充当提调，督饬江夏县妥为经理"；其次是收买民地，"其时武胜门外一带江堤筑成，涸出官民各地，先已设江岸局，清查官荒，收买民地。迨江岸局将请丈、收地、给价、立界事竣，即行撤局，将契据、交卷移交商场局管理。……兹查通商场共计查出收买官所民各地三万余亩，共计用过地价局费银二十三万余两"；三是"雇募英国工程师斯美利来鄂，饬令丈量地段，将建筑码头、填筑驳岸、兴修马路一应工程，详细勘估测绘细图核办"，绘制《武昌商埠》地籍全图，全面翔实地记载了商业区的规模、方形基建地貌、道路地价等级区号、地产归属等。规定华人可以购地经营，而洋人只能租用。同时，绘制了道路规划工程详图，包括垂直于长江的马路 26 条，称通江马路，平行于长江的马路 7 条，称为横马路；四是基础设施建设开始启动，如勘测绘图、建筑码头、填筑驳岸、兴修马路等一应工程，计划次第进行。为了"奸商莠民"借自开商埠之机"冒名私买"，张之洞"严饬地方官，不准印契"，暂停土地买卖。③

张之洞对武昌商埠未来发展前景充满期待，认为不仅可以将开发主权操之

---

① （清）张之洞：《请自开武昌口岸折》（光绪二十六年十月十八日），赵德馨主编：《张之洞全集》（三），武汉出版社，2008 年，第 577 页。

② （清）张之洞：《札江汉关道知照各领事武昌开设通商场（附单）》（光绪二十六年十月二十二日），赵德馨主编：《张之洞全集》（六），武汉出版社，2008 年，第 356—357 页。

③ （清）张之洞：《收买通商场地亩折》（光绪二十八年九月二十五日），赵德馨主编：《张之洞全集》（四），武汉出版社，2008 年，第 73—74 页。

我手，使利权不致外溢，而且随着商场建成，中外开发商纷至沓来，五年之后所收租金将达两千余万两，不仅可以收回前期买地和基础设施建设成本，而且可补助其他市政建设，其在 1902 年（光绪二十八年）给朝廷的奏折中便描绘了这一美好愿景：

> 武昌东西扼长江上下之冲，南北为铁路交汇之所，商场既辟，商务日繁，地价之昂，可坐而待。……待至五年之后，铁路大通，北达欧洲，南穷香港，群商趋之若鹜，自然争先定租。今日一亩之价，异时百倍其值。……以最廉之价每地一方值银十两计之，计所缴租价、买价，亦值银二千余万两。除拨还借款之外，盈余甚巨，可供开办此项通商场、修驳岸、造码头、设巡捕房、设工部局、设渡江大轮之用，及本省兴学、练兵暨兴办农工商务等事经费。此臣等所以亟图经营，不敢惜目前之费，而忘久远之谋者也。[①]

　　然而，张之洞的宏图巨制最终并未付诸实施，变为现实。该地不仅于晚清民国时期无所改观，甚至到 20 世纪 80 年代初，武昌徐家棚一带仍然是菜地环绕的铁路工人棚户区，现代化的工商大埠之梦成为幻影保存在历史档案的陈迹之中。究其原因，一是国势衰微，外患日亟，弱势的地方当局没有能力实施其宏大计划；二是张之洞不久调离湖北，人走政息；三是"具有关键意义的粤汉铁路筹划虽早，但因经费无着，迟迟不能起步，因此以粤汉码头为兴机的武昌自开商埠就无法形成，地价上涨、卖地还钱等设想只能成为空想"；四是对岸汉口的租界已经形成区域乃至国际贸易大埠，武昌冀图通过开放口岸建设商场以分其势，难矣。

三、办市政

　　张之洞对武汉市政体制改革的最大贡献，就是在 1899 年（光绪二十五年）奏准在汉口设立了夏口厅与汉阳县分治。

---

① （清）张之洞：《收买通商场地亩折》（光绪二十八年九月二十五日），赵德馨主编：《张之洞全集》（四），武汉出版社，2008 年，第 73—74 页。

中国传统的地方行政管理机制是"城乡合治"，"重乡治而忽市政"。武昌、汉阳，是作为省督署或府、县的治所而存在，汉口只是附属于汉阳县的一个普通商业市镇，并没有独立的行政地位。这种情形颇合马克斯·韦伯"中国只有传统的政治中心，而没有真正的城市"的说法。尽管1861年汉口开埠后，汉口城市地位有了很大变化，但因其只是汉阳县属下的一个市镇，派驻官员在处理本镇事务和华界与租界发生冲突时，仍然需要隔在汉水以南的汉阳府会同江汉关道处理，"与民事洋务均多窒碍"。有鉴于此，江汉关道提出或在汉口独立设县，或将汉阳县移驻汉口的多套方案，请张之洞权衡定夺。张之洞认为汉口独立，兹事体大，饬令湖北藩臬两司和江汉关道抓紧研究，拿出切实可行的实施意见。① 次年1月19日（光绪二十四年十二月初六日），张之洞上奏朝廷，正式提出在夏口设抚民同知：

> 窃照湖北汉阳县之汉口镇，古名夏口，为九省通衢，夙称繁剧。自咸丰年间，创开通商口岸以来，华洋杂处，事益纷繁。近年俄、法、英、德、日本各国展拓租界，交涉之件愈形棘手。且奉旨开办卢汉、粤汉南北两铁路，现在北路早已兴工，南路亦正勘路，纷杂万端。将来告成，汉口尤为南北各省来往要冲，市面愈盛，即交涉愈多。乃汉阳县与汉口，中隔汉水，遇有要事，奔驰不遑，若至通济门外，往返之间，已废一日。且以后铁路由该镇通济门外至黄陂县界之滠口，数十里间，悉成繁盛之区。即皆有华洋交涉事件，必须随时应付，克期履勘，断不能稍延时日，致误事机。加以商贾辐辏，讼案繁滋，会匪游勇，潜迹窥伺，缉捕弹压，在在均关紧要。该县本系繁要地方，政务不少，又岂能日事奔驰于数十里之中，于民事洋务均多窒碍。自非有正印专官驻扎汉口，不足以重交涉而资治理。经臣督同藩、臬两司、江汉关道，迭次筹议，如将汉阳县移驻汉口，则该县为汉阳府首邑，辖境辽阔，政本殷繁，以之移驻，仍不免顾此失彼之虞。盖汉口之不能兼顾汉阳，亦犹汉阳之不能兼顾汉口。如添设一

---

① （清）张之洞：《饬两司、关道会议在汉口酌设正印专官》（光绪二十四年七月十一日），赵德馨主编：《张之洞全集》（六），武汉出版社，2008年，第150页。

县，则事属创设，一切烦费，尤不易言。现在通筹熟计，不如将汉口同知，改为夏口抚民同知，较为协宜。且品秩视知县为崇，于弹压亦较得力。该同知向无管理土地、人民之责，事权不属，今拟将汉阳县辖裏河以北之地，北至漶口、西至涓口，横约一百二十余里，纵约三四十里地方，拨归该同知管辖，作为正印地方官，以专责成。应援照河南淅川厅、陕西孝义、佛坪等厅成案，所有刑名案件，仍归汉阳府审转，仓库钱粮仍归该府考核，一切治理统属各事宜，均与所属州县无异。遇有洋务交涉，地方繁要事件，随时秉承该官之江汉关道，就近督率办理，以期迅速而免延误。似此就汉口原设之官，分汉阳一县之地，可免增设凑拨之烦。而事权既专，治理自易，其养廉役食等项，添筹无多。衙门、监狱即就原有房基，量加扩充添置。应设载在祀典各坛庙，暂照各直省两县同城之例，与汉阳县共之，容俟将汉镇旧有庙宇分别酌改，亦尚简易。该镇礼智巡检，加在同知衙门附近，拟令兼司狱事。其汉阳训导，拟移设厅治，改为教谕。所有该厅应拨学额，及管辖地段田粮细数，并其余应行建置事宜，应俟奏准部议复到后，再行续筹办理。至汉镇既驻有同知专治，其汉口原设汉阳府通判，虽名有缉捕之责，实鲜可办之事，似毋庸仍驻该镇。查溯汉而上六十里，汉阳县属之蔡甸地方，市面较盛，水陆交通亦属要地，不可无职分较大之员驻扎其间。拟将该通判够驻蔡甸。至汉黄德道，兼综地方洋务，安民戢匪，责任甚重。查各省要缺道员，其衔内多加兵备字样，营汛自都、守以下，可归节制。此后可否请将汉黄德道加兵字样，以资控驭，实于弹压地方确有裨益。如蒙圣恩谕允，分别改设移置，应请由部另颁夏口抚民同知、夏口厅教谕、礼智巡检兼司狱各印记，并另颁分巡汉黄德兵备道关防，俾资信守。[①]

　　阳夏分治，从表面上看是建制的分开，而实际上是张之洞看到汉口作为工商大埠发展的趋势，需要获得独立的发展空间，从传统的郡县管理体制中离析

---

① （清）张之洞：《汉口请设专官折》（光绪二十四年十二月初八日），赵德馨主编：《张之洞全集》（三），武汉出版社，2008 年，第 511-512 页。

出来，建立独立的市政管理体制。同时，阳夏分治，将襄河以北的汉阳县1000多平方千米面积划归夏口厅，为汉口的城市发展预留了充足的发展空间，为日后汉口市的建立架好了阶梯。从此，武汉两县一厅的格局形成。

尽管阳夏分治以来，汉口有了独立的建制，但夏口厅并无法统筹全市政务、商务、外事和建设。汉口、武昌、汉阳的军、政、财、文大事常直接听命于总督，经江汉道而施行，乃至各区警察署亦由省派出而不属夏口厅。包括修建张公堤、成立后湖清丈局以及修建后城马路，皆由总督张之洞等决策，由江汉关道实施。[①]

创设警察总局，是张之洞市政体制改革的又一重要步骤。

明清时期，武汉三镇基层组织为坊里制，设有坊厢长、里正、甲首。及至清末，张之洞效仿租界警务，在武汉倡办警政，保甲制度遂被警察制度取代。张之洞认为，警察作为西方舶来品，较之中国传统保甲制度之于城市治理具有多重功用："窃查警察一事，实为吏治之实际，教养之初基。立法甚严，而用意甚厚。东西洋各国，视为内政之第一大端。凡稽查户口，保护生民，清理街道，开通沟渠，消除疫疬，防救火灾，查缉奸宄，通达民隐，整齐人心诸善政，无不惟警察是赖"。他还引述日本和上海租界的实例，称赞警察制度把城市治理得"洁清整肃，条理分明，民乐其生，匪匿其迹，几于野无奥草，路不拾遗，明效昭彰，万目共睹"。因此，在湖北引进警察制度就成为必然和必须，"今日讲求新政，采用西法，此举洵为先务"。[②]

1902年（光绪二十八年）6月，张之洞首先在省城裁撤旧有武昌保甲局，设立武昌警察总局，以武昌知府梁鼎

清代武昌警察总局

① 皮明庥：《一个总督·一座城市·一场革命》，第381页。
② （清）张之洞：《省城创办警察折》（光绪二十八年六月初二日），赵德馨主编：《张之洞全集》（四），武汉出版社，2008年，第66页。

芬、试用知府金鼎总办警察局务，归臬司（按察使司）管理。"现已于省城内分中、东、西、南、北五局，城外分设东、西、水、陆四局。酌采外国章程，于五月初一日开办。先募练警察步军五百五十名，警察马军三十名，清道夫二百零二名，以后体察情形，应否增加，随时酌办……并由上海雇募曾充捕头之英国人珀蓝斯来省充当警察总目，以资熟手。"[①]

1903 年，汉黄德道奉命改汉口保甲局为汉口清道局，显然是一市政机构。下分 6 个分局。并改襄河水师为水上警察。次年改为警察局，以汉阳知府为总办。局下设分区。1903 年汉阳亦设警察局，下设 7 个分局。

1907 年，湖北巡警道设立，为一省警政最高机关，直接受总督节制，间受中央民政部门监督。武昌警察总局改隶巡警道，更名为湖北警务公所，汉口、汉阳警察局亦更名为总局，隶属巡警道。

湖北警务公所设总务、行政、司法、卫生四科，其职权，不仅包括在马路和街道站岗巡逻，管理刑事案件和有关户口、婚姻、土地、债务一类的民事案件，举凡修筑道路，改善市街等有关交通、卫生、市政的土木工程事务等，都在其管辖权内，是警察、司法和市政的混合性综合机构，还不是现代意义上的警察机制，准城市政府的特征非常明显。

武昌省城警察"开办之始，新募警勇，多未谙警章，所定制服，类似当时快壮之所衣，手执木棒，蹀躞街隅，无一定之岗位。警士既不自重，亦不为人所重视"。有鉴于此，张之洞于 1902 年（光绪二十八年）选派 20 名弁目赴日留学，研习警政。1904 年（光绪三十年）又续派补用知县廷启、补用盐知事石沅及文武员弁 47 人赴日本警事厅及警察学堂学习警察法规。1903 年（光绪二十九年），"在阅马厂，设立警察学堂，派日本毕业学生充当教习，教练识字警兵以规则操法。……三十一年就仕学院，改建讲堂斋舍，扩充学额，仿日本选募巡查之法，招募身家清白，文理明通者，入堂分甲乙丙丁四班，每班一百名，聘日本高等教习三员，教授警察应用学科，定期两年半毕业。是年令襄阳、宜昌各地方将警察停办，所收铺捐解省，充警察学堂经费。三十二年，考遴候补正佐各官三十一员，入警察学堂学习。两年毕业。三十三年警察学生

---

① （清）张之洞：《省城创办警察折》（光绪二十八年六月初二日），赵德馨主编：《张之洞全集》（四），武汉出版社，2008 年，第 67 页。

毕业者三百有二人，一律派赴武汉各局见习。三月期满，先后委任职务。自是武汉警察颇具雏形，且逐渐推设于各属云"。[1]

张之洞兴办警政的同时，还注重监狱狱舍的改建及文明监狱的创建。张之洞考察欧美和日本"于刑狱一端最为矜慎。其监禁处所不惜巨款，广造楼房，其罪囚饮食，寒暖疾病，无不体念周至"。反观中国的监狱，"屋宇狭暗，人数拥挤，污秽不洁，疫气薰蒸，疾病瘦毙者，往往不免。察其惨苦情状，实堪闵恤"。中国监狱这种不良状况使西人"往往多加訾议"。他认为，监狱改良，兹事体大，不仅有妨仁政，而且有损国家形象："鄂省华洋辐辏，尤为四方观听之所系，倘听其因陋袭常，不加整饬，不惟有妨仁政，抑且于国体有关"。有鉴于此，其于1898年6月17日（光绪二十四年四月二十九日）札饬北臬司"政自近始"，"大修监卡"。"兹应先将江夏县监羁各所大加改造，添购地基，酌量采用西式，务期屋广院宽，通风避湿，器具齐备，整洁宽舒，一应规模章程，均期详备周密。总须与平民住房无异，会被禁被押之人不受法外丝毫之苦"。[2]省城各监狱改造修缮完毕后，再推广至各道府州县监狱。

除了监禁硬件条件改善外，张之洞还要求各监狱对囚犯衣食和医药等"优加筹计"。[3]此次改造，收效明显，张之洞在1907年7月（光绪三十三年）给朝廷的奏章中说"积习已渐次剔除"[4]。1905年（光绪三十一年）张之洞又仿照日本东京及巢鸭两处监狱规模，在武昌省城江夏县署东面（今武昌文昌门正街）购地建造现代化监狱。张之洞在给朝廷的奏折中表示该监狱要在管理方法、教育卫生规则等方面，"兼采东西各国成法，以为通省模范"，故名之曰"湖北省城模范监狱"。[5]该监狱1905年11月（光绪三十一年十月）动工，1907年7月（光绪三十三年五月）竣工，内分内监、外监、女监、病监四区，总共可收留囚犯49人。张之洞在是年7月9日给朝廷的奏折中，详细报告了

---

① 张继煦：《张文襄公治鄂记》，湖北通志馆，1947年，第51页。
② （清）张之洞：《札北臬司大修监卡》（光绪二十四年四月二十九日），赵德馨主编：《张之洞全集》（六），武汉出版社，2008年，第139页。
③ 同②，第140页。
④ （清）张之洞：《新造模范监狱详定章程折》，赵德馨主编：《张之洞全集》（四），武汉出版社，2008年，第305页。
⑤ 同①，第52页。

监狱地址、规模、设施、移禁、典狱、守卫、习艺、教养经费、规则等 10 方面情况，指出其"管理、卫生、教育三事，现已规模具备"。[①]

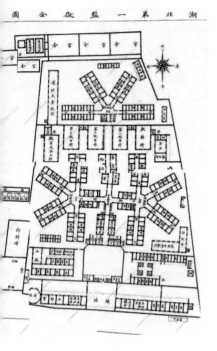

湖北第一监狱全图

张之洞创设的第三类市政机构是 1900 年奏准设立的商场局和 1905 年在汉口创立的汉镇马路工程局。关于商场局，我们在前面已有详细介绍。汉镇马路工程局缘于修筑汉口大智门至玉带门一带马路而成立的工程机构，后几经演化为修筑马路、扩展街道、城市勘界、市容维护等带有城市管理职能的市政机构。对此，张之洞 1905 年 2 月 28 日（光绪三十一年正月二十五日）《札江汉关道设汉镇马路工程局》已有所表述："照得汉镇大智门至玉带门一带议筑马路，勘估工程。据前任江汉关道梁道熹，经批准将火油池报效之款拨充修费，其余不敷之数，原议将城壕余地建屋招租。嗣据署江汉关道桑道督员履勘，禀称填路取土，需款甚巨，不如招商租地，令商自行填土建屋，以兴市面。但商人承租成本既大，必须宽以期限。拟酌量地势繁僻，分别等第，每方租银二三两，以二十年为限。先交第一年租价作为修路之费，以后免租四年，偿其填土建屋之本。至第六年再令纳租，以纾商力。至将来经费充足，扩后街马路可以直达江岸。目前须将街道逐渐展宽，凡马路两旁及通镇修建房屋，均须报验后方准兴修，以便展拓界址。其拆卸城垣砖石，即以接济堤工，藉省巨费。以上各节洵属有益地方街衢要政，均准照办。应即设立马路工程局，委员驻局办理，以专责成。查有湖北候补知府周以翰堪以委充。除札委外，合就札行。该关道即便遵照，督饬妥筹办理"。[②]

① （清）张之洞：《新造模范监狱详定章程折》（光绪三十三年五月二十九日），赵德馨主编：《张之洞全集》（四），武汉出版社，2008 年，第 305—307 页。

② （清）张之洞：《札江汉关道设汉镇马路工程局》（光绪三十一年正月二十五日），见赵德馨主编：《张之洞全集》（六），武汉出版社，2008 年，第 454 页。

　　张之洞在武汉的市政兴革还有举办公用事业如修马路、筑堤防等多个重点工程。

　　张之洞督鄂期间，积极鼓励商办城市公用事业。1897 年 12 月 10 日（光绪二十三年十一月十七日），张之洞致电汉口道台瞿廷韶，批复同意胡筠等承办武昌至汉口渡江轮渡，"胡筠等请以小轮在武、汉渡江，愿提船资二成报效。昨与台端谈，拟饬预缴四千两，将来于报效款内扣除，日来曾否议定。……今若准该商承办，已占先著。闻渡江小轮

汉阳门轮渡码头

获利甚厚，每轮每月可余三百余金，此项预缴之数，一年半即可扣毕，即缴期票亦可。尊处如能设法酌量垫解，尤佳"。但据瞿廷韶次日复电称，承办商以轮渡生意尚无获利把握，预缴款项力有未逮为词表示延迟承办。[1] 直至 1900 年（光绪二十六年），汉口巡警道冯启钧购置轮船，创办"利记"轮船公司，开辟汉口汉江口至武昌汉阳门轮渡航线，由此开启武汉过江轮渡百年历史。

　　长期以来，武汉三镇居民主要汲取长江、汉江之水为日常饮用水，很不卫生，易滋生疾病。除租界外，汉口华界根本没有电灯。张之洞督鄂后，力促武汉兴办公用水电事业，但亦几经周折。1899 年 9 月 14 日（光绪二十五年八月初十日），张之洞曾札准汉口绅商张鼎坤等集股开办自来水公司，"汉口人烟稠密，创设自来水，民间得食洁净之水，可免疾病。遇有火警，随时汲水施救，即可扑灭，洵为地方善举。前因禀请兴办者均系洋股影射，故未批准。兹据该商董等所禀及附呈章程，尚属妥协。复经江汉关道访查，列名商董均属股实，自应准其开办，裨益地方，并准其专利三十年，以顾商本。至报效三万两，即作为建置夏口厅经费"。[2]

---

① （清）张之洞：《致电汉口瞿道台（廷韶）谈武、汉轮渡事》，见吴剑杰编著：《张之洞年谱长编》（下册），上海交通大学出版社，2009 年，第 521 页。

② （清）张之洞：《札准汉口绅商张鼎坤等集股开办自来水公司》，见吴剑杰编著：《张之洞年谱长编》（下册），上海交通大学出版社，2009 年，第 593 页。

建设中的既济水电公司水塔

1906 年既济水电公司股票

1906 年，宁波旅汉商人宋炜臣经张之洞批准，联合湖北、江西两帮巨商十数人共同发起筹办水电公司，取"水火既济"之义，定名"商办汉镇既济水电股份有限公司"："据禀，该职商等在上海筹集资本一百万元，在汉口招集股本五十万元，另由汉镇商民附股一百五十万元，共集资三百万元，当不致别滋流弊。所拟章程，大致尚属妥协，应即准承办。惟此举前经由官提倡，应即拨官款三十万两作为股本，其办事、计利各章程，应与商股各股一律。本部堂派大员一员，总司管理该公司弹压、保护、稽查三项事务。至公司内用人、理财诸事，官不干涉，以清权限"。①

该公司由宋炜臣任经理，设在英租界一码头太平路（今江汉路）。张之洞特拨官款 30 万两作为股本相助，并特许既济专利，规定汉口地区"除租界外，不得另设电气灯、煤油汽灯、自来水公司"。既济公司下设电气灯厂和自来水厂。电厂设汉口大王庙襄河边（今沿河大道利济路口），水厂设在硚口宗关上首襄河边，同时在后城马路建水塔作为供水配套设施，由英籍工程师穆尔氏负责工程

① （清）张之洞：《批职商宋炜臣等禀创办汉口水电公司》，吴剑杰：《张之洞年谱长编》（下册），上海交通大学出版社，2009 年，第 922 页。

设计。1908 年电厂建成送电，总装机容量 1500 千瓦，占当时全国经营电厂总容量的 1/3。水厂 1909 年建成供水，日均供水量达 500 万加仑（22727 吨），供水面积 4.3 平方千米，连当年汉口租界也全赖该厂供水。不仅改变了市民的生活状态，同时也改善了城市的消防条件。

张之洞督鄂期间，湖北武汉电报、电话等近代通信事业也次第兴办，"鄂省电报，光绪十年即设局于汉口河街招商局旁，逐渐推及于各商埠，然未能遍也。光绪十六年，公以襄樊为三省码头，楚北门户，商盛宣怀，设由鄂抵襄之线。十九年接设安陆电线，后以宜方宜施两府会匪滋事，军报迟滞，饬沙市电报局将由沙市至宜都县对岸之白扬渡，接设电线。二十五年，以长阳长乐鹤峰等处，文报难通，派县丞宋文骏勘设宜都长阳电线，同时命知府黄邦俊展设施南至利川电线。从此名属消息，皆顷刻可通矣"。关于电话，"武汉三镇电话局，初由官办，至光绪二十八年改归商办"。[1]

张之洞督鄂期间，武汉城市马路、堤防建设次第展开，政绩昭彰。

1898 年 6 月（光绪二十四年四月），制麻局提调、湖北补用知府赵毓楠和署江夏县知县王廷珍书禀张之洞，请修省城丝麻布局门前沿江马路，张之洞批复同意："查省城外沿江堤岸连年不免盛涨淹浸，亟应垫筑均平，修治齐整，俾免倒漾之虞，始足以卫城关而安民生。其沿堤一带各局所甚多，运机运货之事甚繁，应即乘此筑成马路，一律平坦迅利，以便商民。兹据该守等禀遵饬会勘江岸高低形势，应购地基并修平官路，请拨款委员估修等情，应即委该守会同该令督修此项工程，迅将地价议明购定，预备工料，查照所绘图说，北自制麻局起，南至缲丝局以东接官厅止，即日分段兴工，务将岸工路工一律修筑坚实，限于五月内完成。所需经费估计若干，饬由藩司筹拨，统归江夏县堤岸工程内开支"。[2]

武昌城内湖泊众多，一些沿湖居民填湖建房，导致"水道壅塞，一经大雨辄至，泛滥四出，淹坏民房"。张之洞认为居民乱填乱建，除一些市民自私自利，毁公肥私外，还与地方官吏和警察局、所失责有关。因此，他严令江夏县

---

① 张继煦：《张文襄公治鄂记》，湖北通志馆，1947 年，第 44 页。
② （清）张之洞：《札北藩司拨款购地修路》（光绪二十四年四月二十八日），赵德馨主编：《张之洞全集》（六），武汉出版社，2008 年，第 139 页。

和省城警察局"认真查办，合行札饬"："凡系官湖地段，不准任意侵占，并由局派员督饬巡勇，由县派令弓手工房，将湖面宽窄若干，逐细丈量，造册绘图详记，先钉木桩以示限制。一面刊刻石碑，明定界址，不得再有填占。其有从前侵占并无契据者，一律勒令拆让，挖浚深宽，仍还湖面旧观，不得任听抗违，自取咎戾"。[①] 他的这种城市生态保护措施，比后人更具长远眼光。然而可惜的是，作为防止城市渍水的一部分，其禁止填湖造屋的措施，在其身后并未得到延续，并引起执政者应有的重视。

1905 年，张之洞设立汉镇马路工程局，专门负责规划和修建新区马路。修筑了沿京汉铁路大智门至玉带门的马路。并借鉴租界市政规划的经验，于 1906 年指令夏口厅及江夏、汉阳二县拓宽武汉三镇街道，旧城改造和新建临街房屋从原线后退三尺，以便救火。"照得武、汉三镇，地广人稠，街道窄狭，民间一遇失慎等事，往往过街延烧。纵有各衙署局所、善堂等处水龙竭力灌救，而市房栉比，触处障碍，以致施救为难，动辄延烧多处。向使街道宽广，何致救护无从措手。亟应严定章程此后遇有失慎地方，凡临街房屋修建时，应让出官街三尺。即非失慎地方，但系改造房屋，无论铺面、住宅、公所，亦均应让出官街三尺。务令房主于事前禀报警察局，督同勘明较原造基址所让官街三尺确系相符，方许兴作，永为定例。倘有不遵，虽修成以后，亦必勒令拆卸。即由该厅县刊刷告示，遍贴通衢，俾家喻户晓，以弭火患而卫民生。"[②]《海关十年报告》指出："（汉口）街道正在被拓宽，所有新建筑都必须从原线后退三尺，像在租界一样"。同时，政府还在"城市的街道上维持治安，并做出了一定的努力来改进排水管道和维持环境卫生"。

张之洞还未雨绸缪，预测随着城市现代化发展，必将带来现代化交通如城市码头，车站和货栈大规模建设，于是饬令江夏、汉阳县勘查并购置武汉三镇两江四岸沿江沿河地段，为未来交通建设预留储备土地。"照得川汉、粤汉铁路，现均查勘路线，次第举办，将来以武汉为总汇交通之所。所有江东岸江夏

---

① （清）张之洞：《札警察局、江夏县严禁侵占官湖》（光绪三十二年六月二十九日），赵德馨主编：《张之洞全集》（六），武汉出版社，2008 年，第 508 页。

② （清）张之洞：《札夏日厅江、汉两县出示展宽街道》（光绪三十二年闰四月初一日），赵德馨主编：《张之洞全集》（六），武汉出版社，2008 年，第 505—506 页。

县所属之地，上自新白关起，下至红关堤工之丁段止，及环绕省城北东南三面路线所经之地。江西岸汉阳县所属之地，上自沌口下之虾蟆矶起，下至河泊所止，及汉阳府城迤南西行至桥口以上十里路线所经之地。以上沿江两岸地段，皆与铁路多有关涉。合计路线、码头、车站、堆栈等一切局厂，以及修造驳岸、马路，需用甚多，自应先由地方官勘估购买，以备应用。查江东一带，应委江夏县购买，江西岸一带，应委汉阳县购买。该县即日起亲诣详细查勘，凡铁路后必经码头、厂栈、马路等项必占之地，分别何段为官地，何段为民地，有无老契呈验，现归何人管业，均各估定价值，由官购买，他人不得挽越。其有近年已卖他人者，如有确切印契，均令呈验，照原价让出，不得藉词居奇，有碍地方要政。并挨段绘具图说，呈候核夺。"①

武汉多江多湖，是水灾多发区。张之洞十分重视城市防洪工程建设，任内主持修筑了武青堤、武金堤及后湖长堤（张公堤）等大型水利工程项目。

武昌省城长江堤防年久失修，一遇洪水，即淹灌农田，市区亦内涝严重。"省城之南，保安门外白沙洲至金口六十里，旧有堤，为周天爵所筑，年久荒废，仅有堤形可按。省城之北武胜门外新河起，经红关至青山三十里，旧亦有堤，无修建年月，堤址宛然，高于平地数尺。每夏江水潘入，数十万亩悉成湖荡。其间有抚标、江夏县马厂，各数十里，亦被淹没。"②1899 年 2 月 28 日（光绪二十五年正月十九日），张之洞饬令署督标中军副将俞厚安、署抚标中军参将璞玉、江夏县知县陈夔麟等"周历两堤，分别查勘"，基本摸清"自望山门外鲇鱼套至金口龙船矶计五十余里，自武胜门外红关至青山兰木庙计长二十余"的武金堤和武青堤基本情况："查核南北两堤以内数十里，大小湖荡十余处，均系由积水淳蓄、江水灌注而成，其东南北三面均有山岭围绕，并无河道来源。体察民情，询访绅耆，均愿及早兴修，以复旧业，自应乘春汛未涨以前，委员分别勘修，以卫民田而受官场"。于是委派候补直隶知州李绍远负责承修望山门外鲇鱼套至金口龙船矶段堤防（武金堤），知县徐钧溥负责承修武胜门外红关至青山兰木庙一带堤防（武青堤）。张之洞对工程质量和进度提

---

① （清）张之洞：《札江、汉两县购买沿江地段》（光绪三十二年十月十五日），赵德馨主编：《张之洞全集》（六），武汉出版社，2008 年，第 508 页。

② 张继煦：《张文襄公治鄂记》，湖北通志馆，1947 年，第 45 页。

出了明确要求，"此项堤工、闸工关系重大，日期急迫。倘该二员能迅速督修，于水涨以前完竣一切，经费均核实撙节，不得仅以寻常工程劳绩论，本部堂当饬司注册，提前酌委繁要州县缺，以示奖励。除分行外，合亟札委。该员即便遵照，分别带同测绘员弁前往复勘，测准堤身高下，估计土方数目，复日禀复，以凭拨款兴工。江水日涨，工程紧要，勿稍处误"。[1]武青堤分为8段，"因地势之低昂，定堤身之高卑，高一丈至丈七尺，堤面一律宽二丈"。武金堤分为10段，"堤内地段东过东湖门，南抵八风山，内有南湖、汤孙湖、

武昌沿江

黄家湖、青林湖，巡司河……堤筑一丈余不等，堤面一律宽二丈。沿江旧有驳岸，增筑加高，使内水可洩，外水不入"。"并于武胜门外未有石驳岸之处，一律加修石驳。内湖之水，须有闸以资宣泄，乃于巡司河建筑闸座。……名曰武泰。北段亦设闸，名曰武丰"。[2]

　　武金堤和武青堤开工后，张之洞时刻关注工程进展，"每旬必亲往查工一次"，如6月4日（光绪二十五年四月二十六日）就曾到青山视察堤防建设情况，慰问看望堤工。对于一些对修堤建闸持异议和督修不力的官员，张之洞给予批评和处分。江夏县职员傅启浩"以旧案不准修堤，又湖涸致失渔利"，极力反对修堤建闸。3月17日（光绪二十五年二月初六日），张之洞批示予以驳斥，指出二闸修筑后，"因时启闭，蓄泄有资，永免泛滥之害。且涸出良田，可酌给湖滨穷民耕种，岂不胜于打鱼为生。兹该职员等以修堤种种有碍，定其指归，不过恐湖涸致失渔利起见。殊不知修堤卫民，增田足谷。系为大局统筹根本之计，断不能因区区渔利，废而不修。即使堤成以后，诸湖岂能尽涸，

① （清）张之洞：《札知州李绍远等修省城外南北堤工》（光绪二十五年正月十九日），赵德馨主编：《张之洞全集》（六），武汉出版社，2008年，第207页。
② 张继煦：《张文襄公治鄂记》，湖北通志馆，1947年，第45页。

亦不至无鱼可捕。且既建有闸,内可放湖水,何以内田反致湮没,实属颠倒无理。……该职民挟私害公,混言阻挠,实属愚谬"。^① 1899 年 11 月,张之洞在视察武青堤建设时,发现武丰闸"工程未能稳固,早已见有形迹",当即要求责任人、候补知县曾传禄认真整改,"设法补救"。但并没有引起曾传禄的重视,"该令一味强调掩饰,坚执不移"。次年 1 月,张之洞委派道台徐家干查验堤防修筑工程质量时,发现武丰闸质量问题愈益严重,"此处闸基土性太弱,工竣以来尚未经过流水,左边闸身已有裂缝,现用横木数十根左右抵拒,闸底石脚已有挤动等情,是此闸断不可用"。张之洞收到报告后,一面饬令徐家干"另行择地建闸妥修完固";一面严肃处理曾传禄失职行为,"查曾令前此承修此闸要工,现已草率于前,又复支饰于后,耗费妨工,实属咎无可辞。本应加以惩处,惟念闸基土性本弱,当时复因工程紧迫,赶办期促,不免诸多草率,姑予从宽记大过一次,以示薄惩。现在该令会同候补同知吴学庄承修鲇鱼套之姚家渡闸工。此闸工程尤巨,关系尤重,务须详察深思,考求良法,核算精密,料足工坚,方可经久无弊。倘仍有粗率情事,定将该令从严参处不能再为宽假"。^② 在张之洞的直接指挥下,武昌省城沿江堤防于 1899 年建成,南段武金堤全长 21.32 千米,工程总投资 5.5 万两,其中堤防投资 3.5 万两,武泰闸工程 2 万两;北段武青堤全长 13.36 千米,工程总投资 5.3 万两。

在汉口,张之洞主持修建了后湖长堤——张公堤。汉口后湖一带"地面宽广,春夏之际,江、汉盛涨,动遭漫溢,几同泽国。该处邻近铁路,若筑长堤以御水患,则堤内保全之地,即为商务繁盛之区"。早在 1901 年(光绪二十七年),张之洞即派员到后湖查勘,绘制堤防规划图,并筹集修堤经费。1904 年 10 月 7 日(光绪三十年八月二十八日),张之洞饬札江汉关道在是年秋季"秋水落定"之后动工兴筑:"所需经费,准在拨充粤汉铁路购股买地专款之赈耀米捐项下先行借拨应用……现距霜降水落之期不远,亟应派员从速估工兴办,

---

① (清)张之洞:《批江夏县职员傅启浩等呈修堤不便》(光绪二十五年二月初六日),吴剑杰:《张之洞年谱长编》(下册),上海交通大学出版社,2009 年,第 581—582 页。

② (清)张之洞:《严饬曾传禄将鲇鱼套闸工认真修固》(光绪二十五年十二月十三日),赵德馨主编:《张之洞全集》(六),武汉出版社,2008 年,第 289—290 页。

以符原议"。[1] 成立了后湖长堤堤工局，以江汉关道桑宝为总办，并汇张彪、冯启钧等负责督修。经过近 4 个月的筹备，1905 年 1 月中旬（光绪三十年十二月中旬）后湖长堤（张公堤）开工。工程分 10 个标段分头施工展开，"自铁路第一号地方皇经堂之裕丰垸旧堤起，计长三百三十一丈五尺，接筑新堤四百四十一丈五尺，至长丰垸旧堤。复从长丰垸旧堤，增高加修，至该堤闸口止，计长一千三百六十丈。由闸口循东北而上，自杜家湾经宝莲庵至观音寺止，计长一千一百丈。冈地绵亘，较堤外湖淌高五六尺不等，筑堤均有根据。由观音寺至戚家墩前，计长八百二十丈，地势渐低，内外湖汊纵横。由戚家墩历小金潭、大金潭，斜接戴家山西头，长一千二百五十丈，系十八淌众水去路，地极低洼，外临捷经河，较为险要。戴家山头长一百五十丈，高有数丈十

汉口张公堤

数丈不等，不须筑堤。从该山东尾起，过龙骨沟、藤子冈，前循王家嘴直抵铁路一百五十号止，计长七百二十丈，地虽低而水势平顺。以上共约六千二百丈，约三十四里零"。张之洞要求工程按季节和分段实施，并实行分段责任制，严格考核，确保工程质量。"应饬桑道、张镇等酌量地势高低，工程难易，划分十段，每段各委一员，以便分投雇夫，即日兴筑。除委员分段兴工外，合行札委。该道即便遵照充汉口后湖堤工局总办，一面迅速将全堤工料核实确数，今年先修土工，明年冬再修石工，绘具分段细图呈候核定，一面先行

<hr />

① （清）张之洞：《札江汉关道兴修后湖长堤》（光绪三十年八月二十八日），赵德馨主编：《张之洞全集》（六），武汉出版社，2008 年，第 444 页。

禀请拨发款项，督同各委员等即日按段兴工，随时督催考核，务期工坚料实，全堤悉臻稳固，并须迅速完工，勿待春水涨发，致废全功。倘各委员中有草率克减、疲玩延缓、不能得力之员，并准据实禀请撤换，勿稍徇隐。"① 张公堤自 1905 年冬（光绪三十一年）开工，利用冬春枯水季节集中施工，至 1906 年春（光绪三十二年）始见规模。但由于督修官员质量意识和技术不专等因素，工程质量存在重大隐患。4 月初，英国驻汉总领事游览后湖时，便发现了筑堤工程诸多不规范之处："据驻汉英国法磊斯总领事函称，汉镇后湖堤工一事，前曾代询穆工师如何可以保固，并偕其往勘一周，当将所云修补保固之法函达钧鉴在案。昨日本总领事复往堤上游览，见外面斜坡被水激空之处，仍系填补浮土，面砌石块，并未照穆工师所云满填碎石之法办理。至紧要危险处，虽打梅花桩，中嵌石块，然未将木桩用铁条连贯，恐仍不能保固经久。并见有成排木桩之处，亦应将木桩铁条连贯，使其彼此保持。且排桩内应用三合土筑结，方可无虞。并见堤面甚平，多有坑洼之处，如经大雨，其水必存留坑内，浸入堤身，久必松动，现在已有崩塌，即此缘故。按西国堤面办法，应成凸形，两边筑沟，相隔数丈，即在斜坡之上另筑消水之沟，不令有损堤身。现只将堤面及两边斜坡筑平，饰为美观。至于已筑碎石之处紧要工程，不到三十分之一"。张之洞接到报告后，对于督修各官员视其确保新筑堤防"工坚料实""悉臻稳固"的嘱托为耳旁风，文过饰非，敷衍塞责的渎职行为十分生气，"查后湖地方，本部堂不惜巨款，修筑长堤，原欲为一劳永逸之计，使堤内涸出地亩辟作市场，永无水患。上年各段承修委员修筑未尽合法，致屡出险，驻工极力抢护，靡费不赀。本年复拨巨资，责成各该员加工培补，添砌石坡。若如英总领事所言，令人惊心骇目，是该堤工程草率偷减。设经盛涨，全无实用，岂不贻误大局，深可痛恨，亟应赶紧查办"。于是，札委知县田芸生进驻工地，对英国驻汉总领事提出的工程质量问题，"挨段详查，限两日内禀复"。并要求以此为鉴，举一反三，严把工程质量关，并对玩忽职守的官员严肃问责，一查到底。"以后不论何段工程，但有不尽不实之处，立即将所查情形驰禀本部堂查核，以凭彻底根究，从严参处勒赔，以重要工而示惩儆，断不姑宽。慎勿扶

① （清）张之洞：《札江汉关道委修后湖堤工》（光绪三十年十二月初十日），赵德馨主编：《张之洞全集》（六），武汉出版社，2008 年，第 452-453 页。

同徇隐，并干咎戾。"①

　　1906年（光绪三十二年），东起牛湖广佛寺前（今堤角）向西北越过岱家山折向西南经姑嫂树至禁口止、全长113500米的后湖长堤建成，同时，又修筑了以皇经堂为起点由南向北经长丰垸旧堤直至禁口与张公堤相接的张公横堤。

　　武青堤、武金堤和张公堤的修筑，于武汉城市发展功莫大焉。武青、武金二堤筑成后，张之洞"派员设立清丈局，按地勘丈，清出官地，或仍旧为畜牧之场，或划作通商场界址之用，或拨作农务局耕牧之需。其民地验有契据粮券者，照契管业，每亩缴二百文。无主无契者分别发给执照，缴四百文，令其缴租垦种，以作岁余堤闸经费。共计勘丈官民地二十万亩"。②后湖长堤开始兴建后，张之洞即预料此堤完成后必将涸出大量陆地。"本部堂查后湖地方未经筑堤以前，每遇水涨之时即成巨浸，故该处业户大率完缴溢课者居多。向例完纳渔课之户，止管水业，不能管及陆地。今本部堂不惮劳费，借拨巨款修筑长堤，使堤内各地永免水患，沮洳顿变膏腴。"张之洞以为这些膏腴良田将是未来汉口市区扩展的绝佳场地，因此饬令江汉关道成立后湖清丈局，详细查勘，分别情况，或将无主土地纳归官有，或对持有契据的业主详加核验，"听其管业"，对于"有业户任意违抗，匿契不行呈验"者，则"将该户地亩全数充公，即时竖立石桩，作为官地界址"。同时，对于持有合法契据的业主，要求其完纳筑堤经费，"无论华洋商民，凡不遵章程，不遵缴堤费者，一概不准税契"。③张公堤修成后，"涸出田十余万亩，泽国皆化为市廛"。④新修的张公堤取代了汉口城堡的防洪功能，消除了汉口城腹背两面水患之忧，为新通车的京汉铁路建立了防水屏障，为市区的扩大奠定了基础。1917年2月，《汉口中西报》的一篇文章说："汉口后湖一带均经筑堤捍水，变泽国为桑田，至今民食文襄之惠。以视苏堤春晓、花柳六桥迥乎"。张公堤的修筑也成就了一个大地产商刘歆生。在张公堤修筑以前，后湖的地很便宜。买办刘歆生购买占有张

---

① （清）张之洞：《札知县田芸生严查堤工》（光绪三十二年三月十四日），赵德馨主编：《张之洞全集》（六），武汉出版社，2008年，第503-504页。

② 张继煦：《张文襄公治鄂记》，湖北通志馆，1947年，第44页。

③ （清）张之洞：《札道员桑宝覆丈后湖地亩》（光绪三十二年三月二十七日），赵德馨主编：《张之洞全集》（六），武汉出版社，2008年，第504页。

④ 同②，第46页。

公堤以内汉口市区、郊区约 1/4 地皮，并建有很多房屋。自堤修筑后，地价不断上涨，使刘成为汉口的"地皮大王"。西商跑马场以及后来的模范区等，都是刘歆生提供的地皮。

1907 年，张之洞下令撤除汉口城墙，城基建后城马路（今中山大道硚口至江汉路一段）。后城马路的修筑，改变了汉口的商业格局。"此路上起硚口，下迄歆生路，长约数里，创始于清光绪三十三年，从前为人迹罕到之处，近则轮轨交通，店铺林立，几令人不可思议矣。"[1]

修建中的后城马路

张之洞因修卢汉铁路调到武昌，1889 年至 1905 年主持修通了卢汉铁路，1906 年 4 月 16 日（光绪三十二年三月二十三日）京汉铁路全线通车。京汉铁路通车后，带动武汉贸易发展。宣统年间一位工商界人士张寿波在《最近汉口工商业一斑》一书中评论道："现近年汉口贸易额增进之数，较前几大一倍，伟然占全国通商口岸之二位，皆此铁路之力。"到 1916 年，

平汉路上的火车

据京汉铁路管理局调查，京汉铁路专用货车及客车共计 3560 辆（节），另有亚细亚煤油公司自备煤油车 2 辆（节）。其中客车 108 辆（节），卧车 14 辆（节），首车（火车头）63 辆。[2] 1917 年年底，大智门车站改造成三层洋式房

---

[1] 武汉地方志办公室、武汉图书馆编：《民国夏口县志校注》（上册），武汉出版社，2010 年，第 201 页。

[2]《京汉货客车之调查》，《汉口中西报晚报》1916 年 11 月 28 日。

三大栋。1921年1月，京汉、粤汉铁路实行联运。铁路运力的发达，铁路运量的发展，促进了武汉贸易的发展。

汉口张公堤、后城马路与京汉铁路的修成，彻底改变了汉口的城市布局，甚至影响了人们的观念，乃至培育了像刘歆生这样的资本家。京汉铁路通车后，汉口市区江岸车站、大智门车站、循礼门车站和玉带门车站等4个车站建成，随着水陆联运的兴起，长江沿岸、租界和铁路之间迅速发展为汉口新兴的闹市区。近代汉口华界第一批马路如歆生路、大智门路、火车站前马路、何家路、小华景街马路、德华里下马路、三元里下马路等均介于租界与铁路之间，是南北走向，与铁路和租界呈垂直形态，清晰地显示出铁路兴起后引起的水陆联运对汉口城市发展的推动。京汉铁路东西向直贯汉口市区，带动了城区面貌的改观。如硚口至谌家矶一带，1894年以前还只是"草庐茅店，三五零星"的荒凉景观，铁路开通后，这一带很快变得"廛居鳞次……三十里几比室直连矣"。铁路沿线如玉带门、大智门一带原为荒僻之地，因铁路车站建立，仓库、工厂、搬运所相继出现，附近的贫民茅屋次第改为商店，辟为商场，地价迅速看涨。据徐焕斗《汉口小志》记述："往时每方19两者，今涨至44两，但距玉带门外里许尚有每方六七两之价格。"①正如1920年《夏口县志》指出："猥自后湖筑堤，卢汉通轨，形势一年一度，环镇寸土寸金。"②

四、兴文教

张之洞十分重视教育，把办教兴学列为其"新政"首务和要务，"公尝谓中国不贫于财而贫于人才，故以兴学为求才治国之首务"。其以省城武昌为中心，办了新式的大中小学堂和各种专门学堂，并且选派大量的可造之才出国留学。张继煦《张文襄公治鄂记》谈到张之洞举办教育，"二十年间，世变不同，教育亦随时而异其施"，将其分为书院时期、书院改章时期、新学制时期等三个阶段。

---

① 徐焕斗著，张博锋、尉侯凯点校：《汉口小志·商业志》，武汉出版社，2019年，第122页。
② 武汉地方志办公室、武汉图书馆编：《民国夏口县志校注》（上册），武汉出版社，2010年，第201页。

书院时期。"公初至鄂,病士子之空疏,而鲜实学,于是注重书院,涵养分门研究之精神,尚实尚精,此精神洵为治西学之先导,殆同于欧洲文艺复兴时期。自光绪十六年至二十二年属于此时期。此时期虽设有各种学堂,而其办法则书院之形式也。"此一时期所办教育包括两湖书院、经心书院、江汉书院、算学方言学堂、自强学堂等。

书院改章时期。"从前教育,研究古学而已,又重个人自由研究,而无班级教授之方法。此时期则中西学并重,以期造成明体达用之学。中学为体,西学为用,虽为言新者所訾议,而要不失为一种主张,后之从事革新者多由斯时所养成。盖自甲午战后,士大夫之有知识者,亦知非变法不足以自强,公固早见及此,特彼时习俗锢弊太深,不能不待时机而进耳。此时期,书院采学堂之形式,而学堂又略具书院之臭味,可谓旧教育与新教育过渡时代。自光绪二十三年至二十八年,属于此时期。"这一时期所办教育包括两湖书院、经心书院、江汉书院、自强学堂、武备学堂、将弁学堂、农务学堂、工艺学堂。

新学制时期。1901 年 9 月 14 日(光绪二十七年八月初二日),光绪发布上谕进行学制改革——书院改学堂,"作育人才,端在修明学术,著各省所有书院,于省城均改设大学堂,各府厅、直隶州均设中学堂,各州、县均设小学堂,并多设蒙养学堂。务使文行交修,讲求实用,著切实通筹举办"。[①] "此时期进入一新阶段,如废除自由研究,而改为计日课功,舍空泛的理论,而为有系统有阶级之学习,皆表示脱离书院之办法,而新学制代之而兴。其尤著者,从前教育研究高深学术,以造成人才为帜志,斯时则由小学以至高等学堂,使人才皆有求学之机会。从前教育,惟注重于都会,斯时则各地方皆设学,而不仅图一隅之发展。从前教育无专书,毕业无一定之年限,斯时则教科深浅,毕业期间,皆有明白之规定。故自光绪二十八年起,教育逐渐设施,谓之新学制时期。"[②]

自 1902 年(光绪二十八年)始,张之洞在省会及各府州县设立大中小各学堂,继续引领各省学制改革:"照得湖北省遵旨兴建大中小各学堂,现经筹

---

① (清) 张之洞:《筹定学堂规模次第兴办折》(光绪二十八年十月初一日),赵德馨主编:《张之洞全集》(四),武汉出版社,2008 年,第 87 页。
② 张继煦:《张文襄公治鄂记》,湖北通志馆,1947 年,第 7-17 页。

经心书院

两湖学院

商定议，将两湖书院作为两湖大学堂，以课高等专门之学，以原有武备学堂暨防营将弁学堂作为武高等学堂，设立文普通中学堂一所，以自强学堂屋舍充用。将两湖、经心、江汉三书院学生通行合校等差，或归入高等，或归入普通分别办理。设立武普通中学一所，择地于垱子山迤南创建。该学堂未造成以前，暂借江汉书院先行开办。其农务学堂移设武胜门外真武庙地方，令与试验场相近。已经绘有图式，从速兴造。工艺学堂应行添屋添厂，定章定额，另行详办。

设立方言学堂一所，以城内旧日农务局屋舍充用，即将自强学堂原有学生移入，仍另行定章，分别去留。又设立师范学堂一所，择地于黄土坡一带创建。该学堂未造成以前，暂借安徽会馆先行开办。又就省城内市中东西南北五路，共设高等普通小学堂五所，以作各州县城镇应设小学堂之标准，均已择有地址，其东路小学当即附设于师范学堂之旁。另将经心书院改为勤成学堂，以敬文优年长、有志乡学而不能入学堂肄业之生员。并拟于教吏馆东面增修屋宇，添设仕学院，令各官讲求中的各门政治之学，均已分别延聘华洋教习。各该学堂应行修改、创建工程，亟须克期分投兴作，以速观成。各学堂课程门目、毕业年限、管理人员职守，应再统行详议。凡异字者应另立章程，同等者应会通画一，此均系学务处应办之事。至各府州县应设中小学堂暨民间私设各学堂，亦宜归学务处随时稽查考核"。①

同年，张之洞鉴于湖北"学堂既多，学务日形殷繁，亟应添设总汇之所"，专设学务处，委任江苏

自强学堂

方言学堂

湖北南路初等小学堂

---

① （清）张之洞：《札学务处专设办公处所》（光绪二十八年四月二十六日），赵德馨主编：《张之洞全集》（六），武汉出版社，2008年，第416页。

特用道郑孝胥、湖北候补道赵滨彦为总办。①"以省会水陆街之城守营守备衙门、及西偏房一所充用。凡省属官立学堂、民间私立各学堂以及出洋留学生，统归稽查、考核。各学堂课程门目、毕业年限、管理人员职守，均责成学务处筹办。"②

张之洞教育理念和办学宗旨充分体现在其 1902 年 10 月 31 日（光绪二十八年十月初一日）《筹定学堂规模次第兴办折》一文中。

首先，张之洞对于教育与强国兴邦、兴学办教与人才培养以及教育、人才与国家兴盛三者之间的关系有明确而清醒的认识，把兴学育人视为强国兴邦的第一要务。"国势之强弱在人才，人才之消长在学校。环球各国竞长争雄，莫不以教育为兴邦之急务。"早在一百多年前，张之洞就有国与国之间的竞争本质上即是人才竞争的观念，确乎先声夺人，难能可贵。

其次，作为"第一通晓学务之人"，张之洞深刻阐述了不同层级和不同类型的教育对于人才培养的不同功能和作用，"以大学造就文武之通材，以小学、蒙学启发国民之忠义，化成国民之善良。全国学堂多至十数万区。有普通之学，以资人之博识。有专门之学，以待人之深造。有实业之学，以裕资生。有美术之学，以穷巧艺。而蒙养之初，又有所谓幼稚园者，以抚育孩提而驯之于姆教。揆其立法用意之精深，合乎中国古先之制。考日本教育总义，以德育、智育、体育为三大端，洵可谓体用兼赅，先后有序，礼失求野，诚足为我前事之师。"

第三，张之洞认为，中国近代教育改革在初始阶段就要注重顶层设计，在教育理念、办学层级、办学类型、办学规模等方面不可"稍涉摸稜""过从简略"，务必视野开阔，各体兼备，规模宏大："虽中国地广人多，时艰帑绌，改弦更张之始，凡诸学制，固不能遽求美备，而宗旨不可稍涉摸稜，规模不可过从简略"。他以自己在湖北办教兴学实践，提出了对教育改革"得西法之意，适中国之用"，根据国情省情"审度缓急，量为变通"的改革主张："臣之洞初到湖北时，创建两湖书院，经史之外，兼课舆地、算学、图绘等

---

① （清）张之洞：《札委新设学务处总办及委员》（光绪二十七年六月二十一日），赵德馨主编：《张之洞全集》（六），武汉出版社，2008 年，第 375 页。

② 张继煦：《张文襄公治鄂记》，湖北通志馆，1947 年，第 12 页。

门。旋复陆续添设自强、武备、将弁、农务、工艺各学堂，延聘东西洋教习，分课文、武、实业各种有用之学，各书院学堂一律兼习体操、兵操。旋于光绪二十四年九月钦遵懿旨，将两湖、经心、江汉三书院于经史外，均分课天文、舆地、算学、兵法四纲，门目递增，规模略具。……兹奉明昭，将各书院一律改设学堂，遵旨督饬司道武昌府详筹速办。一面通饬各府、厅、州、县一体钦遵，改设中、小学堂。一面委派生员分次前往日本，考察各学校章程规制、一切教育经理事宜，以资参酌。现办各学堂，大率皆仿照东西各国学校教育成法，而其间亦间有增减酌改之处。乃系就中国土风、鄂省物力，审度缓急，不能不量为变通。总以得西法之意，适中国之用为主"。

第四，对湖北举办哪些学堂，怎样办好学堂进行了系统设计、总体谋划和深入思考。张之洞系统规划湖北要办12类近代新式学堂："师范学第一""小学第二""文普通中学第三""武普通中学第四""文高等学第五""武高等学第六""上方言学第七""农学第八""工学第九""勤成学堂第十""仕学院第十一""省外中小学第十二"。在这12类学校中，张之洞尤重师范、小学和文普通中学三种，认为"师范为教育造端之地，关系至重"；"小学为培养人才之源"；"小学之上，普通学为最要。小学所以教为民之道，普通学所以教学为士学为兵者之道。故日本教育家苦口详言，皆以普通学为文武百事之基。普通学稍有阙若含糊，则以后各种学术皆事倍而功半"。

至于怎样办好学堂，张之洞提出了"筹办学堂要旨八条"：

①"小学为急，第一。"张之洞认为小学应为国民义务教育，凡国民都必须读书上学："其教法大旨，一在修身，使人人知义理。一在爱国，使人人知保护国家。一在资生，使人人谋生有具。故谓之义务教育，又曰国民教育。言必入学知大义，而后为我国之民，不入学则不知民与国一体之义，不得为我国之民"。张之洞在考察东西方发达国家教育后，认为衡量国家发达与文明程度的重要标准在于国民义务教育普及率高低，"西人觇国者，每视小学官费年限之久暂与全国入学分数之多数，以为文明程度之比较，不汲汲问大学堂之成才若干也"。因此，办教兴学的当务之急在大力普及小学教育，使国民都能享受教育权利，"中国生齿最繁，经费奇绌，学堂初开，其得入学者不过百中之一二。然所谓国民义务之宗旨，凡任学务者断断不可迷昧。故此时各处兴学，

首以小学为急"。而要广设小学，首要难题是师资不足，因此张之洞提出要大力办好师范学堂，"故今日首以造就师范生为急。易曰蒙以养正，周子曰师道立则善人多，此之谓也"。

②"日课专加读经、温经时刻，第二。"张之洞提出，无论小学、普通中学都要专设"读经书一科"，并对每日读经时间做了具体规定。

③"教科书宜慎，第三。"张之洞认为，中国典籍虽然浩如烟海，但"施于教科，可以克期毕业的又按切今日时势，堪应世变者则甚少"，因此有必要按照各级各类学堂培养人才的需要编纂各种教材。他在考察日本、俄罗斯教材编写和使用经验教训后认为，编写教科书既要学习和效法西方发达国家，尤其是在舆地、图算、理化等自然科学方面应"多本西籍，采取参用之"。但伦理修身、史学文学之类教科书则因其影响学生思想观念和伦理道德，"关系至巨，乌可不慎"。他还举俄罗斯的例子说明这一问题的严重性，"俄罗斯学堂用法兰西民主国之教科书，而学生屡次滋事，此用他国书而得大害者也"。即使在自然科学方面如舆地、动植物、理化各科编译自外国书籍，也不能全盘照搬，要根据中国国情和教学需要在"义类""名词""文法"等三个方面"详加酌改"。认为好的教科书应该是教师根据自己独到的研究并博采中西学术众长而编纂和创造，他认为两湖书院在这方面是较为成功的，"两湖书院课书，向系专门教习以已学讲授，就其所讲，排日编译，即为课本。虽浅深繁简或未能如外国课书之精到合宜，而大旨必不诡于正，讲授亦有次第，学生领解甚易，受益其速"。

④"学堂规制必宜合法，第四。"张之洞认为学堂是培养国家栋梁的重要场所，其校舍建设必须合乎规范，各种讲堂、实验室、寝室所、会食所、盥浴所、息游所、养病所、应客所、图书器具所、操场以及各种器具、设施等都仿照西法，"设置尤备"。"鄂省文、武、大、中、小各学堂，处处皆求完备合法，不敢稍有苟简迁就之念。新建者布置固须尽善，已成者稍有不合必加修改。"

⑤"文武相资，第五。""湖北文、武、大、中、小各学堂，及方言、农、工等学堂，皆有体操、兵操。文普通高等皆兼学乘骑。遇有典礼，各书院学堂文学优等诸生，皆一体服用兵衣，列队持枪行步，皆以兵法部勒随同阅操

亦然，住则支帐，监学文员即为队长。此为中国士气过弱，因时制宜，与西法貌似不尽合，而意实密合"。

⑥"教员不迁就，第六。"张之洞以为学堂好坏关键在教师，他坚持学堂管理人员和教师非专业人士不用的原则，遴选学有专长乃至硕学鸿儒到湖北各级各类学堂任教。"所有学务处及各学堂教员，除实缺司道大员论官委任，但取其总司考核外，其余自总提调起以至监督、各堂提调、管理教习、监学领班，皆择究心学务之员，或曾到外国考察学制，或向来讲求东西各国教法，或曾经自行创设学堂，或曾游历东西洋者，务令各举其职。"

⑦"求实效，第七。"这方面，张之洞着重强调了三点：一是办教育要舍得投入："一曰不惜费，若堂斋书器不求完美，衣冠食宿不为筹备，惟以节省为主，则苟且散乱，约束无方，讲习无效，所用尽属虚糜。《论语》所云见小利而大事不成。《管子》所云啬则费。此之谓也"。二是培养人才不能急功近利，要循序渐进，尊重教育客观规律："二曰不嫌缓。功课不宜太多，毕业不宜太速。若急于见功，不先开小学，而骤入中学，徒务虚名。不通中学而强入大学，则根柢不清。讲授无序，师劳徒昧，苦而无得，欲速反迟。不惟此也，倘未经小学累年之训迪，讲明遵规之大义，服习规矩之实功，中学堂、高等学堂内不酌分时刻讲习经书，而徒教以各种艺术、中外治理、洋文、兵事，是犹无址而培其墉，其墉必仆。内有邪热，而投以补剂，其病必狂。将来徒为乱民，有害无益。《论语》所云速成非求益。《孟子》所云揠苗助长。《学记》所云杂施而不孙。此之谓也。"三是尊重知识，奖掖人才，使人才学有所用："三曰不靳赏。学成而予以名，试以事，则人才日奋，而人心亦日固矣。学成而不用，或用而非所学，则人才日沮，人心亦日涣矣。故普通学、实业学、高等学毕业之学生，以及出洋游学毕业之学生，切望朝廷伏加鼓舞，量材任用，明定出身之阶，则天下数十万区之学堂，不烦库款，可以五年而起。……士心既然鼓舞，民心自无他歧。《礼记》所云不从其所令从其所行，上好是物，下必甚焉。此之谓也。又尝考日本教育家之言曰，人才之能成就与否，全视国家之任用与否。又曰，学堂每年成材若干人，必须适符国家录用若干人，方为无弊。此言尤为深切著明者矣。"

⑧"防流弊，第八。"张之洞指出当下学堂教育的流弊，是舍中学而崇

西学，因此，他提出防流弊三条举措，"一曰幼学不可废经书"，"今日略知西法办学堂者，动谓读经读书为无益废时，必欲去之，百喙一谈，牢不可破，此大谬也"。"若小学不读经，中学不温经，则万万不可"。他认为读经需自少年始，"若少年不读古书者，长大必不能解"，如果幼学废经书，不仅造成国学人才尽失，还将带来传统文化消亡的可怕后果，"始则无人肯读，三十年以后则宿儒已尽，后学茫然，必致无人能解，从此经书废绝，古史亦随之，中国之理既亡，中国岂能自存乎"。"二曰不必早习洋文。"他担心幼童启蒙时就读外语，会造成先入为主，忘掉母语，"不能读中国之书，明尧舜周孔圣教之理，不能知中国古今事，不能办公牍，不能与平人通书札"，这样的人，即使"谨厚无他，亦终不堪大用"。"三曰不可讲泰西哲学。"张之洞认为泰西哲学"流派颇多"，"密实已甚"，一些研习西方学术的中国士人，"别出一途，探赜钩深，课虚骛远。究其实，世俗所推为精辟之理，中国经传已多有之。近来士气浮嚣，于其精意不加研求，专取便于己私者，昌言无忌，以为煽惑人心之助。词锋所及，伦理、国政任意抨弹。假设仅尚空谈，不过无用，若偏宕不返，则大患不可胜言矣"。因此，张之洞极力反对中国学堂开设西方哲学课程，认为其不仅滋长空谈学风，而且因与中国政教伦理大相违异，还可能导致阻断中国传统文脉、动摇国家政体根基的可怕后果。[①]

由此看来，张之洞虽然大力主张并推动近代教育改革，提倡学习借鉴日本和欧美办学经验，在办学形式、课程设置等方面不乏现代取向，但由于"中体西用"的总体文化——学术价值观以及维护专制制度的政治立场的制约，其近代教育改革对西方教育体制、理念、方法采取选择性吸收和借鉴，袭其皮毛而遗其神韵，致使湖北近代教育不古不今，非中非西，离建立真正的现代教育体系形态还相去甚远。

1. 两湖书院及其流变

同治七年（1868年），张之洞出任湖北学政时，在武昌三道街创立经心书院（今市四十中处），其时武昌已有了一个江汉书院（洪武二年即1369年创办）。张之洞调任湖广总督后，1890年（光绪十六年）在武昌创办了两湖书

[①]（清）张之洞：《筹定学堂规模次第兴办折》（光绪二十八年十月初一日），赵德馨主编：《张之洞全集》（四），武汉出版社，2008年，第87-95页。

院，"四月，创建两湖书院。抵任后，阅经心、江汉各书院，经心书院滨都司湖，时承大水之后，墙宇如坯，水痕犹在。书院诸生以重修请，谓二十年来绩学好古之士，多出其中。江夏县绅陈庆缚等愿以所有都司产捐之书院，以资创造。湖南人士亦请附入肄业。遂定议重修，培基址，疏水道，环湖为斋舍二百间，别设四十间，备商籍诸生肄业。名曰两湖书院，改湖名曰都士。劝茶商捐输经费，视茶价千分之一，岁得一万余两，后茶商有烦言，裁捐另筹。别建经心书院于胭脂山麓，课经古之学。江汉书院斋舍素少，课时文"。① 两湖书院布局，据张继煦《张文襄公治鄂记》，"后面的北斋，以天干字为识，前面为南斋，以地支前十字为识，每字为一斋，每斋房十栋。西面为商籍斋分亥戌二斋，每斋房二十栋，每栋前后房各一间，前为书房，后为寝室。正学堂则为朔望习礼之地，其后为楚贤祠，再后为水榭，公等宴宾于此。南北书库，庋藏图书。前后两湖，规制恢宏"。② 对于两湖书院办学宗旨、培养目标、课业设置、学员选录及院纪院规等，张之洞1891年2月9日（光绪十七年正月初一日）发《咨南、北学院调两湖书院肄业生》中有详尽说明：

> 为照维持世道，首赖人才。人才之成，必由学术。即论地方官化民成俗之道，亦必以教士为先。故书院之设，所以作养贤才，贵得明礼达用之士，以备国家任使，庶可以羽翼圣道，匡济时艰。然必须有群萃州处之区，始克收师友讲习之益。……本部堂现于湖北省城创建两湖书院，筹集经费，就都司湖地方环置斋舍两百间，调取两湖诸生各一百名入院肄业。另置斋舍四十间，附调商籍诸生四十名肄业。课士之法，分经学、史学、理学、文学、算学、经济学六门，延请分教六人专门训课诸生。愿执何业，各随才性所近，能兼者听。肄业者皆须常川住院，以便计日程功，常聆讲授。既资检束，亦便观摩。有事禀明给假，假满不回院者开除。每名每月常膏火银三两，每月官师二课，住院二百四十名，两课均有奖赏，以课卷之高下为等差，惟草率谬妄者不给。……广置书籍以供博览，严立学规以端趋向，勤考日记

① 许同莘：《张文襄公年谱》卷四，商务印书馆，1944年，第71-72页。
② 张继煦：《张文襄公治鄂记》，湖北通志馆，1947年，第8页。

以验功修。博约兼资，言行并勖，期于他日成就出为名臣，处为名儒。专派提调一员，督同监院二员稽查考核。如调院之后有干预外事、荒嬉废学、侮慢师儒、不敬官长、诋毁先贤、妄谈时政者，皆为干犯学规，随时查明并逐出院。书院本年春间落成，选调各生务于本年三月初旬齐集鄂省，听候本部堂示期面试，甄别去取，留院肄业。……①

两湖书院虽然课程大体分为经、史、文、理、算、经济六科，但"算学经济学讲座，始终虚悬"。其任课教习，均为硕学鸿儒，"每科设分教一人，由总督聘任，多极一时之选，前后任经学者，为易顺鼎、杨裕芬、钱桂森；任史学者，为杨锐、江康年、梁鼎芬、姚晋圻；任理学者，为邓绎、周树谟、关棠；任文学者，为陈三立、屠寄、周锡恩、周树谟、杨承禧。其组织类近时之研究院，人才彬彬，称极盛焉"。②甲午战败后，1897年张之洞开始按近代学堂模式策划武汉书院的改革，其改革的指导思想，"大指皆以中学为体，西学为用。既免迂陋无用之讥，亦杜离经叛道之弊"。在这一思想指导下"严立学规，改定课程，一洗帖括词章之习，惟以造真才济时用为要归"。③其课程设置和教学考核方式方法皆有较大改变，学生课业不重制艺，而重实学。"初改章时，学科为经学、史学、舆地学、算学四门，图学附于舆地。后又将地图一门改称兵法，兵法又分三类：（一）兵法史略学，（二）兵法测绘学，（三）兵法制造学。最后又增设格致体操，体操尤重兵操，瞄准射击，皆时肄习。每门各设分教，按时授课。学生皆由书院招考取录，以年少而中学有根柢者为合格。各科功课，皆须兼习。考校用积分法，每月终核其所业分数之多寡，以为进退之等差。寒暑假前，各大考一次，由公（张之洞）亲自主持。监督负整饬学规，考核品行之责。另立行检一门，由监督定为分数，合各门计算。"④与此同时，对经心书院的课程设置亦有改革，"经心书院，分习外政、

---

① （清）张之洞：《咨南、北学院调两湖书院肄业生》（光绪十七年正月初一日），赵德馨主编：《张之洞全集》（五），武汉出版社，2008年，第225-226页。

② 张继煦：《张文襄公治鄂记》，湖北通志馆，1947年，第8页。

③ （清）张之洞：《两湖经心书院改照学堂办法片》（光绪二十四年闰三月十五日），赵德馨主编：《张之洞全集》（三），武汉出版社，2008年，第480页。

④ 同②，第10页。

天文、格致、制造四门，每门亦各设分教，诸生于四门皆须兼通，四门分年轮习。无论所习何门，均兼算学。分教中即有通晓西文者，诸生若自愿兼习西文，亦听其便。另设院长总司整饬学规，专讲四书义理、中国政治。其考分数而不仅取空文，亦与两湖书院同"。[1] 在坚持中学为体的总体教学框架内，明显加重了西学课业如算学、格致（物理、化学）、西语等的分量。1898 年 5 月，清廷令省府州县的大小书院一律改为兼习中西学之学堂，"书院之设，原以讲求实学，非专尚训诂辞章。凡天文、舆地、兵法、算学等经世之务，皆儒生分内之事，现在时事艰难，尤应切实讲求，不得谓一切有用之学，非书院所当有事也"。1899 年，张之洞仿近代学堂，对两湖、经心、江汉三书院进一步进行创造性的改革，"将省城各大书院，即照天文、地理、兵法、算学分门讲授"，两湖书院在经学、史学、天文、舆地、地图、算学六门之外，"将地图

1902 年两湖书院选派的官费留日学生合影。前排右一为黄兴

一门改称兵法"，包括"兵法史略学""兵法测绘学""兵法制造学"等三类，此外增加体操课程。经心书院的课程改定为经史、天文、舆地、兵法、算学等，"其添习兵法、体操，亦与两湖书院同"。江汉书院"除四门分课外，亦应专设经史一门，添请分教一人，每月课以经史，其别计分数，统定等第，

---

[1]（清）张之洞：《两湖经心书院改照学堂办法片》（光绪二十四年闰三月十五日），赵德馨主编：《张之洞全集》（三），武汉出版社，2008 年，第 480 页。

与经心书院同"。①在改革时期，张氏选派两湖书院、武备学堂徐传笃等二十名学生赴日本留学深造，"一切经费由鄂省筹备，分批汇寄日本济用"。②

　　1902年5月14日（光绪二十八年四月初七日），张之洞提出将两湖书院改为"两湖大学堂"，委任王同愈为两湖大学堂监督，"又两湖书院现拟改为两湖大学堂，亦应添监督督率，总司教法。查贵编修道艺赅通，深谙学务，拟即委充湖北学务处总办，兼充两湖大学堂监督"。③6月2日（四月二十六日），正式将两湖、经心、江汉三书院合并组建"两湖大学堂"。"现经筹商定议，将两湖书院作为两湖大学堂，以课高等专门之学……将两湖、经心、江汉三书院学生通行合校等差，或归入高等，或归入普通，分别办理。"④1903年（光绪二十九年）两湖大学堂又改名"两湖高等学堂"。除原有课程外，增加了理化、法律、财政等科，挑选三书院优秀生入学。两湖大学堂又称"文高等学堂"，张继煦《张文襄公治鄂记》介绍说，"文高等学堂，光绪二十九年就两湖书院改设，学额一百二十名，以两湖、经心、江汉三书院优等学生入学。补习普通学一年，习专门学三年，出洋游历一年，共五年毕业。日课以八小时为率。学科共分八门，经学（道德学、文学附）、中外史学（掌故学附）、中外地理学（测绘学附）、算术（天文学附）为中西公共之学，聘本国专门教习教之。理化学、法律学、财政学、兵事学，为西学，聘东西各国专门教习教之。公奏章云：是大学堂之预备科，亦可称为两湖大学堂。惟办理甫及一年，以改两湖总师范，房屋修改，停办"。⑤

　　经过实践，张之洞认为欲振兴教育必先办师范，"师范学堂为教育造端之地"⑥，先得培养大量优秀师资。1904年7月14日（光绪三十年六月初二日）

① （清）张之洞：《札两湖、经心、江汉三书院改定课程》（光绪二十五年正月十一日），赵德馨主编：《张之洞全集》（六），武汉出版社，2008年，第201页。

② 吴剑杰：《张之洞年谱长编》（下册），上海交通大学出版社，2009年，第571页。

③ （清）张之洞：《照委王编修同愈充湖北学务处总办兼充两湖大学堂监督》（光绪二十八年四月初七日），赵德馨主编：《张之洞全集》（六），武汉出版社，2008年，第413页。

④ （清）张之洞：《札学务处专设办公处所》（光绪二十八年四月二十六月），赵德馨主编：《张之洞全集》（六），武汉出版社，2008年，第416页。

⑤ 张继煦：《张文襄公治鄂记》，湖北通志馆，1947年，第13页。

⑥ （清）张之洞：《筹定学堂规模次第兴办折》（光绪二十八年十月初一日），赵德馨主编：《张之洞全集》（四），武汉出版社，2008年，第87-95页。

张之洞饬札学务处将两湖文高等学堂裁撤，原址改建两湖总师范学堂："照得振兴教育，必先广储师资。师范不敷，学校何从兴盛。本部堂前经饬购城东地段兴建师范学堂，日久尚未修造，暂系借地办理。现在湖北全省各处学堂教员缺乏，待用尤殷，不得不先其所急。查旧日之两湖书院规模宏壮，修改较易，立即将原设两湖高等学堂改作两湖师范学堂，以能容师范生一千人为度。其间暂行分别优级师范、初级师范两等"。①张继煦《张文襄公治鄂记》对两湖师范学堂的来龙去脉曾有清楚述介："先是公拟于省会宾阳门以南、老官庙以东、青草坡地方，建设师范学堂。嗣又变计，就两湖文高等学堂改建，将旧斋房拆毁，改为楼房，计分仁义礼智信五斋。拟初级优级两等合办，兼收湖南及各省学生，以一千二百人为足额，号千师范，后改为总师范。光绪三十二年开办仁义两斋，每斋学生二百四十人。资格以生员为限。学生服制皆长衫束带。学科为修身、读经、中文、教育、算术、英语、历史、地理、物理、化学、博物、手工、音乐、体操。毕业年限五年。并附小学一所，以资实习。"②张之洞亲自兼任学堂总督，梁鼎芬为首任总监督（后任为刘鸿烈），学堂教师阵容强大，有留日学生陈文哲、陈英才，社会名宿陈树屏（翰林，武昌府同知）、张继煦、谈锡恩（后任武昌师大校长），外籍教员有兰泽利太郎、稻井幸一等。校舍将两湖书院平房拆除，建为两层楼房。南北书库加以维修，新修礼堂。

1906 年 10 月（光绪三十二年九月），两湖总师范开学。第一学期招收480 人，课程有修身、中文、经学、教育、算学、英语、历史、地理、物理、化学、博物（生物学）、手工、音乐、美术、体操等。五年毕业。1907—1908 年，又设立了理化、博物专修科，相当于现大学专科。全校学生增至 780 人，俨然具有一个新式师范大学的规模。理化、博物专修科是湖北省最早高等理科专业学堂，首开高等师范理科先河。

两湖总师范外，张之洞还下令在武昌创办了湖北省立师范学堂（1902 年），除开设普通学外，另加教育学、卫生学、教授法、学校管理法等科，名

---

① （清）张之洞：《札学务处改修两湖师范学堂》（光绪三十年六月初二日），赵德馨主编：《张之洞全集》（六），武汉出版社，2008 年，第 438 页。

② 张继煦：《张文襄公治鄂记》，湖北通志馆，1947 年，第 10 页。

额 120 名。该学堂"专为养成中小学堂教习之选"①。

省立女子师范学堂、支郡师范学堂也先后在武昌建立。1905 年 9 月，张之洞决定在省城武昌开办支郡师范学堂以培养湖北各地的初级师范学堂的师资，次年正式开学。学员分府录取，由各府申送，每堂 100 名，不限年岁。先设有甲、乙、丙、丁、戊、己六堂，后又增设庚、壬两堂，分散在武昌各处办学。甲、丙两堂设在旧江汉书院内，乙、丁两堂在黄土坡租民房，戊堂设在昙华林，己堂设在贡院内衡鉴堂，庚、壬两堂设在贡院内提调厅。截至 1907 年 7月止，该堂共毕业学生 620 人，回各府县初级师范学堂和师范传习所执教。

在武昌三道街经心书院的原址，1907 年张之洞创设了存古学堂，"将经心书院故址改为存古学堂，将屋宇量加改修添设，务期合法。建造书库，多储中国旧学图书、金石、名人翰墨、前代礼器。专骋博通中学经史、诸子、辞章各门学问之师儒为教员，选取中学较优之生，收入此堂肄业，即专习此数门"。②存古学堂旨在培训一批专门研究国学的通才，"重在保存国粹，且养我中学之师"。该校只办了一班就随辛亥革命武昌起义而停办了。

2. 最早专习西学的自强学堂

1891 年（光绪十七年），张之洞为培养通晓西学人才，拟开办一所学外语的学校，在武昌三佛阁铁政局旁创办算学学堂，并将方言、商务两学附列其中。1892 年 11 月（光绪十八年十月），张之洞批示于铁政局旁设博学堂，定名为自强书院，务期明年学规整齐严肃，以期多得博通经世之才。③经两年筹备，正式设立了武汉地区第一所外语专门学堂——自强学堂。这是湖北设立的第一个独立学堂。自强学堂初分方言、算学、格致、商务四斋。"方言，学习泰西语言文字，为驭外之要领；格致，兼通化学、重学、电学、光学等事，为众学之入门；算学，乃制造之根源；商务，关富强之大计。"④除方言（外

---

① （清）张之洞：《筹定学堂规模次第兴办折》（光绪二十八年十月初一日），赵德馨主编：《张之洞全集》（四），武汉出版社，2008 年，第 87-95 页。

② （清）张之洞：《创立存古学堂折》（光绪三十三年五月二十九日），赵德馨主编：《张之洞全集》（四），武汉出版社，2008 年，第 303 页。

③ 吴剑杰：《张之洞年谱长编》（上册），上海交通大学出版社，2009 年，第348 页。

④ （清）张之洞：《设立自强学堂片》（光绪十九年十月二十五日），赵德馨主编：《张之洞全集》（三），武汉出版社，2008 年，第 135 页。

语）一斋学生在堂学习外，其他三斋均不用住校上课，由学堂按月出题考试。自强学堂先招了两班，第一班有黄兴、唐才常等。1896 年 7 月（光绪二十二年六月），张之洞决定改定自强学堂的章程，改变该堂格致、商务学生学习成效甚微的状况，对自强学堂外国语课程设置、师资延聘、西书翻译出版做了详细安排。他首先阐述学习外语对于研习西学的重要性，"查西学既极邃密，西书又极浩繁，探讨诚非易事。自强之道，贵能取人所长。若非精晓洋文，即不能自读西书。若不能多读西书，即无从会通博采。本部堂再四推求，知舍学习洋文、广储高才以探西书精微，更无下手取法之处"。因此，此次改定章程，加强了自强学堂外语课程权重，"今更定自强学堂章程，除算学一门中国书籍较多可不假道西文，业于本年五月移归两湖书院另课外，其格致、商务两门，前经月课，诸生不免多空谈而少实际，莫若改课方言，可为一切西学之阶梯，而格致、商务即包其内。自后此两门毋庸命题专课，一律改课方言"。自强学堂所开外国语课程，除英语外，包括法、德、俄等国语言课，对此，张之洞做了详细说明和安排："所谓方言，即兼指各国语言文字。方言各国不同，择其最要，分立英文、法文、俄文、德文四门。每门学生以三十名为额，四门约共一百二十名，各延教习，分门授课。查英文为东方各国所通用，故学者较多。法文、德文虽属无多，尚易访求。目下初学基址，可先延通晓英法德文之华人为教习。惟俄文向只总理衙门同文馆一处专课，外省从未开设，殊属珍罕。中俄近邻，需用尤殷。况俄文原本希腊，与英、法、德之原本拉丁者不同，更为专门之学。自宜延访俄人之通华语者为教习，庶裨指授"。除外语外，又将化学学堂并入，"又本部堂前设化学学堂一区，延洋人骆丙生为教习，附隶铁厂。虽为化验矿产而设，其实该教习学术以及所备器具，均不止专化金石，兼可化验动植物各种原质与地土所宜，举化学之大纲。查西学事事原本化学，凡一切种植畜牧及制造式食式用之物，化学愈精，则能化无为有，化无用为有用，而获利亦因之愈厚，是总理衙门同文馆亦没有专科。今铁厂已招商承办，所有铁政局内原设化学一堂，即并入自强学堂，别为一门。旧日学生其学业已成者，半已分赴各省各局之招，堂中自应选补。惟化学精奥，断非不通西文者所能受业。亟宜另选已通西文之学生陆续挑补。仍令骆丙生接续教授，以副本部堂创始经营之意"。张之洞十分重视西学翻译，这次调整，赋予自强学堂译介西书之重任。"又西书之切于实用者，汗牛充栋。总理衙门同文馆所译，多交涉、公法之书。上海广方言馆所译，多武备制造之书。方今商务日兴，铁路将开，则商务律、铁路律等类亦逐渐译出，以资参考。其他专门之学，如种植、畜牧等利用厚生之书，以及西国治国养民之术，由贫而富、由弱而强之陈迹，何一非有志安攘者所宜讲求。亦应延聘通晓华语之西士一二人口译各书，而以华人为之笔述，刊布流传，为未通洋文者收集思广益之效，亦即附入自强学堂中，别为一事。其如何访觅西士，讲求图籍，亟宜妥筹赶办。"① 1897 年（光绪二十三年），算学科移交两湖书院，裁格致、商务两科。1898 年（光绪二十四年）张之洞上奏朝廷，请在自强学堂改课英、法、德、俄、日五国方言。随着对西方和西学了解愈深，张之洞愈益认识到学习外语的重要，"臣前署两江任内，设立储才学堂，亦仅及东文而未及俄文。去冬以来，时局紧迫，该两文尤为切实之用。总之，新理、新学，非贯通洋文者，无从得其底蕴。必士大夫多半谙晓洋义，而后各种政学有所措手。储译材于此，储通才亦于此。是方言一门，洵为救时要策"。所以，自强学堂在外语种类、教学课时、招生名额上均有倾斜侧重，渐具外语专科学校意味。"窃臣于光绪十六年在湖北省城创设自强学堂，分课方言、格致、算学、商务四门，曾经附片奏明在案。历课两年，风气渐开，渐有研求时务者。嗣司命题考试，所课者仅已成之材，所读者已择之书，于今日新理、新学日出不穷之西书，尚无从探讨其菁华，考究其利病，以为救时之要策。是以上年春间，扩充规模，专以方言及算术为功课，渐读地志、格志、理化等书，不复命题考试。分设日本及英、法、俄、德五堂，选已通中文者为学生，每当三十人，共百五十人。其东文、俄文、德文兼延洋教习课授。其英、法两文，中国习此较多，即选华人为教习。"②

1904 年（光绪三十年），自强学堂改名方言学堂，迁至武昌东厂口原农务学堂校址（张之洞于光绪二十四年即 1898 年在四川会馆基址建农务学堂，时已迁）。"以已迁之农务学堂充用，学额一百五十名，择旧班学生品端文优

① （清）张之洞：《札道员蔡锡勇改定自强学堂章程》（光绪二十二年六月二十七日），赵德馨主编：《张之洞全集》（五），武汉出版社，2008 年，第 492-493 页。

② （清）张之洞：《自强学堂改课五国方言折》（光绪二十四年闰三月十五日），赵德馨主编：《张之洞全集》（三），武汉出版社，2008 年，第 479-480 页。

者留学。学科为英法德俄日本五国方言，及地理、历史、算术、公法、交涉。习每国语言者，各三十名，五年毕业，以养成外交人才为主旨。"①

3. 新式中小学堂的创办

张之洞在武昌办学，除了各种类型学堂之外，对于各级学堂也很注意。从1904年（光绪三十年）起创立了五路学堂。"五路高等学堂。光绪三十年开办，分东西南北中五路。中路以旧保甲总局改造，南路以旧工艺学堂充用，北路以已裁武昌左卫衙门修改，西路以旧武昌通判衙门修改，东路附属于师范学堂。每堂学额百名，招能背诵经书一两部，文理粗通者。入学年限，十一岁上至十四岁止，学生均寄宿，火食服装用品，均由学堂供给。小学如此优待，盖冀开风气，不得不尔。科目为修身、读经、中文、算术、历史、地理、理科、图画、体操，日课六小时，四年毕业。"②

东路小学堂最初设在贡院，不久迁至昙华林街（今市14中校址）。

西路小学堂最初设在望山门内，为时只几月，移到贡院北面，为时一年多。后在黄鹤楼下修建新房（现为武汉市武昌区黄鹤楼小学和幼儿园校址）。

南路学堂地址在今紫阳路烈士祠西侧旧工艺学堂原址。

北路学堂地址在北城角原武昌左卫衙门。

中路学堂最初地址设在贡院，不久移至南楼（今解放路西侧长江大桥南面，武昌区工商管理局）。

1903年，张之洞筹建两湖总师范时，建立附属高、初两等小学堂，作为总师范学生实习所，是为武汉开设完全小学堂之始。

在张之洞的开明政策和积极倡导下，省城武昌创办小学60多所，全省各县也纷纷将县属旧书院改为高等小学堂。迄1910年，汉口城区设立官立初等小学堂20所，汉阳县官立初等学堂14所。

1910年，武汉三镇高等小学堂和两等小学堂共有学生2040人，初等小学堂2461人，女子小学堂400人，总计4901人，各类小学堂教习214人。

继五路小学堂开办，张之洞在武昌创办"文普通学堂"。

---

① 张继煦：《张文襄公治鄂记》，湖北通志馆，1947年，第13页。
② 同①，第14页。

　　1903 年，文普通学堂正式开办于武昌铜元局街（今读书堂）大朝街口（今武汉市 31 中校址，民国时张难先等在此办大江中学）。

文普通学堂旧址

　　清末，在武汉地区的新式教育体系中，普通中学严重滞后，只有 10 所左右，省立中学堂仅 2 所，体现出张之洞经营中学教育的重点在职业教育和师范教育方面。如他曾下令将不够办学条件的各府中学堂改办师范（初级）学堂，培养足够的小学师资，为中学教育的发展培植根基。

4. 实业教育的起步

　　张之洞认为，"补救时艰，必自推广学校始"，提出"劝工艺"，① 兴农工商学。认为国人掌握了工艺技能，则找到了"富国之妙术"，足以与各国竞争："中国人数之多，甲于五洲，但能于工艺一端蒸蒸日上，何至有忧贫之事哉！此则养民之大经、富国之妙术"。"世人多谓西国之富以商，而不知西国之富实以工。……工之盛由于人力，有一人之技艺，则有一人之成器，故计人以为本息。外国财多，中国人多，今日中国讲富国之术。若欲以商务敌欧、美各国，此我所不能者也。若欲以工艺敌各国，此我所必能也。"劝工之道，首在设工艺学堂。中国农业之所以不能得到很好发展，根本原因是"农学不讲故也"，"今日欲图本富，首在修农政；欲修农政，必先兴农学"。②

　　张之洞实际主持制定、清廷颁布《癸卯学制·实业学堂通则》。其中，张之洞主持的《奏定学堂章程》制定了各类各级实业教育章程，补助了《钦定

---

① 苑书义：《张之洞全集》（三），河北人民出版社，1998 年，第 1661 页。
② 同①，第 999 页。

学堂章程》之不足："国民生计，莫要于农、工、商实业，原章顾未之及，兹另拟初等、中等农、工、商实业各学堂章程附实业补习普通学堂及艺学堂各章程，高等、中等农、工、商实业各学堂暨实业教员讲习所章程，实业学堂通则。"[1] 规定："各项实业学堂均分为三等：曰高等实业学堂，曰中等实业学堂，曰初等实业学堂"。

作为通晓学务的第一人，张之洞在《奏定学堂章程》中的作用绝不是只挂虚名。不仅主持制定了《初等农商实业学堂章程》《实业补习普通学堂章程》《中等农工商实业学堂章程》《高等农工商实业学堂章程》《实习教员讲习所章程》《艺徒学堂章程》《实业学堂通则》等系列实业学堂章程，而且亲自审定了上述章程。张之洞制定《实业学堂通则》及系列实业学堂章程，消除《钦定学堂章程》没有跟上社会变化的致命硬伤，凸显了其在中国近代职业教育中的地位。

张之洞在湖北设立的三种实业学堂中，最早出现的是高等实业学堂。1898年（光绪二十四年），张之洞在东厂口四川会馆筹设农务学堂，"聘美国农学教习教授农学，并清查官地，租用民田，讲求相土辨种之方，炭食相资之理，兼及各项畜牧事宜。学生月纳学费四元"。[2] 1904年（光绪三十年），湖北农务学堂在武胜门外宝积庵（今湖北大学处）建成新校舍，乃将学堂更名为高等农业学堂，并辟有实验农场。聘外籍农艺师，引进美国优良品种。一面培养人才，一面作为推广新农艺、新品种的基地。至1905年，高等农业学堂分普通科和专科。

农务学堂

1907年（光绪三十三年），高等农业学堂内附设农业小学堂和蚕业学堂。1909年（宣统元年），湖北当局在贡院开办的一所农业中学堂于1910年（宣统二

---

① 苑书义：《张之洞全集》（十二），河北人民出版社，1998年，第10645页。
② 张继煦：《张文襄公治鄂记》，湖北通志馆，1947年，第12页。

年）春与湖北高等农业学堂合并。至此，该农业学堂有小学、中学、专科三个层次，形成一个比较完善的农业教育体系。

1898年（光绪二十四年）在武昌三道街创办工艺学堂，"学额六十名，分习汽机、车床、绘图、翻砂、打铁、打铜、木作、漆器、竹器、洋蜡、玻璃各门工艺，三年毕业，前二年学专门，第三年兼学各项工艺，择中东匠首教习分门教授"。[①]优秀学工还被选送出国。1902年（光绪二十八年），湖北工艺学堂改制各工业专科，升格到高等学堂程度，1907年（光绪三十三年），"就原有工艺学堂，移设于停办之道师范学堂，学额六十名，附设艺徒，额三十名。分理化、机器、制造、织染、建筑各学科，前二年为预科，后二年为正科，四年毕业"。[②]培养高级工业技术人员。

1902年（光绪二十八年），张之洞札饬商务局联络商人开办商务学堂。"汉口东西为长江上下之冲，南北为铁路交会之所，实为中国商务枢纽，是欲讲求商务，尤必先自汉口始。现经会同湖北抚部院筹商，应饬令商务局劝集商款，于汉口地方创设商务学堂、商会公所，以立其基。……由商务局督同该职商并各帮商人，广

工艺学堂大门

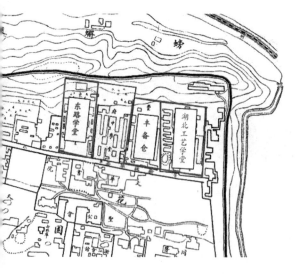

工艺学堂位置图

---

① 张继煦：《张文襄公治鄂记》，湖北通志馆，1947年，第12页。
② 同①，第14页。

为劝导劝谕，择购地址，建立商务学堂、商务公所，迅速妥议章程，禀复核定饬遵。"[①]1906 年（光绪三十二年），商务学堂校舍落成并开始招生，《申报》报道："汉口商务总办奉委监修商务学堂，计费银五万两，业已竣工，其前门与后城马路通接，出入颇为利便。至招考日期刻下尚未宣布"[②]；"汉口商业学堂业已工行告竣，兹总办孙观察订于八月朔日出示招考"[③]。

1906 年（光绪三十二年），张之洞拨筹湖北公款，派人赴日接办了原为中国留学生而设的东京路矿学堂，改为湖北驻东京铁路学堂。"先是日本东京原有路矿学堂。专为中国留学生而设。光绪三十二年，公筹经费，改为湖北驻东铁路学堂。湖北官费学生，定额六十名，以原有湖北自费生拨充，外省附学额二十名，官费学生一律寄宿。毕业年限三年。官费学生毕业后，应回湖北尽义务六年，不服者，勒追学费。附学生应在湖北尽义务三年，服务期满，则听其便。"[④]为湖北培养铁路建设人才。

据统计，到 1910 年（宣统二年），湖北全省的农、工、商三类实业学堂的数量已达 69 所（包括初、中、高三等），学生 7000 余人。仅武汉地区共有各级各类官立实业学堂 14 所，其中高等 5 所、中等 6 所、初等 3 所，共有教习 183 人（中初等学堂 93 人，高等学堂 90 人），学生 2025 人（中初等学堂922 人，高等学堂 1103 人）。[⑤]这些实业学堂大多与张之洞有关。

派人出洋学习实业技术是张之洞实业教育实践的重要组成部分。早在 1889年（光绪十五年），张之洞为筹办铁路，派近 20 名学生出洋专习铁路，学习两年。1892 年（光绪十八年），张之洞再派出工匠 10 名，赴比利时学习炼铁。1898 年，张之洞委派姚锡光等人"前往日本，将政治学、法律学、武学、航海学、农学、工学、山林学、医学、矿学、电学、铁道学、理化学、测量学、商业学各种学校，选材授课之法，以及武备学分枪、炮、图绘、乘马各种课

① （清）张之洞：《札商务局创设商学、商会》（光绪二十八年九月十六日），赵德馨主编：《张之洞全集》（六），武汉出版社，2008 年，第 434-435 页。
② 《汉口商务学堂成立》，《申报》，1906 年 6 月 4 日。
③ 《商业学堂落成》，《申报》，1906 年 8 月 13 日。
④ 张继煦：《张文襄公治鄂记》，湖北通志馆，1947 年，第 15 页。
⑤ 李珠、皮明庥：《武汉教育史》（古近代），武汉出版社，1999 年，第 223-224 页。

程，或随时笔记，或购取章程资归，务详勿略，藉资考镜。"①1899 年（光绪二十五年），派两湖书院、经心书院的高才生赴日学习实业。

1901 年（光绪二十七年）12 月，张之洞委派当时身为湖北农务学堂总经理委员的罗振玉前赴日本编译教科书。1902 年，张之洞从农务学堂毕业生中挑选 15 人赴日本留学，考察、学习日本农业先进经验。张之洞特别鼓励学生赴日本学习农务，因为"一路近省费，可多遣；一去华近，易考察；一东文近于中文，易通晓"。②1903 年 2 月，派水陆师学生 16 人分赴英、德学习（水师学生 8 人赴英国分习管轮、驾驶，陆师学生 8 人赴德分习步骑、炮工）。

5. 军事、警察学堂的建立

改革军制组成新军是湖北洋务运动的一个重要组成部分。张之洞视练兵为"身心性命之学"，因此十分重视军事教育，"自强之策，以教育人才为先。教战之方，以设立学堂为本。湖北地据长江上游，南北枢纽，又将来铁路所发端，尤为用武之邦。当此时势多艰，自当开设武备学堂，以储将才而作士气"。③

张之洞设计的湖北近代军事教育是一个从培养士官到高级将领大、中、小军事学校皆备的完整教育体系，"大率外洋武备学堂分为三等。小学堂，教弁目。中学堂，教武官。大学堂，教统领。学术深浅难易以此为差"。经过反复权衡后，张之洞认为，现阶段主要还是以兴办培养一般军官为目标的中等军事学校为宜，"今中华为救时之计，虽不能遽设大学堂，而教武官之学堂，则不可缓。取材精，而经费省。用功约，而收效多。今拟专储将领之材，专选文武举贡生员及文监生、文武候补候选员弁以及官绅世家子弟，文理明通，身体强健者，考取收入学堂肄业"。其在 1902 年 10 月 31 日（光绪二十八年十月初一日）《筹定学堂规模次第兴办折》一文"武高等学堂第六"中讲到，湖北要设"武高等学堂两所"，"一所名武备学堂，以教本省举贡生监，募德国教习三员教之，定学额为六十名，略比日本士官学校"；"一所名将弁学堂，定学额一百名，略仿日本户山学校，专取在营已有阅历之武职官弁队目而又文理

---

① 璩鑫圭：《中国近代教育史资料汇编·学制演变》，上海教育出版社，1991 年，第473 页。
② 苑书义：《张之洞全集》（十二），河北人民出版社，1998 年，第 10645 页。
③（清）张之洞：《设立武备学堂折》（光绪二十三年正月二十八日），赵德馨主编：《张之洞全集》（三），武汉出版社，2008 年，第 412 页。

明顺者充选，使之研求学术，增进智略。募日本教习五员教之"①。于1897年（光绪二十三年）奏请设立武备学堂："于湖北省城内东偏黄土坡地方，购地建造武备学堂。该堂未造成之先，暂借江汉关道湖北候补道蔡锡勇总办该学堂事宜。令该道督同洋教习妥定课程，认真激劝"。一年后新校舍在武昌黄土坡落成。武备学堂聘德国军官并遴选天津和广东军事学堂毕业生充当教习。经过认真考核，挑选学生120名。武备学堂开设课程，"分讲堂、操场两事。讲堂以明其理，操场以尽其用。讲堂功课，如军械学、算学、测绘地图学、各国战史、营垒桥道制造之法、营阵攻守转运之要。操场功课，如枪队、炮队、马队、营垒工程队、行军队、行军炮台、行军铁路、行军电线、行军旱雷、演试测量、演习体操等事。皆须次第讲习通晓，始有实用"。②1898年（光绪二十四年），针对武备学堂、自强学堂招收学生良莠不齐、学风浇漓的状况，张之洞饬札相关部门调整武备学堂学生员额，由原120人减至60人。并委派类似今日班主任、辅导员之类的专任教习二人，各领学生三十名，跟班督导其修身和学习。"务取文理清通，性情恂谨，志趣向上之士，遴选本省正途出身候补人员派充此项教习，以师道而兼官法，关心教督训课。如有不守礼法不听教训之学生，务即随时指名，禀明提调斥退。其文理浅率，质性粗钝，不能立志向学者，亦即禀候开除，毋稍宽徇。诚以人数较少，是约束易周，训课易密，庶几堂规可期严肃，学业可望进益。"③经过整顿，武备学堂学风有所好转，"守分好学者固不乏人"，但"沾染习气不自爱重者亦所难免"，因此。张之洞于1901年（光绪二十七年）又委任蒋楷等人为武备学堂稽查委员，对学生课业、行检予以稽查整顿。"务使各学生敦品励学，咸就范围。"④1900年（光绪二十六年）武备学堂艾忠琦等9名优等学生上书请求到军营实习，"恩图报效"。张之洞获悉后，饬札武备学堂及湖北各军营予以安排，"查外洋武

① （清）张之洞：《筹定学堂规模次第兴办折》（光绪二十八年十月初一日），赵德馨主编：《张之洞全集》（四），武汉出版社，2008年，第87-95页。

② （清）张之洞：《设立武备学堂折》（光绪二十三年正月二十八日），赵德馨主编：《张之洞全集》（三），武汉出版社，2008年，第412-413页。

③ （清）张之洞：《札委正途出身名员充武备、自强学堂教习》（光绪二十四年十月十八日），赵德馨主编：《张之洞全集》（六），武汉出版社，2008年，第184页。

④ （清）张之洞：《札知县蒋楷等充武备学堂稽查委员》（光绪二十七年三月十九日），赵德馨主编：《张之洞全集》（六），武汉出版社，2008年，第365页。

备学生于学堂功课毕业后，例须发往各营，随同卒伍遵守营规，操演阵法，亲习劳苦，增长实修，俾于平时学业功夫互相印证，所以资习练而广裁成者，意至善也。此等发营学生，在英德等国谓之旗长，在日本谓之见习。兹据该学生等呈请入营效力，自应准如所请……分拨各营，令其随营练习"。①

1901 年（光绪二十七年），设立培训旧军官以适应"新式战法"的将弁学堂。"公以前令各防营营哨官弁分班轮赴学堂听讲，十寒一暴，获益无多，乃更定章程，就大都司街绿营公所旧址，建设将弁学堂。饬各防营，于哨官哨长什长正勇挑送考取一百名，入堂肄业，并就武防四营中拨一营为该堂教练队。"②

1903 年（光绪二十九年），同时又将武备学堂改为武高等学堂。1904 年，将弁学堂并入武高等学堂。1905 年（光绪三十一年）遵清廷陆军学堂章程，改武高等学堂为武师范学堂。1904 年（光绪三十年）9 月，清廷颁布新规，除京师可设陆军兵官学堂、陆军大学堂外，其他省份只能设一般军事学校，南北洋、湖北、广东四地可准设陆军中学堂。但朝廷的规定中也为外省办准军事高校开了一个口子，即"原奏声明陆军各学堂层累递进，取效较迟，应分别设速成陆军学堂及速成师范学堂"。是故张之洞用活用足政策，决定改湖北武高等学堂为武师范学堂，"湖北长江上游，五方杂处，轮轨交通，非兵多不足以资镇抚，非练将无以统驭多兵。若必待京师兵官学堂成立，足以收容外省陆军中学毕业学生，又加一年六个月毕业之后，始足以备任使，诚有如原奏所谓十年以后始觇成效者。此十年以内之军校弁兵设无讲习讨论之区，学术何以期其深通，技艺何以期其纯熟。若有调发，谁为补充。若有增募，谁为教育。本部堂详加筹度，亟立查照原奏，即将武高等学堂改为武师范学堂。先设速成科，仍仿日本陆军士官学校，学科一年毕业"。武师范学堂学生"学成之后，仍发回原营充当差使，名曰学习哨官，随同哨官办事六个月之后，由本管官长出具考语，汇交营务处，用积分之法，最优者及优等者均作为哨官，中等者为什长，下等者为伍长，最下等者即行遣散，以收实效而免滥宇。其哨官在营二年之后，再行酌量挑选，别设优级师范，以授高等学科，仍候京师兵官学堂及陆军

---

① （清）张之洞：《札武备学堂派学生随营练习》（光绪二十六年十月初九日），赵德馨主编：《张之洞全集》（六），武汉出版社，2008 年，第 355-356 页。

② 张继煦：《张文襄公治鄂记》，湖北通志馆，1947 年，第 11 页。

大学堂毕业有人, 足敷各省之用, 再行另筹办法"。①

1903 年 (光绪二十九年), 武普通中学堂在阅马场南面正式建立, "学额二百四十名, 考选文理通顺体干壮实之生童入学, 年限十五岁以上, 至二十四岁止。学科与文普通同。惟外国语文, 分习德日两国语文, 与文普通异。加入步兵操典、野外要务令、工作教范、技击、泅水、马术、野外工作、打靶等科目。日课八小时, 在堂四年。入营学习, 充三等兵两月, 二等兵二月, 头等兵一月, 共四年毕业"。②

1906 年 (光绪三十二年), 湖北遵章开办陆军小学堂, 张之洞认为陆军小学堂规模太小, 1907 年 (光绪三十三年) 上奏朝廷变通, 扩大规模。湖北陆军小学堂扩充为湖北陆军特别小学堂。"光绪三十二年, 照部章开办, 学额三百人。三十三年奏请大加开拓, 令其可容三千人, 选各营正兵六千人。一日在上堂上课, 一日在本营操练, 则三千人之讲堂, 可教六千人。五年以后, 此六千人皆有士官之学术。设有大征战, 即用之为营哨官, 以一人募练百人, 即可共练六十万人。"③1909 年 (宣统元年), 在陆军特别小学堂原址, 一部分改为湖北陆军讲武堂, 一部分改为陆军测绘学堂。1903 年 (光绪二十九年) 改为湖北陆军测量学校。1911 年 (宣统三年) 测绘学堂全体学员参加武昌起义。1916年学校停办。

1906 年 (光绪三十二年), 湖北军医学堂 "就昙华林左卫城隍庙改建, 聘日本人为教习, 授医药学及解剖之学, 学生五年毕业"。④

20 世纪初, 张之洞在武汉地区创建近代警察, 培养新型警察势在必行。1903 年 (光绪二十九年), 张之洞饬令在武昌阅马场设立警察学堂, 开武汉警察教育之先河。并派员赴日本学习警务。汉口亦有类似动议, 1906 年《申报》报道: "汉口警察局总办周嵩甫太守禀准张宫保在城垣马路创设警察学堂一所, 需银五万两, 闻不日即可兴工"。⑤1909 年 (宣统元年), 警察学堂改为

---

① (清) 张之洞:《札学务处改办武师范学堂》(光绪三十一年二月二十八日), 赵德馨主编:《张之洞全集》(六), 武汉出版社, 2008 年, 第 455-456 页。

② 张继煦:《张文襄公治鄂记》, 湖北通志馆, 1947 年, 第 13 页。

③ 同②, 第 16 页。

④ 同②, 第 16 页。

⑤《创设警察学堂》,《申报》, 1906 年 9 月 18 日。

武昌高等巡警学堂和武昌巡警教练所。

此外，为了改造旧官吏，培养适应洋务新政的新型管理人才，1902年张之洞着手建立了仕学院。这是湖北乃至全国第一所试图按近代学堂规章和教学模式培训在职官吏的官员进修学校，为后来的官员在职培训开了头。

6. 湖北图书馆的创建与流变

张之洞在教育改革的同时，也非常注重在学堂内设立书库。在两湖书院就有丰富的书库藏书供师生借阅。在两湖总师范学堂时期，南北书库已初具现代大学图书馆的规格，藏书4万余卷。后来，南北书库的一部分由省立图书馆继承，一部分转至省立第一师范学校。

光绪二十八年（1902年），张之洞与湖北巡抚端方合奏清廷，建立湖北图书馆。1904年"鄂省图书馆建

兰陵街时期的湖北省立图书馆

立"。馆址设在武昌兰陵街西侧（今解放路人民电影院），首任馆长冯汉骥。省图书馆开办时，端方派人去上海、日本购回一批新书，另集中武昌各书院的藏书4万册。位居当时全国省级图书馆的前三名。1908年，馆址迁入对面博文书院校舍。

五、练新军

改造旧军队，编练新军为张之洞"湖北新政"的重要内容，他曾说过"练兵一事，为鄙人身心性命之学"，"盖痛于国力危弱，无日不以整军经武为念也"。[1]包括裁减旧式军，教练旧军员弁，练新军等。

1896年（光绪二十二年），张之洞以从署理两江总督任上带回的500洋操护军营为班底，编练组建湖北新军。张之洞练新军首重兵源，"募兵之法，

―――――――――

[1] 张继煦：《张文襄公治鄂记》，湖北通志馆，1947年，第24页。

略仿日本征兵之制，寓征于募。先择本省郡县中风气刚劲朴实之区，选取士、农、工、商之家安分子弟，或素有恒产，或有职业手艺，自足资生，并非恃勇斗狠为生计者，又须素不为非，素无一切过犯者，取具绅董族邻切实保结，地方官印结保送，年龄自 18 岁至 24 岁为止，必须体质强壮，略无疾病，美能识字写字，并能略通文字主人，身材长短、臂力强弱、行步迟速、眼光远近依法量验合度，始准收录"。[1]对选取的士兵在家庭出身、为人德性、身体素质和文化水平等四个方面提出了严格要求。

湖北新军将弁及地方官员在黄鹤楼的合影

从 1896 年开始组建新军，到 1906 年按清朝陆军部下达的编制进行统一整编，湖北新军共有一镇（第八镇）和一混成协（第 21 混成协），第八镇镇统为张彪，第 21 混成协协统为黎元洪，兵员总数达 22204 人。此外还有湖北水师，分三营共 840 人，各类炮舰 12 艘及 4 艘鱼雷艇。张之洞学习德国、日本建立现代军队的经验，聘请德、日教习训练军官。"查今日以练兵为第一要务，而练兵非仿照洋操不可……惟西法弁兵操练之制，先练体操，再练枪炮，最为勤苦。其测绘、工程等事，学堂之功课，野操之奔驰，尤为繁细勤劳。""查湖北在省各防营，操法必须一律，方有实用。"张之洞要求湖北新军"一均令改练洋操，弁勇精加选汰。其精力

湖北新军在训练

---

[1] 皮明庥、邹敬文：《武汉通史·晚清卷》（上），武汉出版社，2006 年，第 341 页。

不能习练洋操者，即行开除"。

张之洞亲自主持制定新军操练章程，"采取外洋陆军章程，并鄂省洋操现行操法，酌定操练课程，刊发省防各营，一律按期、按时操练。除派员常川稽查外，臣仍当自行随时亲赴各营督察考校，不特以为将士之课程即自定为臣之课程"。[①] 通过开办各级各类军事学堂，聘请德国、日本教习，并派学生赴日留学，系统引进仿效外国先进武器、技术和军事战术及军队训练方法等。在张之洞的苦心经营下，湖北新军成为与袁世凯"新建陆军"不相伯仲的劲旅。1905 年，清朝举行各省军队会操活动，湖北新军表现不凡，堪称最优，受到光绪皇帝表彰，其"上谕"说张之洞"所练陆军，独能出色，深堪嘉奖"。[②]

① （清）张之洞：《裁营腾饷精练洋操片》（光绪二十四年九月初十日），赵德馨主编：《张之洞全集》（三），武汉出版社，2008 年，第 509-510 页。
② 《清朝续文献通考·兵考》二十九。

"湖北新政"："耸动中外之视听"

张之洞的"湖北新政"于湖北武汉早期现代化功莫大焉。"抑知武汉所以成为重镇，实公二十年缔造之力也。其时工厂林立，江汉殷殷，一隅之地，足以耸动中外之视听。"[①]

——"自相挹注"的近代工业体系建立，武汉成为中国早期工业化运动的发祥地。

张之洞督鄂前，武汉除了有一些外资工厂外，民族现代工业阙如。张之洞上任伊始，即着手创办现代军事工业和民用工业，先后创办了汉阳铁厂（1890年）、湖北枪炮厂（1890年）、大冶铁矿（1890年）、湖北织布局（1890年）、汉阳铁厂机器厂（1892年）、汉阳铁厂钢轨厂（1893年）、湖北缫丝局（1894年）、湖北纺纱局（1894年）、湖北制麻局（1898年）等现代化工业企业。张之洞兴办的工业有两大特点。一是企业规模大。汉阳钢铁厂为亚洲第一家大型钢铁联合企业，比日本第一家近代钢铁联合企业八幡制铁所要早7年。1890年（光绪十六年）张之洞筹设汉阳铁厂时，"凡属亚洲界内，中国之外，自日本以及南洋各国各岛暨五印度，皆无铁厂"。[②]一直到1895年（光绪二十一年），汉阳铁厂仍是亚洲唯一钢铁企业，对此，张之洞颇感自豪，"盖地球东半面亚洲之印度，南洋东洋诸国，均无铁厂，止中国新创铁厂一处。今铁煤具备，以后自当日起有功"。[③]"湖北铁厂兼采矿、炼铁、开煤三大端，

---

① 张继煦：《张文襄公治鄂记》，湖北通志馆，1947年，第7页。

② （清）张之洞：《豫筹铁厂成本折》（光绪十九年二月二十五日），赵德馨主编：《张之洞全集》（三），武汉出版社，2008年，第79页。

③ （清）张之洞：《查复煤铁枪炮名节并通盘筹画折》（光绪二十一年八月二十八日），赵德馨主编：《张之洞全集》（三），武汉出版社，2008年，第285页。

创地球东半面未有之局，为中国造轨制械、永杜漏卮之根。"① 一些外国旅行者实地到访后，更为其宏大规模所震惊。"汉阳铁厂之崛起于中国，大有振衣千仞，一览众山之势。"② "登高下瞰，使人胆裂：烟囱凸起，矗立云霄；屋脊纵横，密如鳞甲；化铁炉之雄杰，碾轨床之森列，汽声隆隆，锤声丁丁，触于眼帘、轰于耳鼓者，是为二十世纪中国之雄厂耶。"③ 美国驻汉领事在参观钢铁厂后亦赞不绝口："这企业是迄今日为止，中国以制造武器、钢轨、机器为目的的最进步的运动，因为这个工厂是完善无疵的，而且规模宏大，所以就是走马观花地参观一下，也要几个钟头。"④ 湖北枪炮厂是近代中国首屈一指的设备最新、规模最大的军事工业企业，无论是从规模上还是从技术上看，湖北枪炮厂都居全国军工之冠。"伏查枪炮一项，外洋制作日新，迟速利钝之分，即战守胜负所系。此时中国自炼精铁、精钢，自制快枪、快炮，仅此一区。"⑤ 当时的舆论认为"湖北制造厂是全国军械的根本"。⑥ 还有人"目睹其制度宏阔，成就昭然，窃叹为各行省所未有"⑦。湖北织布局、湖北纺纱局是中国当时最大的纺织厂之一，湖北缫丝局是当时华中地区最大的机器缫丝厂，而湖北制麻局则为"吾国机制麻业之滥觞"。⑧ 二是建立了"自相挹注"的现代化工业体系。张之洞办企业的指导思想是重工业为主、轻工业为辅，先重后轻，以轻挹重。"总之，以湖北所设铁厂、枪炮厂、织布局自相挹注，此三厂联为一气，通盘筹划，随时斟酌，互相协助，必能三事并举，各睹成功"。⑨ 其实业部类包括军事工业、钢铁冶金工业和纺织工业，各个企业内部又自成体

---

① （清）张之洞：《铁厂招商承办议定章程折》（光绪二十二年五月十六日），赵德馨主编：《张之洞全集》（三），武汉出版社，2008 年，第 376 页。

② 《东方杂志》第七卷第七期（1901 年 7 月），译西报《论汉阳铁厂装运出口将为欧美二洲实在之中国黄祸》。

③ 顾琅、谢观：《中国十大矿厂调查记》，商务印书馆，1916 年。

④ 中国史学会主编：《洋务运动》（第 8 册），上海人民出版社，1961 年，第 462 页。

⑤ （清）张之洞：《恳拨湖北枪炮厂经费折》，赵德馨主编：《张之洞全集》（三），武汉出版社，2008 年，第 288 页。

⑥ 陈夔龙：《庸庵尚书奏议》卷九，清宣统三年铅印本。

⑦ 杨大金：《现代中国实业志》（上），商务印书馆，1935 年，第 200 页。

⑧ 同⑦。

⑨ （清）张之洞：《豫筹铁厂成本折》（光绪十九年二月二十五日），赵德馨主编：《张之洞全集》（三），武汉出版社，2008 年，第 79 页。

系，如汉阳铁厂就是集开矿、采煤、炼铁为一体的大型钢铁联合企业。

武汉作为对外开放和洋务运动后起的城市，在张之洞"湖北新政"的大力推动下，其工业实力迅速跃居全国前列，工厂总数和某些经济指标曾一度超过上海。当时全国官办和官督商办工厂约 46 家，武汉企业占其中的 24%，而上海则只占 10.87%。武汉的纺织工业相当长的一段时间内在国内独占鳌头，1892 年纱锭总数占全国总数的 40.9%，1893 年更高达 77.1%。杨铨《五十年来中国之工业》对此发表评论说："……汉口之铁政局，武昌之织布、纺纱、制麻、缫丝四局，规模之大，计划之周，数十年以后未有步其后尘者。""当三十年前，能预测现今商战之潮流，急谋中流之砥柱，筚路蓝缕，惨淡经营，以作武汉工业之先导者，厥为张文襄公之洞之功。虽张氏好大喜功，博而不精，然其烛照几先，气魄雄厚，有足称焉。且张氏创办伊始，锐意以振兴工业为己任，造端宏大，不图苟简，如汉阳钢铁、兵工二厂，远采德国之制，诚东亚第一之大规模，他若纱麻丝布四局，虽至今称为武汉第一等大工厂可也。夫民可与乐成，难与谋始。张氏能不避其难，而好为其难，此种魄力，实足以开一时之风气，而树工艺之基础。"

正是由于张之洞这种"开风气之先"，武汉的早期工业化运动获得了长足发展。张之洞督鄂前，武汉民族资本主义工业完全空白，但到 1911 年，武汉已有民办企业 122 家。行业涉及机械制造业、造船业、榨油业、火柴业、服装业、面粉业、食品加工业、木材加工业、砖瓦业、肥皂业、玻璃业、棉织业、烟草业、造纸业、化工行业、制革业、水泥业、碾米业、制药业、制茶业、建筑业、印刷业、麻织业和水电公用事业等。辛亥革命后，武汉民族资本主义工商业获得了更大发展，据 1936 年的统计，武汉有工厂 516 家，工人 4.38 万人，资本总数 5148 万元，年产值约 1.9 亿—2 亿元，是仅次于上海、天津的全国第三大工业中心。武汉的城市功能开始发生本质嬗变，"汉口不仅是华中土产贸易的聚散点，而且还是一个重要的工业中心，开拓这里工业的先辈们经历了不少挫折，或因漠视外国专家的建议，或因产品价格低廉，或因聘用非熟练教习。但他们不断总结自己的失误，继续追寻富裕的目标。长期以来，汉口腹地的农产品是本埠源源不断的财富源泉，革命所带来的创伤有可能使武汉成为雄伟的制造中心的日子越来越近"①。"当旅行者接近汉口城时，第一眼你就能看到林立的烟囱，它充分展示了一个工业城的面貌；在汉口和武昌你还能看到许多其他重要的设施的标志。"②"溯江而上，清晰可见屹立岸边的钢铁工厂，那是著名的'官办汉阳钢铁厂'"。③武汉的城市景观因为现代工业的勃兴也变得更加壮观、更加丰富多彩。

——武汉成为全国新式教育的中心和两湖地区的文化中心，"文化湖北""文化武汉"异军突起。

湖北曾经是楚文化的发祥地，其文化与学术在中华文化发展史上占有一席之地，"惟楚有材，于斯为盛"。但是，宋元尤其是明清以来，湖北文化学术却急剧衰落，文化的实用主义倾向浓厚，学术名流鲜见。"湖北素称文薮，本朝文章，首推熊、刘，则仍以时文掩其实用。粤匪（对太平天国的诬称——引者）寇攘以来，郡邑涂炭，文献凋残，虽经克复，而急功近名之士，又思剽窃浮艳以博荣名，向以先正之法，不能举其名，况六经精义乎。"④据统计，明清历科一甲 3 名，湖北总人数为 19 名。在省份对比中，江苏为 169 名，浙江为 129 名，江西为 72 名，湖南为 16 名，湖北虽居第四位，但绝对数与文化发达的江浙两省根本无法相比。顺治至道光时期，全国知名学者江苏 52 人，浙江 26 人，安徽 12 人，直隶 11 人，山东 7 人，河南 5 人，江西 2 人，湖北则只有熊赐履 1 人。武汉地区的文风受此影响，亦很少有学人见诸史籍，且社会风气重商轻文，肤浅俚俗。民国初年修《夏口县志》，编纂者在编写《人物志》时，便发现汉口确乎很少文化学术名流见之于历朝史籍，于是大发了一通感慨："盖夏口之名称，由来久矣。三国六朝时，峦为南北共争之地。顾自秦汉以后，明清以前，史册所载，未见有一人焉贯夏口籍者。此何故也？且非独夏口为然，凡夏口旧与合同之汉阳，洎郡守所同辖之黄、孝、川、沔莫不皆

---

① ［英］穆和德等著，李策译：《近代武汉经济与社会——海关十年报告——汉口江汉关（1882—1931）》，香港天马图书有限公司，1993 年，第 74 页。

② 同①，第 43 页。

③ 同①，第 45 页。

④ 冯德材：《武昌新建经心书院记》，见《湖北文征》第十一卷，湖北人民出版社，2000 年。

然"。"至有明、清之际，始稍稍有一二魁梧长者，名挂史籍，此吾邑、吾郡人才之见端也。"①

　　身兼学者和官僚两重身份的张之洞任湖广总督后，十分重视文化和教育，"国势之强弱在人才，人才之消长在学校。环球各国竞长争雄，莫不以教育为兴邦之急务"②。"自强之策，以教育人才为先。教战立方，以设立学堂为本"。③"臣等查推广学堂，造就人才，自系今日当务之急。"④因此，他把兴办教育作为其洋务新政的重中之重，推行书院改制，对江汉书院、经心书院和两湖书院进行大胆改革，按照"中体西用"的指导思想调整课程设置。兴办新式学堂，先后创办了算学学堂（1893 年）、矿务学堂（1892 年）、自强学堂（1893 年）、湖北武备学堂（1897 年）、湖北农务学堂（1898 年）、湖北工艺学堂（1898 年）、湖北师范学堂（1902 年）、两湖总师范学堂（1904年）、女子师范学堂（1906 年）等，构建起传统教育与新式教育，普通教育与实业教育、军事教育相互配合、齐头并进的近代教育体系。张之洞十分重视留学教育，"光绪二十四年，公初拟派学生五十人赴日本习陆军，十人学专门，弁目五十人入教导团，其经费拟裁撤巡抚粮道两署公费，及杂项开支，共银三万五百两充用。后两署恢复，此款无着，拟派二十人赴日本学陆军，而总署又仅允派数人。公乃约南北洋合请，言每省已派二十人，总署无如何，始克成行。然此时所派者仅限学陆军而已。光绪二十五年始挑两湖、经心学生赴日本学实业。二十八年又挑三书院学生三十一人，赴日本学师范弁目二十人，习警察。而二十九年、三十年派赴欧美者尤盛（赴美十二名，德二十一名，俄四名，比四十七名，法十名）。虽此时由兼督端方所派，而端实事事秉成于公，不得谓非公意也。留学之风盛，全国风气之开尤捷，此又不仅一省进化之关系

---

① 武汉地方志办公室、武汉图书馆编：《民国夏口县志校注》（下册），武汉出版社，2010 年，第 450-451 页。

② （清）张之洞：《筹定学堂规模次第兴办折》，赵德馨主编：《张之洞全集》（四），武汉出版社，2008 年，第 87 页。

③ （清）张之洞：《设立武备学堂折》（光绪二十三年正月二十八日），赵德馨主编：《张之洞全集》（三），武汉出版社，2008 年，第 412 页。

④ （清）张之洞：《遵旨广设学堂筹备经费折》（光绪二十四年闰三月），赵德馨主编：《张之洞全集》（四），武汉出版社，2008 年，第 484 页。

矣"。① 在晚清"游学"方面，湖北是派出留学生最多的省份之一，其中留日学生 1700 多人，为全国之冠。湖北武汉一改过去文化落后的局面，成为全国学界注目的焦点。

晚清，湖北武汉文风鼎盛，人才辈出。"湖北新政"培养出一大批政治、军事、经济、科技、教育、文化杰出人才，不少人成为叱咤风云的政治领袖和建树卓著的学界精英。

两湖书院的学生中，有与孙中山齐名的辛亥革命领袖黄兴，湖北自立军首领唐才常，同盟会员、国会议员、史学家刘成禺，著名史学家、武昌师范大学和武汉大学教授王葆心，著名数学家蔡存芳、万声扬、湖北民政长夏寿康，武昌高等师范学校校长谈锡恩等。

由经心书院出身的张继煦（春霆），曾任湖北第一师范学校校长及教育部普通司司长、武昌师范大学校长、安徽省教育厅长，新中国成立后任武汉市人民委员会委员。著名数学家李步青，是曾任武汉大学校长的周鲠生的老师，曾任河南教育厅厅长，新中国成立后任中南教育部副部长；王式玉，曾任湖北女子师范学校校长和省教育厅科长；何成浚，两任湖北省主席，湖北省议会议长，号称"湖北王"；李书城，曾任武汉国民政府时期湖北省政府常委，湖北省民政厅厅长，省建设厅厅长，新中国农业部长；孔庚，辛亥时在山西任大同镇守使，大革命时湖北省委常委；屈德泽，湖北高级农业学校校长；杨介廉，湖北实业厅厅长；杨惠康，湖北财政厅厅长；魏宸祖，驻比利时大使；权量，交通部部长；吴经明，北洋政府陆军司长；史青，京汉铁路局汉局总工程师；杨雨廷，鄂军政府外交部副部长、驻澳大利亚副领事，新中国成立后为武汉市人民政府参事；屈佩兰，王占元督鄂时任湖北省议会议长、国立武昌商业专门学校校长；李德寅，王占元督鄂时任湖北省议会副议长；冯开浚，鄂军政府内务部部长；阮毓崧，鄂军政府民政司司长；耿觐文，大革命时期汉口第二特别区管理局局长，新中国成立后为湖北省人民代表、省政协副主席。还有清末官至奉天巡抚的周树模以及官至学部大臣、曾任湖北第一师范学校学监的杨湖樵等。

---

① 张继煦：《张文襄公治鄂记》，湖北通志馆，1947 年，第 23 页。

两湖总师范培养的人才，王世杰，曾任武汉大学校长、国民政府教育部部长、外交部部长；黄昌谷，首任武昌市市长、湖北建设厅厅长、教育厅厅长；金宗鼎，湖北外国语专门学校校长；李春萱，辛亥革命时期湖北军政府财政司司长；张国恩，大革命时期湖北省政府委员兼民政厅厅长、武汉市政委员会委员；李范一，省建设厅长、新中国成立后任中央燃料工业部副部长等。

文普通学堂（含二文普）的学生中后来卓有影响的有：宋教仁，同盟会改组国民党后代理事长；董必武，中共一大代表，中华人民共和国代主席；石瑛，武昌大学校长、教授、湖北建设厅厅长、首任南京市市长、湖北省临时参议会议长；黄侃（黄季刚），武汉大学教授，著名国学大师；王介庵，省教育厅长。

武普通学堂毕业的夏斗寅，曾任湖北省主席。

将弁学堂出身的有刘佐龙，曾任湖北省长和国民革命军军长。

湖北陆军学堂学生中，胡瑛，曾在辛亥革命后做山东都督。武备学堂学生中，吴禄贞，辛亥革命时任新军第六镇统制。著名湖北辛亥革命领袖孙武。陈宦，曾任四川督军。王鸿年，曾任驻朝鲜总领事、外交部俄文法政学校校长，驻日本横滨总领事等。

湖北陆军特别小学堂的学生中有蔡济民，中国同盟会湖北分会参谋部部长。

五路高等小学堂的学生中，有后来享誉国际的地质学家、新中国地质部部长李四光；郭泰祺，曾任武昌商科大学校长、外交部次长和驻英大使；范熙绩，曾任陆军中将，1927 年北伐时任师长，湖北省政府委员；以及李春萱、王世杰等。

在这些名人中，很多人都先后出国留学，接受西方新思想，或叱咤于政坛，成为改写 20 世纪中国历史的风云人物；或驰骋于疆场，为民主革命和民族战争的胜利做出过重要贡献；或耕耘于科学和教育园地，成为 20 世纪中国科技与学术的精英。湖北及武汉的文化与学术在经历了长达数百年的沉寂之后终于在 20 世纪再次崛起，"惟楚有材，于斯惟盛"又一次成为令人骄傲的现实。

　　——市政建设成就斐然，"东方芝加哥"声誉鹊起，蜚声海外。

　　张之洞对现代城市功能有某种自觉的认识，在他的努力下，1899 年，夏口厅成立。至此，阳夏正式分治，汉口成为有独立行政权力的城市，标志汉口作为一个独立的现代城市终于脱离了传统社会的母体而获得了新生。在张之洞的有效治理之下，汉口华界的城市规划和市政建设开始起步。1904 年，张之洞主持兴建汉口后湖长堤，"1905 年在汉水沿岸筑起一道水墙，绕过平原直到陨水。长 14 英里，耗资白银 1000000 两。目的在于防止周围地区免遭洪水袭击，在此之前这一地区每年免不了洪水一劫。这一工程已经完工，只不过还有一些水闸尚待兴修。有了这道屏障，就可以填高地基，扩建马路，拓展城区范围。已经有一些马路在高地基上修筑，对它们的规划有了一个通盘的考虑"。① 实践证明，后湖长堤修筑后，对汉口的发展具有改变城市版图的意义，"涸出田十余万亩，泽国皆划为市廛"。使上至舵落口，下至丹水池的一大片地区露出水面，从此，东北滨江、西南临汉水，西与北则以后湖长堤为界的新市区形成了。后人评论说："总督张之洞，见铁路外的土地荒废了太可惜，就在铁路外另做了一道堤，把汉口的面积扩大了 20 倍。堤修成后，堤内成了良田，人民感激张之洞的功德，称呼堤为张公堤。"② 张之洞将修马路作为"利民富国之要政"予以高度重视，鉴于"旧时省城街道仄狭，岁久不修，遇雨或积水或泥淖难行"③，于 1898 年（光绪二十四年）修筑了武昌沿江马路。并于 1905 年在武汉三镇设立"马路工程局"，是为现代市政机构之滥觞。1907 年，汉口老城墙被拆除并在原址上修筑了华界第一条马路——后城马路，汉口的商业区与居民点向东北方向延伸，逐渐形成了今六渡桥、花楼街、黄陂街、新堤街、半边街（统一街）、歆生路（江汉路）、三民路、济生马路、大智路、辅堂街（友益街）等新的街道，汉口的闹市区也逐渐转移到六渡桥和江汉路一带。张之洞还注意城市公用事业的建设，水电、电话、公用交通等都开始起步，城市面貌发生重大改观，《海关十年报告》曾经以很大的篇幅记述武汉市容市貌的巨大变化：

---

① ［英］穆和德等著，李策译：《近代武汉经济与社会——海关十年报告——汉口江汉关（1882—1931）》，香港天马图书有限公司，1993 年，第 104 页。
② 同 ①，第 104 页。
③ 同 ①，第 104 页。

从汉水绵延至法德租界交汇处的老城墙已撤除抵法租界南端；城墙内侧地基已填到和城墙顶端差不多高，它将被开辟为一条可通达城郊的马路。以这条马路为主干，它的分支遍布城市各个地区。以大智门为端点的北京路原来是条小路，现在有一段铺设得相当好。在马路两边盖起了不少洋房和仿洋房。附近的低地已填得和租界差不多高，土方是汽船和吊车从周边平地运来的，这些地方平均上升了20英尺；城外的壕沟和许多水塘需要填高40英尺。填土的代价往往比购置这些地皮的价格高出好几倍。

官府治所武昌城变化也很大。一条用砂石铺成的马路横穿全城，城内有不少外国建筑和工厂，其中以官方、半官方机构居多。

现在的汉口城区周边遍布着工厂：从硚口的面粉厂和酿酒厂，到郧水下游的官办造纸厂和扬子机器厂……

犹如一颗变革的星火飘临武汉，大有燎原之势。1900年租界区内一辆马车，几辆人力车就算得上新鲜事了。现在租界区内人力车发展到1000辆，汽车7辆，武汉三镇到处可听到人力车的吆喝，马车在武昌比比皆是。①

自从张之洞奠定了武汉城市规划与建设的基本格局之后，武汉市政建设在20世纪前半叶尤其是民国中期获得长足进展。20世纪二三十年代，汉口成为特别市，一批曾经留学欧美具有西方市政理念的专家型官僚如刘文岛、吴国桢、董修甲等执掌汉口市政，城市现代化进入了一个新的发展阶段。独立的具备现代政治形态的城市政府正式建立；具有现代民主政治意味的城市组织条例被批准实行；汉口特别市的建制使其获得了前所未有的发展条件和发展机遇；城市规划的制定、功能分区的划定、一系列城市管理制度和规定的出台，将城市的发展纳入制度化、规范化、科学化的运行轨道之中；市民对城市的责任观念、公共意识开始形成；市容市貌大为改观，现代化都市风貌初具规模。1933年，全国颇有影响的市政刊物《道路月刊》记者来汉采访，汉口整洁美丽的市

① ［英］穆和德等著，李策译：《近代武汉经济与社会——海关十年报告——汉口江汉关 (1882—1931)》，香港天马图书有限公司，1993年，第103—104页。

容给其留下了深刻的印象："近两年来，市府修路的成绩，出乎我们意料之外，由牛路跳过了马路的阶段，进而为现代的柏油路。汉口法日两个租界，觉得自惭形秽，竟步市府后尘而翻造柏油路了。记者这次到汉口来，从三个特区到两个租界，走的都是康庄大道"。"租界及特区以内之各种旧式拱堂，大半已翻造为新式整洁的拱堂。从前残破的房屋，暗淡的市容，无一不一扫而空。而从前蹲伏在路旁褴褛不堪的乞丐，已差不多完全肃清了，今日的汉口市，已不是蒙不洁的西子，而是装束入时的少妇。"①

　　如果说，开埠使汉口由一个以内部循环为主的国内商业中心转变为以外部循环为特征的国际贸易大港，城市商业功能发生了革命性嬗变；那么，"湖北新政"则使武汉由一个传统的政治军事中心（武昌、汉阳）转型为近代政治、经济、文化中心和由单一的商业城市（汉口）向工商复合型现代都市全面转型。"昔贤整顿乾坤，缔造先从江汉起，今日文轨交通，登临不觉亚欧遥。"武汉，"东方芝加哥"——国际商业港口城市；"东方曼彻斯特"——中国早期工业化运动的摇篮；中国现代教育的发祥地之一；现代新文化新思想的策源地。在中国城市沐浴欧风美雨，开启城市现代转型的历史时期，在张之洞的带领下，武汉充当了先行者、领头雁角色，成为近代中国最先成功转型并跻身现代化、国际化城市行列的城市之一。

---

① 菊：《武汉的新气象》，《道路月刊》，第 47 卷第 2 号。

崛起奥秘

19世纪、20世纪之交，现代化发展的机遇降临武汉。20世纪之初的武汉，城市现代化起点高，国际化程度高，在国内同类城市中比较优势突出，是仅次于上海的中国内陆最繁华的国际性大都市。

孙中山先生在《建国方略·实业计划》中将其描绘为"沟通大洋"的"大海港"，与上海构成"海上双城"："武汉者，指武昌、汉阳、汉口三市而言，此点实吾人沟通大洋计划之顶水点，中国本部铁路之中心，而中国最重要之商业中心也……而此外汉口更为中国中部、西部之贸易中心，又为中国茶之大市场。湖北、湖南、四川、贵州四省，及河南、陕西、甘肃三省之各一部，均恃汉口以为与世界交通唯之港。至于铁路既待开发之日，则武汉将更形重要，确为世界最大都市中之一矣"。[①]

武汉在近代后来居上、迅速崛起的奥秘何在？

"天时"：难得一遇的和平发展环境

自从1856年12月太平军退出武昌以后，直至1911年10月10日武昌起义爆发，虽然其间于1884年8月发生过水患，1886年冬天出现罕见的雪灾，1898年10月11日汉口大火烧毁数千家房屋，1909年湖北水灾也曾经波及武汉，但这些灾害都是短期性的，没有对武汉造成伤筋动骨的危害。

武汉由于其独特的地理位置，历来为兵家必争之地，是战争多发区，但这一段时间却显得相对平静。1864年7月赖文光、张宗禹亲率捻军进占黄安（今红安）、黄陂，逼近武汉外围，在汉口市区仅一二十里的滠口与清朝总兵周凤山发生激战，武汉大震，但最终被湖广总督官文率军击败，武汉市民虚惊一

---

① 孙中山著：《建国方略·实业计划》，生活·读书·新知三联书店，2014年，第198页。

场。1900 年，唐才常、林圭等在汉口策划"自立军"起事，被湖广总督张之洞勾结美国驻汉领事残酷镇压而流产。同年，华北地区爆发义和团运动，长江流域有受波及之虞。张之洞联络两江总督刘坤一，由上海道余联源出面，于 6 月26 日与各国驻上海领事制定了《东南保护约款》，将汉口确定为重点保护区之一，使武汉乃至整个长江流域成功地规避了一场战乱。

纵观武汉 1840 年以来近代 100 多年历史，战乱频仍，天灾连年。19 世纪四五十年代，江汉地区几乎年年发生水灾，武汉灾情严重。1852 年至 1856年，太平军三克武昌，四战汉口、汉阳，昔日繁华商场成为硝烟弥漫的战场。辛亥革命后的民国 30 多年间，武汉更是天灾人祸不断，始终处在战争和灾难的旋涡中。辛亥汉口保卫战，冯国璋一把大火顿使汉口繁华成瓦砾：王占元祸鄂七八年，闹得武汉天怒人怨；继 1927 年国民革命带来武汉社会大震荡后，全国局势本已相对平稳，国民政府进入所谓十年（1927—1937）黄金时期，但湖北武汉又不得不面对蒋桂战争、1931 年和 1935 年大水，1938 年武汉保卫战；抗战胜利后，蒋介石发动全面内战，武汉又一次处于军事斗争的旋涡当中。

由此算来，民国 30 余年间，武汉并无多少可供现代化建设的和平安定环境。相比之下，晚清有 50 多年的时间风调雨顺，安定祥和，对于历来多灾多难的武汉来说，实在是一次不可多得的发展机遇。

"地利"：过渡时期内陆各省唯一出海口

武汉"九省通衢"，得水居中。汉口开埠后，在早期工业化、现代化浪潮的推动下，内河航运开始由木船运输时代向轮船运输时代过渡，由于两江交汇的独特地理位置，武汉成为西南、西北等内陆各省唯一的通海口，加上五口通商尤其是上海开埠，中国外贸格局发生了变化——由广州改为上海，长江沿线尤其是长江中、上游城市汉口（1851 年）、沙市（1891 年）、宜昌（1876年）、重庆（1894 年）相继开埠，长江干线成为中国近代对外开放的重要通道，武汉因其在长江上的居中位置而成为内地通往上海的唯一中转点。

汉口的市场吸引力和辐射力也大大增强，湖南脱离广州商业圈而向汉口靠拢，大批农副土特产品和工矿原料经汉口出口，江汉关进口的各种洋货也大量倾销到湖南各州县；四川在重庆开放和川江通航后，也纳入了武汉的商业势圈；长江下游的江西、安徽因为汉口—上海的商业互动关系，进一步加强了与武汉的经济联系；西北各省如陕、甘、晋、宁同武汉的商业关系以汉水为纽带并随着开放的扩大而更加密切，当时汉口输往俄国的茶，由汉水经樊城老河口北至通州、张家口而达蒙古和俄罗斯。

由此看来，武汉作为内地"唯一出海口"（孙中山语）和内地—汉口—上海进行对外交往的重要纽结点，是由多重自然历史因素所促成，既有赖于长江、汉水这两条天然便捷的交通运输通道和武汉处于两江交汇点的独特地理位置，同时也是铁路未兴，近代轮运尚不发达，中国内河航运处于帆船运输向轮船运输过渡阶段这特殊历史时期的产物。

汉口的港口

1906年京汉铁路通车后，武汉的交通枢纽地位和商业势圈有进一步加强和扩大的趋势，由于联系华北与华中地区的京汉铁路以汉口为终点，促使华北南路（河南省）迅速转入汉口商圈，"京汉铁路使汉口与河南密接，从来天津商业圈之内奄有河南北部者，铁路完成后忽南入汉口之商圈，且与北京之交通亦趋便利，不仅政治上提高汉口及武昌之地位，即北京、汉口经济关系亦加紧密之度也"。[①]大大促进了武汉进出口贸易的繁荣发展。

"人和"：张之洞的睿智、胆识和人格魅力

在以"人治"为中心的传统社会，一个地区和部门经营得好坏，往往取决于行政首长也就是"一把手"的水平和才能。从这一点上看，晚清的武汉是颇为幸运的，因为有能干的湖广总督张之洞。张之洞在湖北武汉推行"新政"政绩卓著，不仅名著当时，而且名垂后世，乃由多方面因素所促成。

① 徐焕斗著，张博锋、尉侯凯点校：《汉口小志·交通志》，武汉出版社，2019年，第148页。

首先，老天庇佑张之洞，在其督鄂的十七八年中，湖北局势相对平稳，与另一位抚鄂名臣胡林翼比起来，张之洞不能不说非常幸运了。张、胡都是有抱负、有才干的封疆大吏，但胡面对的是与太平军决战的动荡危局，尽管他有心振兴湖北地方经济，而且也确有成效，但毕竟时运不济，只能空怀壮志，饮恨终身。所以后人评论二人治鄂功业时，认为其价值不可同日而语：

> 清咸丰时，胡林翼抚鄂，自谓造成一崭新湖北，若与公（张之洞）比较，胡当地方残破之余，理财练兵，使湖北一变而为富强。东征各军，倚此以削平大难，而减漕积谷，鄂人尤歌颂其惠政，然其功究在一时。公固私淑林翼者也，而值历史所未见之世变，排除万难，为鄂兴百世之利，所谓崭新湖北，盖在此而不在彼。虽公之明达，有以致之，抑亦时为之也。[①]

这个评论有两点值得注意：一是张、胡治鄂功业的历史影响力不同，胡仅功在一时，张则创百世之利；二是造成二人功业差异的原因不在他们能力和素质的差距，而是时代与环境使然，即所谓"时为之也"。

其次，张之洞督鄂时间长，"公自光绪十五年莅鄂，三十三年人京，垂十九年，中间惟二十年督两江年余，二十八年再督两江，旋入京议学制，又离鄂年余。清季疆吏任职一地之久，未有如公者也。故公一生精力，几尽用之于鄂"。[②]一个封疆大吏能够在一个地区待近 20 年时间，远的不说，在晚清和民国近百年历史中就极为罕见，对于湖北更是"后无来者"了。"后张之洞时代"，湖北武汉的行政首脑任期都很短，走马灯似的轮替。张之洞离任后至武昌起义爆发时，出任湖广总督的赵尔巽（1907.9—1908.8）、陈夔龙（1908.3—1909.11）、瑞澂（1909.11—1911.10）三人，任期最长者不到两年，最短者仅半年时间，而且都是平庸保守、碌碌无为之辈。进入民国后，湖北武汉地区的主政者，要么是军阀如段祺瑞、段芝贵、王占元、萧耀南之流，要么是政客如夏寿康、杨永泰、何成浚之辈，这些人整天热衷于权力之争，根本没有心思搞

---

① 张继煦：《张文襄公治鄂记》，湖北通志馆，1947 年，第 7 页。
② 同①，第 3 页。

建设。20世纪三四十年代，汉口市长刘文岛、吴国桢、徐会之倒是颇有作为的实干家，在他们的任期内，武汉（主要是汉口）的市政建设搞得不错。可惜他们生不逢时，天不佑人，时局动荡，灾祸频仍，而且任期都很短暂，成就功业受到限制，终无大的作为。

再次，张之洞人缘不错，上得慈禧太后宠率，深受朝廷重用。张之洞在武汉推行的"洋务新政"，都得到了清廷中央政府的首肯和支持。张之洞的门生、《张文襄公治鄂记》的作者张继煦认为，由于清朝采取的是中央集权的专制体制，地方疆吏一切听命于中央，并无多少决策权，"财权军权，季世尤一切归中央控制。外省有所兴作，必先奏请而后能举办"。因此，许多地方主事官员借此躺平，无所作为。如有类似张之洞想干事、能干事的官员，则频招勿议，多方掣肘。张之洞就经常遭遇此类情况，"然夷考其实，公日日在忧讥畏谗之中，徒以小心翼翼，中立不倚，得明哲保身之道。非清廷之能真任公也。又是时当国者，事事与公为难，排挤惟恐不力……甚至修造两湖书院，费银十八万两，徐致祥亦摭为弹劾之资料。昔卢九台云：十分精神，三分用以办贼，六七分用以调停。公之所处不幸近是！庚子以后，公与各疆吏定议保全东南，中枢虽恶其异己，然为外人所重视，清廷亦明谕变法，以应付外人；公自是稍能发舒。然观公辛丑正月致鹿传霖电，称闻有小枢致他省督抚电云，初十谕旨，今条议变法一件，切嘱各省复奏，万勿多言西法云云。殊堪骇异。同年二月，电鹿传霖，称嗣闻人言内意不愿多言西法，尊电亦言勿袭西法皮毛，免贻口实。不觉废然长叹"。张继煦还认为，清政府并不认同和支持张之洞的"湖北新政"，"总之公在鄂一切设施，皆当时政府所不愿举办，而千回百折，以求其必效。费无量数之苦心，经无量数之痛苦，铢积寸累，卒能有所成就。世人不察，以公大权在握，故能取多用宏，咄嗟立办，殆昧于当时之情势者也"。张氏所言，总体不错，张之洞办实业，办教育，确乎屡招非议，多方受阻，但总体上还是受到中央政府尤其是慈禧太后支持的，这点连张继煦也不得不承认：

> 奏销案部中又多方挑驳，故疆吏多以不作一事，为固位立方。
> 文襄在当时号称倚畀甚隆，能行己意。①

---

① 张继煦：《张文襄公治鄂记》，湖北通志馆，1947年，第1-2页。

有些大的项目，朝廷还直接拨款予以扶持。如光绪十六年（1890 年）张之洞在湖北设铁政局，开办经费 246.8 余万两，其中，200 万两由户部划拨，占34.8%，"当张请款设厂时，谓得银二百万即可周转不竭，户部允之"。①

同样由于体制因素，张之洞的同僚和大部分属员，平庸保守，不堪大用，"清制督抚同城，牵制有余，共济不足。公同时与处之巡抚，若谭继洵、于荫霖，或为承平之官僚，或守腐旧而惮改作，皆不能有所助力。襄治者为司道，亦多碌碌无所短长，奉令唯谨而已。惟梁鼎芬之于学务，蔡锡勇之于交涉，公实深倚之。然或病逝，或不久即去职。公尝自言楚事之棘手，亦日难一日，新样难题甚多，而帮手甚少。又曰，司道会议心志每不能齐，名目甚多，实际了无把握"。万般无奈之下，他只得在体制外罗致人才，"盖当时铨选之权，操自中枢，不能辟僚属以自助，不得已，储才于幕府"。

在张之洞的幕府中，大有聚天下英才而用之的盛况，有学者研究，张之洞督鄂期间，被其延聘入幕的中国人有 400 多人，外国人有 250 多人。这些人多是国内政界、学界、实业界的名流耆宿，如辜鸿铭、赵凤昌、梁敦彦、汪康年、樊增祥、许同莘、郑孝胥、缪荃孙、杨守敬、邹代钧、杨锐、刘成禹、沈曾植、章太炎、杨度、徐建寅、罗振玉、陈三立、张继煦、夏曾佑、华衡芳、屠寄等。还有外籍人士，如英国人贺伯生及比利时人白乃富（汉阳铁厂首任、继任总工程师），荷兰人吕柏（汉阳铁厂炼铁总管），德国人法勒根汉、景次、何福满、斯忒老（均为武备学堂教习），美国人和日本人白雷耳、美代清彦（农务学堂教习）、英国人摩里斯（织布局工程师）、丁韪良（前京师同文馆总教习、济美学堂总教习兼仕学院讲友）等。这些中外人士，尤其是国内幕僚都在一些重要部门（主要是洋务新政部门）担任总办、会办、坐办、监督、提调、参议、总监工等职。由于上述人员既富有才干，又仰慕且忠诚于张之洞，因此从组织上保证了张之洞"洋务新政"的贯彻实施。

最后，张之洞具有过人的胆识、魄力和人格魅力。与一般官僚不同，张之洞是一个儒家学者兼官僚的两栖人物，是既有理论见解又有实际才干的战略家和实干家。他的"中体西用"论，因为其在来势汹汹的西方文化冲击面前，

---

① 《汉冶萍产生之历史》，抄本，中国社会科学院经济研究所藏。

提出了应对方略，较好地解决了中学和西学的内在矛盾和冲突，从而在学习西方和保存国粹的张力之间维持某种平衡状态。时人及后人讥其"于西学袭皮毛而遗精神"，张继煦对此亦有所驳难，"谓公于西法袭皮毛而遗精神，此不过谓公孜孜建设，而不言民治，不谈宪法，为舍本逐末耳。不知当甲午庚子以前使公高谈民治宪法，岂能动清廷之听。公以挽救中国之贫弱，惟富强二字，为治病之药，从教育实业武备下手，作一分有一分之益。且于为众人不为之日，即皮毛亦岂易言。与其谓公袭皮毛而遗精神，不如谓公重实际而戒空谈之为得也"。[①] 因此，"中体西用"论不仅是张之洞本人推行"湖北新政"的指导思想，而且成为整个近代中国处理中西文化关系问题的主流意识形态。

正是因为张之洞这种学者型的政治家身份与角色的两重特点，决定了他处理地方政务的许多过人之处。《张文襄公治鄂记》评论其"治鄂为他人所不能及者"有五点，即"远识""毅力""缜密""精勤""宽弘"。

> 一曰远识。公治在一方，而能统筹全国之利害，治在一时，而尝为数十百年之计。铁路议兴，其主修者，不过谓利于运兵转饷而已。公独以尽地利，抵洋货为言；理财者，以搜剥商民为长策而已，公独谓鄙人向来论理财，以先赔钱为主义；当举国酣睡之时，公独以设厂制械为务，惟恐后时；议修川汉、粤汉铁路，全国以借外资为饮鸩，公独主张借款修路，以速其成；庚子以前，公则提倡西法西学，开风气之先，及上下争言变法，公又以保存国粹为言。此所谓高瞻远瞩，先知先觉者也。
>
> 二曰毅力。凡事因者易为力，创者难为功。公所措施，皆属创举，每着手之初，群疑群谤，阻力横生，即左右共事之人，亦且虑其难成，稍不坚持，则一事不能举办，即举办矣，或中途废阻。公认为宜作者则坚忍以要其成。如后湖堤工，海署以为工艰费巨，难以竣工，刴修时，士民阻挠，官吏非笑，工徒惊骇，以为必不可成，而公不为所动。改办百货统捐，官吏百端阻挠，怵以饷必大亏，而公毅然

---

① 张继煦：《张文襄公治鄂记》，湖北通志馆，1947年，第5页。

行之。所谓举世非之而不悔者，公实有焉。

三曰缜密。吾国从前之政治，疏节阔目而已。公治鄂以建设工程起端，应用科学上之原则，一砖一瓦，一练一钉，皆须精密计划，妙合无间。更事既久，乃影响于治事之方法，观其手颁条教，对于一事之利弊，洞悉无遗。凡下手之方法，进行之秩序，成功之要领，皆条理井然。奉行者但禀成规，率履不越而已。人但惊其规模之阔大，而忘其计划之周匝也。

四曰精勤。公精力过人，遇事之殷，辄数夜不眠。了无倦色。昼接宾客，夜治文书，要件皆手自起草，不假于幕僚（曾见公庚子年电稿凡百条件，皆亲笔也）。又当时官吏习于簿书期会而已，公推行新政，前无所承，闻见所不及者，下僚皆惊愕无所措手。于是凡百庶务，皆仰成于公。如诸葛公一罚以上，皆亲自判决。一生精力，几全用之于鄂，而成功亦以鄂为最大者此也。

五曰宽宏。公才高志大，若严格以绳，则当时实无可以共功名之人。公用人则取其所长，而恕其所短，但期能成吾事，而不苛其小节。故公以廉介自持，而属吏之好货者，仍供指臂之使。革命，公所深恶也，而学生之归国者，仍任之不疑。且革命一弊，亦必体贴人情，而不为已甚。如光绪十六年谕武汉典当二分取息，以便贫民。而以向来发商生息官款，原息一分或九厘者，一律减为五厘，以示调剂。光绪二十五年，裁除郧宜施三府各县解缴本府公费，则另筹款发给，作为三府办公经费。公于政弊俗污之时，而能树立伟大事业，此亦其原因也。[1]

其中"远识"最能体现张之洞的从政办事风格。"公治在一方，而能统筹全国之厉害；治在一时，而尝为数十百年之计。"这就是说，张之洞是从全国的角度和今后长远的发展目标来谋划湖北武汉的事情。用当下的话语就是具有全局意识、整体观念和现代化的发展理念。具体言之，"铁路议兴，其主修

---

[1] 张继煦：《张文襄公治鄂记》，湖北通志馆，1947年，第5-7页。

者，不过谓利于运兵转饷而已，公独以尽地利、抵洋货为言；理财者，以搜剥商民为长策而已，公独谓鄙人向来论理财，以先赔钱为主义；当举国酣睡之时，公独以设厂制械为务，惟恐后时；议修川汉粤、汉铁路，全国以借外资为饮鸩，公独主张借款修路，以速其成；庚子以前，公则提倡西法西学，开风气之先，及上下争言变法，公又以保存国粹为言。此所谓高瞻远瞩，先知先觉者也"。① 由此可见，张之洞将爱国、开放、发展融为一个整体，并在此基础上考虑新政的具体措施，不仅先声夺人，而且恢阔大气，创造了不少国内和亚洲第一。

张之洞办事有毅力，有魄力，敢于干别人不敢干的事。"盖公之调鄂，以主张修京汉铁路也……此事他人不愿为，且不能为，又替人之难。""且公所创办官营事业，各疆吏皆慨于亏空之矩，头绪纷繁，不愿作茧自缚。"

张之洞所具有的强烈事业心同样令人钦佩。"张之洞官鄂最久。公视鄂事如家事，昕夕经营，思为鄂省公私谋永久之利，苟有利于地方者，不恤竭全力以争之。"张之洞除了爱舞文弄墨、收藏古董外，再没有其他个人爱好。张之洞的幕僚辜鸿铭在《中国牛津运动之内情》中说其"本人生活很简朴。他在武昌任总督期间，全中国的总督衙门再也没有比他的衙门更破旧不堪，或更不排场的了"，他在"任两广和两湖总督期间，用公款引进了外国方法，同时慷慨捐献了几乎全部私人财产，用以创立高等院校"。如此看来，张之洞够"廉政"和"勤政"了。辜氏在其另一部著作中还进一步证实，"文襄自甲申（1884 年）后亟力为国图富强，及其身殁后债累累不能偿，家八十余口几无以为生"。

张之洞将其人生际运、官宦生涯乃至身家性命赌注式地倾注在湖北的新政事业上。因此，从某种意义上言之，张之洞是和湖北武汉的近代崛起连在一起的，没有张之洞的"湖北新政"，就没有近代湖北武汉的崛起。当然，天时，地利也格外惠眷张之洞。"时势造英雄"与"英雄造时势"，在晚清，湖北、武汉、张之洞三者之间极其偶然地结合起来了，成就了张之洞，成就了湖北，成就了武汉！

---

① 张继煦：《张文襄公治鄂记》，湖北通志馆，1947 年，第 1-6 页。

第五章　城市革命——武昌起义与武汉城市早期现代化

武汉
城市的近代崛起，既是武昌起义之因，亦为武昌起义之果。

武昌起义
本质上是具有资产级阶革命性质的市民起义。

武汉
因武昌起义而成为中国乃至亚洲穿透专制黑夜
迎来民主共和第一道曙光的城市。

大汉口
传统的市民文化形成了武汉人的首创精神与
争先性格，而江汉文化中的急功近利的价值
观则导致首义英雄们壮勇有余而谋略不足。

孙中山先生
在《建国方略》中为武汉未来的城市现代化描绘了一幅美好蓝图。

武昌起义门

　　1911 年 10 月 10 日晚，武昌城内湖北新军工程第八营传出一阵激烈枪声。紧接着，一群士兵冲出营房，直奔楚望台，很快控制了军械库，城内其他一些新军标营士兵也相继而起，奔赴楚望台集结。在起义军的强大攻势面前，守卫中和门的清军士兵四散逃逸，首义志士们撬开 3 斤重的铁锁，打开城门，迎接南湖炮队进城。此时，城内城外，枪炮齐鸣，楚望台军械库不仅以大量武器弹药武装了革命党人，而且成为武昌起义的烽火台，各路义军的大本营，进攻总督衙门的指挥所。次日清晨，十八星旗取代大清黄龙旗在武昌城头迎风飘扬。三天后，汉阳、汉口被民军光复；三个月后，四方云集响应，统治中国 260 多年的大清王朝迅速土崩瓦解，末代皇帝溥仪仓皇退位，一个崭新的共和国——中华民国诞生了。

　　武昌起义不是一只从云端掉下来的幸运之果。与中世纪依靠符瑞受命的神话故事、简单的口号和揭帖发动武装斗争的农民起义不同，辛亥革命是一场具有深刻的经济基础，同时具有科学文化内涵和理论纲领的资产阶级民主革命。它发生在城市，而且必须是工业化、现代化较为充分的城市；它的领导者和参与者是一批有理想、有毅力又颇具谋略的资产阶级和小资产阶级知识分子，是典型的城市革命、市民起义。

城市革命本义是指在原始社会向文明国家发展进程中城市的形成，无城市社会因此变为有城市社会。其先决条件之一是具备生产余粮的能力，因此它首先以农业革命为前提。由于产品有了剩余，人们可以进行商品交换和商品再分配，又导致财富集中和阶级分化，从而出现城市与国家。

本书将辛亥武昌起义定指为城市革命，实际上是指发生在城市里的市民革命或资产阶级民主革命。随着工业化、城市化和城市现代化的兴起，以工商业者和知识精英为主体的市民阶层崛起，其发展与统治城市的传统专制制度产生日益剧烈的冲突，从而引发革命。革命之后，传统专制体制被冲破的缺口必然为城市化进程带来更大的发展空间，进一步推动传统城市向现代城市转型。从这个意义上，我们只是借用了"城市革命"这一概念从一个新视角来论析武昌起义。

辛亥革命这场近代推动中国社会转型的历史大戏，何以会在武昌首义？这其中是纯属偶然，还是有其必然的原因？毫无疑问，辛亥革命作为一场发生在现代城市的中产阶级革命，它的爆发和武汉的城市早期现代化发展有着深刻的必然联系。同样，辛亥革命在武昌首胜，建立了资产阶级民主共和政权，解除了传统专制制度对工商业和城市现代发展的桎梏，进一步解放思想和社会生产力，推动城市功能的全面转型和城市早期现代化深入发展。

城市革命与市民起义

回顾欧美主要资本主义国家的城市市民革命历程，可以发现，武昌起义也一样具备城市革命、市民起义的基本要素。

城市革命必须发生在城市。英国革命发生于伦敦，起于国王要逮捕五位议会领袖，伦敦市民自发起来保卫。国王遂离开伦敦，在诺丁汉城建立大本营，从此，内战就在这两个城市间展开。法国革命始于巴黎人民攻占巴士底狱，之后巴黎就一直是各种势力交战的中心。辛亥革命是由一系列武装起义引发、最后成于辛亥年间武昌城的一连串起义所组成的。其中，具有代表性的两次起义是广州起义和武昌起义，而广州和武汉都是近代以来开埠通商后，工商业发展较为充分的现代城市。

在革命方式上，武昌起义和欧美其他城市革命一样，充满了和平手段与武装起义的交织运用。和平手段是城市市民阶级争取民主、平等、自由所运用的重要手段。为保护私有财产和有利于工商业发展，城市市民阶级一般倾向于用游行罢工、议会谈判、协商调停、和平请愿等手段协调各方利益解决矛盾，取得各方利益互惠。城市市民阶级不同于传统农民阶级一味用破坏性行动去杀富济贫，只有到矛盾激化到无可调和时才使用武力去推翻专制统治。

英国革命前夕，查理一世的税收政策导致城市工商业萧条，引发城市平民多次起义，才有 1640 年国会召开，后有两次内战；法国大革命先有三级议会召开，后来人民群众攻占巴士底狱揭开革命序幕，在整个革命过程中，人民群众通过武装起义三次选择最符合自己需要的政权，使得法国革命成为世界资产阶级革命的典范。在中国，和平请愿早在革命爆发前就已经发生，立宪派的和平运动往往气势不输革命派，李提摩太评价资政院弹劾军机大臣："吾辈居中国四十年，一旦得目睹此景象，殊堪惊讶。吾辈今日所见者，与前日所想望者，有过之而无不及。土耳其、葡萄牙之两大革命尚不能比。盖今日之有资政院，一若满人权利递交人民，仿佛二十国同时革命而不流一滴血云云"。①

有许多人原本是倾向于通过和平请愿和议会政治走向君主立宪，当现实粉碎了他们的幻想后，最后主动参加了革命，较有代表性的人物就是汤化龙。

汤化龙本是立宪派，1910 年请愿开国会，其作为湖北谘议局议长连续上书，态度坚定。1911 年 5 月（宣统三年四月），他参加了北京宪友会组党会议，被举定为假定主席，后态度转趋激烈，多次抨击政府腐败，抗议皇族内阁，反对铁路国有。"汤化龙任湖北谘议局议长时，对反对清政府向四国银行团借债筑路的事是支持的。在湖北铁路协会的大会上，汤化龙的讲话，曾历数时政的腐败，特别严厉抨击当时的邮传部大臣盛宣怀，认为邮传部把张之洞费了很大力气收回来的川粤汉铁路建筑权，重又送给外人，无非是想在借款时攫取巨额回扣，是媚外肥私，丧权卖国。他号召湖北全体同胞踊跃筹集筑路款项，抵制外债，争回路权，以救亡图存。会后大家都说汤议长的主张对得很。"② 由于请求清政府召开国会的要求未能实现，

汤化龙

以汤化龙为代表的立宪党人转而同情革命。汤后来呼吁响应独立的电文较为客观地反映了他由对清政府抱以立宪幻想，到幻想破灭转而支持革命的心路历程："清廷无道，自召灭亡，化龙知祸至之无日，曾连合诸公奔赴京都，代表全国民意，吁请立宪，乃伪为九年之约，实无改革之诚……楚虽三户，誓必亡秦。非曰复仇，实求自救"。③

从汤化龙的转变过程可以发现，城市资产阶级参加革命的一个重要目的在于建立有利于民族资本主义发展的政治制度，并获得管辖治理城市的权力，以促进城市工商业的发展。为达此目的，他们可以选择和平改良，也可以采取武装起义；可以选择君主立宪，也可以拥护民主共和。改良与革命，君宪与共和，之间并无实质区别，都只是资产阶级实现自己目的的手段而已。

革命主体是城市市民阶级。英国领导阶级为城市资产阶级和新贵族，革命

① "译电"，《民立报》，宣统二年十二月初三日。
② 李健侯：《武昌首义前后忆事八则》，中国人民政治协商全国委员会文史资料研究委员会编：《辛亥革命回忆录》（二），文史资料出版社，1981 年，第 81 页。
③ 张国淦：《辛亥革命史料》，上海龙门联合书局，1958 年，第 101 页。

主力是农民、手工业者与城市贫民。查理一世为进行苏格兰战争而向城市工商业者征税，可伦敦的商人不愿意借钱给国王，于是召开已经停止多年的议会，剥夺了国王随意征税的权力。王权与议会的矛盾其实体现的是传统专制统治集团与城市中产阶级的利益冲突。法国，起来反对旧制度的是整个第三等级，第三等级指革命前有纳税义务的人构成的等级，与那些不纳税、享有封建特权的人构成的第一等级（僧侣）和第二等级（贵族）相对立。具体包括农民、手工业者、小商贩、城市贫民和资产阶级等，占法国全国人口的 95% 以上。资产阶级在第三等级中经济上最富有，政治上最成熟，居于领导地位。18 世纪末，法国资产阶级革命前夕，资产阶级领导的第三等级已成为反封建的主力军。梁启超尝言：“泰西革命之主动，大率在中等社会，盖上等社会则其所革者。”[①]这种中等社会的革命，其实就是城市市民阶级的革命。

城市市民的广泛参与，是城市革命的重要特性。武昌起义表面上看，是秀才造反，还有人说：“武昌起义实际上是湖北的士兵革命。”[②]武昌起义的领导和参与者虽然是文人、士兵与下层军官，实际上他们代表着当时的中间阶级或市民阶层，武昌起义本质上是具有资产阶级革命性质的市民起义。

关于辛亥革命前后汉口有无市民社会，学术界历来有争议。如果按照亚当·弗格森《市民社会历史》中认为：市民是一种在城市生活与商业活动的繁荣社会中，以商业为目的的结社为市民社会之特征，晚清汉口至少已初具市民社会的雏形。

汉口最先进入新型市民阶级行列的是外国洋行、银行里的买办资本家。辛亥革命前，外国在汉工厂达 40 多家，洋行 130 多家，银行也不下 10 家，形成了一个为数不下 500 人的买办队伍。据相关资料统计，从 1861 年到 1911 年这50 年间，汉口买办阶层共获利润达 1.35 亿海关两之巨。[③]

在万商云集的汉口，民族资产阶级的主体还是以商业、金融资本家为主体。辛亥革命前，汉口总计商家 7000 户，其中以中小资本家为多数，1920 年

---

① 梁启超：《中国历史上革命之研究》，《新民丛报》四六—四八期合本，四月出版。

②《辛亥首义回忆录》（第一辑），湖北人民出版社，1979 年，第 5 页。

③ 冯天瑜、张笃勤：《辛亥首义史》，湖北人民出版社，2011 年，第 63 页。

已逾 1 万户。[1] 随着外贸发展，商业的繁荣，汉口钱庄也获得极大发展，清末汉口已有大小钱庄 121 家，据《夏口县志》统计，汉口商会一至八届领导层成员共 219 人次，其中钱庄经理为 46 人次，占 21%，数量仅次于商业资本家而远高于产业资本家。

张之洞推行湖北行政后，武汉工业化进程也开始起步，工业资本家形成。据《江汉日报》刊发《武汉工厂调查表》统计，1908 年武汉三镇兴建工厂 80 家，其中华商工厂 32 家，外商工厂 31 家，官办工厂 13 家，官督商办工厂 4 家。[2] 至辛亥革命前，武汉地区民族资本主义工厂企业有 120 多家，其中有资本可查的为 30 多家，资本总额约为 1000 万元。买办资本家、金融资本家、商业资本家和工业资本家共同构成了城市市民阶级的上层。

随着工业化的起步，武汉也随之形成了一支庞大的产业工人大军。仅以宋炜臣的燮昌火柴厂为例，1897 年创办时有工人 1400 人，最多时 2500 人。到辛亥革命前，武汉民族资本家创办的工厂有工人 8000 人左右。而张之洞创办的官办企业，其规模又远远超过民办工业，仅汉阳铁厂就有 3000 多名工匠，湖北枪炮厂有 1200 多工人。所以，至辛亥革命前夕，武汉的官办企业和民办企业里的产业工人规模是相当可观的。罗威廉指出："单是汉口，1899 年大约有 1000 人，5 年之后飞速增加到 1 万人，到民国初年，更增加到 3 万多人。"[3] 水野幸吉在《汉口：中央支那事情》一书中称："在武汉三市，被使役于诸工场之职工，其数当不下三万。特如汉口百货辐辏之地，运搬夫更为多数。到处各工场及仓库之前，居然成列，无非从事于货运之运搬，仅汉口一地，其数可统称十万。"[4] 这支庞大的劳工大军是城市市民阶层里的重要组成部分，并在日后的革命中冲锋陷阵，追随资产阶级和知识精英去反对他们的敌人。湖北军政府成立后，许多工人踊跃参军；武汉保卫战的四十多天里，汉阳兵工厂工人

---

① 皮明庥：《近代武汉城市史》，中国社会科学出版社，1993 年，第 674 页。

② 武汉地方志办公室编：《汉口租界志》，武汉出版社，2003 年，第 41 页。

③ ［美］罗威廉：《汉口：一个中国城市的商业和社会（1796—1889）》，中国人民大学出版社，2005 年，第 17 页。

④ ［日］水野幸吉：《汉口：中央支那事情》，清光绪三十四年昌明公司刊本，第 12 页。

积极赶制军火，"平时每日造枪六十支，现加至八十支，夜工倍之"。[①] 三千多工人的日夜赶制，有力支援了阳夏战争。如果说，资产阶级知识分子是城市革命的领导者，无产阶级就是城市资产阶级革命的主力军之一。

1907 年，湖北有各级各类学堂 1512 所，学生 57751 人，按当时人口 34329524 人计算，每万人口中的专门学堂学生 0.21 人，中学学堂学生 0.4 人，小学堂学生 14.7 人。为培养洋务运动急需各类人才，还大量派遣留学生赴日学习，1901 年，中国留日学生达 271 人，其中湖北 47 人，占 17%，居各省前列，1902 年湖北 126 人，1903 年湖北 153 人，1904 年，全国留日生 2406 人，湖北 341 人，占 14.2%。在这些新学堂里，形成了一个不同于旧式士大夫的知识队伍，属于资产阶级和小资产阶级范畴。辛亥革命中，这些由新学堂培养出来的青年学生却充当了领头先锋，成为资产阶级的政治代表。据统计，湖北武昌起义后，12 个部门 22 名负责人中，留学日本的 11 人，留美 1 人，毕业于两湖总师范 6 人，毕业于中国公学、湖北军校、长沙正经学堂、武昌文普通高等学堂 4 人。[②]

科举制废除后，近代知识分子在彻底断绝了通过科举入仕做官之路后寻找新的出路。一部分文人、官僚开始经营工商业，向民族资本家和官僚资本家转化，还有一部分向自由职业者转化，如报馆主笔、记者、编辑、议员等，此外，投身新军者也不在少数。在汉口出现了一个庞大的自由知识分子群体，据《汉口小志》记载，仅汉口一地，在报界从业者即达 33 人，詹大悲、何海鸣、查光佛、宛思寅、高汉声等人都是著名的近代武汉报人。文学社社员多是湖北新军士兵、下层军官和学界人士，有姓名可考者 243 人。[③]

正是由于汉口作为一个传统商业社会广泛存在的商人阶层，城市功能结构转型之后新加入了工业资本家、金融资本家、自由知识分子和大量的产业工人等。一个具有现代城市共同体意识的新型市民阶级萌生了。晚清武汉（汉口）

---

① 剑农：《武汉革命始末记》丛刊本，见中国史学会编：《辛亥革命》（五），上海人民出版社、上海书店出版社，2000 年，第 174 页。

② 李明伟：《清末民初中国城市社会阶层研究（1897—1927）》，社会科学文献出版社，2005 年，第 533-534 页。

③ 张玉法：《清季的革命团体》，台北"中央研究院"近代史研究所专刊（32），1975 年，第 612 页。

的市民阶级已经具有产生现代市民社会的某些背景条件：较为成熟的市场经济，所有制形式多样化，私有商业机构和社会组织保持相对独立和自主性。

辛亥革命前，武汉市民社会已经在政治、经济、社会、文化等方面形成多元特色。政治领域，文学社、共进社等资产阶级革命团体以推翻专制的民主革命为目标，无疑是带有政党性质的"政治社会"；经济领域，类似既济水电公司、汉冶萍公司等股份制工商组织，它们独立于国家，并参与市场竞争；社会领域，"汉口之第一商业机关为商务总会，其次为各团体联合会。商业之种类而区别者，故有三百六十行之名称，各种生业无所不备"。汉口总商会等作为跨地域、跨行业组织，成为国家、政府、商人之间的中介，形成所谓"公共领域"；文化领域，近代学校和一大批民办报纸媒体成为市民表达诉求的公共舆论空间。19 世纪末 20 世纪初，武汉民办报纸如雨后春笋般出现，据统计，1905—1911 年民办报纸达 54 家。① 如《汉口中西报》《工商日报》《江汉日报》《湖北日报》《大江报》等等，这些现代报纸成为市民阶层进行舆论宣传、宣泄情绪、表达意愿的公共领域，也促使了资产阶级民主革命思想广泛传播。

近代市民社会从一开始就是以专制国家的异己力量出现的。

> 一个强有力的、健全的市民社会，能够推动政治革新，并监督政府和国家，市民社会有助于反击对手，有助于完成转型，有助于巩固并深化民主，在民主化进程的任何阶段，一个生机勃勃的独立的市民社会都是有价值的。②

的确，晚清汉口的市民阶级在推动城市转型，参与社会革新，反对专制政治，推动民主进程方面发挥了主导作用。他们积极参与晚清"新政"，其上层人物利用谘议局这样的平台提出了改革吏治的政治主张：宣统元年，湖北谘议局就出台了关于整治湖北吏治的六条议案：汰冗员、勤考核、祛夙累、定公

---

① 刘望龄：《黑血·金鼓——辛亥前后湖北报刊史事长编》，湖北教育出版社，1991 年，第 3 页。
② ［美］约翰·基恩：《市民社会：旧刊象，新观察》，上海远东出版社，2006 年，第 40 页。

费、专责任、禁积压。[1] 他们利用舆论工具抨击时政，监督政府，主张革命，鼓动大乱。1906 年周珍发表《中国货币改革难》批评清政府财政改革"流弊兹甚，岂积重之势，未可一日返耶"；1911 年黄侃在《大江报》发表《大乱者，救中国之妙者也》，酿成著名的"大江报案"，成为武昌起义重要的导火线。1910 年 2 月 28 日，《时报》报道一则关于汉口的新闻，大意是说当地徐太守带警察随意拘捕并殴打满春戏园售票员和守门人等人。园主不服徐太守这种目无法纪的做法，一边通禀督院、巡警等衙门，请为申雪，一面由商会向农工商部与民政部申诉。[2] 从这件报道可以看出，当时商人们不畏强权，不甘再任由专制政府肆意践踏人权，学会了通过法律手段和舆论攻势来对抗专制强权，维护自己的合法权益，换取城市自由民主的空间。

　　近代武汉市民社会在同专制政府抗争中走向成熟的标志事件是保路运动。保路运动始终贯穿着一个铁路是"官办"还是"商办"的争夺，也就是政府主导还是商人——资产阶级主导的争夺。铁路和城市文明密不可分，和商民阶层的切身利益关系极大。清政府的"铁路国有"政策，实质是将铁路修筑权和铁路控制权一并出卖给了外国人，向外国借款筑路又一并将两湖盐厘捐税作为抵押，这不仅严重损害了商民的利益，也损害了其他城市阶层的利益。因为，政府向外国借款后的负担一定会转嫁到民间，这必然会侵犯城市市民社会的利益空间，自然遭到了以商人、士绅为首的全体城市阶层的反对。在这场风潮中，市民社会包括商业公司、社会团体、舆论传媒都广泛参与，以社会之合力与国家和政府据理力争；湖北铁路协会代表于 1909 年北上晋京请愿；协会会长刘心源到京后，三

保路运动纪念碑

---

[1] 武汉大学历史系中国近代史教研室编：《辛亥革命在湖北史料选辑》，湖北人民出版社，1981 年，第 217—219 页。

[2] 同[1]，第 215 页。

次上书邮传部，力陈"铁路宜予湖北自办"。①"湖北同乡京官及学界、商界
六百余人，亦于十二日集议办法。""适时护理湖广总督及铁路协会、湖北咨
议局、湖北教育总会、武昌商务总会、汉口商界、善堂、报界，咸有电致军
机处、外务、度支、邮传诸部，陈明股款已齐，要求准予商办。"②湖北留日
学生也积极响应，多次电函张之洞和湖北当局，阻止向外国借款："湖北之利
权湖北人有之，湖北人合中国力办之，凡外人皆不得干涉"。③"与其将来偿
此巨款，驯于外人之下，不如归鄂民自筹商办，且获厚利"。④留日湖北学生
铁路会代表张伯烈、夏道南严正提出："衡之我国，国有则类官办，民有则类
商办。但中国幅员宽广，铁路繁多，政府穷乏无策，致为外人所经营者，十有
八九。由此观之，与其集中国全体之铁路，遗累政府一身，不若分全国各路使
各省人民自为担任之为愈。"⑤

　　面对武汉市民社会要求铁路商办的要求，清政府明确告知："英法德三国
公使即各备公文，照会外部，声明不能承认更改借款合同。"⑥瑞澂对商学绅
严密纠察，对集会、言论自由严格限制。在宜昌，因为川粤汉铁路收归官办，
使原来股东的股本有去无回，引发了股东与公司冲突，当地政府竟派兵镇压，
酿成了大规模械斗："各警勇见众股东忿激，风潮甚烈，难以和平了结，随禀
报宜昌府袁太守核办，即请宜防营管带陈嘉猷率队弹压。众股东一见军队弹
压，愈为忿激。遂各回乡村，纠集农民二千余人，执械抗拒，殴毙兵士二十余
名。……近来人心惶惶，城内商民亦因之罢市。"⑦

　　宜昌械斗事件发生在辛亥前几个月，从市民社会的视角看"保路风潮"的
结局，我们不难发现其不成熟和局限性，正如国外一些研究者所指出："在许
多城市和城镇被充当社团的一些行业性组织，如商会、银行家圈子、律师圈子
以及其他类型的团体情况也是如此。通过多种多样的组织，地方精英们在'自

---

① 《东方杂志》，第七卷第一期。

② 同①，第七卷第三期。

③ 《时报》，乙巳二月初九日。

④ 《趣报》，宣统元年十月初四日。

⑤ 《湖北商办铁路意见书》，汉口汪日升石印局宣统元年孟冬月印。

⑥ 同①，第七卷第二期。

⑦ 同③，辛亥六月初三日。

助'中发展了利益，达到了对商贸、扶贫、储水、治安等的控制，还明确表达了他们对政府国内外政策的批评，这些团体成为国家权力的武器，同时又是正在形成中的社会利益的媒介，换句话说这些团体可以被看作市民组织的雏形。尽管它们的总体特征和日复一日作为统治器官的功能仍旧依附于国家官方组织下的'官治'，官方拥有承认或不承认这些组织的权力，也有阻碍或监督他们自治倾向的权力，并拥有必要时使用警察和暴力手段"。① 正是"警察和暴力"唤醒了武汉市民社会，他们终于认识到，以和平请愿和议会斗争为手段谋求经济自主和民主自治，无异于与虎谋皮，他们对这个政府感到了深深的失望，和政府的冲突由是渐升级为暴力性质。最终引发了 1911 年 10 月震惊世界、改变中国历史进程的暴力革命——武昌起义。

革命军招募的新兵

武昌起义是由湖北新军中下层军官和广大士兵发动并取得成功的，时人称之为"秀才造反"。而这个士兵群体正是武汉市民社会的优秀代表。

清末，新军采取新法练兵，士兵从民间选募，模仿西方征兵制，晚清，农村与农业凋敝，工业化与城市化浪潮的冲击，种种因素导致大批手工业工人失业和农民破产，很多人因此成为新军士兵。新军要求士兵粗通文墨，于是秀才当兵成为社会的时尚。原来旧军官难以胜任，新军排长以上的中下级军官，多数从武备学堂出身的学生中选拔任用，还有一部分是从国外军事学校留学归国的学生中选拔，一大批资产阶级、小资产阶级知识分子进入新军，进行革命活动。湖北新军"将弁多以学生充当，入伍兵亦多具有知识者"。②

有人回忆："1905 年在黄陂应募入伍的，那次募兵结果，九十六人中就有十二个廪生，二十四个秀才。马队第十一标是这样，陆军第八镇和陆军

① ［美］约翰·基恩：《市民社会：旧刊象，新观察》，上海远东出版社，2006 年，第33 页。

② 张继煦：《张文襄公治鄂记》，湖北通志馆，1947 年，第 24—25 页。

第二十一混成协所属步、马、炮、工、辎五种部队，都有不少的读书分子入伍。"[1] 这批知识分子多出身于富农或地主家庭，家境殷实、颇有田产，有些人还是大富之家。在求学过程中，他们接触了西方民主自由理念和革命党的革命宣传，转变为具有新思想的革命知识分子，如王汉、吴贞三、李长令。有的人原本就是抱着革命的目的而入伍，如张难先、刘静庵、孙武。科学补习所六名主要领导人，五人在学界，学堂学生占全所总数一半以上。大批新型知识精英涌入军队，极大改变了军队的阶级构成和思想结构。

恩格斯曾这样评价西方征兵制：

> 在每一个健康的男子都在经历军队生活的今天，这种军队开始愈来愈多地反映人民的情绪和思想；作为主要压迫工具的这种军队，日益变得不可靠了……既然发生了这类情况，既然军队中也出现了曙光，那就意味着旧世界的末日已经不远了。[2]

这个评价也适用于武昌起义时的湖北新军，新军这个群体实际上已成为当时城市市民阶级下层的一个集合体。

就是革命者利用的会党，也由于现代社会生产方式的影响，在出现某种变化。会党的主体部分是由于城市化运动产生的离开了农业生产沦为城镇下层劳动群众的市民阶层，主要包括破产农民、手工业者和城市贫民。曾有人在老河口和襄樊一带对76名江湖会成员的社会成分和职业进行过一个调查：小店东15人，脚夫3人，帮工3人，士兵21人（其中下级军官2人），小贩1人，屠宰工3人，巡警4人（其中下级警官1人），厨师1人，挑水工1人，近郊农民2人，船夫5人，木匠3人，地主1人，小知识分子4人，装卸工1人，衙役1人，铁匠1人，地保1人，旧式造船工2人，无业游民（暂时失业）3人。[3] 这个调查可以明确反映出，会党的成员已经以城市市民为主了。当时，

---

[1] 陈孝芬：《辛亥武昌首义回忆》，《辛亥首义回忆录》（第一辑），湖北人民出版社，1979年，第68页。

[2] 恩格斯：《巴黎公社二十周年给法国工人的贺信》，《马克思恩格斯全集》（第22卷），人民出版社，1972年，第214—215页。

[3] 华中师范学院历史系编：《江湖会资料选辑》（内部印行），第130-141页。

会党参加新军和新军参加会党都很常见，科学补习所即曾作为会党的介绍入伍机关；鄂北光化、襄阳起义是新军张国荃等与江湖会联合发动的。"城市下层市民队伍的不断扩大，农民小商品生产倾向的逐步加强，这些变化都改变着哥老会社会成分的构成，使哥老会由以自然经济条件下的农民为主体的反清结社，演化为以下层市民为主体、以具有小商品生产者倾向的农民为附众的反清结社……这种重要的演化，又使哥老会完成了从以农村为活动中心到以城市和交通线为活动中心的自发战略转移，形成了对帝国主义和清政府统治的经济政治中心——城市——的直接威胁。这是会党之所以成为资产阶级民主革命的社会基础，革命党人之所以对会党进行发动、组织、改造并曾倚之为主力的原因所在。"[1]

武昌起义爆发后，武汉社会各界对于革命并未采取观望、排拒甚至反对的态度，一开始便以各种方式积极投入，踊跃参与。工商业者作为中产阶级的重要力量，开始本来倾向以和平请愿、通过谘议局制定法案实现君主立宪，但冷酷的现实逐渐令他们对清廷失望，转而支持参与并领导革命。革命爆发后，武汉有许多市民自治团体对革命予以了积极支持。如协助起义军的有汉阳商团、永济消防会、水果帮自治会、仁义下段保安会、清和保安会、商防义成社，直接参加起义的有商团保安会、汉口公益救患会、夏口四区公益会、堤口下段商团保安会、清真自治公益会、公立永宁救火社、普济商团自卫社、公善保安会、演说自治戒烟会、黄陂街上段保安会、四官殿商防保安会、敦乐保邻会。这些团体都是商民组成的自治团体，代表城市市民阶级上层——资产阶级亦即中产阶级——的利益。他们的加入，对革命起了重大帮助，时人回忆：

> 初汉口各团组织联合会，其关系起义伟业者，设演说而疾专制，重自治以基共和，对于清政府抵抗铁路国有，要求国会速开，有捕逮鼓吹改革者，则多方辩护，有调查组织机关者，则极力弥缝，鼓荡舆情，胚胎革命，各团联合会力实居多。至是则云涌风随，首先响应。会员等无昼无夜，守望逡巡，一面分途演说，安慰人民，称民军运筹

---

[1] 陈辉：《再论武昌首义爆发的原因》，湖北省社会科学联合会编：《辛亥两湖史事新论》，湖南人民出版社，1988 年，第 69 页。

美备，虎贲鹰扬，救民出水火而登衽席，诚属易事。请各店铺居民，照常居住交易，劝户悬一灯，家抽一丁，同为卫护。①

湖北军政府成立伊始，商会总理蔡辅卿即令各保安会以白布为标记，接应民军。当民军开赴汉口时，汉口商民燃点鞭炮，夹道欢呼。②在民军未从武昌渡江以前，汉口各团联合会即担负起维持社会秩序的责任。首义期间，商会商团资助民军经费达一百多万元。除此以外，李紫云、刘歆生、徐荣廷、宋炜臣等都慷慨解囊，支援革命。

除了民族资产阶级以外，下层市民特别是工农群众也积极支持革命，军政府决定扩军后，许多学生、工人、农民踊跃投军，"不到五天就招足了四个协，约两万人的新兵"。③续招的第五协熊秉坤部，内中有大冶矿工一千多人。④武汉保卫战的四十多天里，武汉人民给予了积极支持。有人回忆："我黄营张文彬鸣号冲锋，民众助声喊杀，敌向聂口溃退，遂将刘家庙占领。敌遗弃粮秣、子弹、帐篷甚多，居民与铁路工人争相搬运，老幼男妇送茶送饭者络绎于途。"⑤10月18日，铁路工人、刘仁洋铁厂工人与近郊农民拆毁铁路十余丈，使敌军火车倾覆，革命军乘势反击，工人、农民手持铁棍、锄头助战，"一时死者如墙倒"。⑥

托克维尔在《旧制度和大革命》里曾经揭示了一个耐人寻味的现象：在发动法国大革命、反对王权的参加者里，除了遭受压迫的第三等级以外，还有社会上原有的特权阶层——贵族阶级。在法国大革命即将来临之际，路易十六开始进行改革，然而"对于一个坏政府来说，最危险的时刻通常就是它开始改革

---

① 汉口各团联合会：《汉口各团联合会协助民军纪实》，中国人民政治协商会议湖北暨武汉市委员会、中国社会科学院近代史研究所、湖北省博物馆、武汉市档案馆：《武昌起义档案资料选编》（上卷），湖北人民出版社，1984年，第245-246页。

② 皮明麻：《武昌首义中的商会商团》，《皮明麻文集》（第一卷），湖北教育出版社，2010年，第266页。

③ 章开沅、林增平：《辛亥革命史》（下册），人民出版社，1981年，第75页。

④ 熊秉坤：《回忆辛亥首义后的两件事》，《辛亥首义回忆录》（第四辑），湖北人民出版社，1979年，第102页。

⑤ 王瓒承：《辛亥首义阳夏光复纪实》，中国人民政治协商会议全国委员会、文史资料研究委员会编：《回忆辛亥革命》，文史资料出版社，1981年，第238页。

⑥ 佚名：《中国革命日记》。

的时刻"。改革不仅激化了第三等级与特权阶级的矛盾，也侵犯了贵族们的既得利益，许多贵族也和资产阶级一起高呼打倒王权，各种利益不同甚至对立的阶级都团结在自由平等的大旗下。其真实目的反而被这种抽象的理想所掩盖。"封建制度的某些部分在法国已经废除时，人们对剩下的部分常常抱有百倍的仇恨，更加不能忍受，农民和领主、第三等级和特权阶级的矛盾越加尖锐，这就是为什么革命在法国比在欧洲其他国家更早爆发的主要原因"。①

反观中国 19 世纪末 20 世纪初的清王朝，也在推行着一场所谓的"新政"，但这场"新政"在加重了农民负担的同时，也损害了一大批传统士大夫的利益，士大夫们科举入仕之路断绝，从而产生对朝廷的不满，转而接受了先进的西方现代理念，并日益萌生推翻朝廷的革命思想，革命者的主体是中下层知识分子与此不无关系。资产阶级上层企图通过"新政"与朝廷分享权力，进入各级权力中枢的愿望，最终也没能实现，改革的结果加剧地方实力派、传统政治势力、资产阶级上层与专制政权的矛盾，把他们从传统政治营垒推到革命阵营之中。这样，如同法国大革命一样，几乎所有的阶级、阶层都与清廷或貌合神离，或分庭抗礼，导致了革命爆发，专制政权覆亡。

"暴动事业，无论在何国，无论在何时，其必出于啸聚，必为无机的群众。"②梁启超此段言论目的在于指责资产阶级革命为暴乱，担心革命会导致传统农民暴动的破坏局面。其实辛亥革命绝对不是一场"无机的群众"进行的"啸聚"，而是有着严密的组织，经过精心准备的政治社会革命。

武昌起义之前，革命党人进行了长期的有组织的准备工作，仅组织而言，在全国有同盟会，在湖北有日知会、科学补习所、文学社、共进会，"湖北革命团体，在同盟会成立之前曾有 3 个，同盟会成立之后则出现 33 个，占 1905 年以后全国革命团体总数（127 个）的 1/4，占整个华中地区的 53%"。③可知清末湖北的政治团体多达七八十个，这些组织有着明确的推翻专制政府、建立

① ［法］托克维尔：《旧制度与大革命》，张联芝所撰序言，商务印书馆，1992 年，第 VI 页。

② 梁启超：《暴动与外国干涉》，张枬、王忍之编：《辛亥革命前十年间时论选集》（第二卷上册），生活·读书·新知三联书店，1960 年，第 282 页。

③ 张玉法：《清季的革命团体》，台北"中央研究院"近代史研究所专刊（32），1975 年，第 680 页。

民主共和的现代纲领，并为实现这个纲领进行了长期的动员准备。从一开始，革命党人就进入新军，运动新军，改造新军。朱元成、范腾霄、曹进、刘静庵、张难先、胡瑛等进入新军活动，向新军散发《猛回头》《黄帝魂》《革命军》等书，建立革命团体科学补习所，举行演讲，促成了新军由维护旧制度的武装向革命武装转化。范腾霄曾回忆刘静庵当年运动新军的情形：

> 静安体虽较弱，然勤于操练，循军规，不少懈忤，有暇则时以种族等常识灌输于同营行伍间。营众见静安与余莫逆，亦均敬信之。历时三年，渐与各军同志稔，各军优秀干部，不第充心于学术之砥砺，且醉心于种族政治之革命，日深且切。此后黎所统各军声誉日著，其功名亦与日俱增，由范围最小之马队管带，而前锋督带，而混成协统，而常备军第二镇镇统。旧日之马队出身官牟头目，均超升不次，此具有新思想之多数青年军官，把握军权，率致辛亥革命，墟满社而底于成，虽运会所趋，而静安置身营伍数年鼓舞之力，其可泯哉。[①]

由此可见，武昌起义绝不是像旧式农民暴动一样为摆脱生存危机而一时兴起的"啸聚"，而是一场有组织、有准备、有明确目标的现代城市市民起义。

刘静庵画像

---

① 范腾霄：《辛亥革命前之社团运动及起义后军事之一幕》，丘权政、杜春和选编：《辛亥革命史料选辑》（续编），湖南人民出版社，1983年，第65—66页。

　　而且，起义的参加者们也绝非"无机的群众"。从他们个人而言，大多是知识分子，为一种崇高的理想而参加革命，不为升官发财，更不为温饱，因为他们大多家境殷实，有些人还是富商巨贾、名望显族，如刘公，便是襄阳三大富室之一。他们却为革命出钱出力，甚至毁家纾难，在所不惜。刘公多次出资捐助革命报刊《警世钟》《猛回头》《民报》，为筹措革命经费，他以捐官为名向家里索要了五千两白银，为共进会的机关设置、旗帜制作、钞票印刷、炸弹制造等活动提供了重要开支；殷子衡说他参加革命的原因有三：一由于留心时务，二由于读书有悟，三由于慈悲心驱使。①

共进会秘密机关——汉口俄界宝善里 14 号

　　他们对革命的支持和参与，早已跳脱出为谋生而揭竿的群氓啸聚，实是出于一种对超越个人功名利禄推翻专制，建立共和之崇高理想的自觉。就其组织而言，都不是旧式的会党或梁山泊那样的绿林山寨，而是具备现代政党性质的团体，其维系成员的纽带不再依靠江湖义气、血缘关系，而是依靠实现民主共和的信仰。在革命过程中，这些组织除有严密的纲领外，还有周密详尽的计划，如文学社在起义之前的计划里不仅有起义的具体方案，如"举义之时，宜乘盛，不宜乘衰""宜乘暗，不宜乘明""宜派可靠之队伍守卫官钱局""未举义前亦应派人前往各省连合，使能同时举义""武汉三镇必须同日举事"，还有对保护城市秩序和市民财产安全的规定："确非我党类，只要严守中立者，不可加害""中

① 贺觉非：《辛亥武昌首义人物传》（上册），中华书局，1982 年，第 20 页。

外商民须竭力保护，使皆知我军原为复国仇而起，别无犯秋毫"。①占领武昌后，他们明确表示要迅速结束混乱的局面，主张建立军政府，"是日也（二十日），武昌虽克，皆系人自为战。纵有司令以统率之，苟无健全之政府，外人视之，与一片散沙无异，岂有不借口干涉之事。于是，公同举定黎公元洪为都督。鄂军政府即以此而成立矣"。②可见，武昌起义的参加者们不是什么"无机的群众"，而是一群站在时代潮流之前，敢为天下先的革命精英。

武昌起义作为一场城市革命，有着明确的城市革命理论纲领和建立民主共和的目标。在思想理论的准备上，主要有两个方面内容：

一是崇拜法国大革命，鼓吹暴力革命。康有为反对暴力革命，在《法国革命史论》中指责法国大革命是"妄行杀戮，惨无天日"的"恐怖之世"，认为罗伯斯庇尔、马拉、丹东皆是"酷毒民贼""屠伯悍贼"。汪东在《民报》上发表《正明夷〈法国革命史论〉》进行驳斥，认为法国大革命乃"布奔氏（波旁王朝）之失民心，由来有渐，其不即发者，譬之硕果，酝酿未熟，一旦及秋，则子散落若雨，路易第十六，乃适当其冲耳"。"革命即不能不杀人流血，杀人流血，忍事也；忍而为之，即将以达其舍身拯民，不忍人之心也。"田桐在《清政府之立宪问题》里说："流血者，自由之母也；立宪者，革命之产儿也。"章太炎高呼"公理之未明，即以革命明之，旧俗之俱在，即以革命去之"，更称革命乃"天雄大黄之猛剂""补泻兼备之良药"。对革命进行热切讴歌最有代表性的还是当属邹容的《革命军》。邹容在《革命军·绪论》里热情赞颂："巍巍哉！革命也。皇皇哉！革命也。"革命事业"郁郁勃勃，莽莽苍苍，至尊极高，独一无二，伟大绝伦"。革命是"起死回生之灵药，返魄还魂之宝方"。《湖北学生界》也有人为实现人权，号召"当操巨刃纵阔斧，斩除种种阻碍，达我报国之血忱。有妖魔鬼物障碍其间，拔剑斩之，牺牲一身，以除巨蠹"。③

二是鼓吹民主自由人权。武昌起义前夕，无论革命派还是立宪派，都有

①《文学社事实》，王华国等编：《武昌起义档案资料选编》（上），湖北人民出版社，1981年，第11-13页。
② 同①，第17页。
③《敬告同乡学生》，《湖北学生界》第五期。

着鲜明的现代国民意识。"奴隶无权利，而国民有权利；奴隶无责任，而国民有责任；奴隶甘压制，而国民喜自由；奴隶尚尊卑，而国民言平等；奴隶好依傍，而国民尚独立。"① 他们认为，国民才是国家的主体，"政治之善恶，常视国民进化之程度为正比例，其民为自主独立之民，其国即为自主独立之国"，"今日之中国，国民主义之时代也"，"立国于地球之上者，无国民则亡，有国民则强"。② 并且把人民的权利看成是国家权利的根本："民权之集，是为国权；民而无权，国权何有？"③ 人民的权利是天赋的，人民的权利神圣不可侵犯，"盖人性赋自天，人权亦赋自天。天所命者，人不得而夺……但人权固非难得之物，如高官厚禄、印累绶若者也。一治事、一言论、一思想、一操笔、一交接之顷，莫不有我行我法，为外界所不能侵蚀者存。人权于诸，非第曰我，非第曰匹夫云，也负今世界最完美、最高尚、最雄伟之资格"。④ 因此，有人高呼："誓将赋同仇之什，光复宗邦；击自由之钟，重宣独立，匪直黄白必须立平等之任，即红黑亦将燃既死之灰。"⑤

在对权利的阐释上，亦有鲜明的政治、经济指向。首先权利是一种参政议政的权利，"何谓权利？曰：天之生人也，既与以身体自由之权利，即与以参政国民之权利。故一国行政之权吾得而过问之，一国立法之权吾得而干涉之，一国司法之权吾得而管理之。"⑥ 其次，天赋人权的核心内容之一就是私有财产的不受侵犯的权利，"经济之最大动机，实起于人类利己之心……而所谓经济上之欲望，则使财物归于自己支配之欲望是也"。"今日一切经济行为，殆无不以所有权为基础，而活动于其上。""私有制度虽谓为现社会一切文明之源泉可也。"⑦

而且，他们还认识到，政治上的权利必须和经济上的权利相符合，纳税人向政府交了钱，他就必须拥有相应权利，"人以不出无偿之金钱之精神，以对

---

① 《说国民》，《国民报》第二期，六月十日出版。
② 李书城：《学生之竞争》，《湖北学生界》第三期。
③ 《原国》，《国民报》第一期，五月十日出版。
④ 《敬告同乡学生》，《湖北学生界》第五期。
⑤ 《汉声》第六期。
⑥ 同①。
⑦ 梁启超：《再驳某报之土地国有论》，《新民丛报》第九十、九十一、九十二期。

国家，则民权在是矣"。① 他们严厉批判了政府在经济上向商人滥征租税，政治上打压商人的做法，"借租税以要求权利，固中国人所不为，至于监督租税之一事，尤非中国人意想之所及。……吾民之所放弃而不知监督，任政府之滥掷者，亦不知几何矣！淫后构广厦以行乐，所费皆民之膏血；异族仰潮米以糊口，所食皆民之钱粮。若以例美人所以独立，法人所以革命，其糟蹋吾民之权利，不知若何，而吾民无抗之者也！"②

武昌起义作为一场现代城市市民革命，与传统的农民起义相比，有着鲜明的时代特征。

现代城市革命的爆发根源与传统农民暴动有着历史性的区别。农民暴动多是由于传统农业社会的顽症——土地兼并导致"富者田连阡陌，贫者无立锥之地"局面出现，迫使农民铤而走险，揭竿起义，起义的目的在于获得土地。而城市资产阶级革命是由于工业化带来的城市化进程加快，市民阶层崛起，与传统的专制政体发生矛盾，从而引发革命，目的在于获得管辖城市的权力，推动工商业的发展。

农民起义通常崇尚"等贵贱，均贫富""有衣同穿，有田同耕"的平均主义思想，常采取杀富济贫的手段来实现这种目标。起义的矛头既针对朝廷，也针对具体的有产者。因此在实践上往往是剥夺地主土地，压制工商业发展，造成血流成河、人烟稀少、土地荒芜的破坏局面。而城市革命目的在于改变桎梏城市现代化发展的专制制度，不是为了改朝换代。除了镇压极其顽固的对抗分子以外，不实行杀富济贫的平均主义，反而保护工商业者利益，鼓励商品经济的发展。要发展商品经济，自然也会反对均平思想。革命派明确指出："盖社会革命者，非夺富民之财产以散诸贫民之谓也。若是者，即令得为之，曾无几何之效果，可谓之动乱，不可谓革命也。"③

农民起义的最终结果还是在农业传统社会的旧体制中循环往复，不可能创造新的生产方式和社会体制。农民领袖开始带领贫困大众反抗朝廷，后来自己也企图登基称帝，"群雄之崛起，则非独拨乱诛暴而已，实各抱帝王思想，

① 雨尘子:《近世欧人之三大主义》,《新民丛报》第二十八期。

② 同①。

③ 悬解:《论社会革命当与政治革命并行》,《民报》第五号。

故各不相下"。① 正因为其起兵造反的目的是称帝，各起义集团为争夺全国统治权的战争往往比推翻旧皇帝的时间还长，耗费的精力更多。"中国历史上之革命，其颠覆政府也，用力少，为时暂；其争帝也，用力多，为时久，亦易见矣。"② 结果常常造成生产力严重破坏，数十年难以恢复。"中国革命，蒙革命之害者动百数十岁，而食其利者不得一二年，故一度革命，而所积累以得之文明与之俱亡。"③ 这是由农民革命的性质决定的。而城市革命则不同，"以争帝之故，而互相屠杀，则由于建设之目的，不外乎帝制自为，故有此结果。然则内乱之故，非由其破坏之手段而生，乃由其建设上之目的而生耳。使今后中国之革命，其建设之目的，非在帝制自为，则颠覆政府之后，革命家必不致相争；争夺不生，则内乱必不作"。④

城市现代化发展着重建设反对破坏，因此革命者最关心的是能否建立起良好的制度，为发展城市工商业营造一个良好的制度空间，而不在于谁掌握最高权力。革命者恰恰是反对帝王思想，主张建立民主法制社会，给城市现代化的发展以制度保障。基于此，革命军愿意让黎元洪做湖北军政府都督；孙中山只要袁世凯赞成共和可以把大总统职位拱手相让，专心自己去修铁路；宋教仁终生为实现议会政治而奋斗，"为平民政治而死，惧独夫专制复生"；殷子衡在萍醴起义失败后被捕，饱受酷刑，革命待结束后，他却脱离政治献身基督，终生服务于宗教界和教育界；张难先因对参与袁世凯复辟帝制的筹安会不满，回沔阳种地灌园，曾参加讨袁起义，失败后又回家种菜，闲时访友求学，"常无以为炊，甚至寒天解身上马褂和布袍入质库"。⑤ 京山人王守愚在宋案后，积极联络各方讨袁，蒋翊武、王宪章死难后，常说："当竭尽所能，以酬死友。"进行过多次反袁斗争，后来又积极参加孙中山北伐，"忧劳过度，肺病加重，暂住鼓浪屿友人家。一闻各处失败消息，必捶胸大哭，继以吐血。他自

---

① 汪精卫：《驳革命可以生内乱说》，张枬、王忍之编：《辛亥革命前十年间时论选集》（第二卷），生活·读书·新知三联书店，1960 年，第 525 页。

② 同①，第 525 页。

③ 梁启超：《中国历史上革命之研究》，《新民丛报》四六—四八合本，四月出版。

④ 同①，第 525 页。

⑤ 贺觉非：《辛亥武昌首义人物传》（上册），中华书局，1982 年，第 26 页。

知不久于人世，每以无补于国为恨"。① 恩施人田道生，武昌起义第二天即纠合同志响应，参加了汉口战役，每战必身先士卒，撤退时必在最后，裁兵后回家终生务农。

正是由于城市革命者在现代城市文明中有这种重制度建设而不慕个人权位的素质，所以城市革命在推翻旧政府之后，各方利益冲突可以用各种协商办法进行调解，而不是只有武力解决一条出路，局势较易趋于平稳。依法规建设国家、建设城市，将社会带出改朝换代的循环怪圈。当然，城市革命者身上仍然可能带有传统官僚文化的负面特征，在湖北革命者中，表现得比较明显的如孙武之流。这是现代城市文明发展得不充分以及传统力量的惯性作用在其身上的反映。

农民起义的发动手段主要是口号、揭帖，还有宗教迷信，如"太平道"、"拜上帝教"等，反映了农民阶级自身由于其素质的落后，无法找到先进的理论和组织手段来动员群众。城市市民革命有着现代城市文化的浓烈氛围和深厚的现代思想理论基础，有长期的思想启蒙、运动做准备和铺垫，其理论武器已彻底抛弃了传统的神学迷信成分，代之以民主、人权、自由、平等等现代社会理想，其动员群众的方式主要是组建新式团体，制定严密纲领，创办报刊杂志，通过现代媒体散播自己的思想，并深入到下层群众和军队中进行宣传动员。文学社、共进会有明确的革命纲领，如共进会有"首先推翻帝制，效法共和""限制资本""平均人权""民族平等""收回租界""遵守国际公法"等十条法规，而且，城市革命家在传播现代思想的时候，其目的不仅仅只是发动群众夺取政权，确乎有启蒙民智、铸造现代国民的文化追求，他们充分认识到，建立民主共和制度，并尽快实现工业化和城市现代化，必须培养一大批具有现代知识、文化的现代国民。"革命者，非徒以触发社会之感情而已，必且导其知识，养其能力，三者具，而后革命可言。"②

尽管资产阶级的城市革命与农民的农村革命有着如此重大的区别，但是，由于辛亥革命前夕的中国仍然是一个农业社会，城市与乡村之间，农民与市

---

① 胡祖舜：《武昌开国实录》（下），1948 年铅印本，第 372 页。
② 胡汉民：《"民报"之六大主义》，《民报》第三期四月出版，《辛亥革命前十年间时论选集》（第二卷上），生活·读书·新知三联书店 1960 年，第 525 页。

民之间，存在着千丝万缕的联系，发生在城市的资产阶级革命不可能孤立地进行，它必然为农村社会经济文化的整体环境所制约并直接影响革命的形式及其结果。

英国革命前，资本主义已深入农村，破坏了封建经济结构，使农民同地主、专制王权之间的矛盾激化起来。国王、封建贵族、国教教会的地租、免役捐、什一税及各种勒索使其成为农民仇恨的对象，农民与手工业工人成为资产阶级、新贵族利用的力量。1643 年，当王军进逼伦敦时，手工业者、帮工、学徒组成民团和附近农民武装奋起出击，解除威胁；克伦威尔组织的新模范军在打败王党军的军事行动中起了决定性作用，其组成是以自耕农为主体，包括手工业者、工匠和学徒。恩格斯如是评价英国革命与农民革命的关系："发动者是城市中等阶级，而完成者是农村地区的自耕农。……如果没有这种自耕农和城市平民，单单资产阶级决不会把斗争进行到底，也决不会把查理一世送上断头台。"[①]

在法国，是巴黎和外省的城市革命和农村革命共同爆发，没有农村的革命，巴黎和外省城市的革命就会一无所获。法国革命前，农民有着沉重的纳税负担，受到国家、领主、教会、高利贷者的盘剥，城乡矛盾突出。人口增长，导致城市扩大。在旧制度末期，全国有 16% 的人口在城市，加剧了对农产品的需求，也刺激了物价上涨，首先是粮食价格的上涨。1788 年开始的农业歉收和工业危机，导致农村工业较发达的地区失业人数增加。当巴黎人民攻占巴士底狱后，农村由春季抢面粉、抗税暴动转变为夏季政治骚动，威胁着城市资产阶级财产，出现"大惊恐"，城市粮食短缺，面包供不应求，巴黎人民群情汹涌。面包匮乏和物价高涨是法国人民反对旧制度的重要原因，乔治·吕德指出："一如整个 18 世纪，大革命时期人民起义最经常的原因就是下层人民经常要求得到廉价的足够的面包和其他产品，以及渴求对此采取必要的行政措施保证。"[②]而食物短缺的罪魁实际上是那些城市囤积居奇者和食利者，农民不

---

① [德] 恩格斯：《〈社会主义从空想到科学的发展〉英文版导言》，《马克思恩格斯选集》（第三卷），人民出版社，1972 年，第 391—392 页。
② 转引自 [苏联] 扎赫尔著，申晨星译：《忿激派运动》，吉林大学出版社，1986 年，第 27 页。

愿出售粮食换取贬值的纸币，使各大城市出现粮荒。"昂贵不是因为缺少食品，这是一种囤积居奇的结果，这种结果是所有的富人，由于不幸的道德败坏，也由于所有有些钱的公民们，直接、间接地协作造成的。"[①] 城乡矛盾引发城乡骚乱，最后人民群众用自己的武装斗争一次次淘汰不能采取有效措施协调城乡矛盾促成城乡联盟的政权，选择了雅各宾派。雅各宾派的经济措施中最重要的是限价政策和土地法令，通过限价，暂时牺牲了资产阶级一部分利益，满足了广大平民的基本生活需求：土地法令虽未建立农民土地所有制，却废除了农民的封建义务和什一税。这些法令在当时有效形成了资产阶级、城市手工业者和农民亦即城市和乡村的联盟，保证了法国大革命的胜利。

从英法城市革命的过程可以看出，城市革命往往得到农村农民革命的支持才能取得胜利。而其中最耐人寻味的是，革命前农民所受的苦难除一部分是封建贵族和教会强加的以外，还有相当一部分是由于城市工业化和资本主义深入农村导致的。如资产阶级的圈地运动、城市市民对农村农产品和原料的廉价的掠夺等。然而这些矛盾当时却被广大人民与封建王室、教会的矛盾所掩盖，一切斗争的矛头都指向了王室和教会，城市资产阶级得以利用农村革命达到自己目的。正如布罗代尔所说：

> 如果怀着今天的心态阅读过去的资料，人们立即能认识到资本的特权已经是确定无疑的事实，但在当时，认识到这一点却必须等很长的时间，大体上要等到工业革命的发生，这不仅因为十八世纪的革命者本身就是资产者，而且因为资本的特权在十八世纪利用了人们在其他方面的觉醒以及革命者对其他特权的揭发，躲过了注意。人们攻击旨在保护贵族利益的神话，攻击等级社会的神话。这样一来，与出身等级制相对立的金钱等级制就不再显得是一个独立的和有害的等级。[②]

---

① ［法］饶勒斯：《法国革命的社会主义史》（第 7 卷），巴黎，1924 年，第 75 页。
② ［法］布罗代尔著，顾良译，施康强校：《15 至 18 世纪的物质文明、经济和资本主义》，生活·读书·新知三联书店，1993 年，第 554 页。

反观武昌起义这场中国的城市革命，尽管也得到了鄂东、鄂西、鄂北农村的响应，但真正以农民为基本力量进行的起义只有京山，其余地方都是依靠新军、会党和当地士绅，这场革命显然未能充分利用农村革命作为城市市民阶层的同盟，更没有引起农村的大规模变动。革命者忽视在下层农民中扩大自己的影响，高举反清旗帜的是以留日学生为主体的革命知识分子，依靠的是会党和清军，缺乏广大的群众基础，尤其缺乏充分的农村动员。这不仅让人想起了毛泽东的话："一切革命同志须知：国民革命需要一个大的农村变动。辛亥革命没有这个变动，所以失败了。"①这的确是中肯之论。尽管我们不该过于苛求前人，但反思历史的经验教训，挖掘深层的历史原因还是必要的。

表面看来，武昌起义缺乏农村革命支持的原因是资产阶级革命者对动员下层群众尤其是乡村农民的忽视。但若认真考察，其实还有更深层次的经济原因和社会原因。

从前文可以看出，英法等国家城市与乡村同样存在着矛盾，有时候这种矛盾还很尖锐，但资产阶级革命者最后还是能建立起城乡同盟，这不仅取决于革命者自身的素质，更是因为这些国家的城市资本主义发展原本是建立在农村的充分发展之上的。在城市革命之前，资本主义在农村已经有一个长期的发展了。侯建新认为："英国中世纪晚期至近代早期，农业劳动生产率呈明显的上升趋势。16 世纪后，英国人口成倍增长，然而人均产量增长得更快，这被西方经济学家称为现代意义的经济增长。这是英国历史上，也是人类历史上，一个国家第一次能够持续向不断增加的人口提供不断攀升的生活水准，从而超越了马尔萨斯危机，取得工业社会的首张入场券。……第一个工业化国家的出现，不是以农业的萎缩为代价，也不是靠挤压、甚至牺牲农民的利益，恰好相反，在资本主义将农民作为一个阶级吞噬掉之前，它是以个体农民物质力量和精神力量的普遍发展为其发展的基石。"②也就是说，农业资本主义生产方式的出现是西欧农村上百年乃至几个世纪发展的结果，在出现那种掠夺农民生产资料的原始积累之前，西欧农村经济与社会已取得了很大发展。农业的增长，改善

---

① 毛泽东：《湖南农民运动考察报告》，《毛泽东选集》（第一卷），人民出版社，2008 年，第 16 页。

② 侯建新：《社会转型时期的西欧与中国》，济南出版社，2001 年，第 11 页。

了农村的产业结构，促发了乡村工业，特别是毛纺织业的成长，形成了一批新兴工业区和乡村工业企业家。正是农村劳动生产率的提高，造成了工商业城市的复兴。农业的发展孕育了工业世界，农村的复兴带来了城市的繁荣。因此，西欧城市与乡村原本就有着天然的密不可分的联系，在城市革命中，市民阶级也较容易与乡村农民结成可靠的同盟。

　　反观中国近代城市的发展，则走了一条不同于西欧的道路。近代开埠通商以后，传统社会城乡合一状态开始打破，其城市现代化道路与乡村发展开始脱节，城乡对立初见端倪。尽管明清之际，中国江南农村已出现资本主义萌芽，一批手工业专业市镇崛起。但鸦片战争之后，这一正常进程中断，中国的一些城市早期现代化多由开埠通商外力所推引，不仅不是建立在农村资本主义充分发展基础之上，反而以广大农村经济破产、牺牲农村和农民为巨大代价。资本主义工商业主要集中于东南沿海及长江中下游沿江一些城市，广大的内地和乡村受资本主义生产方式影响极其微弱，仍然是以小农经济为主体的社会。"近代贫困、动荡的农村已成为中国发展的中心问题，在危机重重的近代，中国现代化的领导者们急于使中国早日摆脱半殖民地半封建社会的困境，把现代化的希望放在沿海和广大城市，以期见效快，自然忽略了广大农村和腹地。然而这时的农村，各种危机已达到极限，人和地的关系，农业产量和人口压力的关系，土地的占有和使用关系都无法再维持原来的格局。加上战争和灾荒时时雪上加霜，大量无地的农民挣扎在死亡线上，而发展有限的城市又把他们排斥在外。"[①] 清末民初的中国，出现人口向城市集中的趋势，并不完全是城市工商业发展的结果，而是由于农村经济破产，大批农民被从土地上挤出来，涌向城市。而在农民涌向城市之时，又带来城市劳动力过剩问题，工人工资下降，劳动者生活更加贫困，购买力下降，结果严重影响了城市工业化进程，加剧了城市资产阶级、工人阶级与农民阶级的冲突。

　　面对初现端倪城乡冲突，清政府不仅没有采取有力措施，加快农村现代化建设，通过发展农村经济缩小城乡差距，缓解日益尖锐的城乡矛盾，反而在所谓"改革"过程中将大批"新政"费用强行摊派给下层人民。以湖北为例，

---

① 何一民主编：《近代中国城市发展与社会变迁（1840—1949）》，科学出版社，2004年，第435页。

1909 年湖广总督陈夔龙奏称："近以朝廷力图自强，出款繁多，几骤过从前数倍。"[1] 据《湖北通志》卷五十，《经政》八榷税部分记载：1901 年后，新增捐税有米谷捐、储备捐、洋油捐、火车捐、盐斤加价等。湖北拟就的 1912 年预算里，从前占政府财政收入 75% ～ 80% 的田赋收入，当时只占 1/4，其余的 3/4 来自盐税、杂捐和表列为"临时收入"的与新政措施有关的"捐献"。[2] 官吏与士绅借机对民众巧取豪夺，引发大量抗粮、抗捐、抗税等自发性群众反抗。清政府为增加财政收入，大量铸造铜币，导致通货膨胀、物价飞涨。"1908 年，驻宜昌的英国领事发现，在前十年之内，用铜币购买芝麻油、皮棉、小麦、大麦、酒类、食盐和猪肉，其价格上涨几乎接近了百分之百。"[3] "从汉口来的一份报告显示，依据铜币——穷人的常用货币——计算，米价的通货膨胀实质上大于其他交换手段。"[4] 通货膨胀引起的骚乱遍及了整个湖北。同时，新学堂创办的费用一面加重了农民的负担，而其教授的新知识又严重脱离了农村的实际，没有给广大农民带来实际利益，这就加剧了农民对城市改革的不满。1910 年长沙抢米风潮出现了焚烧新学堂的行为，就表明乡村农民和城市资产阶级、知识精英之间存在着利益上的冲突。

我们再来看一看武汉的城市发展与周边农村的关系。汉口的发展尽管对周边县城武昌、黄陂、汉阳、孝感等地区有着辐射作用，带动了当地的发展，使得长江、汉水沿线出现了一批新型市镇。但总体而言，其对江汉地区的辐射和影响是十分有限的，近代汉口仍然是自然经济和农业文明汪洋大海里的一只孤舟。城市现代化运动与农村的衰败形成鲜明的两极。首先是武汉周边农村商品化程度较低。据农商部 1919 年调查，全省自耕农为 1561137 户，占总户数 3670281 的 42.5%，半自耕农 770337 户，占总户数的 21%，佃农为 1339307 户，占总户数的 36.5%。据 1914 年国民政府农村部中央农业实验所对湖北省 28 个县地租形式综合调查，实物地租占 79.8%，货币地租只占 20.2%，劳役地租成

---

① 《湖北通志》卷五十三，《经政》十一《新政》《财政》。
② ［美］周锡瑞：《改良与革命——辛亥革命在两湖》，中华书局，1982 年，第 138 页。
③ H. A. 立特（宜昌），1908 年 7 月 25 日，附录 D，F，0，228/1695。
④ 特纳（汉口），1910 年 8 月 6 日，F.0.228/1761。

为实物地租的附属不单独存在。[①] 其次是晚清农村衰败极其严重。与清中叶相比，晚清湖北水稻产量是下降的，"平均而计，清中叶，双季稻亩产三石多，合今制在 400 市斤以上"。[②] 而到了清末，据日本外务省《清国事情》（上册）记载，1907 年以前，湖北农作物平均亩产量是稻米 1.2 石（折稻谷 2.4 石，合今制每亩 326 市斤，清 1 石合今 136 市斤）。[③] 与清中叶相比，下降幅度约为 1/5。

　　湖北频繁的天灾更使得农民生活极其悲惨。1877 年，黄陂、孝感大旱，"田中旱禾一望而为黄草漫天……几乎颗粒无存"，黄陂县西北各乡"男女老幼，相继逃荒者几千人，村落一空"。[④] 1882 年，潜江村家埠溃口，"全邑被淹。乡民俱号腹耕耘，次年秋禾复遭水患，乡民以草荄榆屑，聊以充饥，甚有将子女远鬻他乡者，男

1887 年汉口大水

孩不过千余文"，所到之处"饿殍载途，疮痍满目，啼饥诉哭，比户皆然"。[⑤] 1895 年，宜昌、施南两府所属十三州县，及郧阳属竹溪、保康、房县，"春夏干旱，秋间淫雨数十日。半谷、苞谷、番薯、洋芋全都坏烂，数月来，乡民多食草根树皮及观音土，食者辄病"。[⑥] 1897 年，"天门、汉川被水灾民数十万，不惟无粮可食，无田可耕，抑且无地无屋可栖止"。[⑦] 进入 20 世纪后，政府沉重的税赋负担和外国资本主义的经济侵略，严重破坏了农村生产力，导

[①] 湖北省地方志编纂委员会编著：《湖北省志·农业》（上），湖北人民出版社，1994 年，第 22-23 页。

[②] 吴慧：《中国历代粮食亩产研究》，农业出版社，1985 年，第 207—208 页。

[③] 湖北省地方志编纂委员会编著：《湖北省志·农业（上）》，1994 年，第 16 页。

[④] 李文治：《中国近代农业史资料》（第 1 辑），生活·读书·新知三联书店，1957 年，第 730 页。

[⑤] 同④。

[⑥] 同④。

[⑦] 同④，第 731 页。

1931 年洪水中的江汉平原

受灾后的汉口街头老乞丐

致水利建设败坏，20 世纪最初十年，天灾连年不断，1911 年，沙洋堤决，潜江、钟祥、监利等县均被水淹，"所有受灾之区，一片汪洋，数里不见烟火，灾民有生食野兽之肉者，有摧泥果腹致毙者，有挖掘树皮草根以济急者，令人不忍目睹"。[1]

生产方式落后、经济困窘、自然灾害再加城市新政增加的负担，使灾民大批流入城市，所去之处，以汉口为多。"汉口地方聚至二十余万人。"[2]汉口城市人口的增加，并非城市发展本身的拉力所致，更不是由于农村经济的发展导致劳动力过剩，而是由于农村经济的衰败所造成。黄陂孝感一带破产农民和手工业者、小商小贩，成为汉口移民的主要来源，这些灾民涌向武汉，引发了严重的城市社会问题："某种程度上，从腹地移向汉口的人都是被迫离开家乡的，除了日益增长的人口压力外，频繁的洪水（汉水流域）和饥荒（干旱的河南平原），以及太平天国运动后大量的政府军队被遣散，都促进了 19 世纪后期的城市化……1884 年《汉阳县志》的作者感叹道：'溯道光初年，汉市殷盛，惰民流丐于此者滋多'。更为不稳定的是妓女、赌徒和小罪犯，其人数在 1890 年后成倍增长。这些失去社会地位的人的增加对汉口后来的历史产生巨大的影响，他们使得案件增加，社会日益动

---

① 李文治：《中国近代农业史资料》（第 1 辑），生活·读书·新知三联书店，1957 年，第 731 页。

② 同①，第 722、723、731、938 页。

荡不安"。^①当时武汉的工业发展程度尚不足以解决如此多的移民生计问题，城市容纳能力有限，形成了大量的城市失业者和游民，加之飞腾的物价和下降的工资，使广大平民阶层感到城市化运动仅仅使城市商人士绅获得了利益，而广大城市平民的利益却受到了侵犯。不仅农民对城市产生了对立情绪，城市市民阶级内部的矛盾也因城市化发展而渐趋激烈。1905 年汉口铜货帮三千多工人为反对资本家克扣工资而罢工；1907 年汉口铜币局工人为反对降低工资定额而罢工；1909 年地产商刘歆生为升高一片土地地基欲赶走棚户，遭到袭击；同年同月，九千砖茶厂工人罢工；1910 年 4 月三千名工人袭击俄国砖茶厂；武昌棉纺厂工人为抗议资本家虐待工人而罢工，这一系列运动都体现着城市工人与资本家之间的矛盾。它们深刻表明，在辛亥革命爆发以前，城市与乡村，中国的资产阶级、士绅阶级和下层的工农群众已经存在着巨大对立，因此，尽管他们都有了革命的要求，将矛头一齐指向了清政府，但始终难以结成广泛而坚固的同盟。尤其是革命政权建立后，双方的矛盾就表现得更加明显。1912 年 3 月 19 日，巡警厅严厉限制集会结社，命警察署"日夜逡巡，如有此等情弊，定即严行禁止，以保秩序，而维治安"。^②革命初步胜利后，城市上层阶级为了自身利益，对向农民作出过的承诺也开始反悔，《时报》曾直言不讳："武昌起义时，都督本有铲除满清一切陋规之布告。乃现在武昌、夏口、大冶、黄冈、汉阳、黄陂、广济、蕲春、黄梅、蒲圻、圻水、荆门、兴国等十三县先后呈请财政司酌减。该司因本省财政支绌，对于黄冈等县求免陋税则否认；对于武昌等县求折银价则驳斥，且有实征实解之命令。是不啻变陋规为正税，于满清薄税之名亦不保存，殊属非是。"^③农民的沉重负担并未在清政府倒台后得到减轻，城乡对立愈加凸显。

辛亥革命后，湖北农村并没有出现预想中的现代性"变动"。民国时期，湖北省城市人口占全省总人口比重只有 8.8%，低于全国 10% 的平均水平。^④农

---

① ［美］罗威廉：《汉口：一个中国城市的商业和社会（1796—1889）》，中国人民大学出版社，2016 年，第 267—268 页。

② 《民立报》1912 年 3 月 19 日。

③ 《时报》1913 年 5 月 23 日。

④ 据胡焕庸、张善余：《中国人口地理》下册有关统计数据整理，转引自何一民：《从农业时代到工业时代：中国城市发展研究》，巴蜀书社，2009 年，第 217 页。

业生产仍以手工操作为主，耕作靠犁、耙、锄、锹，多数农户农具数量不足。据金陵大学农经系 1935 年在孝感县对 58 家农户进行调查，家庭人口平均为 6.3人，劳动力 2.2 人，耕地 27.8 亩，拥有农具价值为 78 元。农户拥有农具中价值最高的为牛车，购置这种农具的农户仅占总农户的 18.4%。《中国近代农业史资料》（第二折）记载：应城县清水湖村，无耕畜的农户，1923 年为 8%，1928 年增至 35%，1933 年则大半农户无耕畜。[①]农业种植结构方面，据 1934 年《中国农业概况》，各类农作物种植面积比例为粮食占 74%，油料（大豆、花生）占 7%，棉花占 10%，[②]经济作物种植面积明显偏低。落后的农业生产方式、不发达的商品经济、沉重的地租剥削以及频繁的水旱，湖北农村之衰败，在全国也属罕见。民国中央农业实验所潘鸿声教授在 1934 年调查湖北农村描述："鄂省各地，乡村穷困之状，当较其他各省地尤为甚……惟近年受天灾人祸之影响，生活更趋穷困，吃白米饭者，百中难有数家，大半皆食粟米、高粱、红薯，此外也有吃芝麻叶和红薯叶者……此犹上中人家。其赤贫者，均以麦皮菜根充饥，其有终年无油盐可食者。"[③]

在传统乡村文明和小农经济的汪洋大海里，武汉这座"东方芝加哥"，仿佛一座孤岛，茕茕而立。城市现代发展的城乡生态链严重断裂，缺乏可持续繁荣发展的天然支撑。江汉地区这种基于自足自给性小农经济形成的谋生型文化滋生出功利主义的小农意识和政治情结，也深深浸润到武汉城市文化的基因中，严重影响到辛亥革命领导人的视界、胆识和气魄。大汉口传统的市民文化形成了武汉人的首创精神与争先性格、敢于造反的勇气和善于造反的精明，而江汉文化中的急功近利的价值观则导致首义英雄们壮勇有余而谋略不足，有献身革命的豪情却缺乏指点江山的胆魄，有的甚至蜕化变质，走上传统政治的老路。

让我们把问题还是回到城市和城市革命本身。作为一场城市革命的主体，城市市民为了城市以及市民自身的自由发展，他们希望通过革命达到怎样的目的？也就是说，在革命中和革命后他们提出了怎样的城市诉求？

---

① 湖北省地方志编纂委员会编著：《湖北省志·农业（上）》，湖北人民出版社，1994 年，第 19—20 页。

② 同①，第 28 页。

③《农声》第 1 卷第 20 期。

《鄂州约法》与民主共和愿景

武昌起义作为近代资产阶级民主革命，其最大的成果是推翻了延续二千多年的专制制度，建立了中国乃至亚洲第一个近代民主共和政权——中华民国湖北军政府，颁布了第一部资产阶级民主共和宪法——《鄂州约法》。

武昌起义爆发后的次日（10 月 11 日）上午和晚上，起义领导人及原湖北谘议局议长汤化龙等，齐聚位于武昌阅马场的省谘议局大楼，商议筹组成立湖北军政府事宜。决

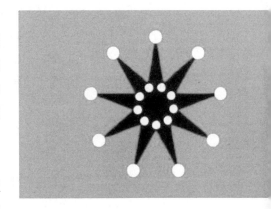

辛亥首义十八星旗

定：成立中华民国军政府鄂军都督府；推举黎元洪为鄂军都督府都督；废除清朝宣统三年年号，以本年为黄帝纪年四千六百零九年；以共进会九角十八星旗为国旗，红底黑星，星间联以虚线，意为联合十八行省，以铁血主义实行革命。当日下午，《中华民国军政府鄂军都督黎布告》贴满武昌街头，昭告推翻"异族专制"，"建立中华民国"：

中华民国军政府鄂军都督黎布告
（1911 年 10 月 11 日）

今奉军政府命，告我国民知之：凡我义军到处，尔等勿用猜疑。我为救民而起，并非贪功自私。拔尔等于水火，补尔等之疮痍。尔等前此受虐，甚于苦海沉迷。只因异族专制，故此弃尔如遗。须知今日满奴，并非我汉家儿。纵有冲天义愤，报复竟无所施。我今为此不

忍，赫然首举义旗。第一为民除害，与众戮力驱驰。所有汉奸民贼，不许残息九支。贼昔食我之肉，我今寝贼之皮。有人急于大义，宜速执鞭来归。共图光复事业，汉家中兴立期。建立中华民国，同胞无所差池。士农工商尔众，必定同逐蛮夷。军行素有纪律，一体相待不欺。愿我亲爱同胞，人人敬听我词。[①]

　　这篇布告，颁布于起义战火未熄，共和政权草创之际，虽然不免带有居高临下的救世主口吻，也充满排满复仇狭隘的民族主义情绪。但文中体现的现代民主意识却十分直白明晰，一是向广大市民告知，武昌起义并非贪功自私，并非统治阶级内部权力争夺，而是救民于水火，并与广大人民群众一道建立中华民国，共图光复大业；二是起义者是有组织有宗旨有理想的革命军队，新的革命军队和革命政权奉行人民大众一律平等，士农工商，无所等差。这两点即将武昌起义的革命性质与改朝换代的旧式农民革命区别开来，革命的目的在于建立人人平等的资产阶级民主共和国。

　　10月12日，湖北军政府以黎元洪的名义通电湖北各府州县，宣布废除清朝专制制度，"将全鄂地方改为共和政体"："照得军政府愤满清政府占据中华，政治昏乱，丧失主权，暴敛横征，朘削脂膏，强夺吾民已成之公共财产，钳吾民之热心义举，斥志士为乱党，目公论为嚣张，逮捕株连，杀人无算。本军奉军政府命，特于八月十九日倡义，征讨民贼，驱逐满清贪污残酷官吏瑞徵、连甲等，克复武昌、汉阳等处地方。元洪不德，谬膺推举为中华民国军政府鄂军都督，勉图报称，光复旧物。查旧日满清流毒之由，在于政体专制太

黎元洪及参谋在战场指挥炮兵作战，右一为黎元洪。丁格尔摄

① 《中华民国军政府鄂军都督黎布告》（1911 年 10 月 11 日），见辛亥革命武昌起义纪念馆、政协湖北省委员会文史资料研究委员会合编：《湖北军政府文献资料汇编》，武汉大学出版社，1986 年，第 3 页。

甚，民气不扬，以致利无由兴，弊无自除。亟应将全鄂地方改为共和政体，所有各府州县政务及自治公所，妥筹办法，移请各地方官施行"。①

至 1911 年 12 月湖北全省 69 县全部光复后，湖北军政府依据共和民主制度要求，对地方行政管理体制进行系统改革。"其一，通令裁撤一切杂职，'所有通省巡守各道与府同城之首县，以及佐贰佐杂教职各缺，一律裁撤'；其二，地方行政系统化繁为简，废除了清代府、州、县、厅的行政序列，简化为县，同时改定地方名称。黄州府改称黄冈县，兴国州改为兴国县，沔阳州改称沔阳县，夏口厅改称夏口县……"② 湖北军政府要求改称县后的"一切政体均应改革。嗣后府县官吏统照临时所订行政规则一体直接，期符共和之宗旨"。③

湖北军政府的建制及其运行机制，经历了从《中华民国军政府暂行条例》到《中华民国鄂军政府改订暂行条例》再到《中华民国鄂州约法》的演化与完善。

《中华民国军政府暂行条例》是由立宪派人士汤化龙等主导、于 1911 年 10 月 17 日制定出台的，该条例共 6 章 24 条，内容包括都督府内设机构设置（设军令部、军务部、参谋部、政事部等 4 部）及都督权力与职责、由都督兼任总长的军令部人员设置、军务部内设各科及其职责、参谋部职责权力及内部机构人员设置与任用、

鄂军都督府

① 《黎都督谕湖北各府州县政务及自治公所电》（1911 年 10 月 12 日），见辛亥革命武昌起义纪念馆、政协湖北省委员会文史资料研究委员会合编：《湖北军政府文献资料汇编》，武汉大学出版社，1986 年，第 8 页。

② 皮明庥主编：《新编武昌起义史》，中国文史出版社，1991 年，第 226 页。

③ 《内务部关于地方各属府厅州一律改称县的通饬》（1912 年 1 月 17 日），见辛亥革命武昌起义纪念馆、政协湖北省委员会文史资料研究委员会合编：《湖北军政府文献资料汇编》，武汉大学出版社，1986 年，第 105 页。

政事部内设机构（设外务局、内务局、财政局、司法局、交通局、文书局、编制局等7局）等等。《中华民国军政府暂行条例》是立宪派企图拉拢黎元洪与革命党人分享甚至争夺权力的产物，旨在强化都督权力，如都督身兼都督和司令部总长两个重要军事职务，手握文武各官任免大权，"凡发布命令及任免文武各官，均属都督之大权"（第一章第六条），独揽军政指挥事务，"关于军政重要事项，由都督召集临时军事参议会或顾问会，议决施行"（第一章第四条），与近代民主政治的分权原则大相违异。但仍不乏亮点，"其一，条例冠以'中华民国军政府'，把湖北军政府升格为中央政府，展示了汤化龙等人获取全国政权的设计；其二，条例明确规定，军权属之黎元洪，政事属之汤化龙。此前，军政府并未规定政事由汤化龙完全负责，但汤化龙以'舍我其谁'的姿态出现。'条例'对军令、军务、参谋三部限制很严，几乎无不统于都督；政事部却完全独立，俨然军民分治"。[1]

《中华民国军政府暂行条例》颁布后，革命党人对革命胜利果实落入清朝旧军官和立宪派之手表示出强烈不满，于是由孙武主持另立规章，于1911年10月25日发布《中华民国鄂军政府改订暂行条例》。新改订的暂行条例共4章15条，分总则、组织、权限、附则等。与立宪党人制定的条例相比，改订条例突出了中华民国鄂军政府的成立宗旨，明确规定军政府权力来源于人民并代表人民，强调都督由人民公推选定，"军政府由起义时，公推都督一人，执行军政一切事务"（第一章第二条），"军政府都督，代表军政府人民，施行职务"（第一章第三条），军政府官职名称都冠以"××员"，如秘书员、顾问员、稽查员、参议员等，彰显政府官员乃人民公仆之意义；改变原条例重军政轻民政的局面，强化了民政机构及其权力，将原来的隶属于政事部下面的7局升格为与军令部、军务部、参谋部平行并列之6部：内务部、财政部、交通部、外交部、司法部、编制部（第三章第十一条），民政部门在政府机构中占到绝大多数（2/3）；增设参议会和稽查员，规定都督和部门所有重要军政事项发布和各部之间权限有异议时，必须经由参议会议决或裁决，都督"所有发布命令关系人民权利自由者，须由都督召集军事参议会议决施行"（第一章第三

---

[1] 冯天瑜、张笃勤：《辛亥首义史》，湖北人民出版社，2011年，第348页。

条），"军政府恢复土地，所有建设各事宜，暂由都督咨询参议会议决施行"
（第一章第四条），"各部权限如有己异议时，由都督召集参议会解决之"
（第三章第十二条），[1] 分权与权力制衡机制初露端倪。改订暂行条例颁布后，
湖北军政府进行重大改组，在新设立的 9 部中，革命党人占据 7 席，原来主持
政事部的立宪党人汤化龙改任编制部长一职，在新政府中完全被边缘化。

　　尽管《中华民国军政府暂行条例》和《中华民国鄂军政府改订暂行条例》
在权力来源、军民分治、分权制衡等方面具有创制之功，但仍局限于政府内部
机制运作之工作层面，真正具备国家根本大法性质的是由宋教仁等起草，于
1911 年 11 月 9 日以湖北军政府名义正式公布的《中华民国鄂州约法》。

　　1911 年 10 月中旬，黄兴、宋教仁、谭人凤等从上海抵达武汉。宋教仁下
车伊始，即敦促湖北军政府制定一部约法，湖北军政府随即成立以刘公为主
席，居正、胡瑛、陶德琨、王正廷、汤化龙、陶凤集等 7 人为委员的约法起草
委员会，委员会公推宋教仁为约法起草人。宋教仁在起草过程中，与其日本法
政大学之同窗汤化龙过从甚密，"夜分人寂，对灯促膝，所谈无非约法者"。[2]
据知情人回忆，汤化龙给出的《鄂州约法》的拟定建议是"创建民主宪政"，
其涵盖内容包括共和国体、民主政
体、立宪政治、责任内阁、政党
议员、人民之权利义务等，[3] 宋教
仁据此草拟的《中华民国鄂州约
法》，对中华民国鄂州政府实行共
和国体以及政府（都督及政务委员
会）与议会、法司三权分立的民主
政体予以规定，已初具中华民国宪
法之雏形。

黄兴　　　　　　　宋教仁

① 《中华民国鄂军政府改订暂行条例》（1911 年 10 月 25 日），见辛亥革命武昌起义纪
　念馆、政协湖北省委员会文史资料研究委员会合编：《湖北军政府文献资料汇编》，
　武汉大学出版社，1986 年，第 53-54 页。
② 《蕲水汤先生行状》，见《辛亥人物碑传集》，团结出版社，1991 年，第 514 页。
③ 冯天瑜、张笃勤：《辛亥首义史》，湖北人民出版社，2011 年，第 382 页。

　　《中华民国鄂州约法》共 7 章 60 条，第一章"总纲"共 3 条（1—3），规定鄂州政府由中华鄂州人民组织："中华鄂州人民，以已取得之鄂州土地为境域，组织鄂州政府统治之"（第一章第一条）；鄂州政府由都督及政务委员会、议会、法司构成，为三权分立之权力组织架构，"鄂州政府以都督及其任命之政务委员会与议会、法司构成之，但议会得于本约法施行后三月内开设"（第一章第二条）。第二章"人民"共 18 条（4—21），明确人民范围和人民享有的权利和义务，人民一律平等，享有言论、集会、结社、信教、居住迁徙、营业保有身体等自由，人民的财产受法律保护，享有诉讼、任官考试、选举权和被选举权，并须依法承担纳税和当兵义务。第三章"都督"共 13 条（22—34），规定都督由人民选举，并实行任期制，"都督由人民公举，任期三年，续举时得连任；但连任一次为限"（第三章第二十二条）。都督的权力包括代表鄂州政府总揽政务、公布法律、统率水陆军队、依法任命文武职员、依法给予勋章和荣典、依法宣告戒严、依法宣告大赦特赦减刑复权、在得到议会批准的前提下对外国宣战媾和缔结条约等。都督的权力受到法律和议会制约，规定"都督公布法律；但对于议会议决之法律有不以为然时，得以政务委员全体之署名，说明理由，付议会再议，以一次为限"（第三章第二十四条），"都督于紧急必要时，得以政务委员全体之署名，发布可代法律之制令；但事后仍须提出议会，归其承诺"（第三章第二十五条）；"都督于法定议会开闭时期外，遇有必要时，得召集临时议会"（第三章第二十六条）；"都督于议会开会时，得出席，或命政务委员出席发言"（第三章第二十七条）；"都督于外国宣战媾和缔结条约；但缔结条约须提出议会，经其议定"（第三章第二十八条）。第四章"政务委员"共 5 条（35—39），政务委员由都督任命并"依都督任命执行政务，发布命令，负其责任"（第四章第三十五条），约法规定，政务委员履行职责除对都督负责外，一些重大事项必须经过议会，如提出制定法律、编制预算、募集公债及缔结由国库负担的契约、紧急状以下非常财政之处分及预算外支出等，均须"提出议会，经其议定"。第五章"议会"共 15 条（40—54），议会议员"由人民送举"。议员的权利保障，"议会议员在会内之发言表决提议，在会外不负责任；但用地方法表于会外者，不在此限"（第五章第五十三条）；"议会议员除关于内乱外患之犯罪及现行犯外，在会期中，非得议长许诺，不得逮捕"（第五章第五十四条）。议会的权力包括：议决法律、会计预算及募集公债与国库有负担之契约、审理决算、对政府工作对政务委员提出质询和条陈、受理人民之陈请并交付政府处理等。议会实行民主决策机制，议会议事须有多数人出席和表决方为合法有效，如"议会以总数员四分之三以上之出席，以出席员三分之二以上之决议，得弹劾政务委员之失职及法律上之犯罪"（第五章第四十六条）；"议会除第四十六条所载外，有总员三分之二以上之出席，始得开议，有出席员过半之可决，始得决议。可否同数时，议长决定之"（第五章第五十条）。第六章"法司"共4条（55—58）规定法官由都督依法任命，其资格以法律确定并受法律保护，非刑事犯罪不得随意免职；司法机关以鄂州政府名义依法民事诉讼及刑事诉讼，但行政诉讼不在此例；司法审判除有认为可能妨害安宁秩序者必须公开等。第七章"补章"共2条（59—60），为保证约法的严肃性，规定非多数议员表决不得随意修改："本约法由议会议员三分之二以上，或都督之提议，议员过半数之出席，出席员过半数之可决，得改正之"（第七章第五十九条）。

《中华民国鄂州约法》基于"主权在民"的现代民主政治的基本原则，充分肯定人民是国家最高权力的来源，人民是国家的主人，国家主权只能在人民，而不能集中在个人或部分人身上，因此，人民有权决定产生国家权力机构和国家领导人，最高军政首长都督由人民公举，议员由人民选举产生。因此而与"君权神授"的专制主义观念、体制发生本质分野。《中华民国鄂州约法》基于自由、平等的现代价值理念，不惜以18条篇幅（几乎三分之一）对人民的权利义务做了详细规定，充分彰显人民在国家政治、经济、社会、文化生活中的重要地位和作用。《中华民国鄂州约法》强调主权为人民所有，目的落脚在实现民治。亦即孙中山先生所说，"欲知主权在民之实现与否，不当于权力之分配观之，而当于权力之所在观之，权在于官，不在于民，则为官治；权在于民，不在于官，则为民治"。[1]他将国家生动地比喻为一个公司，"共和国好比一个大公司，人民是'股东'，大总统、各部部长、国务员等，都是股东的'公仆'"。[2]

---

① 黄彦编：《孙文选集》（下），广东人民出版社，2006年，第242页。
② 《孙中山全集》（第4卷），中华书局，1985年，第290页。

上海商务印书馆发行的
《中华民国临时约法》

《中华民国鄂州约法》是中国历史上首次采用三权分立原则的民主政体大法。规定"鄂州政府以都督及其任命之政务委员与议会、法司构成之"。三权各自相对独立，但又互相制约，尤其是强调议会对政府（都督及政务委员）权力的约束和司法独立，"《鄂州约法》对国家权力的分解与组合是较为合理的，它向人们展示的是一幅资产阶级民主共和国的美妙蓝图，从此皇权至上的专制时代宣告终结，保皇立宪的君主立宪制为人们所唾弃，资产阶级民主共和国成为人们的奋斗目标"。①《中华民国鄂州约法》虽然由于种种原因未及实施，但其在近代中国民主宪政史上的开创意义功不可没，"其后在汉口通过《中华民国临时政府组织大纲草案》，实以《鄂州约法》为依据。南京民国临时政府1912年1月下旬颁布的《中华民国临时组织法草案》也是以《中华民国鄂州约法》作蓝本，在其基础上加以修订扩大的，其《第二章·人民》基本照录《鄂州约法》。故《鄂州约法》堪称民国宪政文本之首篇"。②

中华民国鄂州政府曾经是作为中华民国中央政府的历史存在，1911年11月中旬，各省都督府纷纷致电黎元洪，"各省公推武昌都督府，主行中央军政府所辖一切事件"，③"公推鄂都督府为临时政府，专任外交代表，敝省极赞成"。④11月17日，各省都督府代表联合会议决，承认湖北军政府为中华民国中央军政府，黎元洪为中央政府大都督，"现在各都督府代表到沪者：浙、

---

① 皮明麻主编：《新编武昌起义史》，中国文史出版社，1991年，第226页。

② 冯天瑜、张笃勤：《辛亥首义史》，湖北人民出版社，2011年，第384页。

③《陈其美致黎元洪电》，见曹亚伯：《武昌革命真史》（中卷），中华书局，1930年，第322页。

④ 曾业英编：《蔡松坡集》，上海人民出版社，1984年，第93页。

苏、镇、闽、鲁、湘、沪七处，奉、吉、直复电，即日派人。已到诸代表先行逐日开会，众议谓独立各省无统一机关，则事事无所汇归，异常危险。中华民国军政府向来名义，久为各都督所认，目下不能不实现之于国中，以扬连师之望。今日公议决定：先由某等所代表各省认鄂军为民国中央军政府，即以武昌都督府执行中央政务，统筹全局，划一军令"。[1]是月底，各省代表齐聚武昌，于12月上旬形成《武昌各省代表会议案》，再次确定临时大总统未经举定之前，仍确认湖北军政府为中央军政府："议决临时大总统未经举定之前，仍认鄂军都督府为中央军政府，有代表各省军政府之权"。[2]因此，可以这样认为，中华民国湖北军政府是近代中国乃是整个亚洲建立的第一个真正的共和民主政权。

武昌起义，一场具有世界意义的城市武装起义。她超越地域，超越国界，在追求民主、自由、平等、人权方面曾经与她的英法资产阶级革命前辈进行过超越时空的对话；她效法欧美，又颇具创造性地建立起资产阶级民主共和国，不仅开中国历史新纪元，而且在亚洲也属首例。武汉，也因此成为中国乃至亚洲穿透专制制度的黑夜迎来民主共和第一道曙光的城市。

武昌起义，一场有别于传统农民战争的城市革命。她与农民革命的区别不仅仅在于农村与城市、农民与市民的不同，而是革命形式、手段、内容、目的的全面出新。她终结了几千年来中国传统的革命斗争样式——农村的农民革命，开辟了城市的市民革命的新时代；她以"武器的批判"终结了中国几千年的传统文明——农业文明与乡村文明，踏上了工业社会与城市社会全面转型的漫漫旅程。

武昌起义，一场改变中国社会运行轨迹的深刻而广泛的社会革命。如同法国大革命一样，这场革命的目的"不仅要变革旧政府，而且要废除旧社会结构，因此，它必须同时攻击一切现存权力，摧毁一切公认的势力，除去各种传统，更新风俗习惯，并且可以说，从人们头脑中荡涤所有一贯培育尊敬

---

[1] 涂文学、李卫东：《武昌首义与武汉早期现代化》，武汉出版社，2011年，第111页。

[2] 《武昌各省代表会议案》（1911年12月上旬），见辛亥革命武昌起义纪念馆、政协湖北省委员会文史资料研究委员会合编：《湖北军政府文献资料汇编》，武汉大学出版社，1986年，第189页。

服从的思想"。[①] 从此，民主共和观念深入人心，开放与改革成为世纪性主旋律。一个民主、法治、开放的中国在辛亥百年后崛起于东方，融入世界民族之林！

武昌起义，不仅是中国的，也是世界的；不仅是一个革命历史事件，更是一种全新的现代文明形态……

---

① ［法］托克维尔：《旧制度与大革命》，商务印书馆，1997 年，第 48 页。

首义之城　模范之市

武汉城市的近代崛起，既是武昌起义之因，亦为武昌起义之果。也就是说，城市市民革命的目的、动机诉求就是通过民主革命，清除城市现代发展的制度与观念障碍，推动城市经济与社会的现代化。

辛亥革命在武汉首义，也在武汉首胜，武汉这座英雄城市在为中国乃至亚洲近代民主共和体制的建立做出不朽贡献的同时，也付出了城毁人亡的惨重代价。阳夏战争中"汉口华界房屋烧毁十之六七"，房产损失 885 万余两，战后汉口、汉阳工厂倒闭，商店歇业，17 家典当铺损失 340 万串，100 多家钱庄 3000 万两债务不能收回，18 家票号因挤兑和放款不能收回资金周转不灵而"牵连倒闭者十有八九"。[①] 但武汉是一个极具韧性、自我修复能力极强的城市，武昌起义后，战火甫熄，南京临时政府和湖北军政府即谋划汉口重建。汉口建筑筹办处制定了《建筑汉口全镇街道图》，次年由英国工程师葛雷武制定的渗透西方现代市政理念的重建汉口规划《汉口市场计划书》出台。1914 年，归国留学生汤震龙制定出《建筑汉口商场计划书》。1923 年，辛亥首义义威将军、湖北省汉口地亩清查专局督办孙武主持编制了《汉口市政建筑计划书》，孙氏曾赴东洋、西洋考察，目睹伦敦、柏林、纽约、东京等名城的近代风采，吸收西方先进的城市规划理论，结合武汉实际，提出了"拓商耕农、交通为首、水陆并举、法政兼施、中西融合、广筹资金、民众参与、重视管理"的城市建设和管理的思想，设计了汉口总体发展规划与分期施工方案，其中包括：确定汉口城建基本性质和发展方向，预测城市发展规模；对汉口发展用地进行功能分区和比较选择；规划市内道路系统和火车站、长江大桥、汉水桥、港口码头、防汛、排水、公园和绿化、治安防护、农业用地等；将欧美最新的市政改革成

---

① 涂文学、李卫东主编：《武昌首义与武汉早期现代化》，武汉出版社，2011 年，第 185-186 页。

永康里

周五常（周扶九）

果如功能分区制（一般分街市为五区，即行政区域、商业区域、工业区域、住宅区域、混合区域）和 20 世纪初期才盛倡的田园都市运动直接引入了规划。这些代表民初汉口市政规划最高水平。

民国初年汉口重建，汉口商界主动作为，成效显著。武昌起义后不久，一些富商纷纷投资房地产，汉口兴起建房热。1914—1918 年，沪商蒋广昌和胡庆余堂，在今江汉路、南京路间合资，修建义成总里。官僚袁观海修建了长怡里、长乐里、长康里、长寿里、长青里等里弄。任过上海道的桑铁珊修建了保和里、保安里、保成里。赣商周扶九（周五常）修建了五常里（今永康里）为中心的中山大道两侧店铺住房数百栋之多。在六渡桥到江汉路一带新建房屋鳞次栉比，仿洋创新，形成了整齐的马路和两侧的店铺，奠定了市区中心的格局。"到 1914 年，城市 80% 得到重建。"[1]

但客观言之，由于政局混乱、政府组织力和领导力的低能低效、财政经费短绌、政府与民间利益博弈等多方面因素掣肘，导致政府城市重建规划仅限纸上谈兵，而以商界为龙头的汉口社会由于经济实力和眼光短视，其参与和主导的重建项目尽管不乏"模范区"之类的亮点工程，但绝大部分由居民自建的房屋低矮杂乱，官方规划的对标巴黎等国际都市现代化的笔直宽敞的马路街道代之以业主会自定标准而修筑的逼窄曲折的小街陋巷，"汉口路政不兴为交通不便之第一原因……后城马路当推为交通最便、秩序最好之处，但属有限，六渡桥以上马路既窄又年久失修，所谓交通便利者尚如是，则

① ［英］穆和德著，李策译：《近代武汉经济与社会——海关十年报告——汉口江汉关（1882—1931）》，香港天马图书有限公司，1993 年，第 137 页。

其他距马路较远或距河岸较远者自不堪言状矣"。① 对此，1912—1921 年《海关十年报告》不无惋惜地评论道：

> 按现代原则重建 1911 年革命期间被大火焚毁的汉口老城区的计划由于资金短缺陷入流产。这一计划搁置后，一些业主收回原先的承诺，按照老样式建造新建筑。到 1914 年，城市的 80% 得到重建，在现代原则基础上改造城市的机会丧失了。②

辛亥革命后，加快促进工业化、城市化和城市现代化成为社会共识。孙中山先生对于中国的工业化、城市化信心百倍、乐观其成。指出中国处在大规模的工业发展前夜，再过五十年，中国将会出现很多像上海一样的工业城市和国际化大都市，其《建国方略·实业计划》对中国工业化、城市化提出了许多具体的设想。在孙中山号召的鼓舞下，海内工商界群情振奋，"实业救国"，蔚为风气。"窃维二十世纪之世界，各竞争于工商立国之潮流，先进者行之已见富强之效果。中国守农立国故步，逐至贫弱难支。今幸障碍铲除，民国成立，此有志时局者投决奋起之秋……谋商业发达先在劝工，而欲工业振兴必先组织工厂，则工厂为企业先导，亦维持社会之首要，而发扬国步之壮图也。"③ 在民初工业化、城市化热潮中，"首义之城"的武汉是孙中山先生重点关注的城市之一："此次武汉首义，汉口受

《建国方略图》

① 《湖北实业厅月刊》第一卷第九号，1924 年 4 月。
② ［英］穆和德著，李策译：《近代武汉经济与社会——海关十年报告——汉口江汉关（1882—1931）》，香港天马图书有限公司，1993 年，第 137 页。
③ 《南京爱国工厂宣言书并简章》，1921 年 6 月，中国第二历史档案馆藏。

祸最酷……惟汉口为水陆要冲，铁路、航路俱以为集合点……内务部于市政土木各事，有统筹全局之责，希即迅速筹划……务使首义之区，变为模范之市，有厚望焉。"①《建国方略》中为武汉未来城市现代化描绘了一幅美好蓝图。

> 武汉者，指武昌、汉阳、汉口三市而言，此点实吾人沟通大洋计划之顶水点，中国本部铁路之中心，而中国最重要之商业中心也……
>
> 汉阳已有中国最大之铁厂，而汉口亦有多数新式工业，武昌则有大纱厂……
>
> 汉口更为中国中部、西部之贸易中心，又为中国茶之大市场。湖北、湖南、四川、贵州四省，及河南、陕西、甘肃之各一部均恃汉口以为与世界交通唯一之港。至于中国铁路既经开发之日，则武汉将更形重要，确为世界最大都市中之一矣。所以为武汉将来立计划，必须定一规模，略如纽约、伦敦之大。

孙中山先生对武汉城市现代化的总体构想具有科学性和前瞻性，对武汉航运、商贸、市区扩展、架设长江、汉江桥梁，开凿隧道、填高江滩等都有卓越见解。孙中山先生对武汉的热烈期许，极大地鼓舞了武汉社会各界发展民族工业，建设现代化武汉的热情，演化为推动武汉城市现代化的不竭动力。

辛亥革命后，无论是湖北军政府、南京临时政府，还是北京政府，都解除了清政府关于发展工商业的禁令，出台一系列政策，鼓励工商业发展。湖北军政府刚成立不久，屡次下令保护实业、维持商业秩序："照得前清劝业道所管省城内外各种实业、房宇、田产、器具极为重大，若不加意保存，即无以谋将来实业之发达而筹民生主义之进行也。"②"本军政府极力维持人民治安，保证商民利益，断不有惊扰妨害之举动。凡大兵所克复各处，无不设法维持市

---

① 《孙中山全集》第2卷，人民出版社，1982年，第95-96页。
② 辛亥革命武昌起义纪念馆、政协湖北省委员会文史资料研究委员会合编：《湖北军政府文献资料汇编》，武汉大学出版社，1986年，第700页。

面，使商民安堵。"① 南京临时政府初创时即在中央设立了实业部，作为执掌实业要务的最高领导机关，实业部要求各省设立实业司，还要求各实业司将有关本省农工商矿诸要政，"凡已经创办者，或急需筹办者，或暂从缓办者，分别详细呈报本部，以便确定经济政策，统筹进行方法"。② 这些措施、法令，从国家立法的层面肯定了发展工商业的必要性，保障了广大工商业者所应享有的根本权利，无疑大大有利于工商业的发展。

武昌起义后，武汉出现一股投资工业的热潮，并以纺织、面粉、碾米、榨油、机器制造、肥皂、火柴等行业的发展为主要表现。三镇"呈请开矿者，不下数十起"。1914 年，湖北全省"官民采办已 30 余种之多"。民国时期，武汉工业的发展不仅在规模与速度上大大超过了清末，而且在结构、投资主体、发展取向等方面均不同于清末张之洞时代，表现出一些新的特征——

一是民族资本取代国家资本成为新时期工业的投资主体。在工业资本构成中，民族资本比重增长最为迅速，国家企业或官办企业日见萎缩，"截至 1936 年的统计，民国时期武汉的官办企业共 8 家，资本约 490 万元，工人 2000 余人。而从张之洞创办汉阳铁厂至 1936 年 40 余年间，武汉曾出现过的官办工业企业共 45 家，其中冶金、铸造、矿业 5 家，兵工、机械厂 12 家，纺织厂 7 家，水电业 4 家，印刷厂 2 家，造纸厂 3 家，砖瓦厂 4 家，制革厂 2 家，肥皂厂 1 家，被服厂 3 家，电报厂 1 家，油料厂 1 家。这些工厂在民国时期仍然保持着官营身份的仅有 8 家，雇用工人 2000 余人。显而易见，官办企业无论从哪方面都已丧失了主导地位，代之而兴的是民营或私营企业的大量出现，民营企业开始压倒官办企业而成为武汉工业体系中一支主导性力量"。③ 外资企业稳中有升，民国时期外国资本在武汉投资兴建了一批工厂，外资工厂行业结构也发生了一些新的变化。机器制茶叶日渐衰落，矿石加工工厂大多停闭，而农

① 《中华民国军政府关于金融政策的通告》（1911 年 11 月 2 日），辛亥革命武昌起义纪念馆、政协湖北省委员会文史资料研究委员会合编：《湖北军政府文献资料汇编》，武汉大学出版社，1986 年，第 657 页。

② 中国科学院近代史研究所史料编译组编辑：《辛亥革命资料》，中华书局，1961 年，第 202 页。

③ 武汉市地方志编纂委员会编：《武汉市志·工业志》（上），武汉大学出版社，1999 年，第 21 页。

副产品的加工工厂和其他轻工业得到了较大发展。截至 1938 年，外资先后开办的工业企业（包括工厂和洋行工业加工部门）有 200 余家，雇用工人 1 万余人。其中除少数企业如汉口打包厂、恒丰面粉厂、金龙面粉厂、福中澄油厂、法华康成酒厂等为外商与华商合办外，其余均为外资独办企业。这些企业以美最时、顺丰、礼和、安利英、沙逊、和记、慎昌、立兴、三井、日信等洋行所办工厂规模最大，数量最多。外资工厂涉及 20 多个工业门类，德、美、法等国工厂以农副产品加工为主，日、英等国工厂以轻纺工业为主。上述这些外资工厂凭借其政治特权和资本优势，实行市场垄断经营。如俄商长期对砖茶生产实行垄断，德商、英商先后对制蛋工业实行垄断，日资工厂在榨油、面粉、纺织业等形成相对强势的地位，英商在卷烟业占有垄断地位。[①]

　　二是纺织工业成为武汉的支柱产业。1915 至 1922 年，武汉地区相继投资兴建了第一纱厂、裕华纱厂、震寰纱厂、申新纱厂。其中，第一纱厂是由民族商业资本家彭玉田、刘季五等投资兴办的第一家大型纱厂，投资额度为 200 万

第一纱厂

银圆，计有纱锭 4.4 万枚，布机 500 台，其规模之大，居华中首位，1920 年建成投产。裕华纱厂由汉口富商徐荣廷、苏汰余等人集资 136 万两白银投资创办，计有纱锭 4.28 万枚，布机 500 台，1922 年建成投产。震寰纱厂由买办刘子敬等合股投资兴办，投资总规模175.68 万元，计有纱锭 2 万枚，1923 年建成投产。申新纱厂由无锡实业家荣宗敬、荣德生兄弟投资 28.5 万元创办，计有纱锭 1.4784 万枚，1922 年建成投产。"截至 1924 年，武汉以四大纺织企业为主体的纺织工业体系初步形成。当时武汉地区共有大型纺织企业 6家（除四大纱厂外，另有官纱局和官布局），中小纺织工厂 70 家，纱锭 26 万枚，布机累计 8000 余台，从业者 24384 人。"[②]《海关十年报告》将棉纺工业的

---

① 涂文学、李卫东：《武昌首义与武汉早期现代化》，武汉出版社，2011 年，第 123 页。

② 武汉市地方志编纂委员会编：《武汉市志·工业志》（上），武汉大学出版社，1999 年，第 658 页。

发展列入这一个十年（1912—1921）的重要成就："7 个棉纺厂总的生产能力为 196000 锭，它们正在全速运转以满足国内外不断扩大的需求，不久可望追加 50000 锭。据估计，它们消费了入埠棉花的 50%"。[①] 民国中期，武汉纺织工业继续发展，1936—1937 年建造了布厂和染色厂，年产棉纱 4 万余件，年产机布 100 余万匹。棉纱棉布的产品种类也逐渐增多，棉纱从只能生产 14 支、16 支两种发展到可生产 32 支、42 支 8 个品种，棉布从只能生产一种官布发展到 17 磅粗布、13 磅细布、10 磅哔叽、12 磅斜纹等近 20 个品种。《海关十年报告》（1922—1931）再次以较大篇幅提及此项工业发展成就，"1921 年以来棉纺工业得到了长足的发展。其中 7 家棉纺厂值得一提，它们全都装备了现代机械，共有织机 3500 台、纱锭 300000 枚。这一工业正好投合了中国人的口味，它的发展被视为中国独立创办工业的一个例证"。[②] 20 世纪 30 年代，棉纱布品种增加到 30 余种，棉布也增加了绒坯、纱自贡、府绸等共 30 多个品种。武汉纺织工业规模仅次于上海，在全国位居第二，生产规模占全国总量 14% 左右。纺织业的发展还带动了相关行业的发展，如针织、色织、衣帽制作等，在民国时期从无到有，从小到大，

申新四厂前门

裕华纱厂

---

① ［英］穆和德著，李策译：《近代武汉经济与社会——海关十年报告——汉口江汉关（1882—1931）》，香港天马图书有限公司，1993 年，第 131 页。
② 同①，第 158 页。

发展也呈现迅猛之势。1928 年 10 月，汉阳新永成生产的丝绒袍在湖北省区第一次国货展览会上获二等奖。1933 年，武汉服装及估衣庄有 1718 家居全市各行业之首，在全国同行业中也有一定影响。

三是替代进口是这一时期工业发展的基本取向。民国前期武汉地区掀起的新一轮工业建设具有明显的替代进口的发展追求，主要表现在工业投资主体的构成特征、工业投资的目标取向、工业发展的部门行业特征以及工业发展的实际后果等。民国前期武汉工业的投资主体是民族商业资本和金融资本，其投资工业的动机在于堵塞漏卮、挽回利权，即通过振兴民族工业，以国货与洋货争夺市场，最终以国货取代进口洋货，把长期流失的市场利润争夺回来。这一时期工业投资的主要领域，如纺织、粮油加工、日用化学工业等都曾经是洋货倾销最多，因而也是利权损失最严重的领域。民国时期工业投资大多指向这些领域，如肥皂制造业就是民国前期由民间资本投资较多的工业行业，其中较大的有民信肥皂厂（后改为太平洋肥皂厂）、汉昌肥皂厂、祥泰肥皂厂等 8 家，这 8 家的投资规模达 19.8 万元。其他如火柴、粮油加工、水电等亦是如此。1919 年，汉口商人李紫云等集资 20 万元开办了燧华火柴厂，1911—1925 年，武汉民营碾米厂由原来的几家增加到 90 家，既济水电公司、武昌电灯厂、汉阳电器公司的投资规模也大幅增加，有的达 100 万元之巨。1912—1921 年《海关十年报告》认为这些企业是当时武汉"最成功的几家企业"。"两家火柴厂年生产能力为 83000 箱，雇用工人 1000 名。5 家电厂向市民提供照明和工业用电，据认为，它们是最成功的几家企业。5 家面粉厂每天总的生产能力为 15000 包，它们分布在汉口及其附近。几家袜厂、针厂、钉厂、桶厂和大麻厂正在逐年扩大生产。大量印刷机构不断涌现。香烟制造业是一项极为重要的工业，也是新兴工业中成就卓越的一个领

中国工程师第三次学会第三次年会会员在
汉口福新面粉厂的合影

域。冷藏业随着本地区肉类需求量不断扩大应运而生，大量的冷藏肉类被停泊在本埠的轮船运走。"[①] 显然是要以自己制造的产品——"国货"逐步替代洋货，以国产的棉纱、棉布、纸张、玻璃、肥皂、火柴替代进口的洋布、洋纱、洋纸、洋火、洋皂、洋烟。

民国时期，武汉工业在纺织工业带动下其整体规模比辛亥革命前增长数倍，形成了一个以纺织、冶金、食品加工、机械制造为核心的工业体系。"1912—1926 年间，武汉地区的工厂发展到 301 家，较辛亥革命的 120 多家（实际不足 100 家，有的工厂建后即关停）增加了近 2 倍。如果把较大型的手工业作坊计算在内，则这一时期的工厂总数达 600 家。产业工人从 20 世纪初的 1.3 万人增至 20 年代中期的 10 余万人，工业资本额从 1911 年的 1524 万元增至 1930 年的近 3000 万元，工业整体规模较辛亥革命前增长了近 3 倍。"[②] 南京国民政府所谓"黄金十年"时期，武汉工业进一步发展，据 1936 年的统计，武汉有工厂 516 家，工人 4.38 万人，资本总数 5148 万元，年产值约 1.9 亿—2亿元左右，在全国居第三位，是仅次于上海、天津的全国第三大工业中心。在经营模式方面，武汉工业已经超越张之洞时代"自相挹注"的方式，多采用股份制的经营方式，并引进西方现代企业管理制度，建立新的生产关系。以民初纺织业代表企业裕华、大兴和楚兴等纱厂为例，这些企业普遍实行股份制，确立了以董事会为中心的现代企业治理结构。企业内部，不再是过去工头、把头管理的体制，而代之以经理、副经理、工务处、总务处等相关职位和机构的管理。企业内部实行新的会计制度和复制记账法，对成本的控制和产品质量的监控都达到一个新的水平。经济发展模式的转变使得武汉的城市功能在辛亥以后开始发生本质嬗变，武汉进一步发展为一个门类齐全的现代工业中心。

进入民国以后，武汉作为"国际市场"的角色地位进一步发展，作为华中商品集散中心与中外贸易中心的角色进一步巩固。民国以后，长江流域沿线地区进一步开放，宜昌、沙市、重庆、岳州、万县等沿江城市在开埠以后对外贸

①［英］穆和德著，李策译：《近代武汉经济与社会——海关十年报告——汉口江汉关（1882—1931）》，香港天马图书有限公司，1993 年，第 131—132 页。
② 武汉市地方志编纂委员会编：《武汉市志·工业志》（上），武汉大学出版社，1999 年，第 57 页。

易获得初步发展，粤汉铁路武汉至长沙段也于此时通车，武汉地处承东启西、控北引南的区位优势更显突出，交通格局由"帆船时代""轮船时代"进入"轮轨交行"时代，使武汉的交通优势进一步彰显，由此引发频繁的埠际转口贸易；加之社会结构的转型、政治体制的变革、近代金融信贷体系的进一步健全，促使武汉向现代化、国际化的目标加速迈进。武汉作为中国内陆"国际市场"的功能进一步强化。

1911—1930 年的 20 年间，武汉的进出口贸易获得稳步发展，贸易额逐年增长。虽然因种种缘故出现波折，但总的趋势是稳步上升。武汉"集中土货、转输外洋"和"收纳洋货，散销内地"的中外贸易枢纽的功能进一步发展。武汉作为世界经济体系的重要一环，是联系中外贸易的枢纽，是西方工业经济与中国农业经济不均衡交换的中心，是西方工业产品与中国初级农业产品集中交易流通的主要市场。这一点在民国时期更显突出。反映在武汉的外贸结构上，则表现为经汉口出口外洋的产品以农副土特产品为主体，并且汇聚了中西部的物产，其数额之巨大，种类之繁多，均为其他任何城市所不能比拟。据有关资料显示，民国初中期，经汉口出口的土货以茶叶、桐油、蛋品、肠衣、生漆、牛羊皮、药材、铁矿砂、豆类、油脂油料、芝麻、棉纱棉花、烟草等为大宗，年均货值在 200 万海关两以上，有的则超过千万海关两。"1912 年年初——革命后的第一年——汉口城的废墟仍在冒烟，贸易前景令人沮丧。尽管交通严重受阻，城区还在遭受蹂躏，但 1912 年的贸易总值居然创历史纪录，超过 155000000 海关两，而 1910 年只有 152000000 海关两。在如此动荡多变的政治、经济背景下取得这一成果是中国人民治愈力的一个很好说明，也是汉民族商业活力的一个例证。"[①]此后一段时间，虽然由于天灾以及政局不稳诸因素，汉口外贸量有所萎缩，但到 1919 年和 1928 年再次突破峰值，创造新的发展高峰。"1919 年再次突破了往年的纪录，这一年贸易总值超过了 227500000 海关两——尽管汉水大小决口一百余次，农作物收成大面积受到影响。"[②]"这

---

① ［英］穆和德著，李策译：《近代武汉经济与社会——海关十年报告——汉口江汉关（1882—1931）》，香港天马图书有限公司，1993 年，第 107 页。
② 同①，第 108 页。

十年一开年的数字就是那个时期的高峰，从前的最高纪录是 1919 年创下的，那一年的贸易值为 227372822 海关两，收入为 4219599 海关两。"①1928 年，贸易总值达到 377504295 海关两，相较 1922 年 247173448 海关两，增加了近 130330747 海关两，相当于 1882—1891 年贸易收入的总和。国内贸易继续保持发展态势，仍为全国五大商埠（上海、天津、青岛、广州）之第二位，仅次于上海，对内和对外贸易总值为第三位，仅次于上海、天津。20 世纪二三十年代汉口贸易的繁荣，还可从汉口港进出口船只数量一窥端倪，《海关十年报告》记载，1912—1921 年，"在内港行轮章程范围内入水的船只从十年初的 1755 吨增加到 468792 吨"。② 1922—1931 年，"这十年里进出本埠的船只数量和吨位基本保持稳定。1922 年在江汉关注册的船只有 12802 艘，总吨位为 7408838 吨，1931 年分别为 11176 艘和 7448362 吨。1928 年是创纪录的一年，出入港口的船只有 14260 艘，总吨位 8869999 吨"。③ 其总吨位数近二十年间几乎成倍翻番。由此可见，汉口仍然为国内拥有最大商业圈的都市和内陆最大的对外贸易口岸。

辛亥革命后武汉城市的转型发展更表现在社会结构方面，即在人口结构、职业结构、阶层结构、生活方式、价值取向方面，发生深刻而全面的变迁。

民初以降，武汉城市人口中职业变动最显著的是传统社会中政治性职业如军、政、警、法人数的大幅度减少，而现代工商城市的典型职业如商贸、实业工人、小商小贩、各类服务业的从业人数大增。文化与宗教行业如倡优、星卜、堪舆、僧道等也日见式微，一个现代型的城市职业结构体系初步形成。职业结构的变迁，必然导致社会阶层结构的调整与重组。传统城市时代的武汉以封建官绅、地主、买办为上层，而作为武汉经济活动主体的工商业主、小手工业者和普通市民，则处在社会的中下层。进入民国以后，这种社会阶层结构有了新的改变。在城市的上层阶层中，官绅群体虽仍盘踞其中，但他们只是其中的一小部分，与现代工业化、城市化进程相生相伴的大企业主、大商人、大

① ［英］穆和德等著，李策译：《近代武汉经济与社会——海关十年报告——汉口江汉关（1882—1931）》，香港天马图书有限公司，1993 年，第 146 页。
② 同①，第 113 页。
③ 同①，第 151 页。

买办等工商金融资本家开始晋升为社会的上层，成为拥有政治权势的城市新贵。而随着现代工业化、城市化大量涌现出来的产业工人、工商业从业人员、小手工业者、小商小贩、服务行业从业者和普通市民，则构成中下层阶层，成为城市社会的主体。1912 年的调查表明，"商界占这个城市（汉口）居民的 31%"。[①] 1919 年，武汉三镇工商业从业人数总计约 20 万。1912—1919 年，武汉各业产业工人 20 万左右，1922 年更增加到 40 万人，达到新中国成立前武汉工人总数的最高水平。

随着现代政治体制的构建和新的职业、阶层的出现，作为城市文化深层结构的社会价值体系也发生相应的变化。原来学而优则仕、商而优则绅、绅而优则官的行为取向，已变为官而优则商，投身工商实业竞富逐利成为人们新的人生追求。民初武汉的地方政要如黎元洪、王占元、孙武以及将军团人士纷纷置业，涉足于工商业，成为新富豪。而大批学有专攻的年轻知识分子多抛弃了传统的功名之路，或投身工商实业的行列，在市场经济的大潮中游弋沉浮；或当记者、编辑、律师、教师，成为自由职业者。商品经济的观念、实用主义的价值观、世俗化的生活情趣与理性主义的行为原则，构成新时代武汉城市文化的时代特质，成为影响新时代武汉人生活与行为的社会价值准则。《海关十年报告》曾因民初武汉大量报刊出版及发行量飙升而深受鼓舞，认为它们向市民传播现代科学知识，进行移风易俗和爱国主义教育，武汉城市文化和社会风尚因此产生可喜变化和深刻嬗变：

出版——在清王朝统治时期只有《京报》发行到整个清帝国。1893 年前武汉还没有一份报纸，就在这一年《汉报》问世，由于它涉嫌与国民党存牵连，不久被张之洞总督取缔。1900 年义和团爆发后唤起了人们对政治和时事的关注，这样就萌发了读报的意念。紧随十月革命之后，《汉口日报》脱颖而出，并很快在全省找到了订户，没有一个主要城镇见不到这份报纸。当然这些昙花一现的出版物的工作人员根本没有报道的经验，沉湎于不加区别的传播那些经常引起官

---

① ［美］罗威廉著，鲁西奇、罗杜芳译：《汉口：一个中国城市的冲突和社区（1796—1895）》，中国人民大学出版社，2008 年，第 38 页。

民纠纷的言论，出版自由被误解。但征订数直线上升，显示出新闻事业良好的发展远景。武汉三镇现有日报 12 家，发行量达 40000 份，此外还有马丁路德教派和基督教青年会发行的小册子以及英国教会隔周发行一次的杂志。英文报纸《楚报》（*The Central Ceina Post*）1910 年首次发行，现在日发行量已达 1000 份。

上份十年报告里提到德国人办的《汉口每日新闻》，因中国对德宣战已经停刊。

除本地报纸外，其他省的大量出版物也在这里找到了读者，人们对出版物的兴趣可以通过援引邮政统计数据予以说明。如 1916 年中国邮政局在武汉三镇发行印刷品 103838 件，1916 年上升到 1999000 件，1921 年达到 3000000 件。

总的看来，中国的出版物作为一种进步的强有力因素还远未达到人们所期望的可信、可靠的标准。也不是所有报纸都具有真正独立的地位，能够保证公正地讨论问题，有些甚至公开从事有害的宣传鼓动。随着出版物对公众舆论施加的影响越来越大，它所带来的副作用需要引起足够的重视。

另一方面，应该承认，从这些中文出版物中也能看到一些希望，它们一般对公众进行教育，宣传发展一个强大、统一的中国，树立人们的爱国主义。其中大量的文章反映中国的工业成就，铁路影响，中国商人在国外的成功，个人的爱国或慈善举动，这些文章涉及医学、电学、法律、航空等，文风朴实，街道上过往的行人一看就能明了，同时又传播了现代科学与进步知识，第一次世界大战及其灾难性后果也是各种报刊的重要内容。还有些文章记述和讨论一些斗争事件，枚举机敏辩论范例，讲述形形色色剧烈变动国度的自我否定，爱国主义的情况，以启来者。裹足的东方妇女已开始解放，不再为年轻的中国出版界所小视。[①]

上引海关报告信息十分丰富驳杂，报刊报道的内容雅俗纷呈，泥沙俱下，

---

① ［英］穆和德等著，李策译：《近代武汉经济与社会——海关十年报告——汉口江汉关（1882—1931）》，香港天马图书有限公司，1993 年，第 143-144 页。

既反映出言论自由环境下舆论宣传乱相与怪相，同时也反映出民初汉口市民社会阅读习尚的多样性。同时报刊舆论对社会风尚和观念的引导和影响日益凸显，这种引领和影响从报刊发行量的持续增长和人们阅报习惯的形成可见一斑。舆论引导和影响社会，既有衣食住行日常生活行为方式的明显变化，如剪辫子、废除"老爷""大人"称呼、革除官员仪从、取消跪拜等，"起义以后，人人都讲平等，所有起义的同志，都能以身作则，不许喊老爷，不许喊大人，不许坐轿，尤其不准坐四人大轿"。色布行、花布行、呢绒行、内衣店、西服店、时装店大量开设新式理发店取代了往昔的剃头铺，宾馆旅店取代了客栈酒肆，大餐馆、西餐厅人头攒动，歆生路、六渡桥霓虹灯五光十色，各大百货商店的橱窗装饰尽显奢华，展示出一个现代化都市繁华、时尚的风采。也有传统伦理的扬弃，现代国家意识和科学民主观念的萌生等深层次变动。

民国时期的江汉路

现在的中国与世界其他地方一样，旧的伦理正在崩溃，妇女将会独立，男女逐渐走向平等。未嫁从父，既嫁从夫，夫死从子的三从将要成为旧话。按出版界广泛流行的现代思想，女子应与男性公民享受同等教育，参与分享随民主的提高所带来的好处，培养自立。还有一个方面是，长期以来对西方政治、科学和成就所持的冷漠已一扫而光，代之以求知欲。其主要功劳就要归功于中国出版界的领袖们。[①]

辛亥革命带给武汉另一重大改变，是城市化进程加速与现代市制的创立。武昌起义后汉口经过重建，市区面积大为扩展，从 11.2 平方里增加到 28 平方里。"1911 年革命以来，邻近城区人口不断流入，这就需要把租界背后的一片沼泽地辟为居住

区，尽管建筑业十分活跃，租金还是扶摇直上。这种畸形发展相当普遍，住宅一直供不应求。"[1] 20 世纪 30 年代，武汉城市人口持续增长，"这十年里汉口人口增长迅猛，1931 年所得到的统计是 804262 人，上一份报告里为 27167244 人。据 1931 年的记载，这十年里大约有 277000 人流入汉口，而前十年的移民只有 104000 人"。[2] 城市化和城市早期现代化发展，需要突破农业社会和乡村文明下传统"城乡合治"体制，建立市政独立和市民自治的现代城市管理体制。

　　"中国自周以降，虽亦有市政，但历代都市均在国家行政隶辖之下，无市自治可言。中国之有近代都市行政的市组织，盖为三十年间事。"[3] 光绪三十四年，清廷颁布《城镇乡地方组织章程》，拉开了近代城市独立与市政改革的帷幕。1911 年 11 月，江苏省临时省议会通过的《江苏省暂行市乡制》首次提出了市制的概念。1918 年中华民国军政府设立广州市政公所，1920 年改名为广州市政厅；1921 年北京政府颁布《市自治制》；1926 年孙科主持颁布了《广州市暂行条例》，中国近代史上真正意义的城市改革启幕；1928 年，国民政府颁布中国第一部市组织法——《特别市组织法》和《普通市组织法》，以中央的名义正式将城市纳入国家行政序列，中国城市终于有了一个正式的名分，从封建行政体系附庸转变为一种独立的政治经济社会实体，获得了地方自治和民主政治优先发展的权利。

　　在自清末迄民国中期的市政改革中，武汉市政有多项进步——

　　一是结束了"城乡合治"状态，现代市制基本确立。过去武昌、汉阳均处于封建道、府、州、县的行政建制框架内，汉口先隶属于汉阳县，继而成为夏口厅，再成为夏口县，无专门独立的行政建制，张之洞主政湖北期间，汉口的现代市制开始萌芽，1899 年张之洞奏准在汉口设夏口厅，城市已经带有准市政厅意味，汉口与汉阳分治，城市自治开始萌生，建立了相对独立的市政管理体制。但是，此时汉口仍然是中央政权的行政附庸，行政上缺乏独立性。直到辛亥革命后，现代市制才得以逐步确立。武昌起义后，湖北各府、州县纷

---

[1] ［英］穆和德等著，李策译：《近代武汉经济与社会——海关十年报告——汉口江汉关（1882—1931）》，香港天马图书有限公司，1993 年，第 135 页。

[2] 同 [1]，第 183—184 页。

[3] 钱瑞升：《民国政制史》（下册），上海人民出版社，2008 年，第 685 页。

纷起义，先后光复。在此情况下，湖北军政府于1911年10月28日开会拟定《地方官职会草案》，决定改革光复后的地方政治制度。其主要内容为：除武昌府外，原府及直隶厅、州一律撤销，武昌作为中华民国鄂州军政府首都仍设府，散厅、州一律正名为县，以其原有区域为县的区域。于1912年1月17日颁布实行。这样，夏口厅改为了夏口县，夏口县不再附属于汉阳府，而成为与江夏县、汉阳县同级的独立的正式行政单位。1912年2月，武昌起义后首个汉口市政机构汉口建筑筹办处成立，1912年11月，汉口建筑筹办处为马路工程局所取代，该局负责人容觐彤为市政工程专家，意欲有所作为。上任伊始即勘测道路，制订重建规划。但因经费短缺，市民纷扰而有始无终。1913年岁末，督办汉口建筑商场事宜处成立，该处隶属于北京政府，以杨度为督办。杨度主政之督办汉口建设商场事宜处成绩甚微，《申报》曾作如是评论："中央特任杨度督办……杨在京迄未问事，其成绩更远出工程局下，数年以来共糜款约五十万，于市政毫无裨益。"[①] 杨度去后，督办汉口建筑商场事宜处虽然继续存留，其间有诸如张国淦等主持其事。但张氏与他的前任一样，受制于客观条件，说得多，做得少，无大作为。1923年，北京政府改督办汉口建筑商场事宜处为督办武阳夏商场建筑事宜处，委汤芗铭为武阳夏商场督办。汤芗铭新官上任三把火，准备撸起袖子大干一场。他委托工程师汤震龙对汉口重建进行规划，汤震龙不负厚望，于次年出版了长达4万余字、厚达120页的《建筑汉口商场计划书》。但是，20世纪20年代政局动荡，军阀擅权，汤芗铭与时任湖北督军兼省长萧耀南曾因省长职务明争暗斗，矛盾很深。武阳夏商场督办在行政级别上与湖北省政府不相伯仲，一个城市两个不相隶属、相互对立的机构同时并存，自然是彼此拆台，纠葛不断，其城市规划和建设根本无法实施，落到实处。1926年9月国民革命军北伐占领汉口，10月7日，成立汉口市政府，刘文岛被任命为汉口第一任市长，真正现代意义上的市制至此确立。

二是武汉三镇长期分治的状态开始改变。 1926年底，国民党党政联席会议宣布：国民政府于1927年元旦在汉办公，并发布命令，确定国都，以武昌、汉口、汉阳三城为一大区域"作为京兆区"，定名武汉。此后武汉三镇分分合

---

① 《申报》1916年10月31日。

合，屡有变更。"自1926年10月国民政府组建这个机构以来，从名称到组织上历经了诸多变化。起初它被称为汉口市政府，首任市长是刘文岛。市政府下设财政局、实业局、公安局、教育局、卫生局、统计局，局长同时是以刘文岛为主席的市政委员会成员。汉口市政府受湖北政治委员会的直接领导。同年12月武昌市政部组成，这个部只是昙花一现，1927年4月合并到汉口市政府里，合称为武汉市政府，管理武汉三镇的市政委员会由11人组成。12月武汉市政府改组，称之为武汉市政规划委员会。它的权力非常有限，只有两个事务局和规划局，一个公安局。1928年5月代之以武汉市政工作委员会，这个委员会由6人组成，下设三个局。几个月后这个委员会又改组成武汉市政委员会，委员会成员9人，下面设公安局、社会事务局、财政局、实业局、卫生局、土地登记和测量委员会。1929年2月这个委员会更名为武汉市政府，重新任命了一名市长。5月汉口改为南京中央政府的直辖市，武汉市政府改组为武汉特别市政府，直辖中央行政院。主要职责是管理武昌、汉阳和汉口；但由于受到省政府的反对，它的权力仅限于汉口，它的名称也就改为汉口特别市政府。在此之下设立公安局、社会事务局、财政局、实业局、卫生局、教育局、土地登记与公共事业局，后两个局1930年6月被废，合并到财政局和卫生局。1931年7月由于省政府的交涉，汉口特别市政府改成由它领导的一般市政府，下设三个局。"①

尽管三镇后来分合无常，市政体制变化频仍，但市政独立仍然坎坷前行，武汉三镇由此摆脱了县厅的狭小建制，首次结束行政分治状况而形成了城市统一体，"武汉"作为一座城市的名称第一次出现在中国行政区划版图上，"大武汉"城市格局至此奠定。

武汉建市的起点很高。武汉和后来的汉口是当时少数几个特别市之一，国民政府以汉口为"华洋互市之区，实全国商务中心"，在建市的同时宣布在武汉建都，以武昌、汉口、汉阳三城为一大区域作为"京兆区"，定名武汉，并组织管理京兆区的委员会。尽管后来国民党定都南京，但武汉仍为国民政府直辖的特别市。据国民政府内政部年鉴编纂委员会1936年编纂出版的《内政年鉴》统计，在最早批准成立的7个特别市或院辖市（南京、上海、北平、天

① ［英］穆和德等著，李策译：《近代武汉经济与社会——海关十年报告——汉口江汉关（1882—1931）》，香港天马图书有限公司，1993年，第173-174页。

津、青岛、汉口、广州）中，汉口设立特别市的时间最早。武汉特别市地位的确立，大大提高了武汉作为区域和全国政治中心的功能，为武汉城市现代化发展创造了条件。

武汉建市使城市获得了现代化发展的体制保障，城市有了独立法人地位，城市政府得以按照城市自身发展规律规划城市、建设城市、管理城市。

武汉（汉口）建市后，市政府秉承孙中山先生把武汉建成"如纽约、伦敦一般大"的遗愿，第一次对武汉进行了全新的现代规划，"按照现代方式重组城市空间"，武昌是政治、文教中心，汉口为商业和经济中心，汉阳偏重发展工业和旅游业。这些今天耳熟能详的武汉功能分区，其实早在1929年的《武汉特别市设计方针》《武汉特别市工务计划大纲》中就已确定。武汉设市，引入现代城市体制，借鉴欧美国家城市规划和建设经验，对三镇功能进行合理定位与分区，避免了三镇功能分区的重复和同质化，而可整合并有效配置城市资源。汉口特别市成立后，又对汉口市区进行了两次大的系统规划：《1930年汉口市分区计划图》和《1936年汉口市都市计划图》。这两份规划内容包括全市面积、功能分区、人口规模、道路系统

汉口特别市火葬场

中山公园大门

规划以及市场、运动场、飞机场、过江桥梁、隧道建设计划等。这些城市规划既立足于汉口市情，又善于借鉴欧美城市规划经验以及"田园都市"和《雅典宣言》"都市功能分区"的现代城市规划理念，既符合城市客观实际，又具有超前宏阔的国际化、现代化视野。如刘文岛认为世界各国城市形式有放射式和长方形式的，而汉口地形为扁长形的，"所以我们暂时的计划，是要造成长方形的汉口城市"。董修甲、张斐然等市政专家在主持编纂武汉和汉口规划时，对城市公园及环境尤为着力，董氏把公园定位在不仅是广植花草、环境优美的公共园林，而且还是市民运动休闲、社会教化的场所。1936 年的汉口都市计划书，规划了沿江修筑 40 米宽的环市林荫大道，其目标是汉口环市林荫遮蔽，市区公园星罗棋布，组成"园林城市"。

武汉（汉口）建市后，新的城市政府的主要职能就是进行市政建设，1928—1938 年 10 年间，汉口市政府在汉口共新辟现代化柏油马路 6 条，总长 4.7 千米；改造碎石路加铺柏油路 19 条；碎石路改铺水泥路 4 条。新辟和改煤渣、土路为碎石路 6 条，新建马路路基和临时马路 16 条，基本构筑起汉口城市街区道路系统。尤其是沿江大道的修建、中山马路的改造以及三民——民生、民族、民权等道路位于汉口中心地段的繁华商业区，其改建、拓建和新建后，不仅使汉口老商业区的市容市貌有根本性改观，更加强了中山大道与长江、汉水沿岸港口客货交通直达与快速的联系，进一步加强了汉口港埠吞吐功能，有效地提升了城市商业功能。

武汉（汉口）政府不仅注重城市道路、公园等硬件建设，更把以培养广大市民"文明的城市生活习惯"为旨趣的市政管理放在突出位置。首先是制定了系统的城市管理法规，将城市管理纳入制度化轨道。这些规章制度包括市政管理设施，主要有建筑管理，如《拓展街道条例》《建筑暂行规则》；公用事业管理，如《监理商办公用事业规则》；车辆与交通管理，如《公共汽车行车规则》《市街交通管理规则》等；电气事业管理，如《取缔机械、电气执行业务暂行规则》《掘路暂行规则》等；广告管理，如《广告管理暂行规则》《取缔张贴广告暂行规则》等；清洁卫生管理，如《整理清洁章程》《街市清洁暂行规则》《取缔饮食店卫生暂行规则》《取缔旅馆客栈卫生暂行规则》《私有里巷清洁暂行规则》《管理公共厕所暂行规则》等。据统计，至 1930 年 3 月底，汉口市政府共颁布出版各种法规 500 多种，其中大部分是关于城市管理的制度规定。汉口市政府在依法治市，按照规章进行城市管理的同时，下大力气进行城市综合整治。在街道沟渠卫生管理、城市垃圾处理、公共厕所管理、浮尸露棺处理和丧葬改革、广告管理、菜市场的建设和管理以及取缔街头露宿等不良习俗等方面都常抓常管，使城市市容以及市民生活习惯都有极大改观，"所有街道、沟渠、里巷等一切清洁事宜较前易于处置，而日有进步矣"①。

汉口市政府还充分发挥政府行政资源优势，组织和动员广大市民开展群众性清洁城市运动，并使之制度化与常态化。每年按全国统一规定，春夏秋冬共举行 4 次全市性大扫除。1935 年 3 月，汉口市公安局制定全市每季按户清洁检查法，规定每年 3 月 16 日、5 月 16 日、9 月 16 日、12 月 16 日等时间（全市大扫除的次日）分别举行，每届先由各分局转饬辖境内各商店住户，对住宅、厨房、厕所、堂房、庭院水沟、墙壁等处，切实整理扫除清洁，以使派员检查。经 3 次检查仍未清洁者，即予处罚，每季检查 3 星期。②此外，还经常组织卫生展览和卫生沿江比赛，分发卫生知识宣传品，举行卫生宣传动员大游行等活动，以唤起广大市民卫生观念，自觉维护社会公共卫生，有效地促进了全民卫生运动的开展，极大地改善了城市卫生环境。"从前残破的房屋，暗淡的市容，无不一扫而空。而从前蹲伏在路旁褴褛不堪的乞丐，已差不多完全肃清了，今日的汉口市，已不是蒙不洁的西子，而是装束入时的少妇。"③

辛亥革命带给武汉城市政治、经济与社会的深刻变革，尽管阳夏战争曾给汉口以重创，20 世纪 30 年代因交通格局与商路变化、水灾、统治集团政争、军阀混战等多重因素，武汉失去了张之洞时代在全国的比较优势，但总体而言，20 世纪二三十年代城市变革与进步仍然是历史的主旋律。

辛亥革命后的武汉，一直是中国内陆最大的国际性贸易大港，仅次于津沪的中国第三大工业城市，华中地区最主要的文化教育中心！伟哉武汉，历史名城，百年芳华！壮哉武汉，大城雄风，辉煌永驻！

---

① 刘文岛：《汉市现在与将来》，《中国建设》第 2 卷第 5 期。
②《汉口市警察局业务纪要》（1935 年 1 月—1936 年 12 月）。武汉市档案馆藏，资料号：bc16/19。
③ 菊：《武汉的新气象》，《道路月刊》第 47 卷第 2 号。

第六章　文化码头与码头文化——武汉城市文化特质

天下之中
江汉交汇、襟江带湖的自然禀赋，塑造了武汉城市文化的基本属性。

从双城并峙
到三镇鼎立的历史沿革，赋予了武汉城市独特多元的文化风貌与内涵。

商兵互动
塑造了武汉人复杂多变的性格：既敢于斗争，亦精于算计；既敢为人先，亦缺乏远见；既变革趋新，亦肤浅浮泛。

近代武汉
三种奇怪现象：商业码头却未形成"汉帮"；工业重镇却缺乏实业巨子；文教中心却鲜见学术名流。

武汉
城市文化的几个关键词：楚文化、神鸟文化、码头文化、市民化。

　　文化犹如一条河流，从涓涓细流到波涛翻卷，从远古到现代，所经之处，虽重峰叠峦、百转千回，却一路流淌，奔腾不息。武汉城市文化就是这样一条穿行于历史时空的绵绵长河，从上古荆楚文明的一脉细流，到中古时期江汉文化的湍急径流，直到近现代城市文明的滔滔江流，在历史的原野上，它一路流淌下来，恰似长江汉水一般，滋养着与之朝夕相伴的这一方水土。

　　回头望去，这条文化之河曲折婉转、千姿百态，每一段流程都有一番别致的风光，或轻灵，或明朗；或静谧，或喧腾；或澄净，或雄浑。而当我们把视线投向晚近的那一段，则不禁为它的恣肆汪洋与奔腾喧嚣所震撼。近代武汉的城市文化，成为整个武汉文化长河中景致最为壮观的一个段落，它展示给我们的不仅有恢宏的气度，更有卓尔不凡的品质，乍一瞥就撼人心魄，令人不由得停下脚步，对她做一番深情的打量。

武汉城市文化的生成机制

武汉这种带有自己强烈个性特征的城市文化是怎样形成的呢？影响或制约它的社会历史因素是什么？它们之间如何交互作用，从而共同促进武汉城市文化的发展？这便是武汉城市文化生成机制的相关问题。我们认为，环境的塑造、历史的积淀、社会经济的制约是影响武汉城市文化形成与发展的三个主要方面，它们从不同的维度对城市文化发挥影响，共同塑造出武汉城市文化的品质与特色。

一、"环境塑造"：天下之中、江汉交汇、襟江带湖

每一个城市都有自己的"人文生态"，即基于一定的地理环境、资源禀赋、人口、社会经济活动等要素所构成的"人文空间环境"。按芝加哥学派的说法，一个城市所在区域的地理位置、山川河流、自然资源、气候、道路交通状况、人口与族群、生产与经济生活等等就是构成其"文化生态"的基本要素[①]，它们相互关联，构成一个"生态系统"，制约并影响着城市的文化面貌和精神气质，塑造着城市的文化品质和个性。因此，分析一个城市文化的构成体系与个性品质，除了长期的"历史张力"的作用与影响，最重要的就是人文环境的影响。从某种意义上说，城市文化就是环境的产物，"一方水土养一方人"，一种地域环境涵养一方风俗。环境，或者说资源禀赋，是城市文化赖以形成的基础，其塑造着一座城市的过去与现在，也影响着一座城市的未来。

那么，武汉的人文环境或资源禀赋的基本特点是什么，其怎样影响和制约着武汉的文化风貌呢？

城市的发展特点之所以各不相同，源于它们资源禀赋的千差万别。北京

---

① ［美］帕克：《城市社会学》，华夏出版社，1987 年，第 367 页。

之所以成为"五朝帝都"，与它地处"燕蓟之会"，扼中原与塞外之交的特殊区位环境有着紧密的关系。上海在近代短短一百多年的时间里迅速崛起为中国最大的商业贸易金融中心，成为中国乃至亚洲最大的城市，便与其地处长江入海口，居于中国海岸线的中间点，形成绝无仅有的"江海交会"区位优势亦大相关涉，它背靠江南富庶的经济腹地，拥有绝佳的城乡发展生态链，短短百年间，便从一个偏于海隅的小县城演化为蜚声全球的"远东巴黎"。

武汉的环境条件和资源禀赋，从地理位置上看，最突出的特征是"天下之中"或"国之正中"，是为中国政治经济地理的中心。

"这种中心位置并不一定是严格意义上的地区几何中心，很多情况下可能是地区的重心位置"。[①]位居"中心"，使它与东西南北各区域都有着便捷的联系，地处中土，与北京、上海、广州、成都、西安等特大城市都保持着大致相等的直线距离。这种"中心"位置直接的效应是"重心"，带来人口、商品、资本等社会经济要素的聚集或交集。

第二个显著的特征是"江汉交汇"，即它处于长江的中段、汉水与长江的交汇点，由江、汉两条水路为主干，串联起湘、沅、资、澧等众多水系，形成辐射到中西部广大地区的巨大水运网，由此构成"九省通衢"、天下要冲的区位优势。

江汉交汇的综合效应至明清时期开始全面显现，"汉口当江汉交汇之区，水道之便无他埠可拟。循大江而东，可通皖赣吴越诸名区以直达上海，循大江而南可越洞庭、入沅湘以通两广云贵，又西上荆宜而入三峡，可通巴蜀以上溯金沙江，至于逆汉水而西径安陆、襄阳、郧阳诸府纵贯全鄂以抵汉中，又沿汉水之支流白河、丹江二水以至宛洛，可谓九省之会也"。[②]以"九省之会"或"九省通衢"形容武汉联通八方的枢纽要冲地位，世所公认，相沿至今。

江汉交汇、九省通衢带给武汉的是商品的大规模集散以及港埠贸易的繁盛。"万舸此中来，连帆过扬州。"讲的是唐代武汉（时称鄂州）的交通状况，而"巨镇水陆冲，弹丸压楚境，南行控巴蜀，西去连鄢郢"则是清代汉

---

① 周一星：《城市地理学》，商务印书馆，1992年，第155页。
② 武汉地方志办公室、武汉图书馆编：《民国夏口县志校注》（上），武汉出版社，2010年，第236页。

口所显现的盛大气象。[①] 要而言之，江汉交汇、九省通衢的武汉具有无与伦比的"枢纽""要冲"与"中心"的优势，这一枢纽地位的效应以长江流域为依托，其辐射影响广及长江全流域。"控吴皖之上游，扼江汉之门户——襟江带湖，雄视全楚，诚古今扼要之区也。"[②]

江汉交汇、九省通衢的地理位置使武汉虽地处内陆腹地却开敞通达——地理空间上的四通八达，由此带来文化面貌上的开放通达以及交通的畅达、商品的流通、人员的流动、生活的流变、行为的豁达等等，就是这一资源禀赋结出的一系列逻辑结果。

武汉资源禀赋的第三个特征是襟江带湖、腹地广阔且富饶。

武汉地区两江交汇，水系纵横，自古以来，这里便是江汉平原的东缘，地势平坦，土壤肥沃，河网交织，湖泊密布，堤垸纵横。历史上这里很早就是农耕区，中古以后更成为全国稻作农业的主要产区。江汉平原的东部因受地质构造的影响，其东北部是由大别山组成的鄂东北丘陵地区，东南部是由幕府山构成鄂东南丘陵。武汉周边地区水系以长江为骨干，受地形影响，武汉上游长江各支流从两侧汇注，构成向心状的长江水系。长江干流自宜昌脱离峡谷，水流减缓，在枝江至城陵矶之间形成荆江河曲，有如"九曲回肠"，历史上多次发生裁弯取直的改道，新旧河道变动不定，形成大大小小的湖泊沼泽。汉水从陕南一路向东南流下，自宜城进入江汉平原，水势同样减缓而形成曲流，多次泛滥改道，在汉水两侧形成巨大的湖泊水体，成为历史上著名的"云梦泽"。

背靠着平旷而丰饶的江汉平原，武汉拥有深广的经济腹地，也拥有丰富的农业资源，鱼米之乡不仅能够支撑起一座规模巨大的中心城市，而且为它的商业贸易活动提供了充足的农副产品。更为重要的是，江汉平原不仅是武汉的经济腹地，也为武汉提供了丰厚的文化滋养。从先秦时期的荆楚文化到中古近古以来的江汉文化都是武汉城市文化的母体，江汉地区的方言土语、年节时令、风物习俗、戏曲歌舞等等是形成武汉城市文化的基本地域元素。江汉文化所具

---

① （清）查慎行：《敬业堂诗集·汉口》。
② （清）官文：《汉镇堡垣记》。

有的内陆型、传统农业型文化特征绘就了武汉城市文化的基本底色。

襟江带湖的武汉在空间形态、景观风貌上带有浓郁的"江城"气质，"孤帆远影碧空尽，唯见长江天际流"；"烛天灯火三更市，摇月旌旗万里舟"；"十里帆樯依市立，万家灯火彻宵明"……道出了武汉作为江城的独特景色——江景的秀丽与壮美。长江、汉水滋养了武汉，为武汉筑起伟岸的身躯，同时也为武汉描绘出浩荡灵秀的江城风貌。置身于浩荡的江湖之中，武汉三镇平旷疏远、江天辽阔；风流云动、玉笛荡漾。这里江河环绕湖光映照、云水相间灵动多姿。

"仁者乐山，智者乐水"，襟江带湖的自然禀赋给武汉文化中带来了一缕浪漫、空灵、瑰丽、俊逸的色彩，水的流动性使得武汉城市性格中善变、机巧、灵活等特征表露无遗。但正如前人所述："吾邑山少水多，坎流之性有余，艮止之性不足。"[①]水给武汉城市文化带来开拓、趋新、流动等诸多特质的同时，亦伴随着开拓有余、守成不足，灵动性强、厚重性弱等若干负面特征。

环境禀赋给予一个城市文化的影响是多方面的，它决定了一个城市文化的基本属性，赋予其地域性的文化特色，涵养出一座城市的文化风貌，从这个意义上说，环境、或者说人文生态环境塑造着一座城市，深刻影响着城市文化的基本面貌。

二、历史的张力：从"双城并峙"到"三镇鼎立"

"罗马不是一天建成的。"这句西方谚语道出了历史要素在城市发展过程中的持续性影响。

每一个城市文化都是特定历史过程的产物，都是在历史发展过程中诸多要素长期作用而逐渐形成的。因此，特定的历史发展过程，这一过程中所呈现的历史发展的趋势与特征，构成一个城市文化赖以形成与发展的宏观背景，也是影响或制约一个城市文化的社会历史要素，诸如历史发展的大趋势、人口的历史迁移、生产要素的历史性变化、区域社会与文化的互动影响等等。这些要

---

① 武汉地方志办公室、武汉图书馆编：《民国夏口县志校注》（上），武汉出版社，2010年，第34页。

素以不同的方式或强或弱地、持续地作用于一个城市，使之在人口构成、聚落形态、言语习俗、生活方式、行为方式、思想意识等方面呈现出"历史性的状态"，而有别于不同历史环境下发展起来的其他城市，这便是城市文化形成发展的一种重要机制——"历时态影响"，或者称之为"历史的张力"。

武汉建城历史悠久。早在 3500 年前的殷商时代，商王朝为开拓南疆、扩大版图和势力范围，在距汉口北郊 5 千米处的今黄陂叶店建起了一座盘龙古城。正是这座在地下沉睡了几千年的殷墟古城，叩开了武汉的文明之门，成为武汉城市文明之嚆矢。盘龙城是长江流域迄今所发现的最古老城邑，与黄河之滨的郑州商城遥相对应，被考古界公认为"中国古城之标本"。盘龙城是黄河文明到达长江流域之滥觞，它具备人类文明的"三大标志"：金属工具的制造和使用、文字的创造、城市的出现。因而它是当之无愧的武汉城市之根。

自东汉末、三国时期直至六朝更迭年代，由于战争频仍，使得位居"国之中"的武汉，军事上的战略地位迅速凸显，沉寂已久的武汉地区旋即烽烟四起，群雄竞逐。各路诸侯竞相争夺，在龟、蛇二处夹江峭峙两岸，筑起屯、垒、城、堡。两江交汇处的高阜上，更成为历代兵家必争之军事要塞。这一时期的古城，武汉境内多达 10 座。最早的一座军事城堡是位于汉阳龟山西北坡的却月城，东汉末一度成为江夏太守黄祖的军事据点和江夏郡治。此城紧扼汉水入江要道，具备城港一体化的原始形态。公元 223 年，孙权在今武昌蛇山筑夏口城，城西临江黄鹄矶上的那座军事瞭望台，即黄鹤楼之雏形，并最终演化为中国名楼之冠。夏口城"周二三里"，面临长江，与汉水口遥遥相望。同时，开辟水师基地，与曹魏占据的汉阳对峙。故而司马懿曾有"夏口、东关、贼之心喉"一说。此外，两晋、南北朝时期，武汉境内还建有鲁山城、曹公城、萧公城等一大批军事城堡及屯、垒。此时的武汉地区，可以说是城堡、港埠林立，其人文演进也无不打下城堡、港埠之烙印。这种由军事要塞孕生的城港文明，最终奠定了今日武汉三镇城郭之初基。

隋朝再度完成南北一统后，于开皇九年（589 年）改汝南县为江夏县（县治在今武昌区），同时改郢州为鄂州，治所也设于江夏。江夏之名一直沿用至清代。大业六年（611 年）改汉津县为汉阳县（县治在今汉阳区），汉阳之名沿用至今。唐朝初年，改江夏郡为鄂州，州治仍为江夏。在江北则设沔州，州治汉阳，治所迁至龟山南麓。自此，武昌、汉阳"双城"隔江而峙，武汉城市空间格局进入"双城并峙"时代。

唐中期，江夏为鄂州治所。作为当时的水陆交通枢纽，长江中游最大的物资集散处，这里不仅商贾辐辏，百货汇集，就连从东南调运北方的盐铁租赋，也均从武汉溯汉水转运北上。当时武汉江面船流如织，号称"东南巨镇"。隔江相对的汉阳，商业十分繁荣，甚至出现了夜市。唐代王贞白在《晓泊汉阳渡》中写道："残灯明市井，晓色辨楼台。"唐朝修筑的汉阳城，城墙周长1072丈，建有八门，蔚为壮观。唐朝诗人罗隐的《忆夏口》，曾形象地描绘出汉阳古城之风貌："汉阳渡口兰为舟，汉阳城下多酒楼。当年不得尽一醉，别楚有时还重游。"

两宋时期，长江主泓左移，鹦鹉洲及夏洲、武洲相继在蛇山南北两侧并岸，使武汉政区扩大，人口骤增，成为"市邑雄富、列肆繁错"的一大都会。北宋"置三榷署于建安、汉阳、蕲口"，武昌、汉阳地方政府机构凭借经济实力而升格。南宋时期，鄂州（武昌）与临安（杭州）、建康（南京）并称为中国"三大都会"。直至元末，武汉仍是"参差连舫出"的重要港市，商贾往来，舟船聚泊，因而有"贾客帆樯出汉阳"之说。

明代中叶，汉口崛起。至明末清初，汉口已是"户口二十余万，五方杂处，百艺俱全"之"楚中第一繁盛处"，成为号称"九省通衢"、"四大名镇"之一的长江中游著名的商业城市。到乾隆时期，汉口以"既非都会、又非郡邑"的区域一镇，充当了长江中游的交通、商业与金融中心。

经历了漫长的历史演变，武汉最终形成了汉口、汉阳、武昌三镇鼎立的空间格局。武昌成为区域性的政治、军事与文化中心，汉阳成为府县治所之所在，汉口虽最晚出现，却后来居上，成为贸易、交通繁盛的商业大都会。

从"双城并峙"到"三镇鼎立"，不仅仅是城市数量的简单增加，亦不是城市空间格局的某些变化，其深层次的意义在于武汉城市性质及城市功能的质的飞跃。在"双城并峙"时代，城市的性质、功能是建构在政治、军事及其带来的些许商业因素之上，不过是中国传统城市的"缩微版"而已。然则在进入"三镇鼎立"时代后，武汉城市的另类特征开始显现，商业、市场、贸易、流通等与传统中国城市与众不同的功能特质在表露无遗。汉口的商品经济、市场流通、贸易转输以及随之而生的行会、社团，加之传统政治势力统治弱化下的城市治理中的民众参与、市民自治，都使得武汉在中国城市发展史中卓尔不群、不同凡响，有力地驳斥了马克斯·韦伯的"中国古代没有城市"的妄断。正如美国学者罗威廉所研究的，中国商人"在汉口是韦伯所谓'经济理性'的坚决拥护者"，汉口显现出了与西方城市相似的市民社会、公共空间等特质。这一论断极大挑战了以"冲击—反应"模式为核心的"西方中心论"的历史观。汉口的存在及其独特的城市发展特征证明了一点，即没有西方外来势力的冲击，中国城市也能够开启自身独特的现代城市化与城市现代化进程。

从"双城并峙"到"三镇鼎立"，更使得武汉城市文化呈现出多元化的特质。仔细品味之下，不难发现武昌、汉阳、汉口三镇的文化风貌不尽相同。长期处在"双城并峙"时期下的武昌、汉阳的文化特质明显呈现出厚重、质朴、尚勇等与政治、军事中心相适应的特征；而汉口则恰恰相反，其呈现的是商业氛围下的重利、善变、实用等若干文化特征，而在迈入近代社会后，汉口因首先开埠之原因，更呈现出了若干异质、现代的文化特质。三镇之间的文化互相渗透、融会贯通，最终形成了武汉独特多元的文化风貌。值得注意的是，由于汉口在三镇之间的首要地位，武汉城市文化中的"汉口因子"占据了显要位置，并进而迅速扩散，走向世界，乃至于世人"只知汉口、未闻武汉"。

三、"商兵互动"：战争与商业对武汉城市性格的影响

武汉的城市历史是"商兵"互动的历史，武汉因为其独特的区位因素，在历史上不仅是重要的军事要塞，也是转输贸易的商业大码头。

战争武汉：武汉由于它独特的地理位置和战略要冲地位，成为兵家必争之地。武汉是一座与战争有着密切关系的城市，它由军事斗争催生，并在战火的洗礼中逐步成长，其发展总是与大大小小的各种战争联系在一起。战争直接影响着城市的兴衰发展与城市功能的演进。

武汉城市起源就是军事需要的产物。商代盘龙城的军事意图极为突出，"商前期是盘龙城遗址持续的历史年代。盘龙城三、四期之交，正是历史上夏、商之际，是成汤南征之时。而古代南方遗留下来的商代遗址，以这里规

模最大，布局最为清楚。从而推断盘龙城是商王朝征伐南方的军事据点"。①
三国时期却月城、鲁山城、夏口城的修筑与战争直接相关。却月城构筑于东汉
末年，"是武汉地区见于史籍的最早一座城堡，它南倚龟山，北面汉水，紧扼
汉水入江的交通要道，在军事上起着重要的屏障作用"。②鲁山城由刘表之子
刘琦所建，其目的就是抵抗东吴孙权的侵袭，但最终还是没有逃脱吴国攻占屠
城的厄运。公元223年，孙权筑夏口城于黄鹄山（蛇山），曾以重兵守之。武
汉的地标建筑——黄鹤楼亦是建于此时，最初本是夏口城登高侦查的军事瞭望
台。"吴黄武二年城江夏，以安屯戍地也，城西临大江，西南角因矶为楼，名
黄鹤楼。"③可见，"夏口城和黄鹤楼的始筑，最主要的是军事功能，城为战
守，楼为瞭望，都是为适应当时军事斗争的需要而诞生"。④

　　南北朝时期武汉更是南北争夺的前沿阵地。宋武帝孝建元年（454年），
刘宋政权在夏口城基础上构筑郢州城。南梁简文帝大宝元年（550年），侯景
叛乱，梁邵陵王萧纶引兵至江夏，双方在今武昌、汉阳多次交战，次年侯景攻
克郢州城，梁湘东王萧绎派王僧辩率兵从江陵出发东讨侯景，围攻郢州城、鲁
山城长达5个月，城内"皆积尸于床下，而其生者寝处其上，每屋辄盈满"⑤。
是年6月才攻取鲁山，继克郢州。北齐天保六年（555年），南梁守将将郢州
城献给了北齐，其后双方在郢州进行了激烈的争夺，"城中食少，粮运阻绝，
无以为计，唯煮槐楮、桑叶并苎根、水萍、葛、艾等草及靴、皮带、觔角等物
而食之。人有死者，即取其肉，火别分啖，唯留骸骨"。⑥从公元454年（宋
孝武帝孝建元年）在夏口建郢州城，一直到公元567年（南陈光大元年）北周
将军拓跋定率步骑二万攻取郢州，处于南北交汇、兵家必争之地的郢州城经历
了长达百年之久的战火涂炭，其中尤以南北朝后期梁陈两朝为甚。

　　唐末农民起义。起义首领王仙芝、黄巢转战江汉。公元877年（乾符四

① 陈贤一：《盘龙城遗址的分期及城址的性质》，《考古学研究》（五），2003年。
② 皮明庥、欧阳植梁主编：《武汉史稿》，中国文史出版社，1992年，第99页。
③ （唐）李吉甫：《元和郡县图志》卷27《江南道三·鄂岳观察使》（下册），中华书局，
　 1983年，第644页。
④ 同②，第109页。
⑤ （唐）姚思廉：《梁书》卷十二"韦睿传"，中华书局，1973年，第221页。
⑥ （唐）李百药：《北齐书》卷二十"慕容俨传"，中华书局，1972年，第281页。

年），王仙芝曾攻入鄂州（今武昌），公元 880 年（广明元年）黄巢亦曾进逼
鄂州江夏城下。宋金对峙之时，武汉长期是双方争夺的前沿阵地。名将岳飞自
绍兴四年（1134 年）兼任荆南鄂岳州制置使起，驻屯武汉七年。他以武汉为
基地，先后收复襄阳府及郢、随、唐、邓州、汉阳军六郡，并北伐攻克商州、
虢州，抵挡住了金军的进一步南侵，保住了南宋的半壁江山。元末农民起义
时，武汉更是饱受战火之苦，并先后成为徐寿辉天完政权和陈友谅大汉政权的
首都。元至正二十三、二十四年（1363、1364 年）朱元璋两度围困江夏，击
败陈友谅之子，汉帝陈理，包括江夏在内的江汉流域始归于明。明末清初，农
民起义，明清交战，交替进行，武汉成为交战双方反复争夺的拉锯战场，战乱
频仍，百姓苦不堪言。崇祯十五年（1642 年），左良玉在李自成的逼迫下退
守武昌，武汉三镇被左良玉军洗劫一空，其部"驻于武昌城外金沙洲，洲人受
其荼，与汉口镇同。二镇故并饶财货，甲于全楚。不数日，荡然矣"[1]。在武
汉劫掠一月后，左良玉军在李自成的锋芒下仓皇逃离武昌。崇祯十六年（1643
年）三月，另一支农民起义军张献忠部又攻占武汉三镇并建立大西政权，其虽
在武汉有一些安抚措施，但为人暴烈，嗜杀成性，焚楚王府，烧黄鹤楼。是年
八月，才退出武昌。左良玉重新占据武汉，对三镇又进行了历时一年零八个月
的劫掠与破坏，甚至在顺治二年（1645 年）败退武汉时，放火焚烧武昌城。
顺治二年（1645 年），李自成抗清失败南下，经襄阳进入汉阳，再由江夏、
咸宁、蒲圻到达通山，遭地主武装袭击身亡。连年的战乱，给武汉三镇以毁灭
性的破坏。直至顺治九年（1652 年），湖川总督祖泽峰仍奏称武汉地区"荒
村野火，寥落堪悲"。"省会武昌徒存瓦砾，编蒲暂息。"[2]

　　近代以降，武汉更是长时期被战火所笼罩。太平天国运动期间，武汉是清
军和太平军反复争夺的焦点，太平军 1853 年 1 月、1854 年 6 月和 1855 年 4 月
三克武昌，并四次占领汉口、汉阳。1864 年 7 月，捻军在距汉口市区仅二十
余里的黄陂滠口一带与清朝湖北守军激战，汉口一度告急。辛亥革命时，汉口
和汉阳成为规模最大、争夺最激烈、牺牲最惨重的战场。1911 年 10 月 18 日至

---

[1]（明）魏晋封：《竹中记》。

[2] 李文海主编：《清史编年》第一卷，中国人民大学出版社，1985 年，第 347 页。

11 月 27 日，民军与清军在汉阳、汉口进行了长达月余的激战，史称"阳夏战争"。10 月 31 日，清军纵火汉口。"汉口繁华市区顿成灰烬。入夜，大火更烈，烟云蔽空，惨不忍睹。这一次汉口大火延续至 11 月 4 日，市区 1/5 被毁，给武汉人民带来了巨大灾难。"[①]北伐战争时，武昌城被围 43 天，城内百姓尽皆断食，只得"夹道冬青充饮食，当窗蕉叶入庖厨"[②]，饿殍载道，惨绝人寰。抗日战争时期，武汉作为国民政府军事委员会和主要政府机关的驻地，并在规模浩大的武汉会战中，迫使日军从战略进攻转为战略相持，粉碎了日军三个月灭亡中国的迷梦。

军事斗争驱动着武汉的发展、牵引着这座城市发展的路向，历史上的战火烽烟虽已散去，但折戟沉沙铁未销、烽火岁月迹犹存，金戈铁马的战争往事、豪杰代起的军事叙事构成武汉厚重的城市记忆，亦深刻影响了武汉的城市性格与文化面貌。

商业武汉：武汉早期的发展是"因武而昌"，中古以后，则"因商而兴"，商业贸易自此以后成为武汉最显著的城市功能。从唐代开始，鄂州、汉阳一方面作为地方行政中心的州城府城，另一方面作为长江航运港埠和商埠的功能开始具备，并随着历史发展而不断得以强化。

唐代鄂州的港埠功能齐备、转输贸易发达，成为长江流域中与扬州、益州、江陵等著名港口齐名的重要商港。唐代是武汉城市发展的一个重要阶段，正是在这一时期，鄂州与汉阳不再仅仅用作军事要塞或军港，而且成为商旅辐辏的贸易港口，这预示着武汉城市功能开始发生重大转型，这一转型将持续下去，成为武汉城市发展的一个主要趋向。

唐代的鄂州已经具有了商港的气象。沿江码头林立，江面上舳舻相连，沿岸街市喧闹，商贾云集，一派繁盛的景象。鄂州商业的繁盛对城市周边也产生了影响，在其东南城郊一带就兴起了著名的"灵泉古市"。"灵泉古市"位于今天江夏灵泉山，其地又称覃庙，古来水网密布，四通八达，因鄂州的辐射带动终于形成规模可观的商业集市。

---

① 皮明麻主编：《武汉通史》（晚清卷）上，武汉出版社，2006 年，第 436 页。

② 陶名溢等：《武昌关城四十天目睹之惨状》，《武汉文史资料文库》（第一卷），武汉出版社，1999 年，第 213 页。

鄂州作为长江重要商埠的崛起缘于它在唐代经济地理中的特殊位置，唐朝两京地处关中，而财赋仰给于东南，由东南运至关中的漕粮主要依靠长江与汉水为通道，鄂州正好处在长江汉水的交汇处，扼漕粮转运之枢纽，地位极为重要。特别是安史之乱以后，淮河水运被阻绝，汉水的重要性更加凸显，经汉水至长江直抵江南的这条通道遂成为攸关唐帝国安危的生命线。而唐帝国的这条经济生命线到后来同样担当起了沟通中国东西两大经济区的重要使命，成为川陕豫地区与长江中下游地区商品交换的重要通道。鄂州处于沟通东南与西北水路通道的节点上，形成控引东西、沟通南北的枢纽地位，正是凭借着这一枢纽地位，鄂州一跃而成"东南巨镇"。六百年后，汉口也是凭着这一地位迅速崛起，一跃而为"天下四聚"。从某种意义上说，明清时期的汉口就是唐宋时期鄂州的再版，它们的角色地位前后相续，只是汉口的角色扮演更出色，地位更加显要，影响也更加广为人知，并且一直持续至今。

鄂州、汉阳以水运为纽带形成一个庞大的商业网络，使它与唐帝国的大部分地区都联系起来。各地的货物在这里中转集散，商品包括粮食、麻、丝、盐、茶、山货及手工业产品，这些商品大多为国计民生所需，在那时的鄂州江面上，商船穿梭不息，常年停泊的船只数以千计。史书记载，唐中期的广德元年（763年），鄂州江面曾发生一场大火，焚毁船只三千多艘，这还只是停泊在港口的部分船只。可以想见，李白"万舸此中来"的诗句并非夸张之辞。

当时鄂州的商业既有官方的，也有民间经营的。史称"士民工商，连檣如云"，"输其缗钱、鱼盐、丹漆、羽毛"。①汉阳的商业同样可观，甚至出现了夜市。当时一位诗人这样描述道："汉阳渡口兰为舟，汉阳城下多酒楼。当年不得尽一醉，别梦有时还重游。"晚唐另一位诗人经过汉阳渡口，看见通宵达旦的集市，不禁吟出了这样的诗句，"落月临古渡，武昌城未开。残灯明市井，晓色辨楼台"。汉阳喧闹的夜市经诗人的描绘显得更加迷人。

如果说武汉地区的"双城"在隋唐时期已呈现出区域商贸中心的特征，那么这一特征在两宋时期得到进一步强化。其所以如此，主要得益于江南地区社会经济的持续快速发展，以及中国经济重心南移的完成，加上武汉"双城"自

---

① （清）董诰等辑：《全唐文》卷 689，符载《土洑镇保宁记》。

身功能的不断强化，使鄂州在长江中游乃至整个中西部地区的政治经济地位进一步突出。此外，"绍兴和议"以后江汉地区相对安定的社会环境，以及长江航运的进一步开发等等，都促使武汉地区的商业获得迅猛的发展。作为商品经济发达的重要标志，就是鄂州"南市"的空前繁荣。

"南市"位于鄂州西南江面与沿岸之间，即鹦鹉洲与鄂州江岸之间的狭长带状水域，形如一条内河，并延伸到巡司河河口一带，江面港湾与江岸街市连为一体，具有港市合一的特点，又称为"南浦"。它既是商船停泊之所，又是商品交易之地。与今天盛行的仓储物流颇有相似之处。"南市"当年的繁华景象，南宋时的两位大诗人陆游和范成大都做过生动的描述。陆游在《入蜀记》中这样写道，"城外南市亦数里。虽钱塘（今杭州）、建康（今南京）不能过，隐然一大都会也"。七年之后，另一位诗人范成大行经这里，也发出同样的观感。他看到南市在鄂州城外，"沿江数万家"，"列肆如栉"，其繁盛的景象"外郡未见其比"。范成大以敏锐的眼光指出，鄂州是"川、广、荆、襄、淮、浙贸迁之会"，而上述地区，基本上涵盖了南宋王朝有效控制的大部分区域。由此说来，鄂州已然担起了南宋王朝市场中心的角色。

江南的鄂州繁华如许，江北的汉阳也热闹非凡。这里的港埠条件丝毫不逊于江对岸，它背靠龟山，东临长江北面汉水，是过往船只必经之地，唐代，这里的航运与商贸已开始兴盛，吴蜀楼船连帆而过。到了宋代，这一带的港市更为繁荣，在时人眼里，汉阳"平时十万户，鸳瓦百贾区。夜半车击毂，差鳞衔舳舻。"虽然不乏夸张之语，却也道出了当时的盛况。武汉的"双城"隔江相望，交相辉映，共同编织出一幅商业都会的绚丽图景。

元初，鄂州改名武昌，一举成为湖广行省省会，它在商品集散与货物转口方面延续着以往的活力。史载，时任翰林院侍讲学士的揭傒斯某年在武昌送友，在江边沽酒话别时，看到江面上往来如梭的船只，随口吟出"参差连舫近，散漫群鸥远"的诗句。是的，武昌不仅延续着鄂州的繁华，而且显出了更加盛大的气象。

当武汉这座历经风雨的城市行进到明清之际的时候，它的整个面貌开始发生重大的变化。延续了上千年的"双城并峙"格局被"三镇鼎立"的格局所取代，商贸中心的功能已成为武汉最显著的城市功能，这一时期的武汉，无论是从政治角度还是从经济的角度上看，都是中国内地最具影响力的城市，尤其在经济方面，它取得了一系列骄人的成就，迎来了自建城以来城市发展的一个高峰期。

在这一时期，新近形成的汉口镇异军突起，一路狂飙，成为武汉城市发展的最大亮点。汉口凭借两江交汇、九省通衢的自然禀赋，际会着社会变动的时代风云，一举成为缩辔南北、沟通东西的集散中心与市场枢纽，成为名冠九州的"四大名镇"之一，因而也成为引领武汉城市发展的强大引擎。汉口在明中后期以"四大名镇"著称于世，至清代早期商业贸易进一步发展，按时人的描述，汉口"不特为楚省咽喉"，也是"云、贵、四川、湖南、广西、河南、江西之货"转输集散的中心。"天下有四聚"，南北京师，佛山，苏州和汉口。所谓"天下四聚"就是当时中国的四个商业中心，汉口是其中之一，而且是苏、扬以上长江上、中游及广大中西部地区最大的商业中心。这种商业中心的地位，既是历史上武汉固有的航运枢纽地位的继承与发扬，也是在新的社会经济形势下，武汉城市经济功能的进一步提升。

作为"天下四聚"之一的汉口，其突出的优势就是水陆交通的发达。经由这里的驿道可以通向全国各地。经江北通往河南、安徽、江西等省的驿道有干线七条，由江南武昌往北的驿道可直抵京都（今北京）、盛京（今沈阳）、直隶（今保定），以及山东、山西、陕西、甘肃、江南、江苏、浙江、福建、广东、广西、云南、贵州等省的省会城市。当时武汉的陆路交通以驿道为主干，连通东西，贯穿南北。

驿道如此便捷，水路更称发达。武汉地处长江中游，是长江、汉水交汇之所，通过长江、汉水又联结众多支流、湖泊，形成四通八达的水网。通过汉口的水路可以东连吴越江淮，西通巴蜀云贵，南及沅湘两广，北达冀鲁京津，形成江湖连通、江海联运的庞大水上运输网。拥有九省通衢区位优势的武汉在清代国内市场已经形成的条件下，很自然地扮演起了内地商业中心与经济中心的角色，汉口于是乎脱颖而出，成为当时中国内地商品集散中心和市场枢纽。

"天下四聚"的汉口拥有发达的水陆大交通，大交通孕育出大码头，大码头催生出大市场，大市场带来了大商业，大商业造就了大行业。

大码头、大市场、大流通使武汉的商业呈现出盛大的气象。全国各地商帮在此竞富逐利，各逞风流，把汉口市场搞得风生水起、波澜壮阔。当时，"四方商贾辐辏于此"，为了联络乡谊，加强自己的竞争实力，并对行业和市场进行必要的调节，各地旅汉商贾纷纷结成以地域为纽带的商帮，俗称"帮口"，于是就有了湖南帮、宁波帮、安徽帮、四川帮、山陕帮、药帮、钱帮等。各帮活动和议事的地方称为会馆或公所。清代中期，汉口的会馆、公所众多达200余处，难怪有人这样说，"一镇商人各省通，各帮会馆竞豪雄"。这些会馆、公所绝大多数集中在汉正街一带，其中比较著名的有宝庆会馆、广东会馆、山陕会馆、新安书院（徽州会馆）、宁波会馆等。

1861年开埠以后，汉口市场进一步扩大，成为内地"华洋互市"的中心，19世纪末，这里形成了一个以土货出口、洋货分销为特征的"国际市场"。其进出口贸易（直接贸易与间接贸易合计）长期位居全国通商口岸的前三甲，成为"四大口岸"或"五大商埠"之一。时人誉之为"东方芝加哥"。

从"东南巨镇"到"天下四聚"再到"东方芝加哥"，这是武汉商业贸易发展的千年足迹，它表明：武汉"以商名世"并非始自近世，而是由来久远。"因商而兴"是中古以后武汉城市发展的一个显著特征。长期的商业活动为武汉累积起深厚的商业文化底蕴，形成了以商业文化为核心的城市文化体系，重商轻工、崇实尚利、实用功利、诚实守信成为武汉商业文化中最具代表的行为取向。

人文武汉："汉口通江水势斜，兵尘过后转繁华。"武汉在战争乱世与商业繁荣间不断交替转化。这种互动，深深影响了武汉的城市文化品格与武汉的城市社会生态。

在长期的战争环境下，战争对于武汉人所形成的性格特征中积极影响在于：第一，敢于尝试，"敢为天下先"。战争是政治斗争极端化的表现，是打破旧格局、创建新秩序最为直接的手段。在战争中先出手的一方或得战局的先机。辛亥革命的革命中心的关注点本来在广东、江浙等沿海地区，但恰恰是武昌新军率先吹响号角，取得首义胜利。这种精神被武汉人民传承下来，在此后的社会发展与变迁中创下若干个"第一"。第二，临危不惧，处危不惊，应急能力强，决断水平高。第三，敢于斗争，敢于胜利，有一股"蛮"性。这样的武汉人留给外地人一种爱憎分明、脾气火暴、说话办事风风火火的印象。

但是，战争氛围的长期浸染，对武汉城市市民的性格养成也带来许多消极的影响，使得武汉人在精神和价值观层面上，过度追求功利，思维简单直观，缺乏周密细致的思考和全盘观念。武汉人常说"吃不得亏"，凡事必求一个结果，付出必须得到回报。而在具体的行为方式上，受这种功利思想的影响，武汉人行事缺乏远见。在战争环境下，由于缺乏安全感和稳定感，其做事多关注既得利益，少有长远考虑。

久远的商业传统、深厚的商业文化底蕴滋养出武汉人务实尚利、求实趋新的行为取向，这种实用主义的行为取向不但将武汉人培育成商场上的行家里手，而且启蒙了他们的"现代意识"，使他们较早地具备了对城市事务高度关注的参与意识和民主自治意识。近代的武汉市民是一群有主见、敢参与、善竞争的人，是一群在传统文化语境中离经远道、"伤风败俗"的人，而正是他们，使武汉这座城市充满了生机与活力。

武汉人的实用功利取向一直以来广受人们的诟病，斥之为庸俗的、市侩的、势利的文化劣根。诚然，实用功利主义的流弊自然不少，浅直少文与极端势利尤其有悖于人文主义的价值理想。不过，正是在这些看似"丑陋"的文化品格中潜藏着某种现代文明的因子，诸如强烈的商品经济意识、自治的政治倾向、摆脱礼教束缚、追求自由人格的精神，以及对契约法理的注重等等，而恰恰由于这些文化因素，使武汉这座城市在封建社会的晚期显露出了一丝"近代"的晨曦，透出了一种"别样"的风采。

"商"与"兵"的互动，深深影响了武汉的城市文化特征与城市个性特质。从经济角度来说，商业口岸商品与人员的快速流动，使得武汉人拥有了对市场的敏锐觉察力和灵活的市场操控能力。竞争性使武汉人很早就拥有了市场意识。美国学者罗威廉就曾高度评价汉口的经济是一种"理性经济"。但是又因为战争所带来的不稳定感和安全感缺失，以及"转输贸易"的商业经营方式，使得武汉商人只看重看得见的经济利益，不愿投资长期的实业项目，热衷于进行投资少、回报高、时间短的投机生意，显得急功近利。

就政治角度而言，武汉的商业方式以及江汉平原的文化生态，使得武汉人"读书只为稻粱谋"，讲究实际，追逐功名。这种把读书习儒仅仅作为改善自身的生活处境和政治地位的实用价值导向，直接导致了湖北武汉地区学者少、官员多的现象。

从文化角度而言，长期以来的战争动乱，与商业码头的高度流动性，使得武汉城市文化具有高度的包容性，对于外来文化和新鲜事物的吸纳能力很强，有一种普遍的变革、趋新意识。战争与商业的多元格局，形成了城市的复合文化，同时带来重商轻文的社会文化氛围。缺乏厚重的文化根基，"吾邑山少水多，坎流之性有余，艮止之性不足"。[①] 汉口的城市文化像码头货物一样快速聚散，流转无常，缺乏沉淀升华，显得肤浅浮泛。武汉人的开放与趋新，融通与精明，被城市的一片喧嚣繁华的市声所掩盖，所消解。

"商"与"兵"的互动，更使得武汉城市文化呈现多元、复杂的一面。既敢于斗争，亦精于算计；既注重契约，亦追求功利；既敢为人先，亦缺乏远见；既变革趋新，亦肤浅浮泛。然则正是这种"商""兵"互动下形成的多元复杂的文化风貌却使得武汉在中国历史发展的长河中尤其是在近代转型变迁的历程中始终占据着一席重要之地。尤其是推翻两千年君主专制，建立亚洲第一个共和国的辛亥革命，更是"商""兵"互动的绝佳注脚。"商"所形成的有主见、敢参与、善竞争的城市性格特征以及参与意识、民主自治意识，"兵"所带来的"敢为天下先"、处危不惊、应急能力强、敢于斗争的精神都为资产阶级革命厚植了胜利的肥沃土壤。"商""兵"互动之下，辛亥革命首义于武昌，更是首胜于武昌。

---

① 武汉地方志办公室、武汉图书馆编：《民国夏口县志校注》（上），武汉出版社，2010年，第34页。

近代武汉三种文化现象解析

近代武汉在中国城市发展格局中一直占据着重要的地位，是近代中国的工业发祥地，内陆地区最大的商业中心与转口贸易中心，亦是区域性文化教育中心所在。然则，近代武汉却没有出现声名远播的工业巨子，没有产生可称之为"汉商"的商业流派，更是缺乏学术大家。从城市功能、城市生态、社会文化三方面来看，以上三种文化现象有其深刻原因。

一、商业码头并未形成"汉帮"

汉口开埠以后，作为中部地区最大的漕运中心，武汉往来商人货物熙熙攘攘，络绎不绝。依据中国商业的常规，当某一地区的商业优势达到一定程度时，大型的地区商业同盟组织也会应运而生。明清以来，晋商以票号生意闻名全国；徽商以淮盐、典当称雄大江南北；而宁波帮、广东帮在近代经营五金机电产品与地域特色的海味、广洋杂货等方面颇有名气。在武汉这个大码头上，众多商帮风云际会，各领风骚，清代汉口商业的"八大行"中。徽商在盐、当、米、木、棉花、药材六大行业中占据极重要地位。随后，晋商、宁波、广东商帮等也先后占领汉口市场，而汉口与湖北本地商人势力则显得很薄弱。德国人利希霍芬对湖北人有一评价："湖北的居民主要是农民，其商业委之于山西人和江西人，运输业让给了浙江人和湖南人"。

湖北省内虽然黄冈、天门、黄陂、咸宁等地商人在汉口市场也有打拼成功的事迹，甚至也形成了黄州帮、咸宁帮这样的商人集体，在近代湖北商业史上，对于黄陂商人，也有"无陂不成镇"的称号，这些都能够说明：湖北商人颇具向外拓展的精神和行商四方的勇气。然而，湖北商人终究没有形成太大的规模，也没有成长为像"徽商""晋商"之类的"汉商"流派。

"汉帮"之未成，原因是多元的。

第一，湖北武汉商人经营商品的业务没有形成规模优势。徽商晋商闻名，很大程度上是他们有比较固定的行业和经营项目及品种，如晋商以经营钱业为主，徽商的盐业及典当业等。山西太谷县的曹家，到道光、咸丰时期，已成为在全国开设商号 640 余座，资产高达 1200 万两白银，雇员 37000 人的商业巨族。清道光年间，山西平遥县创办了全国第一家专营存放款和金银汇兑业务的票号——"日升昌"，到咸同年间，"日升昌"在全国各省市设分庄多达 75 个。从"日升昌"起，山西平遥、祁县、太谷三大票号先后在北京、天津、武汉等全国 70 多个城市设立了 400 多个分号，甚至在日本的东京、大阪、神户，俄国的莫斯科，南亚的新加坡都设有分号，吸纳了上至税收、军饷等公款，下至官吏、绅富的私款等全国大部分的财富，基本垄断了全国的汇兑业务。而徽州商人则控制了全国的食盐贸易。清乾嘉时期，两淮盐业几可操纵全国金融。胡适曾经说道："近几百年来的食盐贸易差不多都是徽州人垄断了。"由此可见徽州人在全国经济命脉型行业的统治地位。同时，徽州人所开的当铺遍及全国，江南各地的典当业绝大部分都由徽州人控制，典当业的头柜朝奉，素有"徽老大"之称。

而湖北本地的商人群体，经营范围十分分散。且影响范围多只局限于湖北一省，并不能辐射到其他地区。比如黄州帮、咸宁帮都只在省内有名，不能在全国叫响。虽然黄陂商人的名号全国闻名，然而他们所经营的业务多为小手工业，如磨剪子锵菜刀之类，同时结构极其分散，各自为战，没有形成独立的商帮。天门人闯南洋，也并没有涉足金融、矿产、实业这样的大型产业，而是进行诸如三棒鼓、挑蚜虫这样的走街串巷的小手工营生。武昌府咸宁商人主要经营竹木、茶叶，但经营规模赶不上湖南帮。黄州帮主要是由黄州府麻城县的商人经营湖北的棉花贸易。虽然棉花贸易是湖北商人在湖北居支配地位的极少数贸易项目之一，但在全国并没有达到行业垄断的优势地位。

第二，湖北武汉商人经营方式分散而传统，一直不成气候。晋商实行股份制、连锁制。连锁制即由全国的分号分庄，形成强大的商业网络。而山西票号的股份制，作为当时中国先进的商业模式值得称道。俄国人尼·维·鲍戈亚夫连斯基对山西商号的股份制赞不绝口："有些商行掌控了整省整省的贸易，甚至整个大区的贸易，其办法就是把某一地区的所有商人都招来入股。因此，在中国早已有了现代美国托拉斯式企业的成熟样板。当前在中国西部地区活动的主要是山西和天津的商行。"这种先进的经营方式，不仅扩大了晋商自身的经营规模，也增强了晋帮商人在同业中的竞争地位。湖北商人基本上是个体单干，分散经营，不仅缺乏地域性、全国性的商业网络，即使在同一个城市的湖北商人，也大多缺乏联系，有利益纷争时甚至"窝里斗"。

　　第三，湖北武汉商人缺乏共同一致的商业理念。徽商的儒商色彩很浓，"取利好义""以义取利""贾而好儒"。晋商追求诚信立业，崇拜关公的诚信义气。汉口的山陕公馆内有着汉口最大的关帝庙。各大山西票号经营的事迹中也多是诚信待客的例子。广东、宁波商人勇于承担风险，热衷于投资产业。湖北武汉商人多半喜欢做些诸如"赚过手钱"之类的投机买卖，商界对其有"精明滑巧"的负面评价。

　　第四，湖北人在外的公共凝聚力较差，不够团结。表现为与徽商、晋商宗法家族地域观念强弱的差异。一个地域之内的商人在外地有凝聚力，主要以会馆、公所为纽带。会馆供同籍商人聚会与议事，同时从事文化活动，如演出，投资兴办义学，教育同籍客居者后代，从事慈善事业资助寒士等联络乡帮情谊，共同创造商业机会与市场。这样的习惯在晋商、徽商、宁波商帮、广东商帮中都极为盛行。在汉口，山西商人有山陕公所，宁波商人有浙宁公所，徽商建立了新安书院，所聚集地也形成新安街、新安市场。而湖北武汉虽在外地如北京等地也建有湖广会馆且气势宏大，但商人在其中所占比重极低，多为联络鄂籍官员和读书人。湖北商人并没有很强的宗法家族观念，行事行商方式多自由散漫，有一首《汉口竹枝词》就道出了湖北人和徽州人的这种差异以及湖北人的散漫作风："楚人做祭极平常，不及徽州礼貌庄。高坐灵旁宣诔祝，只如平时读文章。"[①]

二、工业重镇缘何缺乏实业巨子

　　在武汉的近现代民族工业史料记载中，武汉本土创办实业的创办人与投

---

① （清）叶调元著，徐明庭、马昌松校注：《汉口竹枝词》卷5《杂记》，湖北人民出版社，1985年，第129页。

资者寥寥无几。只有屈指可数的几家是武汉或湖北本地人投资经营的实业，如汉阳周仲宣创办的周恒顺机器制造厂，武昌徐荣廷的汉口裕华纺织股份有限公司，江夏人李紫云等创立的汉口第一纺织公司。但是，对于这些企业，清末日本驻汉总领事水野幸吉在《中国中部事情：汉口》一书中有很形象的描述："在汉口这样的商业集中之地，有财力的商人主要来自广东、宁波等地，湖北本地人反而经营的商业规模小，工业尚处于幼稚阶段"。[①] 对此张之洞也有同感："惟汉口之商，外省人多，本省人少。"

　　既然湖北本土商人都不愿投资实业，那么，抢滩近代武汉工业，填补民族工业投资空白的诸多企业家就多为外地来汉商人，汉口燮昌火柴厂和既济水电的创始人为浙江宁波商人宋炜臣；汉口最大的机器制造厂扬子机器厂是华侨商人顾润章与王光合办；汉口的大面粉生产商申福新（福新面粉五厂和申新面粉四厂）是来自无锡荣氏家族；而历来为武汉历史所称道的汉阳铁厂，承办人是以上海人盛宣怀为首的上海商人集团，曾经承租布纱丝麻四局的是在汉口的广东茶商韦紫封。

　　清末至民国早中期，汉口商人工业投资主要在纺纱、织布、面粉等轻工业方面，在重工业、机器工业方面则不敢投资，即使有也是外地人居多。据统计，1895—1913 年，全国共设厂矿 549 家，资本投资总额 12028.8 万元，其中武汉设厂矿 28 家，占 5.1%，资本投资总额为 1724 万元，占 14.3%。这种比例仅低于上海而远远超过广州、天津等大城市。到 1936 年，武汉共有工厂 516 家，资本总额 5148.66 万元，年产值 18851.76 万元。其中轻工业在轻重工业比重中，工厂数占 76%，资金占 68%，年产值约占 90%。轻工业中纺织和烟草工业占主导地位。资本额，纺织业第一。从一地来说，工厂总量大大超过清末，但武汉工业在全国的地位逐渐下降。如纺织业在张之洞时代曾居全国第二，仅次于上海。但 1930 年后逐渐衰退，1934 年纱、布产量降至第八位。

　　武汉缺乏本土实业家，重商业轻工业投资的现象，并非到民国时期才为人发觉。在张之洞主持湖北新政期间，这样的状况就已经引起注意。当时人指责张之洞办企业思想保守，一味"官办"，认为其严重的"官本位"思想阻滞了武汉本土工业的发展。而张之洞本人则大为抱屈，张氏主政湖北，振兴工业，

---

① ［日］水野幸吉著，武德庆译：《中国中部事情：汉口》，武汉出版社，2014 年，第 5 页。

希望在武汉乃至整个湖北地区施行"官督商办"和"官商合办"，认为兴办民族工业，"至经久之计，终以招商乘领，官督商办为主，非此不能长久"。曾广向社会商界人士招租工业实业项目，武汉本地商人大多畏缩观望，并不积极响应。"力微识近，大都望而却步"①，并且"讳谈洋务"。同时，在与汉口商人的接触加深之后，张之洞对于汉商长久以来的积习也深感痛恶。张之洞在其《劝学篇》中曾这样评价武汉商人："中国商贾积习，识陋见少，亦思依仿新式，办运新货，而偷工减料，货质全非……甚至有招集股份，意存诈骗。"张之洞对于汉商的批评，从深层次的城市性格与城市文化方面来探究，与武汉长期以来的码头文化有着深切关系。

汉口作为典型码头城市，其"转输贸易"的商业方式塑造的城市性格是导致武汉缺乏工商业巨子的最主要成因。汉口地处长江、汉水交汇区域，"九省通衢"，拥有强势的水陆两栖货运传输通道，是历史上最为显赫的中转商贸市镇，有"天下货物聚买第一大码头"②之称。优越的地理条件，使得汉口乃至湖北商人习惯于中转贸易，并且将这种由水运枢纽区位优势所带来的商贸优势传承为汉口商人的商业文化。而贩运中转的传输式"二道贩子"贸易，因其投资少见效快的速利效应，为头脑灵活的汉口商人所热衷。人们称湖北人为"九头鸟"，其实质是指汉口商人头脑灵活，悟性极高。他们善于收集和甄别市场信息，灵活快速地反应市场行情，对于到港货物，流行热门商品的感知度极高。同时因为固定资产的局限，武汉商人多不愿意注目于那些需要大额投资且资金回笼缓慢的实业项目，如纺织、冶炼这样的工业生产。所以，在武汉的商业巨头中，我们多见如"地皮大王"刘歆生这样的大投机商人，炒卖热门商品如地皮房地产等投机生意，而轻视实业投资。

因此，武汉本地商人中很少拥有实业家，商业模式基本上以传统（单纯贸易）型商人为主流，这一点，实与武汉的区位因素与由区位因素长期影响而形成的码头文化有着巨大关系。

---

① 《张文襄公全集·奏议》卷44，中国书店，1990年。
② （清）吴中孚：《重订商贾便览》卷3《各省物产》，道光年间刊行。

三、文教中心却鲜见学术名流

　　武汉作为两湖地区的教育与文化中心，有悠久的文化传统。但奇怪的是，自宋朝以来，武汉乃至湖北，却很少有学术文化大家出现。梁启超评论近代学风的地理分布时，对此产生疑问：湖北交通发达，文化也不落后，为什么近世很少有大学者？民国初年陈独秀访章太炎时也提出：湖北有三峡，有黄鹤楼，有赤壁，可是武汉历史上的大文人似乎不多。自唐宋以来，湖北地方大文人、大文豪不多，武汉更少。历代科举，湖北状元及第的很少。至明清时期，武汉只出过几位榜眼、探花，如江夏的贺逢圣、陈銮、欧阳保极、何金寿，汉阳的萧良有、熊伯龙，黄陂的刘彬士、金国均等。

　　汉口文化学术名流很少见于诸朝史籍，而明清以来，武汉在全国有影响的大学者，只有清顺治榜眼、官至内阁大学士兼礼部侍郎的汉阳熊伯龙和近代国学大师、湖北蕲春人黄侃，著名的学者闻一多等等。虽然武汉长期以来人文荟萃，文化盛事不少，但扛鼎之人大多来自外省，如张之洞是河北南皮人，两湖书院学监梁鼎芬是广东人。当代的马克思主义哲学家、原武大校长李达是湖南人。《夏口县志》编者在编订《人物志》后，竟发现此地杰出文化学术名流很少见于诸朝史籍，于是大发感慨："盖夏口之名称，由来久矣，三国六朝时，蚤为南北共争之地，顾自秦汉以后，明清以前，史册所载，未见有一人焉贯夏口籍者，此何故也？且非独夏口为然，凡夏口旧与合同之汉阳，泊郡守所同辖之黄、孝、川、沔莫不皆然。……至有明、满清之际，始稍稍有一二魁梧长者，名挂史籍，此吾邑、吾郡人才之见端也"。[①]

　　武汉地区鲜见学术名流，受制于武汉城市的整体人文生态。首先，汉口作为码头城市和商业中心，其移民来源不像上海商人主要是来自文化底蕴深厚的江浙一带，汉口商人主要来源于黄孝、天沔及省内各地，文化素质偏低。即使早期来汉的山陕商人，文化素质也不太高，汉口商人主体多为小商小贩，富商巨贾不多，以致汉口的整体商民素质低下。其次，武汉历来为兵家必争之地。明末张献忠农民起义军横扫江汉平原，武汉受到重创。清代咸同年间太平天国

---

① 武汉地方志办公室、武汉图书馆编：《民国夏口县志校注》（下），武汉出版社，2010年，第450-451页。

起义，江浙的富户为躲避战乱，纷纷携带金银逃向上海的租界寻求庇护。而太平军三次攻破武汉三镇，商人们为避战祸纷纷离开汉口逃回老家，汉口经济受到毁灭性打击，战乱之后恢复商场和城市经济的紧迫性先于文化建设。第三，汉口的社会文化氛围铜臭味重而文化气息淡薄，一般的武汉市民对雅文化不够重视。"蒙馆修金不救穷，银殊茶水月收铜。蠢徒难得新书换，换口开荤面一中。"①清朝后期，因"居斯地者，多半商贾致富，书奇风雅勿尚，故会馆公所之名，野墅琳宫之号，楹帖榜额之文，悉皆从俗，未能雅驯"。②叶调元则说的更为明白："名园栽得好花枝，供奉财翁玩四时。可惜主人都太俗，不能饮酒不能诗。"③近代汉口所办学校，多以职业学校为主，向武汉市民与武汉本土青年传授谋生的技能。

　　武汉城市与上海被富庶的长江三角洲拱卫所不同，江汉地区地狭人稠，是一个典型的以小农经济为主的农业社会。一家一户分散的农业经济，长期处于"虽无积蓄之资，然亦无饥馁"④的中下等生活水平，没有余裕来支持纯学术的研究。江汉平原很少名门望族，不能聚敛更多财富，也没有如徽商、晋商之类成功的商人流派。江汉人读书、做生意的动机都是属于谋生型的，形成江汉人讲究实际、追功逐利的文化价值观，不鼓励、不支持族人和子弟坐冷板凳搞所谓纯学术。读书是为了脱离乡土，为"稻粱谋"。这种把读书习儒仅仅作为改善自身的生活处境和政治地位的实用价值观念导向，其结果是虽然及第为官者较多，但学术名流却很少涌现。据统计，明清历科一甲3名，湖北总人数为19名，我们可以与其他的省份做个对比。江苏为169名，浙江为129名，江西为72名，湖南为16名，湖北居第四位。反映了湖北总体文化水平基本处于全国领先地位。但在清代著名学者的统计中，清顺治至道光时期，全国知名学者江苏52人，浙江26人，安徽12人，直隶11人，山东7人，河南5人，江西2

---

① （清）叶调元著，徐明庭、马昌松校注：《汉口竹枝词》卷5《杂记》，湖北人民出版社，1985年，第110页。

② （清）范锴著，江浦校注：《汉口丛谈校释》卷2，湖北人民出版社，1990年。

③ 同①，第107页。

④ 《隋书·地理志》。

人，湖北只有官至内阁大学士并先后兼刑部、吏部尚书的孝感人熊赐履一人。[①]
根据湖南人民出版社出版的《中外历史人物辞典》统计，在近代著名科学家、
思想家和学者中，湖北为 3 人，湖南为 7 人，江苏（包括上海）为 13 人，浙
江为 13 人。而在官吏、军阀将领、政治家和资产阶级改良派、革命家中，湖
北为 20 人，江苏（含上海）为 10 人，浙江为 15 人。湖北明显多于江浙。从
一个侧面又反映了江汉人重政治轻学术的价值趋向。在这样的大环境下，大学
者、大文豪的产生，只能是一个美好的幻想。

---

① 《中华近代文化史丛书》编委会编：《中国近代文化问题》，中华书局，1989 年，第
45 页。

武汉城市文化的几个关键词

历经上千年的生发、演进、包容、发展，武汉城市文化气象万千、自成一格。细究之下，可用四个关键词来描述武汉城市文化的源起与特质，即楚文化、神鸟文化、码头文化与最市民化的城市。

一、楚文化

武汉地处江汉之交，属《禹贡》九州中之"荆州"，先秦时期处于楚国腹地，与郢都滨长江而遥相对望，成为楚国政治经济的核心区域，受到荆楚文化长达千年的熏染浸润。楚文化浪漫瑰丽的气质、雄劲豪放的风尚、空灵俊逸的神思长期浸润着这里的人们，深深植根于这片土地，成为武汉这座城市久远的文化基因。

楚人筚路蓝缕的开拓精神，楚庄王"一飞冲天""一鸣惊人"的奋发精神，屈原忧国怀乡的家国情怀，楚人"不服周""亡秦必楚""王侯将相宁有种乎"的大无畏气概，以及敢为人先、舍我其谁的时代担当与历史使命感，都是武汉城市文化历久弥新的精神资源，成为激励武汉人民开拓进取、生生不息的力量源泉。

楚族是活动在我国江汉流域的一个古老部族。西周时期，楚族开始筑城建国，先后融合了江汉地区大大小小的部族，发展成为横跨江淮的幅员广袤的南方大国，并创造出了独具特色的楚文化。春秋时期的楚国奄有江淮南国辽阔疆域，武汉地处楚国腹地，楚风楚韵浸润其间，楚文化成为武汉地区最重要的文化源头之一。

楚国先民在辗转迁徙、艰难建国的过程中，披荆斩棘、筚路蓝缕、开启山林，垦殖原野；又与各支强大的部族展开了激烈的斗争，在艰苦卓绝的奋斗中终于建立起伟大的国家，足以傲视群雄，问鼎中原。在这一过程中，涌现出了许多杰出的政治领袖，如联合周人反抗商朝、并倾覆商朝的鬻熊，进止有度、与齐晋等中原大国巧妙周旋的楚成王，还有韬光养晦、励精图治进而问鼎中原的楚庄王，等等。

自鬻熊建国以后，楚国历经32代44位国君，直至公元前223年被秦所灭。在这跨越西周、春秋、战国800余年的历史长河中，楚国纵横南北、开疆拓土，成为影响华夏政治格局的泱泱大国，留下了丰富而宝贵的政治文化资源。

楚文化从形式上看瑰丽奇伟、飘逸灵动，充满浪漫主义气息；从内容上看则博大精深，筚路蓝缕以启山林的开拓精神、高深悠远的老庄道家思想、神采逸动、华美瑰丽的楚辞等等，即是其中的代表。

屈原的人生经历即是楚文化精神的杰出代表。

屈原是战国时期楚国诗人，也是政治家和思想家。他出身于楚宗室贵族，少年时受过良好的教育，博闻强志，志向远大。早年受楚怀王信任，任左徒、三闾大夫，兼管内政外交大事。因遭贵族排挤毁谤，被先后流放至汉北和沅湘流域。屈原南入沅湘，折入鄂渚，行吟泽畔。《史记·屈原列传》中记述："屈原至于江滨，披发行吟泽畔，面色憔悴，形容枯槁。渔夫见而问之曰：'子非三闾大夫与，何故而至此？'"在《渔夫》中也有类似记叙："屈原既放，游于江潭，行吟泽畔，颜色憔悴，形容枯槁。渔父见而问之曰：'子非三闾大夫与？何故至于斯？'屈原曰：'举世皆浊我独清，众人皆醉我独醒，是以见放。'"屈原并未因被放逐而改变"前志"，而是时刻眷顾楚国，为表达存君兴国之意，他以辞赋进谏。他痛恨那些祸国殃民的奸佞之徒，同情人民的疾苦，敬仰楚国先贤英烈，诗中吐露出远大的政治抱负，表达了对祖国、对人民的无限热爱。"居庙堂之高则忧其民，处江湖之远则忧其君"正是屈原忧国忧民的真实写照。公元前278年，秦将白起攻破楚都郢，屈原悲愤交加，怀石自沉于汨罗江，以身殉国。

屈原的故事与精神长久以来为武汉地区人民所传扬，他的人格与品德、他忧国忧民的伟大情怀为后世所敬仰。屈原一生胸怀壮志，对祖国无限忠诚。而任职期间，屈原志洁行廉，同情民众，体恤民生。他开明进步，反对楚国贵族的故步自封，与腐朽保守的政治势力勇敢斗争。他一心为国、心底无私，耿介率性，决不随波逐流，更不苟且偷生。在遭谗贬谪之后，仍忠贞不贰，以国家人民为念，直至投水自沉，以明其志。屈原的这种高尚的爱国情怀、对人民大众真挚的关爱、对真善美的无限向往与追求以及高洁的品德情操，成为荆楚文化的瑰宝，这种爱国主义精神、人文主义情怀、理想主义、浪漫主义的追求成为滋养江汉大地、激励江汉地区人民奋发向上的强大精神动力。

"知音故事"也是其中颇为典型的事例。"高山流水遇知音"的故事最早见于《列子·汤问》："伯牙鼓琴，志在高山，钟子期曰：善哉，峨峨兮若泰山！志在流水，钟子期曰：善哉，洋洋兮若江河！"又见载于《吕氏春秋》："伯牙鼓琴，钟子期听之。方鼓琴而志在大山，钟子期曰：'善哉乎鼓琴，巍巍若大山。'少选之间，而志在水流，钟子期又云：'善哉乎鼓琴，汤汤乎若流水'。钟子期死，伯牙破琴绝弦，终身不复鼓琴。以为世无足复为鼓琴者。非独琴若此也，贤者亦然。虽有贤者，而无礼以接之，贤奚由尽忠？犹御之不善，骥不自千里也。"

先秦诸子记述的"知音故事"多从识人礼贤的角度立论，偏于政治化的叙述。后来民间将这一故事广为传诵，在千百年的流传过程中，民间将"知音故事"的政治色彩逐渐淡化，注入更多的人性色彩与情感因素，使之更加贴近民众，更加亲切感人。明代作家冯梦龙整理坊间所传，吸取民间版本的精华，将其演绎成《俞伯牙摔琴谢知音》的传奇故事。

相传，2700余年前，晋国上大夫俞伯牙，在出使楚国的归途中行船至汉阳马鞍山江段，突遇阵雨，泊于马鞍山南麓凤头渡（今蔡甸区凤凰咀）避雨。雨停之际，明月当空，星天如洗，俞伯牙顿生雅兴，月下鼓琴，巧逢樵夫钟子期，两人弹琴赏曲，谈乐论技，心仪相通，相见恨晚，于是结为知音。依依惜别之时，两人执手相约明年复于此处相聚。次年，俞伯牙届时赴约，船至故地却不见故人。登岸探访，恰遇钟子期之父，惊闻噩耗：子期已故去百日，死前留言葬于凤头渡，以坟静候知音人。俞伯牙只觉五雷轰顶，悲痛欲绝，猛然摔碎瑶琴，以谢知音，自此以后，伯牙终身罢弹，迁居集贤村，相伴子期坟畔直至终老。

楚国乐官（上大夫）俞伯牙与乡野樵夫钟子期以音乐相识、相知，演绎出一段惊世骇俗、撼人心魄的感人故事，它所传递出的人类最真挚的情感、最温馨的行为穿越了千年的时空，撞击着人类的心灵，它生动诠释了楚文化中浪漫主义的内在意涵。"知音故事"的流传播扬，净化了人们的心灵，使浪漫主义的情愫荡漾在武汉地区，为武汉城市文化涂抹上一道瑰丽的浪漫主义底色。

楚文化的浪漫主义气质浸透到了武汉的山山水水，在波光粼粼的江流帆影之中，在半城湖光半城江色的灵动风姿中，在江汉朝宗的万里奔腾之中，在气连巫峡、浪下三吴的烟波浩渺之中。自然，也最充分地体现在黄鹤楼那空灵超逸的神韵之中。

浪漫主义是一种超脱的意境，也是一种理想主义的情怀，它寄托了人们对世间真善美的憧憬、对美丽人生和美好社会的无限向往与不懈追求。"知音故事"表达的就是这样的情怀，它极大地满足了武汉人民对浪漫主义的文化诉求，因而受到武汉人民广泛的认同，在漫长的历史岁月中，知音故事被武汉人民广为传颂，由此形成了颇具武汉城市个性的知音文化。

知音文化是武汉人民将知音故事地域化、符号化、民俗化的产物，它以知音特色地名、知音民间传说、琴台景观营造为主要表现形式。历史上一种传说故事演变成一种地域文化，民俗化是其形成的重要机制，而将故事传说与地方风物名称联系起来就是民俗化的主要方式。通过文献检索与实地踏勘可以发现，有关知音的故事传说已融入了武汉周边的风物地名之中。诸如，蔡甸马鞍山下据说就是钟子期故里，清康熙《汉阳府志》载："县治西五十里马鞍山，相传为钟子期的故居"。有研究者实地踏勘发现，如今马鞍山下有上集贤村、中集贤村、下集贤村和钟家台，在上述地方，村民以钟姓人家居多。更为奇妙的是，在马鞍山南麓的凤凰咀还有一座钟子期墓静卧于其间，当地保存着一块清光绪十五年（1889年）的残碑，上刻"楚隐贤钟子期墓"。据当地年老村民讲，离钟子期墓不远处的铁铺口，清代曾立有"古集贤村"牌坊。可见民间的传说已被官方所认可，官民双方协力营造着知音文化。

由于知音故事在武汉地区流传已久，它的人物、情节早已融入地方的名物之中，汉阳至今还有钟家村、琴断口、碎琴山等地名，至于以琴台、知音命名的街道路名更是多不胜举。在汉阳西北濒临汉水的地方，当地的老人还能一一指点伯牙泊船鼓琴、钟子期砍柴听琴之处。

将知音故事园林景观化乃是扩大
文化传播效应的一种有效方式，相传
北宋年间就有人在汉阳城北处筑台建
阁，采用知音故事的素材打造园林景
观，冠以"琴台"之名，以作远近士
民凭吊游览之所。此后屡毁而屡建，
使这一文化景观延续至今。现今月湖
边的琴台建于清嘉庆年间，由时任湖
广总督的毕沅亲自主持建造。新中国
成立后，武汉市政府又对其进行了数
次修葺，汉阳琴台遂成为武汉名胜之
一。古琴台建筑群占地 15 亩，规模

古琴台

不大，布局精巧，充分运用了中国园林设计中"借景"的手法，将周边湖光山
色映衬其间，构成一幅波光粼粼、山色空蒙的景致。2003 年，武汉市政府又
对月湖琴台景区进行了一番全新的改造，美化了周边的景点，修建了知音大剧
院、琴台音乐厅、琴台广场，知音文化在新时代再一次得以升华。

由上述可见，武汉地区对知音文化的传播历经上千年的历史岁月，跨越了
不同的历史时期，虽时移世异，而传承不辍。武汉人民对知音文化之所以如此
钟爱，源于其精神深处的浪漫主义情结，这种浪漫情结与知音故事所蕴含的人
文情怀高度契合，从而产生了巨大的精神共鸣，武汉人民遂将这一故事代代传
颂，把自己对人世间真善美的执着追求和对美好社会的无限憧憬倾注其间，让
这一传说故事愈加亲切感人，并散发出迷人的浪漫主义光彩。

处于荆楚大地、江汉之交的武汉，长期受到楚文化的熏陶浸润，楚文化豪
放雄劲的风尚、瑰丽灵动的风韵、洒脱超凡的浪漫主义气质浸透到了这里的山
山水水，飘荡在长江汉水之间，环绕在湖光水色之中。在烟波浩渺、山色空蒙
的东湖之滨，你分明可以感受到一种旷远的意境，在白云黄鹤、玉笛梅花的回
响中，你可以真切地品味到一种超然洒脱的快意；在武汉人乐观豁达的日常行
为中，你更能体会到一种洒脱率性而略带几分诗意的生活态度。

二、神鸟文化

武汉与"鸟"颇有渊源，而且这座城市还特别崇尚"神鸟"。从楚人尚凤，到黄鹤楼得名的传说故事，再到"天上九头鸟，地下湖北佬"的说法，一个城市较为集中地把自己与"凤凰""黄鹤""九头鸟"这些实际上并不存在的鸟联系在一起，这在其他城市是比较少见的。

那么，凤凰、黄鹤和九头鸟，这些神鸟或者说怪鸟，它们是怎样与武汉联系在一起的呢？

凤是我国南方的崇尚，认为是吉祥幸福的象征。屈原在《离骚》中写到神游天国时，第一句就是："吾令凤鸟飞腾兮，继之以日夜；飘风屯其相离兮，帅云霓而来御。"汉代许慎在《说文解字》说：凤凰"出于东方君子之国，翱翔四海之外，过昆仑，饮砥柱，濯羽弱水，莫（暮）宿风（丹）穴，见则天下大安宁。"在后人考古发现的楚国器物上，凤的形象也是最多的。

屈原

黄鹤是传说中仙人所乘的鹤，其能随音乐起舞。先秦《韩非子》载："师旷援琴一奏，有玄鹤二八来集，再奏而列，三奏延颈而鸣，舒翼而舞。"而汉代马融作《长笛赋》，更直接说到长笛一吹，能"仰驷马而舞玄鹤"。《列仙全传》中记载的是费祎乘鹤而去，《报恩录》所载则是无名道士，《南齐书·州郡志》亦云："仙人子安乘黄鹄过此上也。"《太平寰宇记》说："黄鹤楼在县西二百八十步。昔者费祎登仙，每乘黄

同治年间的黄鹤楼

鹤于此憩驾，故号为黄鹤楼。"南朝梁任昉的《述异记》记载的是："荀瓌憩江夏黄鹤楼上，望西南有物飘然降自云汉，乃驾鹤之宾也。宾主欢对辞去，跨鹤腾空，眇然烟灭。"到了清代，褚人获的《坚瓠八集》中记载乘鹤而去的则成了吕洞宾。综观这些传说记载，不管是何时、何人，但有两大基本因素是相通的，即主人公的道士身份和乘鹤而去。可见，黄鹤的传说明显带有几分道家情调和神话色彩。在这些文化意象中，黄鹤是仙风道骨、纤巧玄妙、自由空灵、虚无缥缈的道家文化的代言词，正如黄鹤楼中的一副联语所云："太白不须愁，鹤去鹤来，终随物化；昔人今尚在，云生云灭，常与天游"。

九头鸟的出现，最早也是源于楚人的九凤神鸟，出自战国至汉初楚人之手的《山海经》，是记载九头鸟形象的最早文献。《山海经·大荒北经》中说："大荒之中，有山名曰北极天柜，海水北注焉。有神，九首人面鸟身，名曰九凤。"[①]九凤鸟最初是一种神鸟，后来却逐渐演变成九头鸟，这个演变过程是非常有意思的。从魏晋南北朝到明朝，从九凤神鸟到九头怪鸟，历史上的记载很多，或神或怪，或褒或贬，其中有复杂的历史背景。明初名臣刘基在他的寓言《郁离子》中对九头鸟这样描绘："孽摇之虚有鸟焉，一身而九头，得食则八头相争，呀然而相衔，洒血飞毛，食不得入咽，而九头皆伤。"这让九头鸟的形象彻底地沦为怪鸟和恶鸟。而九头鸟与湖北人联系在一起，则跟明朝宰相张居正有关。湖北江陵人张居正因为厉行改革，触犯了权贵的既得利益，从而招致"天上九头鸟，地下湖北佬"的抨击。这一抨击本身对张居正的历史形象不打紧，居然让湖北人永远打上了"九头鸟"的烙印。

从凤凰、黄鹤到九头鸟，这些怪异而神奇的"神鸟"产生在武汉，绝对不是巧合和偶然。凤凰、黄鹤和九头鸟，都是传说中的神鸟，尤其是凤凰，是我国南方地区人们的崇尚之神，较为典型地体现出南方文化的空灵、浪漫、阴柔和轻巧等特点。从文化的角度来解读这些神鸟，正好能够比较客观形象地反映出武汉人的某些性格特点来。

关于凤与武汉文化空灵、浪漫特质的关系，前文在楚文化一节中已有详述，不再赘述，在这里重点解读黄鹤、九头鸟与武汉城市文化的关系。

---

① 李润英、陈焕良译注：《山海经》，岳麓书社，2012 年，第 289 页。

黄鹤与黄鹤楼息息相关，也正是关于黄鹤的传说，以及历代文人骚客关于黄鹤的附会和想象，使得黄鹤楼成为千古名楼。其中黄鹤楼得名的传说有多种版本，关于黄鹤的故事也有好几种说法，这里选取两个开局类似然则结局却大相径庭的故事。一说是一位道人为感谢辛氏酒店的免费招待，特别用橘皮在墙上画了一只鹤，并施了仙术，能让鹤为客人跳舞助兴，从而使酒店生意兴隆。可是后来酒店老板利欲熏心，老道失望地跨鹤而去。另一个传说的记载比较详细，出自《报应录》。"辛氏昔沽酒为业，一先生来，魁伟褴褛，从容谓辛氏曰，许饮酒否，辛氏不敢辞，饮以巨杯。如此半岁，辛氏少无倦色，一日先生谓辛曰，多负酒债，无可酬汝，遂取小篮橘皮，画鹤于壁，乃为黄色，而坐者拍手吹之，黄鹤蹁跹而舞合律应节，故众人费钱观之。十年许而，辛氏累巨万后，先生飘然至，辛氏谢曰，愿为先生供给如意，先生笑曰，吾岂为此，忽取笛吹数弄须臾，白云自空下，画鹤飞来先生前，遂跨鹤乘云而去，于此辛氏建楼名曰黄鹤。"

两个不同的故事，反映了武汉城市个性特征中的不同面。一面是武汉人的豪爽仗义，不计回报而能助人为乐，另一面反映出武汉人个性中投机取巧，缺乏持久性或者说常性，爽快之气有余，而持之以恒不足。这种性格几千年来已经根深蒂固于武汉人的性格之中。从武汉老字号的经营就能明显地感受到这一点。武汉商业历来繁荣，涌现出来的老字号也很多，可大多只是各领风骚数十年，少有像国外和其他城市那样经营达数百年的老字号。这就是人们常说的武汉人"醒得早，起得迟"，善于打天下，而不能守其成。

九头鸟的形象比较集中地体现了武汉人的性格，一只鸟有九个头，正好反映出武汉文化的多元性和武汉人性格的多面化。武汉本是一个"五方杂处"的城市，东西南北的货物和人物都在这里中转和集散。因此，这座城市素有广泛吸收、兼容并蓄的特点。九头鸟"一头有食、八头相争"，这个寓言也反映出武汉人（当然不仅仅是武汉人）喜好"窝里斗"、不团结的劣根性。武汉是一个因商业而繁荣起来的城市，商业竞争的残酷性，正好通过九头鸟好斗的形象表现出来。

现代武汉人的性格特征，跟历史是一脉相承的。凤凰、黄鹤和九头鸟的形象，至今还代表着武汉人的性格。武汉人有浪漫的文化基因，有对市场经济天然的亲近感，有敢于和善于接纳外来文化的气魄和气度；但另一方面的负面影响却也相当突出，比如喜欢追求眼前的利益而缺乏长远的眼光，敢于创新争先却缺乏持久的恒心，容易投机取巧而给人不够诚信的印象。这些表现直接影响了武汉城市形象和武汉城市竞争力的提升。

笔者讨论神鸟与武汉人的文化性格，是希望武汉人能够突破文化性格中的某些局限性，发挥其才智、胆识过人的长处，彰显黄鹤楼传说中辛氏老板爽快仗义、善于开拓的性格特征，使武汉人和武汉城市形象变得更加光彩、更加美好。

三、码头文化

汉口是一个内河港口城市，码头、集市、船坞、港埠构成这座城市的基本物质生活景观。码头与汉口这座城市的关系之深，从它五百多年的成长岁月中，可以找到一条清晰的线索。

汉口的发展，起初主要依靠汉江的水运。首先是修建在沿汉水入江岸的水码头。最早的水码头，如今可考的是建于清乾隆元年（1736 年）的天宝巷等码头。后陆续修建了杨家河、老水巷、兴茂巷、彭家巷、大硚口、小硚口、大王庙、五显庙、沈家庙、关圣祠、鸡窝巷、接驾嘴、龙王庙、鲍家巷、新码头、流通巷等码头。这些早期的码头，都是沿汉水自上而下逐步修建的。随着商业的发展，汉口镇由汉水沿岸扩向长江沿岸，顺长江也次第修建起码头，到道光三十年（1850 年），汉口有著名的八大码头：艾家嘴、关圣祠、五显庙、老官庙、接驾嘴、大码头、四官殿和花楼。叶调元《汉口竹枝词》描绘这一时期的汉口是"廿里长街八码头，陆多车轿水多舟"的商业闹市。

汉口早期的发展历程表明，码头、集市、港埠、商埠是这座城市一路走来的逻辑里程，换言之，汉口的发展是先有码头，后有市镇；先形成港埠，后形成商埠。自市镇形成以后，汉口的市区就一直围绕着码头而发展，一以码头的空间与功能为转移。从"舟中为市"到沿河集市，从沿河集市再到商业街市，码头的分布决定了商业集市的分布，码头构成为汉口最突出的城市景观。水运与码头构成这座城市发展的内在理路，故谓之"码头立市"。叶调元《汉口竹枝词》就有"八码头临一带河"的记载。众多码头内停泊着数以万计的船只，形成"十里帆樯依市立"的"船码头"景象。正是这众多的码头造就了汉口作为"四大名镇"之一的煌煌声名，书写了汉口作为"天下四聚"之一的绚丽篇章。

1861年汉口开埠以后，码头进一步增加，并从沿河向沿江一带扩展。到民国中期，汉口从沿河到沿江的地段，上起皇经堂，下至丹水池，二十多千米的沿河沿江地段大大小小的码头鳞次栉比，共有200余座，在汉口这座城市，常年以码头为生者数以万计，从事船运、装卸以及与码头行业相关的人员多达五万余众。[①]码头成为汉口的经济命脉，码头构成汉口市民社会生活的主要空间，码头也因此成为汉口这座城市最醒目的一个文化符号。

扛码头

在转输贸易、码头经济这种特定人文生态环境的长期作用与影响下，生活在这里的人们形成了一套特有的行为方式、生活态度和价值取向，并通过特定的语言、习俗、行为、观念、情绪、理想、态度等表现出来，这就是码头文化。

近代汉口的码头文化与其说带有许多地域色彩，毋宁说带有更多的"社区"特征或"族群"特征。换言之，近代汉口码头文化主要表现的是人们特定的身份地位与职业活动，以及由此所展现的阶层属性与族群特征，而不是地域性文化特征。码头流通集散、转输贸易

一边晒花生一边等活干的码头工人

---

① 《汉口市国人工厂的三大统计》，《社会》1929年9月15日。

的经济活动，码头五方杂处的社会构成，码头以商贾、船主、力夫苦役、帮会等中下层社会群落为主体的身份构成，决定了码头文化的基本面貌，也决定了它流变不居、多元混杂、优劣互见的文化特性。

汉口的码头文化，体现在三个大的方面：强烈的竞争性、高频率的流动性和开放的包容性。

从码头的竞争性而言，汉口码头由各地来汉的客商所形成的帮口所把持控制，有些码头及附近街市为地域性的商帮控制，甚至以他们的祖居地命名。如宝庆码头及宝庆正街、宝庆三街、宝庆一至七巷属湖南宝庆府帮所控制。作为一个汇聚了大量外地人的大码头，随着码头业的发展，武汉邻近乃至外省破产的农民、无业流民以及黑社会成员，纷纷涌向汉口码头寻求生路，造成异质人口在狭小的空间内高密度结集。由于码头的条件不同，活路有多有少，这就必然出现一种劳动权、生存权甚至势力范围的竞争，这种竞争发展到极端，便形成了"打码头"的恶俗，强者为王。为了争夺势力范围，适应"吃码头""打码头"的需要，封建帮会也组织起来了，带来了严重的社会治安问题。旧汉口码头实行的是"把头制"。到新中国成立前夕，武汉有水陆码头的大小头佬600多人。码头头佬与地痞流氓、帮会势力相互勾结，分块割据，在势力范围内开设烟、赌、娼馆，以至码头上地头蛇横行霸道，黑社会势力活动猖獗，殴打、械斗事件经常发生。在码头内部，不仅不同省份帮派之间争斗，一个省份帮派的各个地区小帮之间也时时发生内讧。如汉阳鹦鹉洲湖南、湖北两大帮派之间不断争斗，湖南帮内部各帮也为占码头打斗不已。不仅水码头争斗，脚夫苦力、轿夫集中的陆码头也为争轿点、装卸货物或搬运旅客行李而经常斗殴。有的对客户强打恶要。船主往往在江中多要船费，不给不行。

有清一代各方势力对宝庆码头的争夺，可说是"打码头"的先民反映。清嘉庆元年（1796年），湖南宝庆府（今湖南邵阳地区）人在汉口建立了本帮的专用码头。码头周边宝庆府人的集居形成街巷，多由此派生得名。宝庆人为了维护其在宝庆码头的利益，与其他帮派进行了几场大械斗，还建立起宝庆会馆来对码头和旅居的宝庆人进行管理和服务，甚至汉阳鹦鹉洲和武昌白沙洲等地的宝庆人居民住区也算码头范围。时有歌谣说新化人是"头顶太阳，眼睁邵阳，脚踏益阳，身落汉阳，尾摆长江掀巨浪，手摇桨桩游四方"。由于宝庆帮船只路远，往返时间长，又没有留人看守，徽帮便乘宝庆帮返船之机占了码头，不让宝庆帮船只靠岸，由此引发了两帮长达百年的码头争夺战。

在两帮争斗的初期，宝庆帮一直处于劣势。清嘉庆中叶，宝庆帮船民何元崙（何元崙）献计，运动新化籍侍读学士刘光南出面干预（何元崙是新化县黄牛山人，与刘光南同乡）。恰巧刘光南乘船上京，路过汉口时，徽帮阻其船只靠岸，将其激怒。刘通过自己的权势，多方勾结，最后以射三箭的形势（背靠汉水，向东、西、北三方射箭，以箭落地点为界），划定了宝庆码头上游、下游和内陆的界线，并亲书界牌，指定何元崙等二人看守码头，将界内的非宝庆船只船民全部赶走。

徽帮退出码头，并不甘心，其中的富商联络一批襄阳来的白莲教船民，组织襄徽联盟，想以武力夺回码头，经几次械斗，也没能成功。咸丰六年（1856年），湘军将领、云贵总督刘长佑将曾国荃（曾国藩之弟，曾攻下太平天国都城南京）请到宝庆码头，给宝庆帮壮声势，受到何元崙的盛情款待，后称为"丙辰盛会"（1856年是农历丙辰年）。丙辰会后，七十多岁的何元崙气势大壮，纠集船民，操练人马，准备随时找徽帮寻衅。徽帮也不甘示弱，决定先发制人，率先袭击宝庆帮，何元崙指挥宝庆帮分三路迎战。此战，双方各被打死十人，伤者无数，最终以徽帮败退结束。宝庆帮趁此机会，扩大自己的势力范围，将上至大水巷，下至沈家庙，内至广福巷的区域全部划为自己的势力范围。

1889年，徽帮依仗安徽人李鸿章等人在朝为官，到衙门同宝庆帮打官司。当时的汉阳知府程庆煌是下江人，又得了徽帮一千两银子，便偏向徽帮。派人到宝庆码头拆房子，准备先拆房后赶人，宝庆帮集合人众，痛打了拆房的官差，程以宝庆帮目无王法，胆敢殴打公差，要重处宝庆帮。宝庆帮里有个叫彭澧泉的，献计到布政使蒯德标处反告程庆煌受贿，又四处扬言要进京告御状，蒯德标因此要程庆煌慎重审理。程不敢再有偏袒，想出一个极残忍的手段来判定码头的归属。他找到一双练武用的铁靴烧红，声称只要哪一帮中有人能穿上红铁靴走上三步，码头即归该帮。宝庆帮有个理发匠自告奋勇，穿上铁靴走了五步后倒下，程便将码头判给了宝庆帮。程还宣布，宝庆帮殴打官差一事，用彭澧泉收押顶罪，后来彭死在了狱中。宝庆帮的人为纪念那个理发匠和彭澧泉，特意修了一座彭公祠。

汉口的码头文化是打出来的文化，汉口的市场也是打出来的。商业社会的竞争，有的是产品质量的竞争，即良性竞争。通过不断提升产品质量来获取市场口碑。靠质量和技术的改进和提高占据市场主流。而另一种就是外地客商来到汉口以恶性竞争"打码头"。汉口"谦祥益"是清光绪年间山东人开设的分号，到 20 世纪 20 年代，已落户汉口几十年的谦祥益布店已成为汉口绸布业第一大户。这时从湖南来汉的李乃原，投资 30 万两银子在汉正街开了正大布店，为使生意兴隆，开张第一天就使出"减价放售"的绝招。"谦祥益"与"正大"开始了减布价的"火拼"，你放尺加一，我放尺加二，不到一个月，就把"正大"的 30 万两银子拼得血本无归。李不甘心，又投资 40 万两银子，在沈家庙另开华丰布店，没多久又被谦祥益绸布店挤垮。商业竞争的残酷性，较之码头的争斗火拼一点也不逊色。

同样，流动性也是汉口码头文化的基本特性之一。汉口的地理特征和经济格局，可以概括为八个字："九省通街""转输分销"。"货到汉口活"，汉口作为码头城市商品流动快，吞吐力强，销路畅通，机制灵活，充满了活力。同时，商品的高速流动，也必然伴随着汉口城市社会人口的快速流动，使得汉口成为一个大移民城市，并因其独特的商业生存形态，形成以商人为社会主体的市民社会。同时，出于武汉以水路运输为主要的货物传输方式，武汉的市民阶层里，又有很大数量的水手群体填充进来。所以说汉口实际上存在两个社会：由繁华街市及城市市民构成的陆上社会和密集的船只及艄公船夫组成的水上社会。这种社会的流动性带来的影响直接影响了汉口的文化形态。汉口像个文化大转盘。其一，商品的快速流动带来的商品本身所涵盖的文化信息的汇集，特别是在近代文化本身作为一种商品的时候，商品的文化信息更重，汉口成为展示各种文化的大舞台。其二，商人流动带来不同区域、异质文化的汇聚融合并传播辐射到周边地区。其三，汉口码头文化的本质特征，使汉口市民拥有一种普遍的变革、趋新的意识，汉口城市文化具有时尚、浪漫的风貌。尤其是近代以后，汉口成为传播近代西方文化的纽带和桥梁。

开放包容亦是码头文化的一大特性。开放包容、兼收并蓄的文化心态使近代的汉口成为一个各种文化争奇斗妍的百花园，也成为一个各类文化竞相交流融会的大舞台。这里有气势巍峨的山陕会馆，雕梁画栋的新安会馆，简洁明朗的广东会馆，还有万寿宫、绍兴会馆、宝庆码头、咸宁码头等等，以它们为中心构成一个个异彩纷呈的地域文化社区。这里既有"冲人一阵葱椒气"的山西商人，着装"爱缠红白线"、举止文雅的徽州商人，也有说话蛮语粗声、怀抱"赤膊小儿"的山东流民。 这里的居民来自五湖四海，城市充斥着大量的流动人口，各地方言、各种生活方式、各类年节习俗、各式饮食风味都汇聚于此，形成"杂有川广吴越风"的城市文化面貌。食有苏馔西肴，住有青石小巷与石库门，言有粤语吴音，乐有徽调秦腔，礼有汉祀与徽祀，多元驳杂、五彩斑斓。

汉口的市民既来自四方，经过一番文化磨合而形成了新的文化共同体，彼此对汉口这座城市的认同早已超越了狭隘的地域范围，汉口已成为他们共有的家园，这种从"移民"到"市民"的文化历程使大多数汉口人形成了开放包容、从容大度的行为心理，他们不保守、不固执、不排外，擅长求同存异，习惯于"和而不同"的文化氛围。

有一则事例颇能说明这一点。清末以来，青帮、洪帮在长江划分地盘，以汉口为界，汉口以上至重庆是洪帮的势力范围，汉口以下至沪宁为青帮的天地。彼此的势力范围界线分明、壁垒森严。但在汉口却是个例外，青洪二帮在这里平分秋色，相安无事。汉口帮会魁首杨庆山不仅是洪门"栖霞山""太平山"的寨主，又与上海青帮头领张啸林有金兰之谊，一身二任，兼有洪帮青帮双重身份。这在其他地方是不可想象的，而在汉口，青洪两帮不仅没有视若仇雠，反而兼容相安。在开放包容的文化氛围中，最讲门派畛域的帮会都能做到彼此包容，其他方面就可想而知了。

开放包容、兼收并蓄的文化态度为近代汉口城市文化的融会贯通、推陈出新、创新发展提供了极为有利的条件。近代以来汉口所创造的许多物质文化产品和精神产品无不是博采众长、融会贯通的产物，"汉汾"、汉剧、汉绣，乃至于"汉话"，都是如此。"汉汾"酒是借鉴他人、加工改造的典范。它虽仿自山西，却自成一格，是一个典型的杂交品种。又如"皮黄腔"，它是汉口独有的戏曲品种，却兼具东西两地的戏曲元素，它一方面吸取了汉水上游西秦腔的声腔特点，形成早期的"西皮"，又吸纳了徽调"二黄"的唱腔，"西皮"

与"二黄"在这里经过融合，最终形成带有汉口自身特色的"皮黄腔"。

四、最市民化的城市

关于我国各大城市的气质，南方某媒体曾做了一个"中国城市魅力排行榜"，说北京是中国最大气的城市，上海是最奢华的城市，大连是最男性化的城市，杭州是最女性化的城市，而武汉则被冠之以"最市民化的城市"。从此，"市民化"跟武汉仿佛结下不解之缘。

说武汉是"最市民化的城市"，大概有两种含义：一是贬义，把市民化等同于小市民习气；二是中性词，强调武汉人生活真实自然、不矫情不虚伪。现在很多人，包括不了解武汉的人，都把"市民化"看作武汉的标签，并据此认为武汉人"小市民气息"太重，不好交往。武汉人真的很"市民化"吗？

人们对某座城市形成某种印象，是由多种因素促成的。武汉是一座非常大的城市，市民有 1000 余万，历史有 3500 年，这使得这座城市的气质和特征其实很难界定。但因为城市大、人口多、流动性强，一些表面的现象倒容易让人们对它形成某种看法。比如它城市虽大，却少有大气感，很多街道的环境确实脏乱差；它的方言虽独特，却没有在全国形成影响，而只让外地人感觉口气极强硬极霸道，尤其是有些市民的口头禅，十分粗俗，居然男女老少都把"市骂"挂在嘴边；随地丢垃圾、随处乱吐痰的现象更是司空见惯；夏天人们光着膀子在深夜的街头大声喧哗着喝"靠杯酒"；许多人爱占小便宜而缺乏长远目光……这些都给人一种市井或者粗俗的印象。所有这些虽然可能只是表面现象，但这些东西又给人很深印象，它大大掩盖了武汉城市自身的特色和魅力，似乎武汉的特色和个性仅此而已。

这里，要弄清"市民化"含义是褒是贬，有必要对"市民"这个词从历史和理论上做一些考察。"市民化"其实并不是一个贬义词。按《辞海》解释，"市民"是中世纪城市发展的产物，是相对于封建地主阶级的一种进步的"社会力量"。"市民社会"的概念最早产生于西方文艺复兴时期，城市率先突破封建专制的禁锢而走向自治，"城市的空气使人自由"，在自由的城市环境中，才产生了有民主自治意识、法制观念和社会责任感的近代新型市民和迥异于传统封建臣民的市民社会。

　　因此，从历史上看，"市民化"的确是社会进步的标志。在从传统乡村社会向近代城市社会转型的过程中，城市成为"表达近代生活的一种最早形式"。近代城市的市场精神、自由市场、平等交换、互惠互利、尊重规则和惯例等行为准则，形成独特的市民文化和市民精神：崇尚民主法制和自由平等，尊重私有财产和尊重法律，重视契约和权利，同时关注世俗利益。这里的市民社会和市民精神，强调的是个人权利、价值与社会责任的和谐一致，社会参与机制和市民自治意识的有机统一，是一种富于自由理性精神的全新的现代市民精神。

　　马克思、恩格斯对市民社会在社会转型过程的进步作用给予高度评价。当代学者在探讨市民社会与公共领域等问题时，也充分肯定市民社会对社会现代化、民主化进程所产生的积极影响。"市民化"的本质是一种城市意识——对城市的共同体意识和城市的家园意识，由此生发出对城市事务的参与意识和法治意识。这是城市社会现代化进程中一种不可或缺的城市精神——民主、自由、理性精神。

　　"市民化"其实是人们从乡村社会向城市社会发展进步的标志，如果从上述意义上来理解武汉城市的"市民化"，不仅不是武汉人的耻辱，反而是武汉人的骄傲。武汉应该心平气和地对待"最市民化城市"的评价，取其有益于城市发展的积极内涵，把武汉建设成最具有亲和力、最有现代市民精神气质的城市。从这个意义上看"市民化"，武汉市民应摒弃耍小聪明、不讲诚信、见利忘义的小市民气，去掉耍无赖、霸道、欺生的市侩气及粗俗不堪、不讲文明的市井气。我们要的是高素质、有主见、讲诚信、具有现代意识的市民，要的是对城市有认同感、为城市发展和繁荣担起一己之责的市民，要的是热爱生活、讲求健康、文明和现代生活方式的市民。市民是城市的主体，"市民化"是最易为外地人所感受的重要的城市标识，城市的个性特质和文化风格也是通过市民的生活及行为方式体现出来的。

　　如此看来，市民化并不完全等同于小市民，对于武汉"最市民化城市"的评价，不可一概以"小市民"来下定义。而对于武汉市民而言，大可不必反感"最市民化城市"这个标签。

　　从社会进步和发展的角度来看，"市民化"还应该是进步和文明的象征，从历史来看，武汉其实是一个素有"市民化"传统的城市。首先，武汉的早期现代化进程具有其特殊模式，现代意义上的市民较早产生。美国学者罗威廉专门为汉口写的两本书中，指出 19 世纪晚期的汉口社会，已经具有社会和经济走向多元化的普遍趋势，"逐步接近于西方概念的那种前工业城市、商业的资本主义社会"，出现市民——公民社会的雏形。张之洞督鄂时，汉口总商会发起自治运动，以商人为主体的广大市民对城市事务倾注了很高热情。清末的立宪运动，武汉是全国除上海以外的仅有的几个中心之一。这些都反映出城市市民现代政治民主意识的觉醒。到了民国中期，汉口市政改革运动轰轰烈烈，是全国为数不多的建构起市民对城市事务参与机制的城市之一。1929 年 8 月 1 日，汉口特别市成立临时参议会，目的是为"指导和监督汉口的市政"。当时市政府还专设了一个"告密箱"，使市民"对于市政之利弊，皆可投之告密箱"，市政府会尽量采纳市民的意见。1928 年著名市政专家董修甲任武汉市政委员会秘书长，著《市政学纲要》，提出良好市政的三要素，其中第一条便是"热心的及开明的市民"。"新汉口之设施，需有赖于开明之市民，与政府相合作。"这已经很有些西方现代城市民主治市的意味。1933 年《道路月刊》记者到汉口采访，对整洁美丽的市容和文明的市民留下了深刻的印象，为此专门撰写了《武汉的新气象》一文来盛赞武汉的变化：

> 近两年来，市府修路的成绩，出乎我们意料之外，由牛路跳过了马路的阶段，进而为现代的柏油路了。汉口法日两租界，觉得自惭形秽，竟步市府之后尘而翻造柏油路了。记者这次到汉口来，从三个特区到两个租界，走的都是康庄大道。租界及特区以内之各种旧式拱堂，大半已翻造为新式的整洁的拱堂。从前残破的房屋，黯淡的市容，无不一扫而空。而从前蹲伏在路旁褴褛不堪的乞丐，已差不多完全肃清了。今日的汉口市，已不是蒙不洁的西子，而是装束入时的少妇。[①]

这种传统对武汉的今天仍然产生着影响。武汉市民因其对商业社会的天

---

① 菊：《武汉的新气象》，《道路月刊》第 47 卷第 2 号。

然亲近和对市场经济的自然融入，不仅有精明的商业头脑和灵活的市场眼光，更重要的是对城市建设和管理有强烈的参与热情和民主自治意识，表现为有主见、敢参与、善竞争。尤其是进入 21 世纪来，武汉在建立市民对城市事务的参与机制、拓展市民自治的渠道方面，创造了许多好的经验。如电视问政、布衣参事、开通市长热线、举办市长与市民网上对话活动等。这些都充分展示出武汉市民对城市事务的参与和介入。这其实正是现代社会所要求的市民形象，是"市民社会"的现代民主精神的真实表现。从这个意义上看，"市民化"其实是市民树立对城市的普遍认同感和责任感，培养其热情参与城市事务管理的一种过程，是城市现代化最直接的表达和最深刻的体现。

"势之使然"

——武汉城市兴衰的社会历史解读

"势"：武汉城市兴衰的历史动因

　　考察历史，武汉最初主要是作为军事堡垒和政治中心存在的，唐以后其经济中心的功能开始显现并逐步成为区域经济中心。明代中叶以迄近代，武汉曾经有过数次发展高峰。第一次是明清之际，随着汉口的迅速发展，武汉迎来了其城市发展进程中的第一个高峰，成为名闻全国的"四大名镇"之一；第二次是晚清时期，汉口开埠后，武汉在经历了太平天国战乱之后又奇迹般地崛起，一跃为晚清洋务重镇，社会经济超过广州，与天津争胜，直追上海，成为享誉中外的"东方芝加哥"。

　　然而，在我们将武汉的勃兴称之为"崛起"时，便意味着其兴盛并不是长期持续的，其发展亦有"塌陷"之时。20世纪最初几年，汉口是仅次于上海的国内第二外贸大港，其对外贸易总额始终占全国10%左右，但到了1936年，武汉却屈居为五大商埠（上海、天津、汉口、广州、青岛）末位。武汉的"塌陷"之端倪始于何时？如何理解武汉历史发展中的兴盛和衰落？武汉怎样才能实现"中部崛起"？这些一直让当今武汉人民苦苦思索的问题，其实也被往昔武汉人所探讨，所追寻。读者诸君如若不信，乾隆时期所修的《汉阳府志》中的一段话可以证明：

> 汉口一镇耳，而九州之货备至焉。其何故哉？盖以其所处之地势则使然耳。武汉当九州之腹心，四方之孔道，贸迁有无者，皆于此相对代焉，故明盛于江夏之金沙洲，河徙而渐移于汉阳之汉口，至本朝而尽徙之。今之盛甲天下矣。夫汉镇非都会，非郡邑，而火烟数十里，行户数千家，典铺数十座，船泊数千万，九州诸大名镇皆让焉，非镇之有能也，势之使然耳。

乾隆时期，汉口为天下"四大名镇"之首，达到传统农业社会发展之鼎盛时期。《汉阳府志》的编撰者在记述汉口的繁华世相之时，难能可贵地思考繁华背后的社会——历史动因，推出了一个颇有见地的观点：在城市作为政治中心和军事中心而存在的传统农业社会，作为"非都会""非郡邑"的汉口，之所以发展成为"九州之货备至"的商业中心，直接原因是"盖其所处地势则使然"，深刻原因在于"非镇之有能也，势之使然耳"。

何为"势"？在武汉城市兴衰中发生作用的那些"势"又是什么？

"势"是中国传统历史哲学中的一个重要概念，意即事物发展的客观规律和趋势。司马迁在作《史记》时曾提出"因势利导"。刘知几在作《史通》时总结历史发展规律说："古今不同，势使之然"。唐代柳宗元在评论和分析郡县制代替封建制的历史过程时也说这一历程"非圣人之意也，势也"。明清之际的王夫之也强调"势"是历史发展的必然趋势和客观过程，"势者事之所因，事者势之所就"。

"所处之地势则使然耳"，"非镇之有能也，势之使然耳"。《汉阳府志》反复强调的所谓"势"，是想表明汉口的兴盛有其内在的历史必然性。显然，"势"在这里不是一个简单的地理优势，而是指时势、地势和城市与周边地区生态关系与"形势"等因素的复合物，这些因素相互关联，共同作用，于是历史的机缘出现了。造成这一历史机缘不仅包括传统农业社会的大背景，以及以木船为主体的水运交通体系，还包括江汉平原乃至整个两湖地区较为富庶的物产所提供的可供市场交换的物质基础，所有这些共同构成了清代汉口传统城市发达和繁华的基本条件，汉口独有的地理优势也因此转换为发展优势，形成了所谓的不得不发达，不得不繁华的那种必然的"势"。

宋儒苏洵曾说："天下之势有强弱，圣人审其势而应之以权。"通过对这"势"的解读，我们不仅找到了清代汉口发达和繁华的内因，同时也找到了一个解读武汉在近代的崛起和民国中期的衰落，以及当代武汉城市盛衰的视角。自近代以来，武汉的几次"崛起"与"塌陷"并不是某种具体原因决定，而是人为作用、国家政策、社会观念、城市管理体制、自然地理与交通、现代技术革新等多种因素造成的。根据它们在城市发展过程中所起的不同作用，我们可以把这些因素的影响归纳为时势、地势、城市功能演化趋势三个大的方面。

时势：城市发展的先决条件

时势指的是城市发展所处的特定的时代背景和历史条件，包括社会制度、经济格局、政治形势，以及国家的经济政策等。

城市盛衰始终与历史发展的大势密切相连。我们看到，武汉历史上的两次"崛起"有着特定的发展条件与时代背景。武汉第一次发展的高峰为明清之际，这一时期正是中国传统农业社会发展的成熟期。中国传统农业社会的发展是由北向南，由黄河流域向长江流域渐次推进的。伴随这一历史进程，武汉在唐朝以后开始有显著的发展，至明清之际更异军突起。以"长时段"的历史眼光看，武汉在传统农业社会时期城市兴盛的过程大约与中国南方经济的开发进程同步。

在中国传统的农业社会，城市主要是作为政治军事堡垒而存在的。而这一时期的汉口却与同时代的其他城市有所不同，它非郡邑，非都会，也就是说它既不是军事城堡，也不是府县都城，而只是一个商业市镇。尽管中国传统农业社会重农轻商，但商业仍然是国计民生所必需，生产资料和生活资料仍需进行内部循环。汉口九省通衢地理位置使得其商业重镇的地位凸显，时逢运会，与南北两京、苏州并列"天下四聚"，成为传统社会商品内部循环系统的几个中心之一。

1840 年的鸦片战争使得中国的"大势"完全改变，中国社会开始转型。在这种特殊的"时势"下，武汉迎来了发展的第二次高峰。

鸦片战争后，在外部因素的推动下中国开始由传统社会向近代社会转型，长期封闭的国度被迫向西方开放。但《南京条约》被迫开放的五个通商口岸局限于东南一隅，英国资本主义企图全面打开中国内地市场的巨大贪欲受到遏制。因此，出于将整个中国纳入世界资本主义市场体系的目的，英国殖民主义者迫切需要"把商业向五个通商口岸以外的地方进逼"。[①] 于是，在逐步了解中国的市场格局后，侵略者的目光转向了长江沿岸城市，将触角伸向中国内陆，汉口独特的地理位置被西方看好，成为英法等列强将通商口岸向内地进逼的首选。第二次鸦片战争后英国人终于如愿以偿，1858 年签订《中英天津条约》，汉口、九江、镇江三个沿江城市被迫开放，内陆市场大门洞开。

开埠伴随着屈辱，开放同时也蕴含着发展的机遇。从纯商业的角度看，作为长江流域的经济中心，汉口商业势圈非常广大。洋人要抢占中国内地市场，必须首先占领汉口市场；内陆传统商圈要打破封闭的内循环走向国际市场也要借助武汉通江达海的地缘优势。因此，武汉这种深处内陆堂奥又直通沿海的双重优势，在门户洞开后迅速凸显。

如果说上海是列强进入中国最重要的门户，那么汉口则是连接广大内地与上海的桥梁。在整个中国近代对外开放的大格局中，武汉（汉口）主要是通过和上海的联动来影响内陆广大地区并加强自身地位的。"上海者，为中国贸易之总汇；汉口者，为内地贸易之中枢，扬子江流域其他各港，皆不过此两地之附庸而已"。西方—上海—汉口—内地和内地—汉口—上海—西方，在西方经济和文化输入和中国商品输出的双向流动中，武汉和上海成为两个最重要的节点。这种重要的开放经济战略格局，使武汉获得了前所未有的发展机遇，不仅在较短的时期内完成由国内商业转输中心向国际性商业都会的转型，而且迅速崛起为仅次于上海的国内第二大经济中心和国际性城市"东方芝加哥"。

---

① ［英］伯乐考维茨：《中国通与英国外交部》，商务印书馆，1959 年，第 15 页。

　　历史上的兴衰荣辱反映出"时势"有其自身的客观规律，但历史是人类运动的过程，历史的规律并不排除人为因素对历史进程的影响。考察武汉历史，我们也发现其发展的高峰均与国家宏观政策的支持密不可分。

　　明清之际，武汉的繁荣总体上带有自发性质，在农业社会的背景下，政府无意于城市和商业的整合与发展。但汉口的繁荣仍然与国家宏观经济政策有关。在汉口"商业——市场"结构体系中，盐与漕粮是贸易的大宗，正是这两大商品支撑和带动汉口市场的繁荣。清初，户部规定汉口为"商船聚集分销引盐之所"，除两湖地区所食之盐全部取给于汉口外，外省许多地方的引盐也在此分销。两湖、四川是当时全国最大的商品粮产地，而汉口则是其汇聚分销之所，不仅江、浙、闽三省的粮食主要依赖于汉口市场，而且京津漕粮亦由此转运。可以这样认为，正是由于引盐、粮食两大关系国计民生的生活必需品的供应，汉口才因此确立了其在中国传统社会独特的中心城市地位。

　　晚清之际，为了强化对长江流域的统治，并抑制湘淮集团的发展，清政府将张之洞由粤调鄂。张之洞在政治上一直是李鸿章等人的批评者，但思想并不保守，同样主张发展洋务以振兴国家。张之洞以督修卢汉铁路的名义来到武汉，但他的任务绝对不是仅修一条铁路。由于武汉地理位置重要，清政府将张之洞派到这里是要他在这里建一个能够与湘淮集团抗衡的中心。为了达到这一目的，清政府将钢铁、军工和纺织产业布点于此，并给予了大量的特殊政策以促进"湖北新政"运动的展开。在这些有利的情势下，武汉开放虽比沿海一些城市晚了20多年，但后来居上，成为后期洋务重镇和中国近代工业的摇篮。

　　20世纪后，随着新旧军阀割据、混战，以及接连而来的战争，武汉成为军事与政治斗争的桥头堡。蒋介石南京政权为了"反共"及抗日的需要，更多地是要强化武汉的政治、军事作用，第一次国内革命期间武汉成为国民党"围剿"中国共产党革命武装的中心，是豫鄂皖三省"剿匪总司令部"所在地。抗日战争期间，武汉先是抗战的中心，继而又成为日军与中国抗日军队对峙的前沿。在这种动荡的政治格局与激烈的军事斗争的情势下，武汉不仅没有发展，反而元气大伤，一蹶不振。

　　20世纪30年代初，国民党当局对武汉地位的偏狭认识以及对其经济发展的忽视，曾经引起有识之士强烈不满，我们从《市政评论》上翻检出的一篇文章，就曾大声呼吁政府应重视武汉的经济战略地位。文章认为，无论是从国防还是从经济角度考虑，中国少数仅有的重工业、工厂、大商家、大银行大半集中在上海等沿海城市是很危险的，同时必须在内地选择一些城市进行重点建设，但是，"在内地选择一个适宜的地点，作为工商业的中心，是不易的。只有天然的优良条件，未具相当的政治的经济的基础，是不够的。我们从各方面观察及研究，认为武汉三镇是最应当积极建设的内地城市。在历史上，武汉有其特殊之意义，它不但为国人所重视，同样的为国际间所注意；在地理上，武汉居全国中心，扼大江上下游的咽喉，为军事上必争之地，在国防上有重要意义；在经济上，武汉是华中物产汇聚及运销的所在，是长江上游的'生命线'；此外，就交通言，它是全国三大交通干线的交接点；就工业言，它有历史较久规模可观的各种工厂；这些物质的及社会的条件，在内地是找不到第二个的"。"我们根据上述的分析认识了武汉的重要，我们可以说：建设武汉是一个国防的问题，是一个中国现代化的问题，是一个与全国有关的问题，不是一省或一地方的问题，假如现在我要喊口号的话，我当首先喊：中国要致力于都市建设！政府应积极建设武汉。"① 这里，作者将武汉的建设放在全国宏观发展空间维度和国家国防尤其是现代化发展的战略高度来做系统、综合考虑，喊出的口号至今仍让人觉得言犹在耳，振聋发聩。

放开历史的视野，我们可以看到武汉沉浮的曲线，亦可找到其内在的规律。总的来说，武汉的发展离不开历史大势的决定性影响。开埠后的繁华、"一战"时期的迅速发展，以及太平天国后的荒废，辛亥革命阳夏战争、大革命时期国内战争、抗日战争后的萧条……所有这些，都反映出武汉的"崛起"与"塌陷"均与"时势"有关，正所谓时势造英雄，英雄造时势。

---

① 姜春华：《都市建设与建设武汉》，《市政评论》第3卷第8期。

地势：城市兴衰的客观环境

从世界城市发展的历程来看，地理与交通格局在城市的兴起与发展影响甚大。"商埠之盛衰，系于地域环境之变迁，地域环境之变迁，系于交通组织之更张；世界闻名商埠，鲜有能长远维持共繁荣与兴盛者，殆以此也。"[①] 武汉自明清以来的"崛起"和"塌陷"也与地理和交通格局的变化息息相关。

在传统农业经济依靠生物能源为主要交通工具时代，汉口因得江汉交会之便，依托长江黄金水道和"九省通衢"地理优势而成为"腹地聚散中心"。"及至中外通航，轮铁交轨，中心之势力愈亦巩固"[②]。

近代新的交通格局，使武汉成为内地"唯一出海口"（孙中山语），传统商贸格局因此改变，内地商圈亦因此重组，湖南脱离广州商业圈而向汉口靠拢，大批农副土特产品和工矿原料经汉口出口，江汉关进口的各种洋货也大量倾销到湖南各州县；四川在重庆开放和川江通航后也纳入了武汉的商业势圈；长江下游的江西、安徽因为汉口—上海的商业互动关系进一步加强了与武汉的经济联系；西北各省如陕、甘、晋、宁与武汉的商业关系以汉水为纽带并随着开放的扩大而更加密切，当时汉口输往俄国的茶，由汉水经樊城、老河口北至通州、张家口而达蒙古和俄罗斯。1906 年，京汉铁路通车后，武汉的交通枢纽地位和商业势圈有进一步加强和扩大的趋势：由于联系华北与华中地区的京汉铁路以汉口为终点，促使华北南路（河南省）迅速转入汉口商圈，据当时报载，"京汉铁路通车以后，河南各地之货物固集中于汉口，当 1904 年汉口输出不过七百四十万两，至 1910 年增至千七百九十万两"。大大促进了武汉进出口贸易的繁荣发展。

对于晚清整个贸易体系而言，湖南、江西、四川等省土货与工矿原料出口必先在汉口集中，再转运到上海出口。同时列强输入中国的西洋商品也需先运到武汉，然后再分销到内地各省、州、县。武汉在整个贸易体系中是一个不可

---

① 李敦之：《从铁展会平汉粤汉铁路沿线物产报告中观察汉口地位》《汉口商业月刊》，第 1 卷第 7 期。

② 同①。

或缺的"中点"。就交通运输与区域贸易而言，土货运输必到武汉转运，洋货进口也需在武汉分销，武汉又是一个不折不扣的"终点"。

历史是一个常常令人难以琢磨的东西，其兴败、存亡往往就在不经意之间。20世纪初期武汉还在地理和交通格局占据得天独厚的优势，轮运技术的改进和铁路的修筑，在强化武汉的这种优势的时候，也埋下了日后迅速衰落的种子。20世纪20年代，川汉、粤汉、陇海三条铁路相继修筑并开通。时人在评估这几条铁路对武汉经济发展时持乐观态度，周以让在1923年出版的《东方杂志》上撰文认为，粤汉铁路使人不必"假道上海，而可直接由番禺（即广州——引者注）经入内地，且亦不必经由香港，是则不但汉口之商埠地位增高，且番禺之商务亦必大盛矣"。川汉线通车"则为四川更添一出口，举凡五谷、药材、丝茶、棉花、膏盐、白蜡，及各种矿产之输出，莫不集中于汉口，于是武汉之商业工业，又当幡然改观矣"。陇海线"凡南方各省通陕、甘者，不能不由汉口至郑县（即郑州——引者注），再改乘陇海，陕、甘物产输出太平洋者，固直趋而东，若输至南方各省，及输出印度洋、南洋、欧、非者，则仍当以由汉口直趋番禺为便。故此路之关系于武汉者，亦非小也"。在周氏看来，在新型的交通格局下，武汉"北循京汉已达河南、直隶，间可达晋、鲁；即内蒙之绥远，因京绥可达。关外之三省，因京奉而互通矣。粤汉通后，则两广俱便；即浙江亦因沪杭铁路之敷设，与武汉交通顿便。……十八省除福建一省僻处东南自成一区外，其他各省莫不直接间接与武汉生其关系"。①

然而，事情的结果又是怎样的呢？本来，"中外通航，轮铁交轨，（汉口）中心之势力愈亦巩固，未来之希望，更属无穷尽焉"。然而"天下事殊有未可过于乐观者，汉口之华中商业王国，并无金城汤池之固，国内交通组织苟有更张，则汉口将有失其'九省通衢'地位之可能，汉口苟失其'九省通衢'之地位，则汉口之没落，殆亦指顾间事耳"。②此一状况在20世纪30年代初不幸被言中。1934年6月"铁道部本国国有铁路沿线出品展览会"在北平举行。这次会议展示的商品集中和市场交易状况，显示出武汉经济中心地位衰落已初露端倪。按

---

① 周以让：《武汉三镇之现在及其将来》，《东方杂志》第21卷第5号。
② 李敦之：《从铁展会平汉粤汉铁路沿线物产报告中观察汉口地位》，《汉口商业月刊》第1卷第7期。

理，"平汉粤汉两路沿线出品……该两路均以汉口为起运点，汉口所属'九省通衢'，'腹地聚散中心'，则该两路之出产，自应十九以汉口为集中地，然衡以两路报告，殊竟有大谬不然者"。《汉口商业月刊》对各种商品集中于汉口之数量统计后得出结论："两路之出产品以汉口为集中地者，均不足六分之一，而所谓集中汉口者，并非以汉口为唯一集中地，不过共北平、郑州、长沙等埠平分秋色而已。据此观察，则汉口目下是否仍保有'九省通衢''腹地聚散中心'之资格，将大有影响焉！"根源何在？粤汉路、陇海路的通轨是为始作俑者。"陇海路通达西安，陕甘之宝藏流入徐海；郑州握四方交通之枢纽，中州之贸迁遂不一其途；（粤汉路）株韶接轨，三湘货物南入百粤。"[①] 这段话的意思是说，横穿中国东西的陇海路建成后，原来受汉口市场辐射的陕西、甘肃等省份开始脱离与武汉市场的紧密联系而直接同沿海城市进行贸易往来，郑州由于京汉路和陇海路在此交叉而成为交通枢纽，河南省的商贸呈现多元格局，不再以武汉为中心。1936 年粤汉铁路开通后，武汉由中国腹地铁路运输的终点一变而为过境站，一向以武汉为中心的湖南，这时也变得"势利"起来，甩开武汉而靠上了华南大埠——广州。

交通格局和商业势力圈的变动的直接后果便是 1930 年后武汉的对外经贸额在全国主要通商口岸城市中的排序不断下降。清末民初，汉口的对外贸易总额一直稳居全国第二，占全国 10% 左右，但到了 20 世纪 30 年代排名却不断下降，屈居为五大商埠（上海、天津、汉口、广州、青岛）末位。短短三十年后，往日"九省通衢"，万商云集的武汉已开始显现出众叛亲离、美人迟暮的窘态。不禁让时人生出"黄鹄、大别之间已无行人憩足"的无奈叹息。1935 年 10 月 8 日，上海《申报》记者在《西行见闻》中这样描述当时的武汉："汉口居长江和汉水的左岸，全市人口约有八十万左右，一向有'九省通衢'以及'东方的芝加哥'之雅号。其实，九省通衢差不多已成了过去的名词，因交通事业的发达，自西向东的货物输出，可由陇海路或长江直抵上海，南可经广州出口，并不像从前一样，西部、西北部以及西南部各省出口的物品，均须以汉口为惟一之集散地。至于'东方的芝加哥'，似乎有些夸大。别的不说，即就武汉区仅有的

---

① 李敫之：《从铁展会平汉粤汉铁路沿线物产报告中观察汉口地位》，《汉口商业月刊》第 1 卷第 7 期。

工业丝厂业而论,全区四家中关门的已有三家,硕果仅成的一家,也奄奄一息了。汉市社会情形, 据调查所得, 无论商业、金融、人民生活, 各方面均形困难之状。"

20 世纪 30 年代是武汉此后长期衰落的起点, 这种衰落是由多种因素造成的, 政治腐败、战乱频仍、两次大水……但交通格局的改变使武汉传统商业中心地位动摇则是不容忽视的重要因素。从历史发展的经验看, 古今中外由于商路的变迁致使城市衰退甚至沦为废墟的例子屡见不鲜。而商路的变迁实际上是社会经济整体格局变化的表现, 它与生产力的发展和生产方式的变化有直接联系, 其变化有内在的规律。

武汉近代的盛衰很容易让人想起张之洞。1898 年, 由粤调鄂任湖广总督, 督修卢汉铁路, 从此他在武汉大规模举办洋务事业, 开始了他的"湖北新政"运动。"湖北新政"的目的本是通过改革挽清政府的统治于危亡之中, 未曾想孕育了一场革命, 有人因此称辛亥首义是张氏"种豆得瓜"的结果。其实张之洞"种豆得瓜"还不止这一件。就修筑铁路而言, 张之洞本为了提升和加强武汉"九省通衢"的地位, 未曾想正是近代铁路交通的发展让武汉在中国近代经济格局中由中心逐渐变成边缘, 这不也是"种豆得瓜"吗?！如此看来, 武汉在近代的崛起和后来的某些衰退都有某种客观的历史的必然性, 不以人的意志为转移。

历史的发展证明, 地理环境和交通格局是影响城市发展的重要因素, 但其又是可变的因素。武汉居天下之中, 地理环境和交通条件得天独厚, 但是这些优势不会自动变为发展的动力。因此, 武汉发展的历史实际上给我们两个方面的启示。

启示之一, 武汉历史上繁荣大多得益于交通和地理优势, 如何发挥武汉位于中国经济地理中心的优势, 重构"九省通衢""腹地聚散中心"的"地理——交通——商贸中心"格局, 实乃实现"中部崛起"的关键所在。

启示之二, 在重构地理、交通、商贸中心的同时, 增强城市内在经济实力, 完善城市功能结构亦至关重要。二者相辅相成, 共同构成武汉崛起的内外因。

城市功能演化趋势：城市发展的内在动力

谈到城市发展之"势"，除了要考虑外部因素外，还要关注城市内在功能的演化趋势。从早期规模有限的城堡，发展到如今特大城市，武汉城市的内在功能也经历许多变化。

在第一次发展高峰时期，作为三镇之一的汉口的城市经济功能突出，鹤立鸡群。明清之际汉口最主要的城市功能就是它的市场功能。此时的汉口不仅是湖北地区的商业中心，而且是华中乃至全国部分商品集散地。18世纪中叶，汉口市场以"盐、当、米、木、花布、药材六行最大"，有所谓"汉口六大行"的说法。到19世纪初，汉口市场进一步扩大，商业行帮又有"八大行"之说。作为中转市场这一角色，武汉市场的辐射力和吸引力就几乎波及整个长江流域和中西部地区。

尽管汉口在清代中叶达到了旧时代应有的发展高峰，但武汉仍然是一个传统的区域性交换中心。武汉欲超越地域局限，走出内部循环的商业势圈，建立更为开放的市场体系，实现城市的近代转型，需要一种新的"势"，一种有别于传统的异质的推动力，这种力量在晚清时出现了。

在晚清，有两个重要的历史节点，标志着武汉城市发展内在趋势的改变。1861年开埠，汉口被开辟为条约通商口岸，由一个以区域交换市场为主体的内陆商业市镇迅速上升为开放的国际性城市；1889—1907年张之洞督鄂实行"新政"，武汉由功能单一的政治、商业性城市向复合型现代性的工商城市转型。这两次城市功能的转变均为武汉发展创造了良好的条件，城市也因此迅速发展，成为令人艳羡的"东方芝加哥"。

晚清武汉的"崛起"源于其城市经济功能的加强。无论是作为内地的国际性商品转输与集散市场，还是新兴的近代制造业中心，武汉新增的两大城市功能同样是其他城市难以比拟的。这也是武汉在当时能够傲立群雄的重要原因。

从总的发展趋势看，武汉内在城市功能的转变基本上延续了一条由单一功能向复合功能演化的方向。每一次城市功能的增加都会带给城市新的发展机遇。同样每当城市处于"塌陷"之际，往往是它城市功能弱化之时。

　　进入 20 世纪后，武汉的发展步履蹒跚，城市地位也逐步降低。究其原因，与城市内在功能的变化有很大关系。近代以来武汉崛起，与其具有国际特征的现代复合型工商业城市功能密切相关。不过"一战"以后，武汉的城市功能却开始衰退了。晚清以降，直至民国时期，由于天灾、战乱以及南京政府的政治需要，武汉的政治和军事功能日益凸显，工业和商业功能则逐步弱化。以纺织业为例，张之洞时代，武汉仅次于上海，但 1930 年后逐渐后移，1934 年，产纱量降至第 8 位。时人感叹曰："反观今日武汉工业，仍停滞不进，坐见外货输入日增，利权外溢，更令人不能不追念文襄而生今无其人之叹也！"① 对外贸易方面，20 世纪 20 年代后，武汉对外贸易在全国主要通商口岸城市中的排序不断下滑。1910 年至 1917 年，汉口直接对外贸易额仅次于上海，居全国对外贸易大埠第 2 位。1930 年后，位置不断后移，1936 年其对外贸易额占五大商埠（上海、天津、汉口、广州、青岛）的末位，上海高达 90400 万元居榜首，而汉口仅 4500 万元。直接对外贸易下滑更盛，一度降至第 10 位，甚至不敌哈尔滨、安东等城市。

　　总体而言，20 世纪 30 年代以后，武汉的开放性特征逐步减弱，内陆封闭性城市特征日益凸显。由于其所具有的开放的国际性商埠功能的弱化，武汉与外部的联系减少，城市影响力下降。

　　历史证明，城市功能的演化与完善是一个与时俱进的历史过程，从传统农业社会到近代工业社会再到现代信息社会，城市自身的发展和对区域的影响力始终受制于城市功能的进化与完善，明清以来武汉两次发展高峰无不与之有关。从这一个层面看武汉城市兴衰史，实际上也是城市功能强弱消长的历史。作为华中地区最有影响力的特大城市，武汉要大发展，必须在保持自身特色的同时，按照时代发展的要求不断强化城市的现代制造业、现代服务业、高新技术产业以及现代教育文化等多重复合功能。城市的功能要现代化、多样化、复合化。

　　人类最伟大的成就是她所缔造的城市，城市是我们人类作为一个物种具有的想象力的恢宏巨作，证实我们具有能够以最深远而持久的方式重塑自然的能

---

① 《汉口商业月刊》第 2 卷第 2 期。

力。城市是一本书，它记载和表现了我们的生活、我们的思想。

美国著名城市史学家刘易斯·芒福德说："人类用了 5000 多年的时间，才对城市的本质和演变过程获得了一个局部的认识，也许要用更长的时间才能完全弄清它那些尚未被认识的潜在特性。"对于武汉，我们对它的认识还是初步的，对它盛衰的解读与发展趋势展望还须进一步深入。